本照片为三位主编合影,从左往右依次为张永健、汤姆·迈尔斯、程金华

法律实证研究

An Empirical Legal Studies Reader

[美] 汤姆·迈尔斯 (Tom Miles)
[美] 张永健 (Yun-chien Chang)
程金华

主编

经典选读

International Perspectives

当代中国出版社
Contemporary China Publishing House

图书在版编目（CIP）数据

法律实证研究：经典选读/（美）汤姆·迈尔斯
(Tom Miles)，（美）张永健，程金华主编.--北京：
当代中国出版社，2024.5（2024.10 重印）
ISBN 978-7-5154-1379-2

Ⅰ.①法… Ⅱ.①汤…②张…③程… Ⅲ.①法律—研究 Ⅳ.① D90

中国国家版本馆 CIP 数据核字（2024）第 093875 号

出 版 人	王　茵
责任编辑	邓颖君
责任校对	贾云华　康　莹
印刷监制	刘艳平
装帧设计	鲁　娟
出版发行	当代中国出版社
地　　址	北京市地安门西大街旌勇里 8 号
网　　址	http://www.ddzg.net
邮政编码	100009
编 辑 部	（010）66572156
市 场 部	（010）66572281　66572157
印　　刷	中国电影出版社印刷厂
开　　本	787 毫米 ×1092 毫米　1/16
印　　张	29 印张　3 插页　486 千字
版　　次	2024 年 5 月第 1 版
印　　次	2024 年 10 月第 2 次印刷
定　　价	98.00 元

版权所有，翻版必究；如有印装质量问题，请拨打（010）66572159 联系出版部调换。

编者、作者与译校者简介

一、编者简介

（以编者贡献情况排序）

1. 汤姆·迈尔斯（Tom Miles），美国芝加哥大学法学院教授、院长，本书联合主编。
2. 张永健，美国康奈尔大学法学院教授，本书联合主编。
3. 程金华，上海交通大学凯原法学院教授，本书联合主编。
4. 许菁芳，暨南国际大学公共行政与政策学系助理教授，本书联合副主编。
5. 张凯评，美国宾夕法尼亚大学法学院博士候选人，本书联合副主编。

二、作者简介

（以作者文章在本书出现先后排序，如作者文章多次出现，则仅介绍该作者在本书第一篇文章职务情况）

1. 西奥多·艾森伯格（Theodore Eisenberg），时任美国康奈尔大学法学院教授。
2. 马丁·威尔斯（Martin T. Wells），现任美国康奈尔大学统计与资料科学系教授。
3. 雅尼·鲍克斯（Yannis Bakos），现任美国纽约大学斯特恩商学院副教授。
4. 弗洛伦西亚·马罗塔–伍格勒（Florencia Marotta-Wurgler），现任美国纽约大学法学院教授。

5. 大卫·特罗森（David R. Trossen），现任美国诺伯特-马顿斯-奥尔森律师事务所律师。

6. 丹尼尔·凯斯勒（Daniel Kessler），现任美国斯坦福大学法学院教授。

7. 马克·麦克莱伦（Mark McClellan），现任美国杜克大学马戈利斯卫生政策中心教授。

8. 瑞恩·巴布（Ryan Bubb），现任美国纽约大学法学院教授。

9. 乔治·普利斯特（George L. Priest），现任美国耶鲁大学法学院教授。

10. 本杰明·克莱恩（Benjamin Klein），现任美国加利福尼亚大学洛杉矶分校经济系荣休教授。

11. 丹尼尔·克勒曼（Daniel Klerman），现任美国南加利福尼亚大学法学院教授。

12. 艾力士·李（Yoon-Ho Alex Lee），现任美国西北大学法学院教授。

13. 威廉·哈伯德（William H. J. Hubbard），现任美国芝加哥大学法学院教授。

14. 约翰·多诺霍三世（John J. Donohue Ⅲ），现任美国斯坦福大学法学院教授。

15. 斯提芬·莱维特（Steven D. Levitt），时任美国芝加哥大学经济系教授。

16. 安娜·艾泽尔（Anna Aizer），现任美国布朗大学经济系教授。

17. 约瑟夫·道尔（Joseph J. Doyle，Jr.），现任美国麻省理工学院应用经济系教授。

18. 丹尼尔·何（Daniel E. Ho），现任美国斯坦福大学法学院教授。

19. 凯文·奎因（Kevin M. Quinn），现任美国密西根大学政治系教授。

20. 莎米娜·安华（Shamena Anwar），现任美国兰德公司高级经济师。

21. 帕特里克·巴耶尔（Patrick Bayer），现任美国杜克大学经济系教授。

22. 兰迪·亚尔马松（Randi Hjalmarsson），现任瑞典哥德堡大学经济系教授。

23. 拉斐尔·拉波塔（Rafael La Porta），现任美国布朗大学经济系教授。

24. 弗洛伦西奥·洛佩兹-德-斯拉内斯（Florencio López-de-Silanes），

现任法国思凯高等商学院金融系教授。

25．安德鲁·施莱弗（Andrei Shleifer），现任美国哈佛大学经济系教授。

26．罗伯特·维什尼（Robert W. Vishny），现任美国芝加哥大学布斯商学院教授。

27．保罗·马奥尼（Paul G. Mahoney），现任美国弗吉尼亚大学法学院教授。

28．霍格尔·斯帕曼（Holger Spamann），现任美国哈佛大学法学院教授。

29．马克·韦恩斯坦（Mark I. Weinstein），现任美国南加利福尼亚大学商学院副教授。

三、译者简介

（以译者翻译文章在本书出现先后排序，仅介绍一次）

1．李有，美国斯坦福大学法学院博士候选人，研究兴趣为司法制度、金融法学。

2．黄种甲，台湾大学法律学院助理教授，研究兴趣为刑事实体法、经济犯罪。

3．蒋侃学，荷兰鹿特丹大学法学院博士候选人，研究兴趣为侵权法、医疗法。

4．韩馨仪，台湾大学法律学院硕士研究生，研究兴趣为宪法理论、法律实证研究、国际法。

5．安雨田，美国普林斯顿大学政治系博士候选人，研究兴趣为司法政治、行政法。

6．张翔宇，华东政法大学国际金融法律学院特聘副研究员，研究兴趣为破产法、司法政治学。

7．李培玉（Paulina Li），美国南加利福尼亚大学法学院JD。

8．饶维嘉，美国乔治梅森大学法学院助理教授，研究兴趣为国际法、比较法。

9．宋颐阳，清华大学法学院博士，最高人民法院研究室法官助理。

10．彭雅丽，中国人民大学法学院助理教授。

11. 黄勇升，上海交通大学凯原法学院博士，深圳证券交易所博士后。

12. 刘城（David William Wright），美国南加利福尼亚大学法学院 JD。

四、校对者简介

1. 蔡劭伟，台湾大学经济系硕士，律师。

2. 韩馨仪，台湾大学法律学院硕士研究生，研究兴趣为宪法理论、法律实证研究、国际法。

3. 张哲伟，台湾大学法律学院硕士，律师。

4. 陈冠廷，政治大学法律学院博士研究生，研究兴趣为法理学。

5. 杨智文，美国福特汉姆大学法律学院 JD 候选人。

6. 陈亮，上海交通大学凯原法学院博士研究生。

序言：法学研究的实证趋向与经典研究

程金华

一、本书缘起

对于选编这本书，永健教授和我"蓄谋"已久。用"十年磨一剑"来形容这项工作也不为过——当然，永健教授通常"磨"得很快，我经常性拖他后腿。在很大程度上，这本书能够与读者见面，是他持续鞭笞我的结果。

刚好十年前，我们共同参加一个学术研讨会，一见如故，便共谋了个不大不小的计划：一起编一套法律量化实证研究的论文集，并初定三个不同的主题，分别是"入门读本"、"经典选读"和"本土实践"。

对于"入门读本"，我们的想法是选择"说实证"方面有代表性的已刊论文，让读者知道什么是实证研究，实证研究有什么优点和缺点，在理论上存在哪些实证方法，以及其他针对法律实证研究的理论思考。由于我们的目标读者是以中文为母语的法律实证研究爱好者，尤其是年轻的学子，所以我们也只遴选了华人学者的优秀作品。如此选编已刊论文的目的不仅可以让晚辈学子了解过来人是如何理解法律实证研究以达到自己"入门"的效果，也可以把这些选编作品当成法律实证研究在中文学术圈发展进程的一个学术史读本。

在高山老师（当时还在法律出版社任编辑）的鼎力支持下，《法律实证研究：入门读本》已经由法律出版社在2020年顺利出版。[1]因为印数不多，现在市场上已经算是"奇货可居"——在2022年8月由侯猛教授组织的"第五届社科法学研习营"上，有同学提起这本书，并抱怨太贵。作为编者之一，我颇感欣慰，并在剩下不多的存货中寄了10本给侯猛教授，由他分发给需要的研习营同学。

另外两本计划的书，一本偏离了原先的计划轨道，另一本则匍匐前进。在选编"入门读本"的同时，我们规划了"做实证"代表性论文的选编工作，并一度挑选了若干优秀文本。当时，考虑到我们是面向所有中文读者编辑这套书的，所以在选择文献的时候，希望选题和作者具有开放性和兼容性。但是，文献的开放性和兼容性给出版带来了很多难以逾越的技术性问题。而如果放弃开放性和兼容性，则选择出来的论文就难有代表性。正因如此，我们忍痛割爱放弃了这个不错的念头。

作为替代，未征得永健教授同意，我便擅自"把自己作为方法"，选择本人已经发表的10来篇"做实证"文章，围绕数据来源挖掘、统计方法使用和理论故事建构三个方法维度，集结成我独著的《法律实证研究：古典的探索》（也已经由法律出版社在2022年出版）。在这个册子中，我给"古典的"做了一个不甚精准的定义："说某种学问的探索是'古典的'，意思是它虽有明确的思想创新性，但是因为还在初创阶段，所以学术技术还不成熟，在实践中略显方法和技艺上的粗糙，因此有待于完善和升级。"法律实证研究"古典的"探索则具体体现在数据来源的"机会主义"、统计方法的"实用主义"和理论建构的"激进主义"。[2]在某种意义上，我自己所进行的"古典的探索"也是法律实证研究"本土实践"的一个例子。只不过，永健教授和我原先的计划是呈现整个华人学术界针对法律量化实证研究的"本土实践"，现在只能退而求其次了。

与前两本书的定位相反也是互补的，最后一本"经典选读"则是希望能够把外国学者的经典性或者典范性作品收录并翻译给中文学子参阅。相比较而言，"入门读本"的定位是"华人学者"+"说实证"；"本土实践"的定位是"华人学者"（后来改为"本人"）+"做探索性实证"；"经典选读"的定位是"外国学者"+"做范例性实证"。虽然华人学者在一些领域比外国学者做得早、做得

---

[1] 程金华、张永健选编：《法律实证研究：入门读本》，法律出版社2020年版。
[2] 程金华：《法律实证研究：古典的探索》，法律出版社2022年版。

好，但在法律量化实证研究方面，我们不得不承认，外国学者（尤其是当代美国学者）做得更加成熟，他们已经发表的很多作品值得我们认真借鉴学习。在外国学者的研究中，英文、德文、法文和日文期刊等都有发表法律实证研究的佳作。不过，我们没有熟练掌握英文以外的外语，所以只把眼光限定在英文作品范围之内——不得不说这是一种遗憾。

在英文佳作的选编过程中，既有令人兴奋的一面，也有颇受挫折的地方。兴奋点有两个。第一，感谢永健教授的出色国际学术声誉和持续努力，我们邀请了芝加哥大学法学院院长汤姆·迈尔斯（Tom Miles）教授"入伙"。迈尔斯教授不仅扛了"大旗"，而且还在第一时间在他所擅长的刑事法律实证研究领域里精挑了若干篇代表性论文。第二，我们找到了一批来自海峡两岸非常优秀的青年才俊帮助我们翻译遴选出的英文文章。在邀请译者的时候，我们根据译者的研究兴趣和专长发邀请函，并根据他们自己的选择分配翻译论文。因为量化实证研究用了很多行业"黑话"，所以对翻译者有很高的门槛要求。然而，值得欣慰的是，所有译者都非常高质量地完成了初稿——这也说明华人学术界有越来越多的优秀青年学子加入了法律实证研究的阵营。当然，在译稿形成初稿之后，我们又进行了几道程序的加工，包括校对和统稿等。最终出现在读者面前的稿件，至少已经经历过五道工序以上（亦参考永健教授的"选编后记"）。

但是，相比较"入门读本"和"古典的探索"，这本"经典选读"的编译也因为种种原因给我们带来很多的技术性挑战。除了对译者有较高要求以外，还有版权问题。尤其是，因为我们邀请了迈尔斯教授来一起担任主编，所以我们对入选外文文章的版权问题特别在意，需要和出版社或者期刊一一商谈授权并付费，不想因为我们的差错而给迈尔斯教授"抹黑"。当然，这不是说，如果迈尔斯教授不担任主编，我们就可以盗版。而是，出于对迈尔斯教授的敬意，我们在沟通过程中更加认真、谨慎和规范。翻译版权的要求不仅带来沟通成本，而且还带来连锁问题：需要更多的钱。英文期刊在授权翻译的同时，还向我们按容量收费——不仅按照页码收费，而且每张图还要索取单独的版权和收费。在资源有限的情况下，我们不得不在合理的范围内删减翻译内容。这就涉及来来往往、反反复复的内容删减。

所以，当本书完成编译并有望交付出版之时，永健教授和我既有一种如释重负的解放感，也同时心怀难产孩子顺利出生的幸福感。如果这本书能够对年轻的华人学子有所启发、有所帮助，那就更妙。当然，我们也希望卖得不错。

二、当代全球法学研究的实证趋向

在上面简短地回顾了我们编译这本书的"初心"之后，我现在对近百年来全球法学研究的实证趋向做个简要说明，方便读者更好地理解我们编译本书和选择这些经典性论文的深层用意。

应该说，在当今全球法学界，无论是主流的法教义学，还是争着要"入主流"的法律实证研究，抑或方兴未艾的计算法学，都同样根源于几个世纪前的科学革命。[1]在欧洲大陆，科学革命在法学界所产生的硕果是形成了以德国法教义学为代表的法律科学；在美国，法律科学的展现形式是哈佛大学法学院院长兰代尔推崇的案例教学法。然而，在19世纪末和20世纪初，当高度形式化的法律科学刚刚在欧洲和美国站稳脚跟，一股与法律形式主义（legal formalism）"离心离德"的学术潮流就已经开始暗流涌动。这股潮流在欧洲大陆体现为"法律多元"（legal pluralism），在美国则以"法律现实主义"（legal realism）的面貌出现。

这股新法学潮流与法律形式主义的争辩焦点是：法律是不是一个独立于社会现实的规范体系？形式主义的法律观认为法律是——或者应当是——独立于社会现实的，是自洽的规范体系。与之相反，法律多元或者法律现实主义认为，法律是——或者应当是——镶嵌在社会事实之中的，受到政治、经济和社会等因素的影响。与这个争辩相呼应，也形成了两类法学研究方法，一种是以德国法教义学和美国案例教学法为代表的规范研究方法；另一种则倡导法律与社会科学结合进行交叉学科研究（也就是常说的"社科法学"），尤其是把法律作为一种事实来研究的法律实证研究方法。这两种研究方法都认为自己在做"科学的"法学研究，只不过一种是内部的视角，是推动法律体系实现数学几何一般高度理性化的"内部科学化"；另一种是外部的视角，是推动法律体系能够

---

[1] 舒国滢：《法学的知识谱系》，商务印书馆2020年版，第四卷"近代自然科学推进的法学范式"，第717—995页；Roger Berkowitz, *The Gift of Science: Leibniz and the Modern Legal Tradition*, Harvard University Press, 2005; M. H. Hoeflich, "Law & Geometry: Legal Science from Leibniz to Langdell", *The American Journal of Legal History*, Vol.30, No.2, 1986, p.95-121。

与社会生活无缝衔接的"外部科学化"。[1]

在欧洲大陆，19世纪的（民法）法典化是法律体系实现内部科学化的最重要推手之一，使得法律规范的体系化趋于完善，并——至少在形式上——显得有内在的自洽性。但值得玩味的是，法典化运动同时孕育了形式主义法律的对立面。当时德国的历史法学派认为，法律根植于历史，根本上体现的是人民的意志（而非仅是立法者的意志）。这个观念深深地影响了包括欧根·埃利希（Eugen Ehrlich）在内的欧洲各国的法社会学奠基者。埃利希等法社会学奠基者主张，法律不只体现为国家立法，还有其他形式的来源，法律并不完全是理性、自洽和自主的体系，"活法"是正式法律的主要来源。法律多元、法律规范体系的非自洽性和存在活法是欧洲早期法社会学对形式主义法律观的三大挑战。德国历史法学派的观念不仅对欧洲法律研究影响巨大，也直接影响了奥利弗·霍姆斯（Oliver W. Holmes）、罗斯科·庞德（Roscoe Pound）和卡尔·卢埃林（Karl N. Llewellyn）等20世纪初美国的法律现实主义运动先驱。在法律现实主义者看来，法律规范对社会的影响并没有像法律形式主义者想象的那样重要，司法判决才是真实的法并且并不那么容易确定，以及法律并不中立并常有政治偏见。简言之，"法律多元/法律边缘性""不自洽性/非决定性""活法/政治偏见"是19世纪末和20世纪初欧洲大陆的法社会学者和美国的法律现实主义者对法律形式主义的共同挑战。[2]

基于对形式主义法律的不信任，庞德提出了"书本上的法"和"行动中的法"的经典区分，并呼吁学术界对"行动中的法"进行实证研究。[3]卢埃林等与庞德同时代的美国法律现实主义者也持有类似立场，并在整体上提出了"事实中心主义"为研究方法论，也就是呼吁美国法学界应当结合当时已经逐渐成熟的社会科学知识，进行社科法学研究，尤其是进行实证社科法学研究。[4]这是让法律体系实现外部科学化的新学术事业。

不过，在当时，无论是欧洲还是美国的法学学者，虽然意识到了法学与社

---

[1] 程金华：《科学化与法学知识体系——兼议大数据实证研究超越"规范vs.事实"鸿沟的可能》，载《中国法律评论》2020年第4期，第72—83页。

[2] Mauricio Garcia-Villegas, *Comparative Sociology of Law: Legal Fields, Legal Scholarships, and Social Sciences in Europe and the United States*, Law and Social Inquiry, Vol.31, p.343–382 (2006).

[3] Roscoe Pound, *The Limits of Effective Legal Actions*, American Bar Association Journal, Vol.3, p.55–70 (1917).

[4] 陆宇峰：《美国法律现实主义：内容、兴衰及其影响》，载《清华法学》2010年第6期，第85—97页。

会科学合作的必要性，并呼吁对法律现象进行事实研究，但没有形成太多真正事实研究的学术成果。在这个意义上讲，在社科法学形成的同时，奠基者就已经形成了对法律现象进行实证研究的方法意识和方法自觉，但是在同时，他们并没有形成真正的普遍行动。[1]这和政治学、经济学和社会学等社会科学研究方法还在发展之中有关系。

第二次世界大战之后，欧洲的法学虽然也有不错的实证探索，但主要还是在"法的社会学分析"轨道上继续前进，为全世界的法社会学研究提供思想和理论的养分，而美国的法学则在学术理念上继承了早期法律现实主义的跨学科研究进路，并大致形成了三条有所异同的法律实证研究学术脉络。[2]

第一条是"法律现实主义—法律与社会运动—新法律现实主义"的学术脉络，这也是美国法社会学发展的主旋律。20世纪60年代，部分受当时美国整体左转的政治环境影响，美国——也部分延伸到全球——兴起了轰轰烈烈的"法律与社会运动"（Law and Society Movement）。[3]"法律与社会运动"在学术理念上继承了早期法律现实主义的跨学科研究进路。事实上，有不少发起并参与该运动的学者并非法学学者，而是来自社会学或者政治学领域的学者。在研究方法上，"法律与社会运动"主张借用当时已经相对发达的定性和定量社会科学研究方法，致力发现并测量"书本上的法"与"行动中的法"之间的差距，以便更好地改造法律与社会。在这种背景下，也就形成了风靡一时的"差距研究"，并形成了相当丰富的实证研究成果。[4]

在"法律与社会运动"如火如荼开展的时候，哈里·鲍尔（Harry Ball）、罗伯特·耶奇（Robert Yegge）和理查德·史华兹（Richard Schwartz）于1964年一起创建了美国法律与社会协会（The Law and Society Association），而后者又在两年后的1966年创办了会刊《法律与社会评论》（*Law and Society Review*）。10年后，美国律师协会又资助了出版了《法律与社会调查》（*Law*

---

[1] 当然，这不是说当时没有形成优秀的法社会学实证成果，而是说并没有形成普遍的跨学科和实证研究氛围。对此，卢埃林在论文中就有所描述。See Karl N. Llewellyn, *Some Realism about Relism: Responding to Dean Pound*, Harvard Law Review, Vol.44, p.1222-1236 (1931).

[2] Theodore Eisenberg, *The Origins, Nature, and Promise of Empirical Legal Studies and A Response to Concerns*, University of Illinois Law Review, Vol.2011, p.1713-1738 (2011).

[3] Lawrence M. Friedman, *The Law and Society Movement*, Stanford Law Review, Vol.38, p.763–780 (1986); 刘思达：《美国"法律与社会运动"的兴起与批判》，载《交大法学》2016年第1期，第20—33页。

[4] Jon B. Gould & Scott Barclay, *Mind the Gap: The Place of Gap Studies in Sociolegal Scholarship*, Annual Review of Law and Social Science, Vol.2012, p.323-335 (2012).

and Social Inquiry）。这两本刊物自创办以来，一直是美国法社会学的旗舰刊物，发表了大量社科法学尤其是实证社科法学的文章，也对全球的法社会学研究发生了很大影响。比如，《社会与法律研究》（Social and Legal Studies）和《亚洲法律与社会杂志》（Asian Journal of Law and Society）先后于 1992 年和 2010 年在英国和中国创刊，大大拓展了法社会学跨学科和实证研究的国际网络和平台。

不过，到了 20 世纪 80 年代，部分随着美国政治的向右转，在政治上明显具有左派色彩的"法律与社会运动"开始式微，美国法社会学出现了更具有批判色彩的"权力/不平等范式"，越来越多关注法律相关的不平等问题，用权力理论对其进行分析，并讨论如何促进社会公平与正义。[1] 在这种新研究范式之下，虽然跨学科研究依然是主流，但是与"差距研究"相比，实证研究方法不再那么凸显——或许，实证研究方法已然是法社会学研究的常规组成部分，无须特别予以强化。

对于法律的实证研究而言，值得庆幸的是，千禧年前后又迎来了新的发展契机。1997 年，美国法律与社会协会在召开年会时，专门组织了一个主题为"新法律现实主义的时代来了吗"（Is It Time for a New Legal Realism）的圆桌会议，响亮地提出了"新法律现实主义"（New Legal Realism）的口号，并持续地引发了关注和讨论。[2]

不过，到目前为止，何谓新法律现实主义，并没有统一说法。根据马克·萨奇曼（Mark C. Suchman）和伊丽莎白·默茨（Elizabeth Mertz）发表在《法律与社会科学年刊》（Annual Review of Law and Social Science）上的综述，可以这么认为：一方面，新法律现实主义继承了"法律现实主义—法律与社会运动"的学脉，继续主张对法律现象进行跨学科和实证研究；在另一方面，不像（旧）法律现实主义对法律的实证研究"说多做少"，也不像"法律与社会运动"从事法律实证研究的主要目的是"找差距"，新法律实现主义的主要目

---

〔1〕 刘思达：《美国"法律与社会运动"的兴起与批判》，载《交大法学》2016 年第 1 期，第 20—33 页。

〔2〕 Stewart Macaulay, *The New versus the Old Legal Realism: "Things ain't What They Used to Be"*, Wisconsin Law Review, Vol.2005, p.365-404 (2005); Thomas J. Miles, *The New Legal Relism*, The Univesity of Chicago Law Review, Vol.75, p.831-851 (2008); Elizabeth Mertz, Stewart Macaulay & Thomas W. Mitchell eds., *The New Legal Realism (Volume I): Translating Law-and-Society for Today's Legal Practice*, Cambridge University Press, 2016; Heinz Klug & Sally E. Merry eds., *The New Legal Realism (Volume II): Studying Law Globally*, Cambridge University Press, 2016.

的是通过实证研究在法律和社会现实之间"搭桥梁"。[1]也就是说，相比之前，新法律现实主义者不仅进行系统的实证社科法学研究，还更具有法律内部视角，更加有了对法律规范研究的问题意识，因而更加有实践建构性。在某种意义上，这种"搭桥梁"的法社会学实证研究和"议论的"法社会学理论有异曲同工之妙。[2]

从参与群体看，和"法律与社会运动"一样，新法律现实主义具有很强的包容性，既有法学界的人，也同样有来自社会学、政治学和经济学等社会科学的学者。在实证研究方法上，新法律现实主义者对定性研究和定量研究同等兼容。从中可以看出来，在"法律现实主义—法律与社会运动—新法律现实主义"这个学术脉络上，法律研究的实证趋向实现了螺旋式上升，不仅实现了从"说实证"到"做实证"的发展，更重要的是也从单纯的外部视角转战到对内部视角和外部视角的同等关注。这也是（美国）法社会学在过去100年在研究方法上的发展与升华。

除了上述法社会学界主导的学术脉络以外，还有另外两条同样源自法律现实主义的实证研究学脉。一条是"法律现实主义—法经济学"的学术传统，另一条则是更加新近的"法律现实主义—法律实证研究"学术进路。

在1960年前后，几乎与"法律与社会运动"兴起的同时，在经济学界以罗纳德·科斯（Ronald Coase）和加里·贝克尔（Gary Becker）等人为代表，在法学界以圭多·卡拉布雷西（Guido Calabresi）等人为领军人物，美国学界也兴起了轰轰烈烈的"法律与经济学运动"（Law and Economics Movement），开始系统地利用经济学工具做法律研究。[3]正如前述，利用经济学工具进行法律研究，属于社科法学研究，并不意味着都是实证研究。事实上，在经济学分析中，也存在大量类似法教义学分析的规范分析方法。不过，近年来，经济学研究在全球都有明显的"计量化"趋势，这种趋势也不例外地影响了法经济学的研究。

伴随"法与经济学运动"的深入开展，同是源自芝加哥大学的《法律与经济杂志》（*Journal of Law and Economics*，1958年创刊）和《法律研究杂志》（*Journal of Legal Studies*，1972年创刊）也提供了利用经济模型对法律现象进

---

[1] Mark C. Suchman & Elizabeth Mertz, *Toward a New Legal Empiricism: Empirical Legal Studies and New Legal Realism*, Annual Review of Law and Social Science, Vol.2010, p.555-579 (2010).

[2] 季卫东编著：《议论与法社会学：通过沟通寻找最大公约数的研究》，译林出版社2021年版。

[3] Richard A. Posner, *The Law and Economics Movement*, The American Economics Review, Vol.77, p.1-13 (1987).

行交叉学科和定量研究的重要学术平台，并形成了全球性的影响。比如，《国际法与经济评论》(*International Review of Law and Economics*，1981年创刊)、《欧洲法与经济杂志》(*European Journal of Law and Economics*，1994年创刊)和《亚洲法与经济杂志》(*Asian Journal of Law and Economics*，2010年创刊)的出版大大地拓展了利用经济学工具研究法律的国际学术网络与平台。至今，法经济学依然是经济学界"染指"法学研究的重要舞台。[1]

在"法律现实主义—法经济学"之外，在2000年前后，(美国)法学界内部有一批专门从事法律量化实证研究的学者，感受到上述新法律现实主义和法经济学所提供学术网络和平台的不足，兴起了一场"法律实证研究"(Empirical Legal Studies，"ELS")的运动——为了避免与广义意义上的法律实证研究混淆，本书用"ELS"指代这个具有特定涵义的"法律实证研究"。不同于法社会学和法经济学的实证研究，ELS运动的发起人主要来自美国顶尖的几所法学院，并有部分来自其他国家的法学者参与。[2]

2004年，在康奈尔大学法学院的支持下，西奥多·艾森伯格(Theodore Eisenberg)发起创办了《法律实证研究杂志》(*Journal of Empirical Legal Studies*)，随后又推动了美国法律实证研究协会(Society for Empirical Legal Studies)的成立，并自2016年开始举办全球性的学术年会。正如艾森伯格本人所明确指出的那样，ELS的研究与法律现实主义运动有天然的联系，因此与"法律与社会运动"和"法经济学运动"分享相同的学术血缘。[3]但是，也正如很多参与者主张的那样，ELS从事的是法律实证研究中的"硬科学"，即通常是基于量化数据对法律现象进行统计回归分析。并且，ELS研究的问题也通常是法学院主流研究所关心的规范性问题。[4]法学院的学术圈子与量化实证社科法学的研究定位，使得ELS与(新法律现实主义的)法社会学和法经济学有所

---

［1］ Guido Calabresi, The Future of Law and Economics: Essays in Reform and Recollection, Yale University Press, 2017.

［2］ Theodore Eisenberg, *The Origins, Nature, and Promise of Empirical Legal Studies and A Response to Concerns*, University of Illinois Law Review, Vol.2011, p.1713-1738 (2011).

［3］ Theodore Eisenberg, *The Origins, Nature, and Promise of Empirical Legal Studies and A Response to Concerns*, University of Illinois Law Review, Vol.2011, p.1713-1738 (2011).

［4］ Mark C. Suchman & Elizabeth Mertz, *Toward a New Legal Empiricism: Empirical Legal Studies and New Legal Realism*, Annual Review of Law and Social Science, Vol.2010, p.555-579 (2010).

差异。[1]

从前文的分析看,当前流行于美国乃至全球的(新法律现实主义的)法社会学、法经济学和ELS这三种研究路径是你中有我、我中有你的关系。虽然存在研究主题与方法、学术网络与发表平台的差异,但是它们都源自100年前法律现实主义对于法律形式主义批判和反思,并都走向了社科法学的道路,其中大部分又采取了实证社科法学的研究方式。这些学术流派的出现与繁荣非常明显地呈现了法律研究的实证趋向。

当然在中国,无论是整体的法学研究与发展,还是社科法学的研究与发展也深受上述发展趋势的影响。早在20世纪上半叶,中国第一批法社会学者就已经开始从事对中国法律和社会的实证研究。其中,严景耀先生在1934年出版的《中国的犯罪问题与社会变迁的关系》就是经典杰作。[2]改革开放之后的20世纪80年代,赵震江、季卫东和齐海滨等当代中国最早从事法社会学研究的学者敏锐地意识到法社会学的"经验科学指向",并呼吁"到活生生的现实中去寻找"中国法学的特色,以及"从经验事实来归纳"中国法制的独特范畴和规律。[3]在20世纪90年代,对中国社会的农民法律意识[4]、权利实践[5]和基层司法[6]等领域的研究,已经形成了一批非常有影响力的实证研究成果。[7]进了21世纪以后,社科法学和法律实证研究更是在中国法学界出现了全面发展的态势,并形成了法教义学和社科法学并驾齐驱的发展态势,对中国法学的未来发展有着深远影响。[8]

---

[1] 根据美国当代法社会学家迈克尔·麦肯(Michael McCann)的界定,虽然都做量化实证研究,但新法律现实主义既把法律作为自变量,也把法律作为因变量去研究,而ELS和法律经济学则仅是把法律作为因变量去研究。参见Michael McCann, *Preface to The New Legal Realism, Volumes I and II*, in Heinz Klug & Sally E. Merry eds., The New Legal Relism: Studying Law Globally, Cambridge University Press, 2016。

[2] 严景耀:《中国的犯罪问题与社会变迁的关系》,商务印书馆2019年版。

[3] 赵震江、季卫东、齐海滨:《论法律社会学的意义与研究框架》,载《社会学研究》1988年第3期,第26—43页。

[4] 郑永流等:《农村法律意识与农村法律发展——来自湖北农村的实证研究》,中国政法大学出版社2004年版。

[5] 夏勇:《走向权利的时代——中国公民权利发展研究》(修订版),中国政法大学出版社2000年版。

[6] 苏力:《送法下乡——中国基层司法制度研究》(修订版),北京大学出版社2011年版。

[7] 刘思达:《中国法律社会学的历史与反思》,载《法律和社会科学》2010年总第七卷,第25—37页;强世功:《中国法律社会学的困境与出路》,载《文化纵横》2013年第5期,第114—120页。

[8] 关于中国法律研究的实证化发展趋势,参见苏力:《也许正在发生:转型中国的法学》,法律出版社2004年版;侯猛:《法学研究的格局流变》,法律出版社2017年版;左卫民:《实证研究:中国法学的范式转型》,法律出版社2019年版;程金华、张永健选编:《法律实证研究:入门读本》,法律出版社2020年版;Sida Liu & Zhizhou Wang, *The Fall and Rise of Law and Social Science in China*, Annual Review of Law and Social Science, Vol.2015, p.373–394 (2015)。

另外也值得在此强调的是,无论是(新法律现实主义的)法社会学还是ELS,在利用外部视角从事实证社科法学研究时,都非常强调法律规范研究的问题意识,都接受同时利用外部视角和内部视角研究法律,都希望能够通过实证研究来搭建社会(事实)和法律(规范)之间的桥梁。[1] 这种法律的实证研究与规范研究相融合的新趋势,或许能够为解决一百多年前法社会学奠基者对法律形式主义的不满足提供一条新的方法论路径,实现对"事实 vs. 规范"二元对立的超越,[2] 发展出某种形式的"社科法教义学"。[3]

目前,全球方兴未艾的计算法学将进一步推动法律实证研究与大数据和计算科学相结合。[4] 莱布尼茨在三百多年前关于把法律制定得像数学那样逻辑严谨的梦想,韦伯在一百多年前关于法律"自动售货机"的畅想,在将来的不久或许会变成现实。

三、认真对待法律实证研究的"经典"

在上述全球法学研究呈现实证趋向的背景下,法律的(定量)实证研究日益受到年轻华人学子的关注,并加入"做实证"的阵营。当然,像所有学问一样,要做好量化实证并不容易。课堂学习和参考教科书自然是好的选择。[5] 但是,这还不够,还需要真实的学习模板。退一步讲,并非所有的法律定量实证研究爱好者都有同等的机会去聆听优秀老师的授课。正因为这样,在迈尔斯教

---

[1] 正因为这些共同性,根据马克·萨奇曼(Mark C. Suchman)和伊丽莎白·默茨(Elizabeth Mertz)把新法律现实主义和ELS统一称为"新法律实证主义"(New Legal Empiricism)。Mark C. Suchman & Elizabeth Mertz, *Toward a New Legal Empiricism: Empirical Legal Studies and New Legal Realism*, Annual Review of Law and Social Science, Vol.2010, p.555-579 (2010).

[2] 程金华:《事实的法律规范化——从农业社会到信息革命》,载《学术月刊》2021年第3期,第114—124页。

[3] 张永健:《社科民法释义学》,新学林出版股份有限公司2020年版。

[4] 张妮、蒲亦非:《计算法学导论》,四川大学出版社2015年版;邓矜婷:《计算法学方法初阶》,法律出版社2022年版;Ryan Whalen ed., *Computational Legal Studies: the Promise and Challenge of Data-Driven Research*, Edward Elgar Publishing, 2020.

[5] Peter Cane & Herbert M. Kritzer, *The Oxford Handbook of Empirical Legal Research*, Oxford University Press, 2012; Lee Epstein & Andrew Martin, *In Introduction to Empirical Legal Research*, Oxford University Press, 2014; Robert M. Lawless, Jennifer K. Robbennolt & Thomas Ulen, *Empirical Methods in Law*, Aspen, 2016;白建军:《法律实证研究方法》(第2版),北京大学出版社2014年版;范良聪:《法律定量研究方法》,法律出版社2020年版。

授的热心支持下,永健教授和我主持编译了本书的 15 篇经典英文论文。[1]

当然,在本书中,我们是相对宽泛意义上使用"经典"这个词的。在《汉语大辞典》中,"经典"有如下三个意思:(1)指传统的具有权威性的著作;(2)泛指宗教宣扬教义的根本性著作;(3)著作具有权威性的。在举例中,《汉语大辞典》提到"马列主义经典著作"。比如,《共产党宣言》或者《资本论》就属于"经典"。当然,本书编译的"经典"论文并没有达到这个高度——至少目前还达不到这个高度。我们编译的仅是数十页(少的仅有 20 来页)的论文,发表的最长时间也不过 30 来年(有的还是近几年才发表的文章),并且绝大部分的作者还健在。同样,我们选编的所有论文都不是"宣扬教义的根本性著作"。

那么,为什么我们要把这些论文视为经典作品,读者又应该用怎样的眼光去阅读这些论文?我觉得有如下两层含义。

其一,在上述百来年全球法学研究实证化趋势大背景下,这些研究论文无论发表时间长短,在自己同类作品中(尤其是在研究相同问题的实证研究论著中),都是最优秀的代表。这些文章的优秀或者体现在提了一个非常重要的新问题,或者用了一个新的分析模型,或者用了一种新的统计工具,或者提炼出一个非常重要的结论,或者兼而有之(具体参考后文的导读)。

不过,值得说明的是,虽然入选的论文都非常优秀,但不等于说没入选的就一定比不上这些入选论文。我们只就五个领域(民事实体法、民事程序法、刑事犯罪、宪法司法制度和比较法)选了有限的代表性论文。在这五个领域之外,还有法律史、国际法、环境法、劳动法等领域也存在非常优秀的实证作品。由于精力和财力等的限制,本书还没有办法覆盖到法学的所有实证研究领域。事实上,仅就刑事犯罪的实证研究而言,迈尔斯教授最开始挑选的论文至少有 8 篇,但因为种种限制,我们不得不忍痛割爱舍弃了将近一半。

就已经入选的论文而言,假以时日,大概率会成为本领域研究中"不可逾越的门槛"或者"必须引用的论文"。部分论文,比如拉斐尔·拉波塔(Rafael La Porta)、弗洛伦西奥·洛佩兹 – 德 – 斯拉内斯(Florencio López-de-Silanes)、安德鲁·施莱弗(Andre Shleifer)与罗伯特·维什尼(Robert

---

[1] 实际上并不止 15 篇。比如,张翔宇博士还翻译了丹·卡汉(Dan M. Kahan)等人合作的《"他们看见了抗议":认知反自由主义和言论/行为区分》("The Saw a Protest": Cognitive Illiberalism and the Speech-Conduct Distinction),后因种种原因没能入选而直接刊印在《月旦法学杂志》2023 年第 8 期和第 9 期。

Vishny)——合称为"LLSV"——合著的《法律与金融》,已经成为最严格意义定义的"经典"论著。简言之,对于所有入选的论文,它们一定是所有已经发表同类论文的优秀范本,部分已经成为经典论文,另外一些有很大的概率成为经典论文。

其二,这些入选的代表性论文,不仅讲了一个"好的故事"(除了仅仅讲方法论的论文以外),更为关键的是在实证研究方法上有非常强的创新性,并至今具有强烈的启发性。这一点对于华人学子而言,非常重要,也是我们特别需要提醒读者注意的。入选的论文属于不同研究领域,也有非常具体的研究问题。但是相对于规范研究而言,实证研究的问题意识有更强的语境性——确切地说,入选的大部分文章有非常强的美国法律实践语境性。

比如,约翰·多诺霍三世(John J. Donohue III)和斯提芬·莱维特(Steven D. Levitt)合作文章《堕胎合法化对犯罪率的影响》研究的是一个非常独一无二的美国法律问题:堕胎是否合法对犯罪率是否产生影响?对绝大部分国家而言,堕胎是否合法并不是一个真实的法律问题。如果读者仅仅关注该文章的问题意识和理论故事本身,就会忽视两位作者在因果关系建构方面非常天才的联想和建构(参考第三编的导读)。

即便LLSV的《法律与金融》的问题意识是全球性的,并且其观点至今在全球相关研究领域都有很大影响,但其对后人研究的更大影响还是开创了对(法律)制度进行量化测量的全新方法,包括对世界银行营商环境评价指标体系的奠基性作用(参考第五编的导读)。[1] 所以,我们忠告中文读者,尽管不能忽略任何一篇文章的问题意识和理论故事,但是真正要认真回味的是入选文章所用的量化思维和方法。不得不说,有些研究思路是天才式的。

换言之,研究问题是语境性的,但是量化思维和方法是无国界的。说到底,法律的量化实证研究就是"实事求是"。毛泽东在《改造我们的学习》中对"实事求是"作了如下定义:"实事"就是客观存在着的一切事物,"是"就是客观事物的内部联系,即规律性,"求"就是我们去研究。我们选编这本书的目的就是让中文读者更好地了解全球法学界是如何"实事求是"地研究法律,并实事求是地吸收其中的知识养分。对于部分英文能力较强的读者而言,最好去读英文原文。对于另外一些中文读者来说,我们希望通过本书,让他(她)们有

---

[1] 程金华:《世界银行营商环境评估之反思与"中国化"道路》,载《探索与争鸣》2021年第8期,第105—113页。

机会看得见（或许也能够摸得着）法律量化实证研究的全球性典范。

当然，实事求是地对待这些入选的经典性论文，也意味着要认真对待它们的局限性。毫无疑问，即便再出色的论著，也有它的局限。在这里，我不去一一分析每篇论文的局限，而只想说明它们面对的共同挑战：生成式人工智能（以及将来出现的更高级人工智能）或许会替代传统的量化思维和方法，做出更加出色的实证研究成果。2023 年 10 月，永健教授和我一道到芝加哥大学法学院参加 2023 年度的法律实证研究年会（2023 Conference on Empirical Legal Studies），顺便和迈尔斯教授商量本书的进展。在正式的研讨会之前，主办方特意安排了半天的研习班，主题是如何利用 ChatGPT 做量化实证研究。主讲者是来自苏黎世理工大学的年轻法经济学者和数据科学家艾略特·阿什（Elliott Ash）。艾略特在 2010 年和 2016 年分别获得哥伦比亚大学的法律博士和经济学博士，之前因参加我本人协调的一个亚洲开发银行支持的大数据与司法改革项目，与我在北京有一面之缘。令我颇为感概的是，在这个半天的研习班中，数十名听众中有相当一部分是与会的全球法律实证研究领域的资深学者，平均年龄远远大于艾略特。这个研习班充分体现了人工智能时代的教学新模式：年纪大的向年轻的学习。这也让我们必须严肃地思考如下问题：在人工智能时代，如何合理对待法律实证研究（以及其他领域）的经典文献？很显然，一方面，我们还不能说，过去的就是落后的（否则我们也不会选编本书）。但是，在另一方面，在人工智能时代，超越前人不再是学问的高标准，而是一种底线要求——在人工智能擅长的量化实证领域，更是如此。

在 19 世纪和 20 世纪之交，当法律多元和法律现实主义分别吹响冲击法律形式主义的号角时，美国的霍姆斯大法官做出了一个非常有名的预测："对于法律的理性研究而言，现在的主流是对法律进行'白纸黑字'的解读，但将来必定属于那些精通统计学和经济学的人。"[1] 然而，套句来自电影《大话西游》的流行话：霍姆斯猜中了开头，但是没有猜到结局。像《三体》故事讲的那样，人工智能或许同时对法教义学和社科法学进行降维打击。因而，对于当下中国的法律实证研究者，不妨可以用"前有大河，后有追兵"来形容我们的处境。如何从经典中吸取知识的营养，同时又做颠覆性学术创新，这是时代给我们的命题。

---

[1] Oliver Wendell Holmes, *The Path of the Law*, Harvard Law Review, Vol.110, p.1001 (1996-1997).

最后，在这里做几点选编者的技术性说明。第一点是，几乎所有文章原文都有大量图表，部分也有数学公式。在选编时，我们基于必要性原则，仅仅保留了少量的图表，几乎删去了所有公式。如果读者感觉不过瘾，可以找原文来阅读。当然，我们在每编之前都撰写了量体裁衣的导读，方便读者更好理解我们的选编意图。第二点是，本书选编的文章出自不同的期刊，原文有不同的出版格式，我们只能尊重原文表达方式，因此会导致章与章之间有格式的不一致问题。比如有些原文用的是脚注，有些用的是文后参考文献，我们也只能基于必要性原则来保留少量的脚注或者文后参考文献。第三点是，出于中文出版的习惯，我们对个别地方的用语做了酌情的修改。好在本书入选的文章大部分不与中国相关，因此用语修改的地方并不多。

余下的，就不多讲了，请大家看书，自己体会吧。我们真心希望，十年的功夫，没有白费。

目录

第一编　民事权利的实证研究

本编导读（张永健）/ 003

第一章　重磅案件中惩罚性与补偿性赔偿的显著关联：方法论入门 / 009

The Significant Association Between Punitive and Compensatory Damages in Blockbuster Cases: A Methodological Primer / 009

作者：西奥多·艾森伯格（Theodore Eisenberg）
马丁·威尔斯（Martin T. Wells）
译者：李有　　　　　　　审阅：张永健
校定：许菁芳、张凯评　　统稿：程金华

一、Hersch—Viscusi数据库 / 010
二、惩罚性赔偿与补偿性赔偿的关系 / 011
三、结论 / 023

第二章　有人阅读小字体条款吗？
——消费者对格式合同的关注 / 024

Does Anyone Read the Fine Print?
— Consumer Attention to Standard Form Contracts / 024

作者：雅尼·鲍克斯（Yannis Bakos）
　　　弗洛伦西亚·马罗塔-伍格勒（Florencia Marotta-Wurgler）
　　　大卫·特罗森（David R. Trossen）

译者：李有　　　　　　　　审阅：张永健

校定：许菁芳、张凯评　　　统稿：程金华

一、引言 / 024

二、研究背景：格式合同与知情消费者竞争 / 027

三、研究框架 / 030

四、研究数据 / 032

五、发现 / 037

六、分析与启示 / 047

第三章　医师是否从事防御性医疗？/ 051

Do Doctors Practice Defensive Medicine? / 051

作者：丹尼尔·凯斯勒（Daniel Kessler）
　　　马克·麦克莱伦（Mark McClellan）

译者：黄种甲　　　　　　　审阅：张永健

校定：许菁芳、张凯评　　　统稿：程金华

一、医疗照护中的过失责任与有效预防 / 053

二、实证研究文献回顾 / 055

三、计量模型 / 057

四、数据 / 061

五、实证结果 / 067

六、政策含义 / 076

七、结论 / 078

第四章　财产权的演变：国家法或 | The Evolution of Property Rights:
　　　　非正式规范？/ 081 | State Law or Informal Norms? / 081

作者：瑞恩·巴布（Ryan Bubb）
译者：蒋侃学、韩馨仪　　审阅：张永健
校定：许菁芳　　　　　　统稿：程金华

一、引言 / 081
二、背景 / 084
三、国家和财产法律规范对事实制度的影响 / 087
四、解释国内差异：农业的商业化 / 098
五、结论 / 101

第二编　民事诉讼的实证研究

本编导读（张永健）/ 107

第五章　选择性诉讼 / 113 | The Selection of Disputes for
　　　　　　　　　　　　　Litigation / 113

作者：乔治·普利斯特（George L. Priest）
　　　本杰明·克莱恩（Benjamin Klein）
译者：安雨田　　　　　　审阅：张永健
校定：许菁芳、张凯评　　统稿：程金华

一、既有问题以及历史解决方案 / 113
二、选择模型及其启示 / 116
三、对于理论的实证检验 / 117
四、结论 / 134

第六章　检验选择效应：基于实证检验的新理论框架 / 137

Testing the Selection Effect: A New Theoretical Framework with Empirical Tests / 137

作者：西奥多·艾森伯格（Theodore Eisenberg）
译者：张翔宇　　　　　　审阅：张永健
校定：许菁芳、张凯评　　统稿：程金华

一、50%假设检验方法的理论改进 / 139
二、对普利斯特与克莱恩数据的重新分析 / 141
三、用联邦数据检验50%假设 / 145
四、扩展概率分布分析法至50%假设之外 / 148
五、结论 / 151

第七章　从诉讼案件得到的推论 / 153

Inferences from Litigated Cases / 153

作者：丹尼尔·克勒曼（Daniel Klerman）
　　　艾力士·李（Yoon-Ho Alex Lee）
译者：李培玉（Paulina Li）　　审阅：张永健
校定：许菁芳、张凯评　　　　　统稿：程金华

一、引言 / 153
二、信息筛选模型 / 156
三、信号传递模型 / 163
四、普利斯特—克莱恩分歧预期模型 / 167
五、与损害赔偿相关的变化 / 173
六、研究局限 / 174
七、结论 / 176

| 第八章 托姆布雷案和伊克巴尔案的影响 / 179 | The Effects of Twombly and Iqbal / 179 |

作者：威廉·哈伯德（William H.J. Hubbard）

译者：饶维嘉　　　　　审阅：张永健

校定：许菁芳、张凯评　统稿：程金华

一、引言 / 179

二、迄今为止的发现 / 183

三、新的数据 / 185

四、方法和结果：构建拼图 / 189

五、结论：概览拼图 / 210

第三编　刑事犯罪的实证研究

本编导读（程金华）/ 217

| 第九章 堕胎合法化对犯罪率的影响 / 223 | The Impact of Legalized Abortion on Crime / 223 |

作者：约翰·多诺霍三世（John J. Donohue III）

斯提芬·莱维特（Steven D. Levitt）

译者：宋颐阳　　　　　审阅：张永健

校定：蔡劭伟　　　　　统稿：程金华

一、引言 / 223

二、堕胎合法化的历史概述 / 226

三、堕胎合法化降低犯罪率的机制 / 227

四、堕胎合法化影响犯罪率的实证检验 / 230

五、堕胎对不同年龄层罪犯逮捕率的影响 / 242

六、结论 / 247

第十章　少年监禁、人力资本与再犯罪：来自随机分案的证据 / 251

Juvenile Incarceration, Human Capital and Future Crime: Evidence from Randomly Assigned Judges / 251

作者：安娜·艾泽尔（Anna Aizer）

约瑟夫·道尔（Joseph J. Doyle, Jr）

译者：彭雅丽　　　　　审阅：张永健

校定：许菁芳、张凯评　统稿：程金华

一、引言 / 251

二、背景 / 254

三、数据说明 / 256

四、实证研究框架 / 259

五、结果 / 262

六、结论 / 276

第十一章　监狱人口对犯罪率之影响：监狱拥挤诉讼的证据 / 278

The Effect of Prison Population Size on Crime Rates: Evidence from Prison Overcrowding Litigation / 278

作者：斯提芬·莱维特（Steven D. Levitt）

译者：黄种甲　　　　　审阅：张永健

校定：许菁芳、张凯评　统稿：程金华

一、监狱拥挤诉讼 / 281

二、原始资料中的相关性：监狱拥挤诉讼、监狱人口和犯罪率 / 282

三、基于囚犯人口的犯罪弹性估计 / 287

四、估计值所导出的政策含义 / 291

五、结论 / 294

第四编　宪制司法的实证研究

本编导读（程金华）/ 299

第十二章　拯救9位大法官的及时转变？/ 302　　Did A Switch in Time Save Nine? / 302

作者：丹尼尔·何（Daniel E. Ho）
　　　凯文·奎因（Kevin M. Quinn）
译者：张翔宇　　　　　　　审阅：张永健
校定：许菁芳、张凯评　　　统稿：程金华

一、背景 / 302
二、研究进路 / 304
三、数据 / 307
四、方法论直觉 / 309
五、研究发现 / 318
六、稳健性检验 / 326
七、结论 / 334

第十三章　陪审团种族构成对于刑事审判之影响 / 336　　The Impact of Jury Race in Criminal Trials / 336

作者：莎米娜·安华（Shamena Anwar）
　　　帕特里克·巴耶尔（Patrick Bayer）
　　　兰迪·亚尔马松（Randi Hjalmarsson）
译者：黄种甲　　　　　　　审阅：张永健
校定：许菁芳　　　　　　　统稿：程金华

一、引言 / 336

二、陪审团审判制度 / 339

三、数据 / 341

四、备选陪审员之种族组成对定罪率之影响 / 346

五、陪审团种族对审判结果影响之解析 / 351

六、含义和结论 / 355

第五编　比较法的实证研究

本编导读：两面评价在人间（张永健）　　/ 361

第十四章　法律与金融 / 370　｜　Law and Finance / 370

作者：拉斐尔·拉·波塔（Rafael La Porta）

　　　弗洛伦西奥·洛佩兹-德-斯拉内斯（Florencio López-de-Silanes）

　　　安德鲁·施莱弗（Andrei Shleifer）

　　　罗伯特·维什尼（Robert W. Vishny）

译者：黄勇升　　　　　　　　　审阅：张永健

校定：韩馨仪　　　　　　　　　统稿：程金华

一、概述 / 370

二、国家（或地区）、法系渊源和法律规则 / 373

三、股东权利 / 380

四、债权人权利 / 389

五、法律执行 / 395

六、股权结构 / 397

七、结论 / 401

第十五章 法系渊源还是殖民历史？/ 404

Legal Origin or Colonial History? / 404

作者：丹尼尔·克勒曼（Daniel Klerman）
　　　保罗·马奥尼（Paul G. Mahoney）
　　　霍格尔·斯帕曼（Holger Spamann）
　　　马克·韦恩斯坦（Mark I. Weinstein）
译者：刘城（David William Wright）　　　审阅：张永健
校定：许菁芳、张凯评、韩馨仪　　　　　统稿：程金华

一、引言 / 404

二、实证策略——自变量 / 408

三、发展 / 413

四、其他因变量：金融市场、失业率、制度 / 422

五、讨论 / 424

六、结论 / 425

选编后记（张永健）/ 428

第一编
民事权利的实证研究

本编导读

张永健

我们在选择第二编与第五编（也由笔者撰写导读）的经典文献时，刻意挑选了一串长文献中的几篇代表性作品，使读者有机会看到法实证研究大师高手过招的方式。[1]但是，本编不同。笔者是私法学者，有特别注意到必须包括侵权法、合同法、物权法的文章，使不同私法领域的学子都有观摩对象。[2]

---

[1] 在刑法领域，死刑的吓阻效果，也有一长串文献。参见 John J. Donohue & Justin J. Wolfers, *Uses and Abuses of Empirical Evidence in the Death Penalty Debate*, Stanford Law Review, Vol.58, p.791–846 (2006); John J. Donohue, *The Death Penalty*, in Alain Marciano & Giovanni Battista Ramello eds., Encyclopedia of Law and Economics, Springer, 2014; John J. Donohue & Justin Wolfers, *Estimating the Impact of the Death Penalty on Murder*, American Law and Economics Review, Vol.11, p.249–309 (2009)。

[2] 继承法的实证研究没有很多，大卫·霍顿（David Horton）教授算是著述最勤者。参见 David Horton, *In Partial Defense of Probate: Evidence from Alameda County, California*, Georgetown Law Journal, Vol.103, p.605–664 (2015); Reid Kress Weisbord & David Horton, *Boilerplate and Default Rules in Wills Law: An Empirical Analysis*, Iowa Law Review, Vol.103, p.663–712 (2017); David Horton, *Partial Harmless Error for Wills: Evidence from California*, Iowa Law Review, Vol.103, p.2027–2068 (2017). 笔者也有几篇进行中的实证研究，例如：黄诗淳、张永健、何叔孋：《身后事，不歧视？遗产分配性别偏好的实证研究》，载《"中研院"法学期刊》2023年第32期，第149—205页；黄诗淳、张永健、何叔孋、陈昱廷：《3179笔经公证、认证遗嘱的实证研究》，载《公证法学》2023年第19期，第2—19页；Yun-chien Chang, Sieh-chuen Huang & Su-Li Her, *Son Preference: An Empirical Study of Estate Distribution in Wills*, Cornell International Law Journal (2024 forthcoming)。此外，有关信托法的实证研究，参见 Robert H. Sitkoff & Max M. Schanzenbach, *Jurisdictional Competition for Trust Funds: An Empirical Analysis of Perpetuities and Taxes*, Yale Law Journal, Vol.115, p.356–437 (2005); Adam Hofri-Winogradow, *The Statutory Liberalization of Trust Law across 152 Jurisdictions: Leaders, Laggards and the Market in Fiduciary Services*, UC Davis Law Review, Vol.53, p.2313–2355 (2020).

本编除了第三篇由汤姆·迈尔斯教授挑选外,其他三篇都是笔者力主收录的文章。于公于私,我都很喜欢这几篇文章。第一篇文章有两位作者,已经过世的西奥多·艾森伯格(Theodore Eisenberg)教授到纽约大学客座时,教了我法实证研究。我展开学术生涯后,有幸与他合作了几篇论文,而这些文章的主题都是精神损害金,与第一篇论文的主题密切相关;[1]只可惜天不假年,他不到70岁就遽返道山。另一位作者是现任康奈尔大学统计系主任马丁·威尔斯(Martin T. Wells),他除了是前述两篇论文的共同作者,后来也与我有一系列文章合作。[2]第一篇文章讲述画图的重要性("Know your data",艾森伯格教授上课总是这么说),以及使用 OLS 回归模型的前提要件。文章中展示,数值取了对数,才能披露变量中的线性关系。许多中学后抛弃了数学,法律学了几年才对实证研究产生兴趣的人,往往不能理解为何要把数值取对数。在笔者自己其他的研究中发现,例如研究不动产面积与不动产单位价格的关联时,是否将两个变量取对数至关重要。[3]没有取对数前,数据看起来彼此毫无瓜葛、没有模式;而一旦取了对数,清晰的图像由然而生。

不过,在艾森伯格教授过世后,他的好同事杰弗里·拉赫林斯基(Jeffrey J. Rachlinski)教授写文章继续思考取对数后作分析的延伸议题。[4]拉赫林斯基是做实验室实验的高手,他引用心理学实验的发现,说明大多数人对于侵权的严重程度的排序都有共识,但是当人(陪审员)被要求把侵权的严重程度转换为具体的金钱数字时,会产生高度分歧。这也是为何,财产上损害赔偿金额、精神损害金额的原始数字,让人看不出端倪。拉赫林斯基教授指出,将这些金额取自然对数后看到的线性关系,是扁平化陪审员酌定金额时的差异与错误下的产物。此外,虽然将财产上损害赔偿、精神损害金的数额取对数后,两者呈现

---

[1] Yun-chien Chang et al., *Pain and Suffering Damages in Personal Injury Cases: An Empirical Study,* Journal of Empirical Legal Studies, Vol.14, p.199–237 (2017); Yun-chien Chang et al., *Pain and Suffering Damages in Wrongful Death Cases: An Empirical Study*, Journal of Empirical Legal Studies, Vol.12, p.128–160 (2015). 笔者撰写的另一篇损害名誉精神损害金的实证研究,参见 Yun-chien Chang, Han-wei Ho & Jimmy Chia-Shin Hsu, *Non-Pecuniary Damages for Defamation, Personal Injury, and Wrongful Death: An Empirical Analysis of Court Cases in Taiwan*, The Chinese Journal of Comparative Law, Vol.4, p.69–97 (2016).

[2] Yun-chien Chang, Nuno Garoupa & Martin T. Wells, *Drawing the Legal Family Tree: An Empirical Comparative Study of 170 Dimensions of Property Law in 129 Jurisdictions*, Journal of Legal Analysis, Vol.13, p.231–282 (2021). 另外还有两篇进行中的法律机器学习文章。

[3] Yun-chien Chang, *An Empirical Study of Court-Adjudicated Takings Compensation in New York City: 1990–2003*, Journal of Empirical Legal Studies, Vol.8, p.384–412 (2011).

[4] Jeffrey J. Rachlinski, *Does Empirical Legal Studies Shed More Heat than Light? The Case of Civil Damage Awards*, Ratio Juris, Vol.29, p.556–571 (2016).

线性关系,但此线性关系在高额与低额时的意义不同。在对数尺度下,回归模型可以算出信赖区间——若在图上表示,信赖区间就与"拟合线"(fitted line;又译"配适线")平行的两条线所构成的空间。但若把信赖区间的上界与下界(目前为对数尺度),以取指数方式还原为现实世界使用的尺度,就会发现,当财产上损害赔偿数额变高时,信赖区间的上界会指数上升,使现实世界尺度的信赖区间极为宽广。这表示,回归模型纵使能发现趋势,但在高诉讼标的金额案件,对于帮助陪审员或法官依据过去的裁判趋势作出判决,没什么帮助。立法者如果有意限缩精神损害金的裁量范围,提高判决可预见性,在对数尺度下能发现线性关系,并不能导出立法者毋须采取行动。

第二篇文章的作者之一是弗洛伦西亚·马罗塔-伍格勒(Florencia Marotta-Wurgler)教授。笔者和她同时抵达纽约大学法学院,不过我是国际学生,她是年轻教员。马罗塔-伍格勒教授在实证合同法的圈子里是异数。合同法的实证研究,首先要掌握具有统计代表性的相当数量的合同,但合同不总是要式,许多合同也保密,没有保密的合同也不会存放在某个资料库中,因此几乎不可能系统研究现实世界中的合同。[1] 因此,许多合同法学者是以实验室研究,探讨合同法的规范,以及受合同拘束者的行为表现。[2] 马罗塔-伍格勒教授则不然,研究现实世界的合同,但聪明地找到线上消费者签署的格式合同这个研究领域。[3] 此种合同的内容,研究者可以轻易查知、储存,所以剩下的问

---

[1] 一个重要的尝试,研究进入争讼程序的租赁合同,参见 David A. Hoffman & Anton Strezhnev, *Leases as Forms*, Journal of Empirical Legal Studies, Vol.19, p.90–134 (2022)。

[2] David A. Hoffman & Tess Wilkinson-Ryan, *Breach is for Suckers,* Vanderbilt Law Review, Vol.63, p.1003–1046 (2010); Zev J. Eigen, *When and Why Individuals Obey Contracts: Experimental Evidence of Consent, Compliance, Promise, and Performance*, The Journal of Legal Studies, Vol.41, p.67–93 (2012); Dorothee Mischkowski, Rebecca Stone & Alexander Stremitzer, *Promises, Expectations, and Social Cooperation,* The Journal of Law and Economics, Vol.62, p.687–712 (2019); Richard R.W. Brooks, Alexander Stremitzer & Stephan Tontrup, *Stretch It But Don't Break It: The Hidden Cost of Contract Framing,* The Journal of Legal Studies, Vol.46, p.399–426 (2017); Omri Ben-Shahar & Adam Chilton, *Simplification of Privacy Disclosures: An Experimental Test,* The Journal of Legal Studies, Vol.45, p.S41–S67 (2016). 早期实证合同法研究的回顾,参见 Zev J. Eigen, *Empirical Studies of Contract,* Annual Review of Law & Social Science, Vol.8, p.291–306 (2012)。

[3] 另一种研究可能,就是研究公司章程此种合同,但学者通常都在公司法的理论背景下论述,参见 Lauren Yu-Hsin Lin & Curtis J. Milhaupt, *Party Building or Noisy Signaling? The Contours of Political Conformity in Chinese Corporate Governance*, The Journal of Legal Studies, Vol.50, p.187–217 (2021); Geeyoung Min & Hye Young You, *Active Firms and Active Shareholders: Corporate Political Activity and Shareholder Proposals*, The Journal of Legal Studies, Vol.48, p.81–116 (2019); Yun-chien Chang & Lauren Yu-Hsin Lin, *Do State-Owned Enterprises Have Worse Corporate Governance? An Empirical Study of Corporate Practices in China*, European Business Organization Law Review, Vol.23, p.711–734 (2022). 以合同法视角研究公司章程,参见 Yair Listokin, *What Do Corporate Default Rules and Menus do? An Empirical Examination*, Journal of Empirical Legal Studies, Vol.6, p.279–308 (2009); Yu-Hsin Lin & Yun-chien Chang, *An Empirical Study of Corporate Default Rules and Menus in China, Hong Kong and Taiwan*, Journal of Empirical Legal Studies, Vol.15, p.875–915 (2018)。

题是谁有使用这样的合同。公司/卖方或许基于隐私保护的规范、商业考量等种种原因无意与研究者合作（但有些公司愿意，所以研究者不要轻易放弃[1]），所以马罗塔-伍格勒教授由消费者端下手，记录知情的消费者上网的每一步。

有了合同、有了合同消费者花费在阅读合同的时间纪录，要写什么法实证研究论文？如果只是单纯计算消费者在点选"我同意"之前的时间，则很可能只会引来"我早就知道了"之讥。但马罗塔-伍格勒教授与共同作者，将研究问题放在法经济分析的理论脉络下（详见本书第2章）。这是点石成金的一步，也是中文世界法实证研究论文往往缺乏的一步。换言之，发现现象的法实证研究固然有贡献，但检验理论的法实证研究，因为有更一般性的贡献，影响更为深远。读者应该细细体察本编第二篇文章的铺陈方式。[2]

第三篇文章探讨医师的防御性医疗行为。在美国法学界，此类题目属于"医疗疏失法"（medical malpractice law）或"健康法"（health law）这个子领域，通常是侵权法学者挑大梁。在经济学，此类题目是"健康经济学"（health economics）这种"应用微观经济学"（applied microeconomics）或"应用计量经济学"（applied econometrics）的一个具体部门。由于跨领域研究的兴盛，以及具有经济学博士学位者在顶尖法学院任教，医疗数据十分丰富，医疗法的实证研究繁荣兴盛。詹妮弗·阿伦（Jennifer H. Arlen）[3]、凯西·泽勒（Kathy Zeiler）[4]、迈克尔·弗雷克斯（Michael D. Frakes）[5]、伯尼·布莱克（Bernie

---

[1] 较为成功的研究示例，参见 Oren Bar-Gill & Rebecca Stone, *Pricing Misperceptions: Explaining Pricing Structure in the Cell Phone Service Market*, Journal of Empirical Legal Studies, Vol.9, p.430–456 (2012); Alan Kwan, S. Alex Yang & Angela Zhang, *Crowd-judging on Two-sided Platforms: An Analysis of In-group Bias*, Management Science, Vol.70, p.2459-2476 (2023)。

[2] 马罗塔-伍格勒教授和另外两位知名学者，为了撰写美国法学会的消费合同整编法，也以实证方法探询，到底哪些案例是真正有影响力的实务见解。参见 Oren Bar-Gill, Omri Ben-Shahar & Florencia Marotta-Wurgler, *Searching for the Common Law: The Quantitative Approach of the Restatement of Consumer Contracts*, The University of Chicago Law Review, Vol.84, p.7–35 (2017)。

[3] Jennifer H. Arlen, *The Essential Role of Empirical Analysis in Developing Law and Economics Theory*, Yale Journal on Regulation, Vol.38, p.480–502 (2021). 该文说明了医疗法的实证研究对其理论发展的重要性。

[4] Michelle M. Mello & Kathryn Zeiler, *Empirical Health Law Scholarship: The State of the Field*, Georgia Law Journal, Vol.96, p.649–702 (2007). 该文回顾了当时的健康法实证研究文献，泽勒教授也在2022年担任了美国法实证研究学会的会长。

[5] Michael D. Frakes, *The Impact of Medical Liability Standards on Regional Variations in Physician Behavior: Evidence from the Adoption of National-standard Rules*, American Economic Review, Vol.103, p.257–276 (2013); Michael D. Frakes, *Defensive Medicine and Obstetric Practices*, Journal of Empirical Legal Studies, Vol.9, p.457–481 (2012).

Black）[1]、大卫·海曼（David Hyman）[2]等许多学者都作出卓越贡献。

第四篇文章是本书唯一的物权法实证研究论文，显示了我作为物权法学者的高度自制。物权法的实证研究数量非常有限，远少于合同法与侵权法实证研究的数量，而且许多研究还是在物权法与公法交叉议题的实证研究，例如征收[3]、土地登记与测量[4]、土地管制与都市政策[5]。乔纳森·克列克（Jonathan Klick）和吉迪恩·帕乔莫夫斯基（Gideon Parchomovsky）关于英国新增漫游权对地价的影响，[6]迈克·希尔（Mike H. Schill）等人关于选择区分所有或合作式住宅作为小区的物权框架对房价的影响，[7]大概是少数私法性质浓厚的物权法

---

[1] 布莱克教授是美国法实证研究学会成立最初十年（2006—2016年）的会长。

[2] Myungho Paik et al., *Will Tort Reform Bend the Cost Curve? Evidence from Texas*, Journal of Empirical Legal Studies, Vol.9, p.173–216 (2012); Myungho Paik, Bernard Black & David A. Hyman, *The Receding Tide of Medical Malpractice Litigation: Part 1 (National Trends*, Journal of Empirical Legal Studies), Vol.10, p.612–638 (2013); Myungho Paik, Bernard Black & David A. Hyman, *Damage Caps and the Labor Supply of Physicians: Evidence from the Third Reform Wave*, American Law and Economics Review, Vol.18, p.463–505 (2016).

[3] Wenzheng Mao & Shitong Qiao, *Legal Doctrine and Judicial Review of Eminent Domain in China*, Law & Social Inquiry, Vol.46, p.826–859 (2021); Ronit Levine-Schnur & Gideon Parchomovsky, *Is the Government Fiscally Blind? An Empirical Examination of the Effect of the Compensation Requirement on Eminent-Domain Exercises*, The Journal of Legal Studies, Vol.45, p.437–469 (2016); Ronit Levine-Schnur, *Political Divide, Weak Property Rights, and Infrastructure Provision: An Empirical Examination of Takings Decisions in Jerusalem*, Law and Social Inquiry Vol.47, p.821–856 (2022); Yun-chien Chang, *Empire Building and Fiscal Illusion? An Empirical Study of Government Official Behaviors in Takings*, Journal of Empirical Legal Studies Vol.6, p.541–584 (2009); Yun-chien Chang, *An Empirical Study of Compensation Paid in Eminent Domain Settlements: New York City 1990–2002*, Journal of Legal Studies, Vol.39, p.201–244 (2010); Yun-chien Chang, *Self-Assessment of Takings Compensation: An Empirical Study*, Journal of Law, Economics and Organization, Vol.28, p.265–285 (2012); Yun-chien Chang, *Private Property and Takings Compensation: Theoretical Framework and Empirical Analysis*, Edward Elgar, 2013.

[4] Gary D. Libecap & Dean Lueck, *The Demarcation of Land and the Role of Coordinating Property Institutions*, Journal of Political Economy, Vol.119, p.426–467 (2011); Gary D. Libecap & Dean Lueck, *Land Demarcation Systems*, in Kenneth Ayotte & Henry E. Smith eds., Research Handbook on the Economics of Property Law, Edward Elgar, 2011; Gary D. Libecap, Dean Lueck & Trevor O. Grady, *Large-Scale Institutional Changes: Land Demarcation in the British Empire*, Journal of Law and Economics, Vol.54, p.295–327 (2011).

[5] Ioan Voicu & Vicki Been, *The Effect of Community Gardens on Neighboring Property Values*, Real Estate Economics, Vol.36, p.241–283 (2008); Vicki Been, Josiah Madar & Simon McDonnell, *Urban Land-Use Regulation: Are Homevoters Overtaking the Growth Machine?*, Journal of Empirical Legal Studies, Vol.11, p.227-265 (2014); Jenny Schuetz, Rachel Meltzer & Vicki Been, *Silver Bullet or Trojan Horse? The Effects of Inclusionary Zoning on Local Housing Markets in the United States*, Urban Studies, Vol.48, p.297–329 (2011).

[6] Jonathan Klick & Gideon Parchomovsky, *The Value of the Right to Exclude: An Empirical Assessment*, Vol.165, p.917–966 (2017).

[7] Michael H. Schill, Ioan Voicu & Jonathan Miller, *The Condominium versus Cooperative Puzzle: An Empirical Analysis of Housing in New York City*, Journal of Legal Studies, Vol.36, p.275–324 (2007).

实证研究。[1]笔者学术生涯中也为物权法实证研究作出些许贡献。[2]此外，也有一些实验室实验，可以归为物权法的实证研究，[3]但其中许多都是科斯定理相关的主题。[4]

第四篇文章作者瑞恩·巴布（Ryan Bubb）教授和我出道时间差不多，该文是法实证研究学会年会的研讨会论文，我们在会上恰好先后进行报告。[5]巴布教授以断点回归（实证法经济学界认可的因果推论方法之一[6]），研究物权法问题，在当时的法实证研究学圈颇受瞩目，此论文是物权法实证研究的里程碑。断点回归必须有武断的界分，可遇而不可求（我们预期，也希望，现实世界中的政策并不武断）。非洲国家的国界受殖民历史影响，往往并没有依据高山、河流或其他自然条件而划定[7]（如果有，断点就不一定武断），因此成为使用断点回归的热门情境。除了巴布教授的该文之外，最近仍有顶尖研究持续探索武断国家造成的法系渊源、法律制度差异，产生何种影响。[8]

---

[1] Jonathan Klick & Gideon Parchomovsky, *The Value of the Right to Exclude: An Empirical Assessment*, University of Pennsylvania Law Review Vol.165, p.917–966 (2016).

[2] Yun-chien Chang, *Tenancy in "Anticommons"? A Theoretical and Empirical Analysis of Co-ownership*, Journal of Legal Analysis, Vol.4, p.515–553 (2012); Yun-chien Chang, *To Tear Down or Not to Tear Down? An Empirical Study of Boundary Encroachment Cases in Taiwan*, in Yun-chien Chang ed., Empirical Legal Analysis: Assessing the Performance of Legal Institutions, Routledge, 2014; Yun-chien Chang, *Wealth Transfer Laws in 153 Jurisdictions: An Empirical Comparative Law Approach*, Iowa Law Review, Vol.102, p.1915–1944 (2018); Yun-chien Chang & Henry E. Smith, *Convergence and Divergence in Systems of Property Law: Theoretical and Empirical Analyses*, Southern California Law Review, Vol.92, p.785–808 (2019); Anu Bradford et al., *Do Legal Origins Predict Legal Substance?*, The Journal of Law and Economics, Vol.64, p.207–231 (2021); Yun-chien Chang, *Property Law: Comparative, Empirical, and Economic Analyses*, Cambridge University Press, 2023.

[3] Oren Bar-Gill & Christoph Engel, *Bargaining in the Absence of Property Rights: An Experiment*, The Journal of Law and Economics, Vol.59, p.477–495 (2016).

[4] Elizabeth Hoffman & Matthew L. Spitzer, *The Coase Theorem: Some Experimental Tests*, Journal of Law and Economics, Vol.25, p.73–98 (1982); Elizabeth Hoffman & Matthew L. Spitzer, *Experimental Tests of the Coase Theorem with Large Bargaining Groups*, Journal of Legal Studies, Vol.15, p.149–171 (1986); Yun-chien Chang et al., *Emotional Bargaining After Litigation: An Experimental Study of the Coase Theorem*, Unpublished working paper (2023).

[5] 有关当时的趣事，参见张永健：《法经济分析：方法论20讲》，北京大学出版社2023年版。

[6] 各种因果推论方法的简介，参见张永健：《法实证研究——原理、方法、应用》，新学林出版股份有限公司2022年版。

[7] 相关背景可参考本书第15章。

[8] Siwan Anderson, *Legal Origin and Female HIV*, American Economic Review, Vol.108, p.1407–1439 (2018); Daniel Klerman & Miguel de Figueiredo, *Legal Origin from Outer Space*, Unpublished working paper (2023).

第一章
重磅案件中惩罚性与补偿性赔偿的显著关联：方法论入门[*]

The Significant Association Between Punitive and Compensatory Damages in Blockbuster Cases: A Methodological Primer

作者： 西奥多·艾森伯格（Theodore Eisenberg）
马丁·威尔斯（Martin T. Wells）

译者： 李有

校定： 许菁芳、张凯评

审阅： 张永健

统稿： 程金华

本章聚焦一个评估高额惩罚性赔偿及其他偏态数据集的分布形态时的统计方法论问题。对研究惩罚性赔偿的学者而言，高额惩罚性赔偿的裁决是亟须开拓的实证研究前沿领域。已有多项研究利用各异的数据库就若干问题得出了一致结论。例如，虽然总有人声称惩罚性赔偿的裁决屡见不鲜且数量激增，但几乎所有的实证研究都发现，此类裁决只在当事人故意行使不法行为时才比较可能出现，总

---

[*] Theodore Eisenberg and Martin T. Wells, The Significant Association Between Punitive and Compensatory Damages in Blockbuster Cases: A Methodological Primer, 3 *Journal of Empirical Legal Studies* 175 (2006). © 2006 Cornell Law School and Wiley Periodicals, Inc.

体上数量很少，也并未持续增长。另一种论断认为，陪审团在做出惩罚性赔偿裁决时是无迹可寻，甚至随意至极的，但目前还没有证据证明这种系统性风险的存在。相反，大量案件告诉我们：补偿性赔偿与惩罚性赔偿的金额显著相关。极端的巷议街谈说，惩罚性赔偿制度已然失控，但这些议论很少经得起专家学者的检验。事实证明，我们不能把"麦当劳咖啡案"这个惩罚性赔偿制度改革的经典案例当作大规模侵权制度改革的基础。

惩罚性赔偿经常发生或是赔偿性惩罚和补偿性惩罚金额之间无关的说法并不可信，那么巨额惩罚性赔偿就成了实证研究中余下不多，尚待开垦的前沿领域。事实上，麻烦的并非惩罚性赔偿案例数量众多，而是那些少数但极端的巨额案例。最近，一个新数据库让我们可以对高额惩罚性赔偿裁决进行系统化研究。该数据库由琼妮·赫希（Joni Hersch）与 W. 吉普·维斯库西（W. Kip Viscusi）组建（以下简称"Hersch—Viscusi 数据库"），将裁决赔偿金额超过 1 亿美元的案件都纳入其中。[1] 赫希与维斯库西认为，在这些"重磅案件"中，惩罚性赔偿与补偿性赔偿的裁决金额之间没有相关性。本章也试图通过该数据库来研究高额惩罚性赔偿案件的规律和特征。但我们更加严谨地运用了传统数理统计方法，并以科学揭示了惩罚性赔偿与补偿性赔偿金额的相关性。分析该数据库的过程可以告诉我们，只有在深入考察样本数据之后才能有效运用回归统计模型。也只有在充分检验回归统计模型所依赖的理论假设之后，回归模型才值得被信赖。便捷的现代计算机科学和强大的回归统计方法方便了我们理解数据的发展趋势，却可能让我们忽视重要的细节。这不仅会导致研究结果发生错误，也可能误导不懂技术的天真学者信以为真。

一、Hersch—Viscusi 数据库

赫希与维斯库西分析了 1985 年 1 月至 2003 年 6 月审结的 63 个案例，以及其惩罚性赔偿与补偿性赔偿金额的相关性。他们"详细地收集了所有惩罚性赔偿金额不低于 1 亿美元的案件"，其中包含三件由法官审理（bench trial）[2] 的

---

[1] Joni Hersch & W. Kip Viscusi, *Punitive Damages: How Judges and Juries Perform*, 33 J. Legal Stud. 1 (2004).
[2] 译者注：在美国，"bench trial"是指由法官独自审理的案件，而"jury trial"是指由陪审团审理的案件。作者在此特别说明有三个案件由法官审理，是因为赫希与维斯库西（2004）的研究结论限于陪审团审理的案件。作者在后文也对此进行了说明。

案例。不同于运用其他数据库进行的研究，该研究认为在同一案件中，惩罚性赔偿与补偿性赔偿的金额没有特别值得关注的相关性："对这些超高额判例的分析表明，（惩罚性赔偿）与补偿性赔偿金额之间不存在统计学上的相关性。"然而，在更加严谨地处理和分析数据之后，我们发现这一结论值得商榷。传统的回归统计分析表明，高额案件中惩罚性赔偿与补偿性赔偿金额之间的相关性比其声称的要强得多。

二、惩罚性赔偿与补偿性赔偿的关系

要理解为何赫希与维斯库西（2004）的研究低估了惩罚性赔偿与补偿性赔偿金额的相关性，我们首先需要回顾统计学分析两个连续变量相关性的基本原则。表1–1是由陪审团做出的惩罚性赔偿与补偿性赔偿金额的描述性统计。我们发现，表中数据呈现偏态分布，表现为两类裁决金额的算术平均数都高于其中位数。具体地讲，惩罚性赔偿金额的中位数是2亿美元，而其算术平均数超过30亿美元；补偿性赔偿金额的中位数是2300万美元，而其算术平均数在2亿美元左右。这些数值异常地大，但请读者注意，以上数据库本身选取的就是金额超过1亿美元的惩罚性赔偿裁决，因此这么大的数字并不足为奇。

表1–1 Hersch—Viscusi数据库中陪审团决定的惩罚性赔偿金额
（惩罚性赔偿至少1亿美元，1985—2003年）

单位：千美元

	平均数	中位数	最小值	最大值	样本数
补偿性赔偿	217317	23318	170	7530000	60
惩罚性赔偿	3506958	200000	100000	144871400	60

（一）绘制数据图的重要性

现有数据颇为极端，而探索两个连续变量的关系的第一步，往往是数据散点图。因此，我们将惩罚性和补偿性赔偿的裁决金额在坐标轴中绘制出来，如图1–1所示。为了准确地解释这张图，我们通过图1–2与图1–3来呈现另一组数据——这组数据通常被用来研究哺乳动物体重和脑重之间的关系。统计学教科书一般这样介绍这组数据："最初，当人们试图绘制哺乳动物脑重（以克为单位）与体重（以公斤为单位）数据散点图的时候……他们马上就意识到，有必要对数据进行某些转换。散点图中的大部分点都挤在左下角，只有很少数几个点零落在他处。由于这两个变量的方差较大，一种合适的选择就是对数据进行对数变换（log transformation）。"

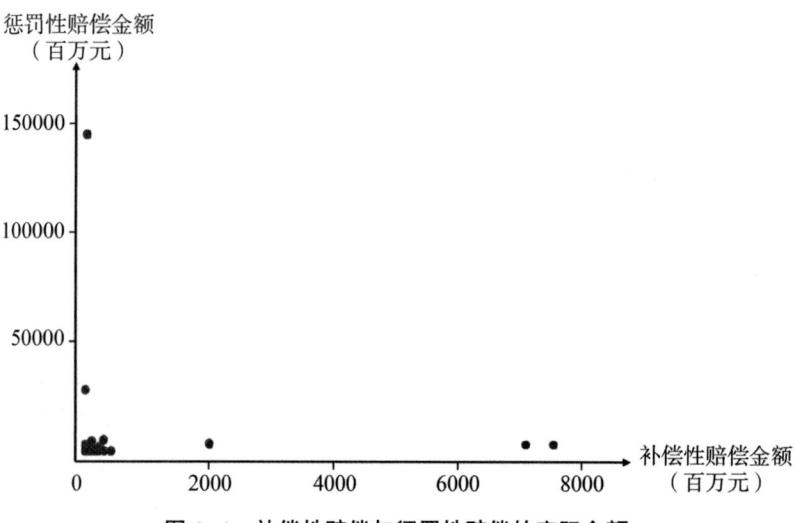

图 1-1　补偿性赔偿与惩罚性赔偿的实际金额

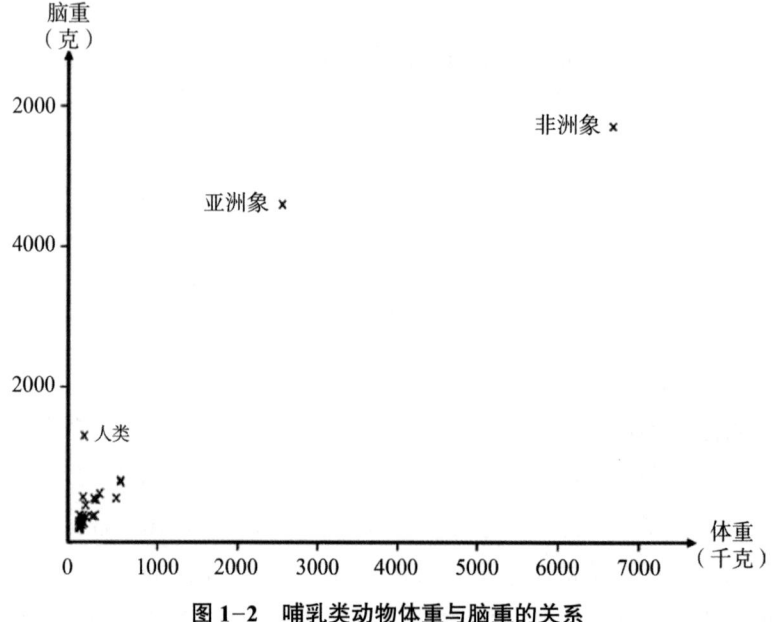

图 1-2　哺乳类动物体重与脑重的关系

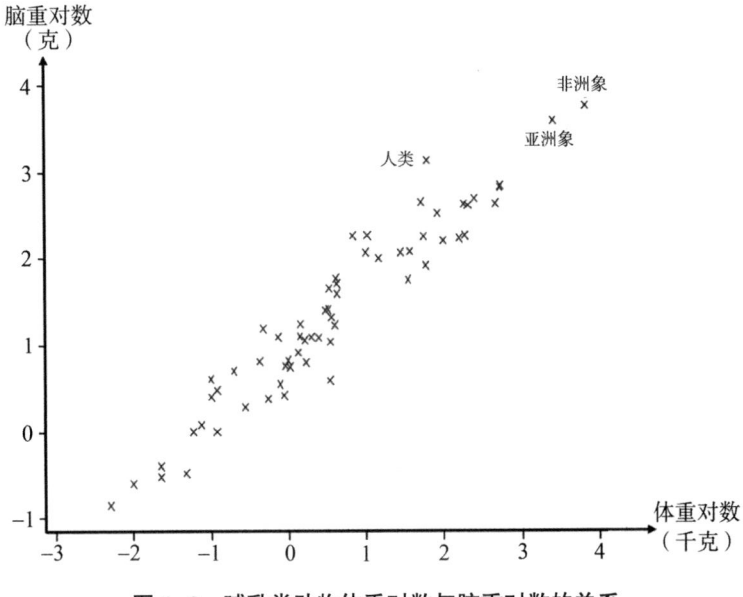

图 1-3　哺乳类动物体重对数与脑重对数的关系

比较图 1-2 与图 1-3，对数变换达到了非常理想的效果。两幅图运用的数据完全相同，只是第二张图对每个变量都做了对数变换。我们发现，后图呈现了哺乳动物脑重和体重之间显著的线性相关性。如此一来，那些根据前图宣称哺乳动物脑重和体重之间不存在显著相关性的论断便不攻自破。

无独有偶，惩罚性赔偿与补偿性赔偿金额的数据规律也是如此。我们发现，图 1-1 中的数据就如同"脑重—体重"那样，"大部分点都挤在左下角"，无法呈现惩罚性赔偿与补偿性赔偿金额之间的相关性。这也让我们"马上就意识到有必要对数据进行某些转换"。表 1-1 数据的偏态性告诉我们，对数变换是恰当的技术选择。赫希与维斯库西之所以会做出惩罚性赔偿与补偿性赔偿之间不存在相关性这一错误论断，部分原因就是他们使用了不恰当的统计模型。在这里，运用普通最小二乘法（OLS）模型的基本假设条件没有被满足。我们应当意识到，像上述研究那样直接利用图 1-1 的数据来建立回归模型的做法只能得到糟糕的结果。这个糟糕的结果不能说明惩罚性赔偿与补偿性赔偿的金额不相关或相关性不显著，它只能表明统计模型的不恰当很可能导致研究结果出问题。为了更好地将数据可视化，我们把图 1-1 中的数据转换为以 10 为底数的对数，并绘制了一张新散点图，如图 1-4 所示。

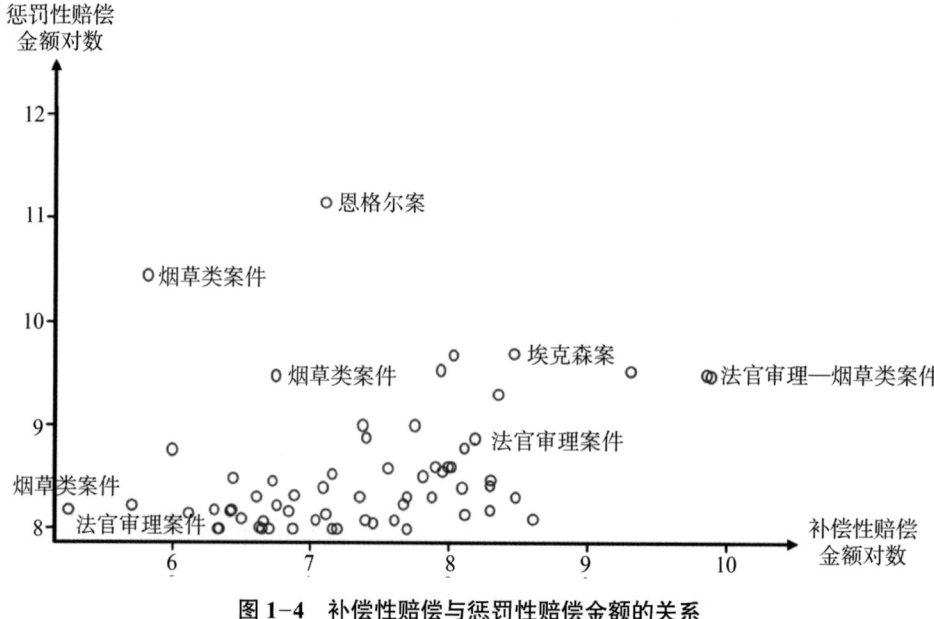

图 1-4 补偿性赔偿与惩罚性赔偿金额的关系

图 1-4 比图 1-1 更具说服力。我们现在可以把不同类型的裁决区分开了：虽然大部分数据都呈现向上倾斜的趋势，但有几项裁决的数额却与大部分裁决的数额相去甚远。由此，图 1-4 对烟草类案件（以烟草类公司为被告的案件，如恩格尔案）和赔偿金额特别高的埃克森案做了特殊标记。我们发现至少 5 起烟草类案件，其中 4 起由陪审团审理，1 起由法官审理，它们的裁决金额明显异于大多数惩罚性赔偿案。事实上，国家烟草交易中存在巨大的利益集团，加之烟草行业特殊的历史背景，这些都可能促使烟草类案件与众不同。因此，无论是催生这些案件的社会动因还是本章的探索性数据分析，都足以解释烟草类案件为何标新立异。

（二）数据的回归模型

图 1-5 展现的数据与图 1-4 相同，但在其基础上又增加了两条回归拟合线。较高的那条回归拟合线仅代表 5 起烟草类案件，较低的代表另外 58 个案件。两条拟合线近乎平行，这说明，回归公式可以增加一个虚拟变量来考量是

否为烟草类案件,其系数将回归模型常数项水平上移。[1]

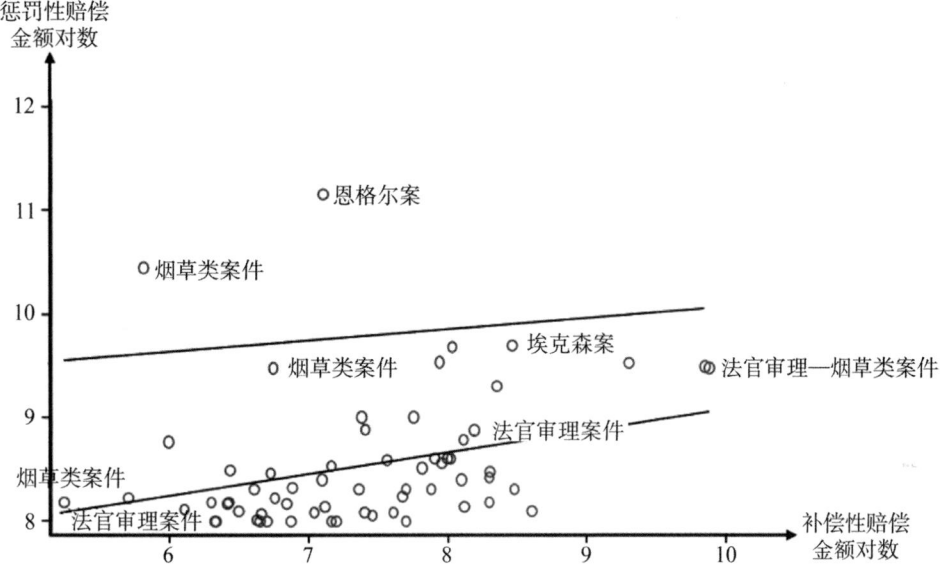

图 1-5　补偿性赔偿与惩罚性赔偿金额的关系拟合

假设使用 OLS 统计方法是合理的,那么顺着赫希与维斯库西的研究,我们可以将研究样本缩小为仅包含由陪审团审理的案件。这是因为该研究认为,在由陪审团审理的案件中,惩罚性赔偿和补偿性赔偿的金额无显著相关。表 1-2 中的模型 1 和模型 2 都将惩罚性赔偿金额的对数作为因变量,同时所有模型都包含"年份"这个变量以寻找可能的线性时间趋势。其他解释变量包括模型 1 中的补偿性赔偿金额、模型 2-5 中的补偿性赔偿金额和烟草类案件虚拟变量。尽管我们无法准确地复制出赫希与维斯库西的研究结果,模型 1 与他们研究中的对数模型最为接近。[2] 为了进一步讨论,我们承认由模型 1 和该研究所建的对数模型所得出的研究结论——惩罚性赔偿和补偿性赔偿的金额之间没有显著的相关性。

然而,表 1-2 说明了为何赫希与维斯库西得出的两种赔偿金额之间没有显

---

〔1〕 当样本仅限于陪审团审理的案件时(也即本章之后的处理方式),无论统计模型是使用虚拟变量(是否为烟草案件)与惩罚性赔偿(对数)乘积作为交互项,还是只使用虚拟变量(是否为烟草案件),都会得到类似的结果。事实上,交互项模型略优于虚拟变量模型,因为调整后的 R^2 为 0.52,而表 2 中模型 2 的 R^2 为 0.49,且"赤池信息量准则"(Akaike information criteria)更低。我们的目的是说明两点:(1)将烟草类案件纳入考量的统计模型,无论在技术上采用交互项还是虚拟变量,其说服力都比不将烟草类案件纳入考量的统计模型来得更强;(2)合理地考量烟草类案件会揭示出惩罚性赔偿和补偿性赔偿金额之间的显著相关性。

〔2〕 赫希与维斯库西所建的数据库并未用统计模型去控制时间变量。

著相关性的论断是错误的。如模型 2 所示，当我们增加了是否为烟草类案件这个虚拟变量之后，R^2 的值就会被调整至 0.5 左右，并显示出惩罚性和补偿性赔偿金额之间高度显著的相关性。此时，R^2 的解释力与模型中那些惩罚性赔偿金额尚未达到极端高额的裁决基本持平。

表 1-2　重磅案件补偿性赔偿金额对惩罚性赔偿金额的影响

	1	2	3	4	5
	因变量 =				
	惩罚性赔偿（取对数）（最接近 Hersch—Viscusi 的模型）	惩罚性赔偿（取对数）	惩罚性赔偿（作最小偏度变换）	惩罚性赔偿（排除恩格尔案）	惩罚性赔偿（作最小偏度变换并调整恩格尔案）
	没有烟草类案件变量	有烟草类案件变量	有烟草类案件变量	有烟草类案件变量	有烟草类案件变量
补偿性赔偿金额（取对数）	0.217* （2.21）	0.375** （4.82）	1.670** （5.20）	1.496** （5.20）	1.759** （5.12）
年份	0.032* （2.03）	0.013 （1.05）	0.062 （1.18）	0.062 （1.29）	0.061 （1.11）
烟草类案件		1.776*** （3.63）	5.998** （4.76）	4.940** （3.48）	6.495** （4.52）
常数	−57.446+ （1.83）	−19.574 （0.81）	−117.229 （1.12）	−116.760 （1.22）	−116.863 （1.06）
样本数	60	60	60	59	60
Adjusted r^2	0.07	0.49	0.38	0.32	0.38

说明：+表示在0.1统计水平上显著，*表示在0.05统计水平上显著，**表示在0.01统计水平上显著；括号内为回归分析的稳健标准误差。

（三）评估回归模型

就方法论而言，现在对上述分析下结论仍然为时过早。正如可靠的回归分析需要通过作图来检验数据，可靠的计量方法也需要在解释显著性水平和方差的基础上再进行后验分析（postestimation analysis）。

1. 检验残差图及进一步变换

画出残差值与其他值的关系图是检验 OLS 基本假设是否得到满足的必经步骤。"其中最常用并且在简单回归中最有效的是残差值与拟合值的关系图。"如图 1-6 所示，当我们检验学生化残差（studentized residuals）与拟合值（拟合值来源于表1-2的模型2)之间的关系时,就会发现残差分布并不理想。如果OLS假设条件得到满足,那么其分布图就应该以某种随机形式呈现,但在图1-5中,残差值却随拟合值的增加而增加,这表明残差值具有非恒定的方差(异方差性)。[1]异方差测试表明,我们可以拒绝OLS基本假设中的同方差假设($p<0.0001$)。

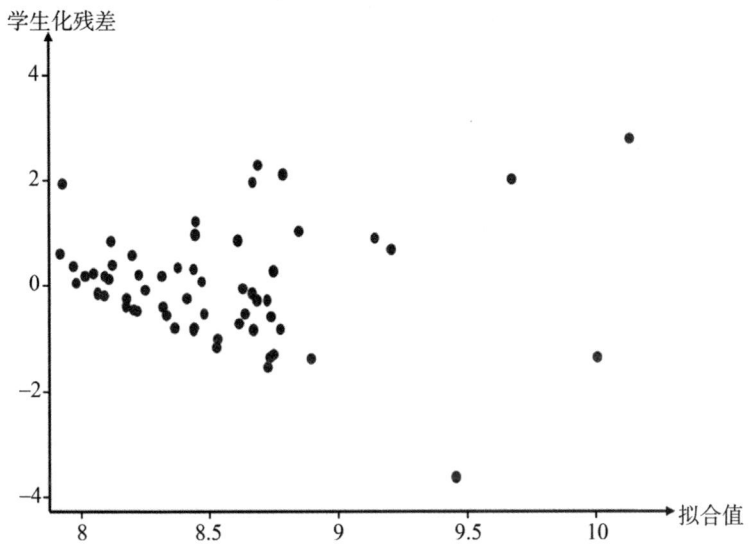

图1-6 学生化残差与拟合值的关系(因变量=惩罚性赔偿取对数)

说明:本图根据表1-2中的模型2而绘制。

为了化解当前统计模型的局限性,我们对因变量进行比起简单对数变换更为精细的最小偏度变换(skewness-minimizing transformation)。这种变换是在对数变换的基础上作单参数位移(one-parameter shifted log transformation),通过位移使因变量的偏度最小化。我们使用Stata 9.1中的"lnskew0"函数来识别最优的位移参数,最终计算出模型3的位移参数是9.92×10^7,略小于赫希与维斯库西选择的惩罚性赔偿金额下限值10^8。转换后的因变量为log(punitives -9.92×10^7)。这一转换使得因变量的分布能够符合研究样本的选取标准,即惩罚性赔偿金额不低于1亿(10^8)美元。该转换对现有数据也具有较好的解释力,因此我们在它和另一个常用的单参数转换(Box-Cox转换)之间选择了它。由于9.92×10^7这个位移参数略小于数据的截尾值(10^8),因此转换后的变量留下了一个小的左截尾作为惩罚性赔偿金额的下限。[2]

---

[1] 模型1的残差与拟合值关系图表明非恒定方差与极端值同时存在。
[2] 此外,我们还通过选择传递参数使得下端增量和上端增量关于平均变换值对称,且范围达到6倍标准差。

表 1-2 中的模型 3 采用了最小化偏度之后的因变量。我们发现，是否为烟草类案件和补偿性赔偿金额（的对数）这两个关键的解释变量与因变量在统计学上的相关性变得更为显著。然而，模型 3 对方差的解释力不如模型 2，其调整 R^2 的数值为 0.38，而这个数值在模型 2 中为 0.49。因此，该模型再度确认了惩罚性赔偿与补偿性赔偿金额间的显著相关性，但是方差解释力没有那么强。

后验估计分析确认了模型 3 相比模型 2 更加理想。图 1-7 是关于模型 3 的学生化残差与拟合值关系的散点图。这张散点图的分布样态相比图 1-6 更加随机，说明模型 3 比模型 1 和模型 2 更好地满足了 OLS 的基本假设。异方差测试也表明，我们无法拒绝同方差假设（hypothesis of constant variance）（p=0.266）。模型 3 也较好地满足了 OLS 的其他基本假设，但相比它至于其他模型的绝对优越性，我们还是对模型之间的相对优势更感兴趣。由于研究样本中的烟草类案例相对较少，样本不均衡，因此我们采用"自助法"（bootstrap method）来评估统计模型的稳健性。由此得到的结果与上述结论基本无异。总之，无论是从视觉还是从统计学出发，如果人们依旧在意 OLS 的基本假设，那么模型 3 会比模型 1 和模型 2 更加合适。

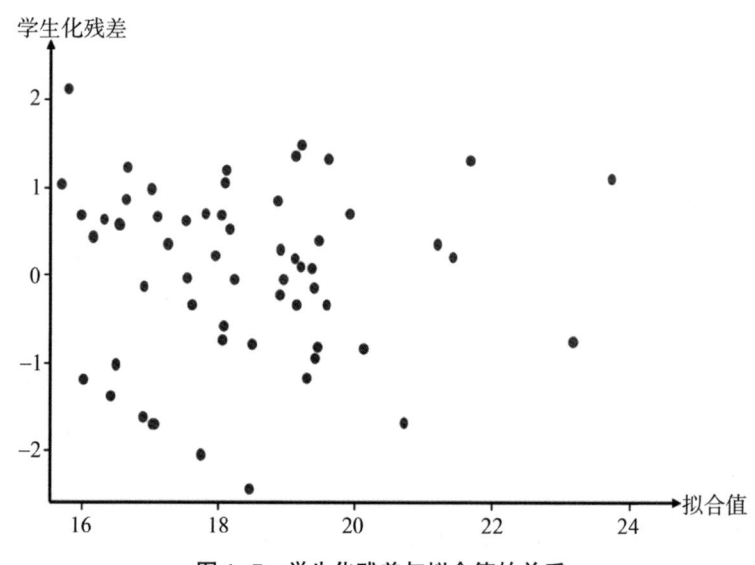

图 1-7　学生化残差与拟合值的关系
（因变量 = 惩罚性赔偿取对数，并作最小偏度变换）

说明：本图根据表1-2中的模型3而绘制。

除了检验 OLS 基本假设之外,我们还应当比较表 1-2 中的模型 1(与赫希与维斯库西的模型最相似,但进行了对数转换)和模型 3 在数据拟合方面孰优孰劣。图 1-8 用小圆圈的形式呈现了回归模型的拟合值。

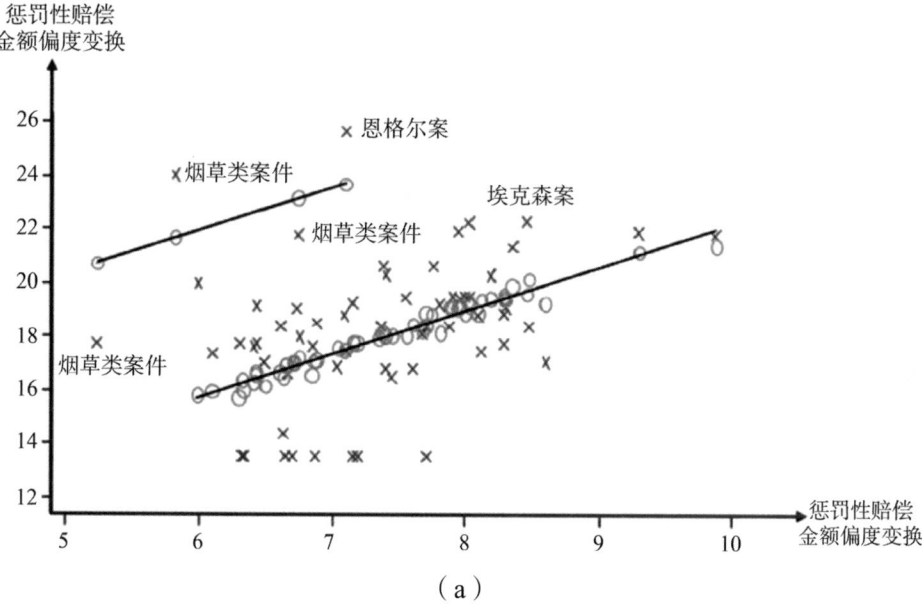

(a)

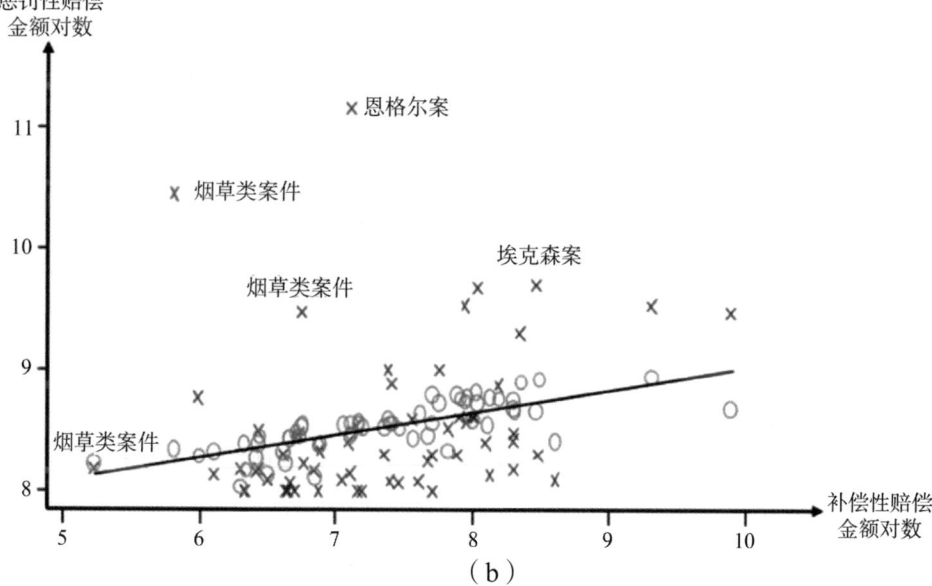

(b)

图 1-8 两类模型拟合度的对比

图 1-8（b）非常直观地说明了为何赫希与维斯库西模型对烟草类案件不太适用——因为预测值与观测值相差甚远。图 1-8（a）呈现了模型 3 的结果，这对烟草类案件和其他大部分案件的发展趋势都做了比较合理的预测。由于模型 1 未能较好地拟合数据，其解释力如此之弱也并不奇怪了。

2. 对恩格尔案的另一种处理方式

其实我们还可以做进一步优化。图 1-4 中至少还有一个异常值，就是那件金额最高的惩罚性赔偿案例——在经过 10 为底数的对数变换后结果还能超过 11，相当于惩罚性赔偿金额高于 1000 亿美元。事实上，此类高额赔偿的案件并非个例。同样令人震惊的是，高达 1000 亿美元的惩罚性赔偿与远低于 1 亿美元的补偿性赔偿竟然同时出现了！在这里，惩罚性赔偿与补偿性赔偿的金额之比超过了 1000 比 1，实在是高得惊人。

虽然统计学中并不缺乏专门处理异常值的技术，但我们仍建议由研究者本人必须先认真检查自己的数据。回到 Hersch—Viscusi 数据库，其中最引人注目的就是著名的"佛罗里达烟草案"，即"恩格尔诉美国雷诺烟草公司案"（*Engle v. R.J. Reynolds Tobacco Co.*）。该案的陪审团最终裁决被告烟草公司向原告支付惩罚性赔偿 1450 亿美元。该案的原告是一个大的原告集团（plaintiff class），因此 1450 亿美元这个数字本身无误。

然而，这个裁决在被告烟草公司上诉后被推翻了。进一步分析案件金额，我们发现在统计分析中加入原审裁决（或者说不经调整地加入）是有问题的。赫希与维斯库西统计模型中恩格尔案的补偿性赔偿数额也并不能自圆其说。具体来看，佛罗里达烟草案的原告集团有 50 万人，而陪审团已经裁决被告烟草公司向 4 名原告集团代表支付大约 1200 万美元补偿性赔偿金。假设 50 万名受害者每人遭受了 100 万美元损失，那么以这些损失为基础的补偿性赔偿就应当达到 5000 亿美元。这个数字和 1450 亿美元的惩罚性赔偿金相差不大，并且每 1 美元的补偿性赔偿对应不足 1 美元的惩罚性赔偿。如果集体诉讼的原告组成份子正确（陪审团无权审酌此事），判定的补偿性赔偿的金额也有代表性，反应了原告组成份子的损失，那么这 1450 亿美元的惩罚性赔偿所对应的内容，就不应当是用来量度补偿性赔偿金额的（只向 4 名原告集团代表支付的）1200 万美元。更正确的对应补偿性赔偿金是未知数，其正确数值很可能是一个大于 5000 亿美元。这意味着，如果在统计模型中纳入恩格尔案，又不加以调整，相当于将仅给予 4 名原告集团代表的补偿性赔偿，对应到给予数十万潜在受害者的惩罚性赔偿。[1] 赫希与维斯库西在另一个统计模型中剔除了恩格尔案，这是合理的；但他们一方面在统计模型中加入恩格尔案并不加调整，另一方面又声称该统计模型十分糟糕，这是无法自圆其说的。

表 1-2 的模型 4 剔除了恩格尔案，模型 5 根据上述分析对恩格尔案的数据做了调整。如此一来，模型 3、模型 4 和模型 5 就呈现了相当一致的结果。因此，即使受限于 OLS 回归模型，惩罚性赔偿和补偿性赔偿的金额之间也存在统计学意义上显著的相关性，甚至在赫希与维斯库西收集的极端案例中都依然存在。还有一些没有被收录进本章的模型表明，此种相关性与案件是否为烟草类案件无关。在该研究样本中，即使排除烟草类案例，惩罚性赔偿和补偿性赔偿金额之间也存在统计学上高度显著的相关性（$p < 0.001$）。

3. 再进一步：处理"1 亿美元"的筛选标准

如上文所述，赫希与维斯库西数据库的一大特点就是只包含了惩罚性赔偿金额超过 1 亿美元的案件。虽然表 1-2 的模型 3 通过参数位移的对数变换已经合理地满足了 OLS 模型基本假设，但还是有必要继续观察变换之后的变量分布情况。图 1-9 呈现了经过变换之后的惩罚性赔偿金额的分布情况。我们看到，图像大部分呈现合理的正态分布，但左尾部分却有一个明显的峰值。之所以会出现这个峰值，是因为样本金额下限（1 亿美元）这个位置上包含了 8 个观测值。因此，尽管基于参数位移的对数变换可以解释变量分布的位置，但仍然无法完整地解释这种分布的独特形态。

---

[1] 审阅按：这里的"对应"（associate）也是统计上相关的意思。本章在争论补偿性赔偿与惩罚性赔偿是否有统计上相关，而作者认为计算 4 个人获得的补偿性赔偿与非常多人受害而获判的惩罚性赔偿是否统计上相关，并非正确做法。

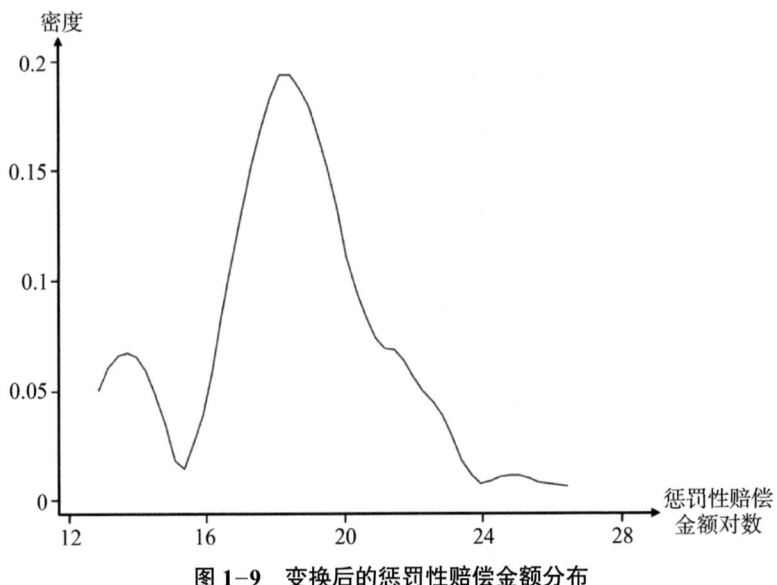

图1-9 变换后的惩罚性赔偿金额分布

我们试图通过两种方法来改善此种分布形态。首先,1亿美元这个样本金额的下限显然十分随意。比如,如果赫希与维斯库西的研究样本删除了惩罚性赔偿金额等于1亿美元的案件,仅包含超过1亿美元的案件,这会对统计模型产生实质影响吗?其次,研究样本中的截尾分布也提醒我们可以尝试用Tobit模型来实现1亿美元的截尾点。[1]

表1-3呈现了以上两个统计模型的结果。模型1删除了8个惩罚性赔偿金额等于1亿美元的案件样本,并使用调整后的对数变换来反映因变量调整后的分布形态;模型2则使用Tobit模型来解释为何这样选择数据,两个模型都与表1-2中的模型3相类似。前者在删除了8个案件之后再次证明惩罚性和补偿性赔偿金额之间初存在强烈的显著相关性,并重申将烟草类案件一并统计的重要性。Tobit模型则呈现出两类赔偿金额之间,以及案件是否为烟草类和惩罚性赔偿金额之间都具备更强的相关性(两个相关系数在Tobit模型中分别为1.798和6.307;在表2的模型3中分别为1.670和5.998)。

---

[1] 审阅按:关于Tobit模型,读者可参见程金华、张永健编:《法律实证研究:入门读本》,法律出版社2020年版,第15章的详细说明。

表 1-3　样本仅限于惩罚性赔偿金额为 1 亿美元以上案件的回归模型

	1	2
	剔除惩罚性赔偿金额 正好为 1 亿美元的案件	Tobit 模型 （数据下界有设限）
补偿性赔偿金额 （取对数）	1.325** (4.05)	1.798** (4.76)
烟草类案件	4.914** (3.82)	6.307** (4.81)
年份	0.091 (1.67)	0.061 (0.81)
常数	−173.037 (1.57)	−116.329 (0.77)
样本数	52	60
Adjusted r^2 (1); Pseudo r^2 (2)	0.38	0.10

说明：+表示在 0.1 统计水平上显著，*表示在 0.05 统计水平上显著，**表示在 0.01 统计水平上显著；括号内为回归分析的稳健标准误差。

三、结论

"在'重磅案件'中，补偿性赔偿金额无法有效地预测惩罚性赔偿金额。"通过对 OLS 模型更加严密的统计学分析，我们发现这一结论并不可靠。和其他案件的惩罚性赔偿金额一样，"重磅案件"的惩罚性赔偿金额与补偿性赔偿金额之间也有着密切联系。本章从统计学方法论的角度提出如下反思：研究者在决定选择某一统计模型之前，应当先绘制数据图像，并检查 OLS 模型的基本假设是否得到满足。我们希望强调，经典的 OLS 回归模型可能并非处理带极端值样本的绝佳工具，因此任何统计模型都需要在"惩罚性赔偿—补偿性赔偿"的金额关系中引入一些曲率（curvature）。然而，和许多研究者一样，赫希与维斯库西直接将 OLS 回归模型作为约定俗成的统计方法。这虽然情有可原，但未来的研究者还是应当谨慎待之。

第二章
有人阅读小字体条款吗？*
——消费者对格式合同的关注

Does Anyone Read the Fine Print?
—Consumer Attention to Standard Form Contracts

作者： 雅尼·鲍克斯（Yannis Bakos）

弗洛伦西亚·马罗塔–伍格勒（Florencia Marotta-Wurgler）

大卫·特罗森（David R. Trossen）

译者： 李有

校定： 许菁芳、张凯评

审阅： 张永健

统稿： 程金华

一、引言

格式合同是最为常见的经济合同，每年都被用于不可胜数的商业交易中。一个典型场景就是消费者购买商品或服务，并获得预印的格式合同，其中早已包含了争议解决、产品缺陷补偿、保修等条款，几乎没有给消费者留下

---

* Yannis Bakos, Florencia Marotta-Wurgler and David R. Trossen, Does Anyone Read the Fine Print? —Consumer Attention to Standard Form Contracts, 43 *Journal of Legal Studies* 9 (2014). ©2014 The University of Chicago Press.

任何协商的机会。此类情形不胜枚举，包括体育赛事门票背后的安全免责声明、消费品包装上的保修条款、网页里的隐私政策与使用条款以及杂志前页的翻印必究声明等。即使读者有时并不自知，你们也都已历经成百上千的格式合同了。

长期以来，学者、法院和政策制定者都在争论格式合同在何种程度上具有执行力，又是否应当规制它们的内容或要求信息披露。这些争论都意识到，大部分消费者基本上不会阅读格式合同。对他们而言，读懂一份格式合同并实质性地表示同意要花费太多时间。况且，格式合同又很难理解，或看来并不重要。这其中最核心的经济学问题在于，如果大部分消费者都只凭借不完整的信息来理解和签署格式合同，这是否会造成市场失灵？如果消费者不把合同条款作为决定交易与否的考量因素，那么经营者也会缺乏激励来提供任何超过最低法定要求的保护。

合同自由的捍卫者往往反对市场干预。他们或是认为信誉机制足以约束经营者行为，或是诉诸"少数知情者"假说。本章将着重分析后者，即"少数知情者"假说这一经典的法律经济学理论。施瓦兹与王尔德（Schwartz & Wilde，1979）在合同自由的语境下提出"少数知情者"假说，其实是对既往"不完全信息"理论的一种再应用。"不完全信息"理论包括斯宾塞（Spence，1977）基于产品责任、什罗普与施蒂格利茨（Salop & Stiglitz，1977）基于价格离散与信息搜寻等领域所做的研究。施瓦兹与王尔德（1979）认为，即使大多数消费者并不阅读格式条款，经营者也不一定会单方面地制定"霸王条款"。他们的经济模型显示，有一些"少数知情者"在作出消费决定之前会特别关注格式条款的内容，而那些不阅读格式条款的消费者则因此受益。假设消费者对商品或服务的质量偏好相同，那么经营者就无法区别对待阅读或不阅读格式合同的消费者，只能制定令所有消费者都满意的合同条款。这种从"竞争市场"出发的逻辑经常被用来抵制监管，并只赞成那些能够帮助消费者更快搜寻信息并加入"少数知情者"群体的规则。

尽管"少数知情者"假说在法律经济学研究中颇具影响力，但关于它的实证研究并不多。虽然大家都相信只有少数消费者会阅读格式合同，却没有研究能够证明这些"少数派"在规模上已经达到部分学者和法官所声称的那样，足以迫使经营者制定经济学意义上有效的合同条款。事实上，学者对于对消费者到底在何种程度上读懂了格式合同的条款都未曾有系统性的研究。因此，我们试图通过大样本数据来回答：在特定情形中，消费者究竟会多仔细阅读格式合同，又有哪些因素会影响他们阅读格式合同的可能性。

具体而言，我们考察了计算机软件的潜在消费者阅读"终端客户授权协议"（EULA，简称"授权协议"）的情况。我们以提供线上产品的软件公司为样本，利用潜在消费者的"点击流"（clickstream）数据（用户浏览网页时的网页地址信息和准确的访问时间）来研究授权协议的被阅读情况。我们在超过1个月的时间里追踪了90家软件公司网站的48154位访问者，并详细记录他们的浏览记录。对每位用户，我们都观察他们访问过的网页地址（URL）顺序以及他们在每个页面上停留的时间。我们也采集每位用户的人口统计学特征，如年龄、性别、收入和地理位置等。本章的主要发现是：无论多么严格地定义"购物者"范畴，每1000名购物者中都只有1—2位在授权协议页面停留的时长超过1秒钟。由此产生的0.2%的"少数知情者"群体，仅为真实市场所需要或理论模型所建议数值的1%。

为了从经济学的角度解读这些发现，我们进行了基本的数据校准。我们估算出需要多大比例的知情消费者才能促使软件市场的经营者制定有利于消费者的合同条款，也估算出经营者每多制定一项有利于消费者的合同条款时所付出的边际成本。我们发现，相较增加一项有利于消费者的合同条款，"放弃"所有的知情消费者（即那些严格根据定义，只要授权协议中缺少某项条款就不会消费的人）反而更加节省成本。同时，只有当市场中"少数知情者"的比例是0.2%的10倍甚至100倍时，这个市场才能成为经济学意义上的有效市场。

随后，我们将视线聚焦在影响购物者阅读授权协议的因素上。我们发现，购物者更倾向于阅读小公司和那些提供"可疑"产品（如免费软件）的公司授权协议。这些阅读授权协议的购物者占少数，他们可能会理性地忽视大公司和成熟公司的授权协议，因为后者更具声誉，人们也对它们更为熟悉。我们还发现，年长者与高收入者更倾向于阅读授权协议，这可能是因为他们的阅读成本与信息检索成本更低（例如，他们花费时间的机会成本更低，或者他们拥有更好的教育背景来帮助自己理解合同条款）。因此，当具有高预期收益或低阅读成本时，就会有更高比例的消费者阅读授权协议。这表明知情消费者的比例事实上受限于较高的信息检索成本和格式合同的阅读成本。

本章的主要贡献在于：首次运用大样本数据来研究消费者在签署格式合同前对其重要权利义务的实际了解程度。我们发现，阅读格式合同的消费者占比实在太低，以致经营者不可能只因为这些"少数知情者"的存在而修改软件授权协议。但我们也发现，"少数知情者"的缺席并不直接意味着授权协议必然会无效率地偏向于经营者。有些经营者，至少是声誉良好的经营者，还会受到其他机制的约束。例如，如果对消费者不利的条款终究会被发现，经营者仍会想要保全声誉。除此之外，消费者可能会认为无论授权协议的内容如何，法院都会保护自己，因而理性地选择不去了解协议的具体内容。换句话说，消费者认为放弃阅读授权协议是一种理性选择；我们的证据显示，"少数知情者"群体无法对授权协议条款起到有效的监督作用。

总之，即使存在其他机制可能会阻碍经营者提供不利于消费者的授权协议条款，"少数知情者"假说这一在支持格式合同有效观点中最广为接受的理论并不是那么有说服力。这一发现也挑战了那些试图通过强制披露格式合同信息以化解市场失灵的政策。由于线上购物这一场景为消费者提供了较低的比较成本，因此"少数知情者"的数量理论上会随即而升。未来，实证研究应当关注在其他脉络中消费者阅读格式合同的情况，以证明"少数知情者"群体是否存在。同时，未来研究也应关注在本章所设定的脉络下，其他替代性机制对经营者潜在的规制效果。

本章第二节介绍"少数知情者"假说的理论与实证研究背景，第三节阐述我们的方法论，第四节呈现研究数据，第五节探讨研究结论，第六节是总结。

二、研究背景：格式合同与知情消费者竞争

尽管格式合同能降低交易成本，比如降低合同的磋商费用与起草费用，学者与政策制定者依旧对其公平性和执行力争论不休。出于保护消费者利益，许多学术论文、法规和议案都要求规制格式合同。例如，除了依靠"显失公平"（unconscionability）和"不公平突袭"（unfair surprise）等现有合同法学说保护消费者免于遭受"霸王条款"（abusive terms）之外，若干州的消费者保护条例也禁止消费者合同中出现"协议管辖条款"（forum selection clauses）和"默示保证免责声明"（disclaimers of implied warranties）。《诚信借贷法案》（15 U.S.C. 41）和《马格奴森商品质量法案》（15 U.S.C. 2301）等联邦法律也试图要求强制条款的标准化披露，以降低格式合同的阅读成本和搜寻成本。最近，正如莱姆利（Lemley，2006）所说的，关于线上网络合同的服务条款、隐私政策和软

件许可协议等内容的执行力和强制性披露规则，出现了巨大争议。

（一）"少数知情者"假说

正是因为许多消费者不阅读或无法读懂格式条款的内容，人们才会担忧格式合同可能会偏袒合同起草方。什罗普与施蒂格利茨（1977）假设消费者对于理解商品价格所包含的信息有着各不相同的期待与能力，并研究了这类市场在何种条件下才能达到完全竞争状态下的价格均衡。他们发现，只要有足够多的知情消费者追求以最低价格成交，即使仍有许多消费者并不充分了解商品价格所包含的信息，市场也能达到完全竞争时的均衡状态。

施瓦兹与王尔德（1979）对格式合同问题的理论贡献被广为引用，他们对上述问题做了更深入的研究。他们认为，消费者对合同条款的理解水平各异，而只要有足够多的消费者理解了商品价格及合同条款所包含的信息，经营者就无法区别对待不同类型的消费者。如果不知情消费者同时也是"超边际消费者"（inframarginal consumers）[1]，对经营者来说，制定对这些消费者不利的合同条款固然能带来收益，但由此失去可观数量的知情消费者却会花费更大成本——"不完全信息"本身并不足以正当化市场干预。这一结论成为法律经济学理论回应格式合同争议的奠基石。普利斯特（Priest，1981）、贝尔德（Baird，2006）和希尔曼（Hillman，2006a）等众多学者都曾以"少数知情者"假说捍卫合同自由——比起政府干预，给予购物者一个在购物前能真正了解合同条款的机会更加重要。

也有学者对这一机制提出异议。卡茨（Katz，1990）认为不阅读格式合同是消费者出于理性的选择，因为合同条款不太可能真的产生不利。巴尔-吉尔（Bar-Gill，2004）、加贝克斯与莱布森（Gabaix & Laibson，2006）挑战知情消费者一说背后的假设，并且解释了阅读或理解障碍的行为模式。艾森伯格（Eisenberg，1995）和戈德堡（Goldberg，1997）认为相比迎合阅读合同的消费者，从其他不阅读合同的消费者身上获益，经营者更加有利可图。本-沙哈尔（Ben-Shahar，2009）认为由于没有人认真阅读格式条款，增加格式合同的强制性披露要求根本无用，甚至危险。

---

[1] 译者注："超边际消费者"（inframarginal consumers）通常指对价格增量不够敏感的消费者。面对价格增量，他们不会要求商品服务的质量也必须得到相应提高。参见 William S. Comanor, *Vertical Price-Fixing, Vertical Market Restrictions, and the New Antitrust Policy*, Harvard Law Review, Vol.98, p.983–1002 (1985)。

我们也可以在部分合同法学说与现行法律提案中窥得"少数知情者"理论。这些提案要求给予大宗市场的线上交易消费者一个真正了解格式条款的机会，以加强对他们的保护。[1]例如，美国法学会（American Law Institute，2010）在《软件合同法的原则》中试图"提倡阅读合同条款和阅读条款的机会"来化解市场失灵。其目标是降低合同的阅读成本，进而保证消费者中有足够数量的"少数知情者"。

尽管本章的目的仅限于评估阅读者数量是否符合"少数知情者"假说，我们注意到，即使并无消费者真正阅读格式合同，经营者也会因为其他机制而制定对消费者有利的合同条款。经营者可能会受制于其名声或受诉讼威胁，也可能一边向所有消费者无差异地展示"霸王条款"，一边又放任他们提出些许合理诉求。即使消费者最初没有阅读格式合同，在商品试用和重复购买的过程中，他们最终也会对格式条款的内容烂熟于心。本章的研究数据尚不能说明这些机制的关联性。

（二）既往研究

尽管"少数知情者"假说在理论界声名显赫，但检验其科学性的实证研究并不多，这或许是因为研究者很难观察到一个人阅读合同时的具体情况。即使如此，仍有一些相关的调查报告。希尔曼（2006b）调研了92名学生，发现只有4%的学生报告在网上购物时经常阅读格式合同。比彻和安格-阿维拉姆（Becher & Unger-Aviram，2009）调研了147名学生，发现60%的学生回应他们在交易前只是略读或阅读部分格式合同。普劳特与巴特莱特（Plaut & Bartlett，2012）调研了182名本科生，发现他们中的80%表示自己不阅读格式合同，剩余的学生中，有很大一部分表示自己只会略读合同。这些调研具有一定的启发意义，但也存在局限，因为这些数据都来源于学生的自我报告或者假想的商业情景。它们的研究对象也不具有代表性。比如，有些研究对象包括了就读法学院学生，而他们未来可是要以书写格式合同为业的啊！

另一些研究显示，即使消费者对格式合同完全不知情，格式合同也未如想象中偏袒卖方。这种观点说明"少数知情者"群体和其他约束机制是并存的。普利斯特（1981）研究了62份商品保单后发现这些合同并没有为了节约成本而

---

[1] 例如，"施佩希特诉网景通信公司案"（*Specht v. Netscape Communications Corp.*）就反映了此种观点。审理该案的法院认为"网页类"仲裁协议（在经营者网页中以超链接形式出现）不具有执行力，因为这类协议没有为合同相对方提供足够的提醒。

偏袒经营者。相反，它们恰恰反映了买卖双方在防止和弥补损失方面的相对能力。马罗塔-伍格勒（Marotta-Wurgler，2007 & 2008）在分析 647 份线上授权协议的条款后发现，尽管它们比相关的"默认条款"（default rules）几乎都要更加严格，但也不至于仅符合法定最低要求。在一项关于线上零售商合同实务的研究中，曼恩与西贝尼切尔（Mann & Siebeneicher，2008）也发现很少有经营者直接提供过分的"霸王合同"（one-sided contracts）。

三、研究框架

我们研究消费者的在线浏览和购物行为，用以寻找"少数知情者"。具体而言，我们追踪了 90 家软件公司网站的访客，观察他们的在线行为和阅读软件授权协议的比例。

线上软件订购这一情境非常适合我们寻找"少数知情者"群体。首先，虽然所有产品之价格外特征（例如附随的合同权利与义务）都很重要，但这些特征对于软件等信息类产品尤为关键，因为相关条款将直接决定该产品的性质及使用方式。其次，在过去 10 年间，授权协议里的部分条款曾经成为诉讼焦点。例如，随着终端用户越来越依赖软件来处理日常琐事和重要任务，软件故障可能会对用户造成严重损失。再次，相对于其他大多数购物情境，消费者在线购买商品或阅读相应的合同条款都比较便宜、简单，搜寻成本也更低。若"少数知情者"这一群体真的存在，这里应该是最容易找到他们的情境，尤其我们又可以使用网站点击流的数据。网站点击流的数据情况。最后，近年来有关格式合同立法改革的争议一般都集中在电子合同，特别是软件合同上，因此我们对线上软件市场中少数知情者群体的研究也将直捣争议核心。

为了从实证层面探寻"少数知情者"群体的存在和规模，我们将样本公司网站的访问者分为"潜在消费者"和"其他访客"（如为寻找用户论坛或维修信息的访客）。我们首先将"潜在消费者"（简称"购物者"）的比例记为 s，其他访客（简称"非购物者"）的比例记为 $1-s$。随后，我们分别用 e_1 和 e_2 表示购物者与非购物者中阅读在线授权协议用户（简称"阅读者"）的比例。最后，我们将购物者中既阅读授权协议又购买产品的用户比例记为 b_1，将购物者中未阅读授权协议但购买产品的用户比例记为 b_2（购买产品的用户简称"购买者")。分类框架如图 2-1 所示，通过此种设定，"少数知情者"群体的比例就对应于 e_1，即购物者中阅读在线授权协议的用户比例。[1]

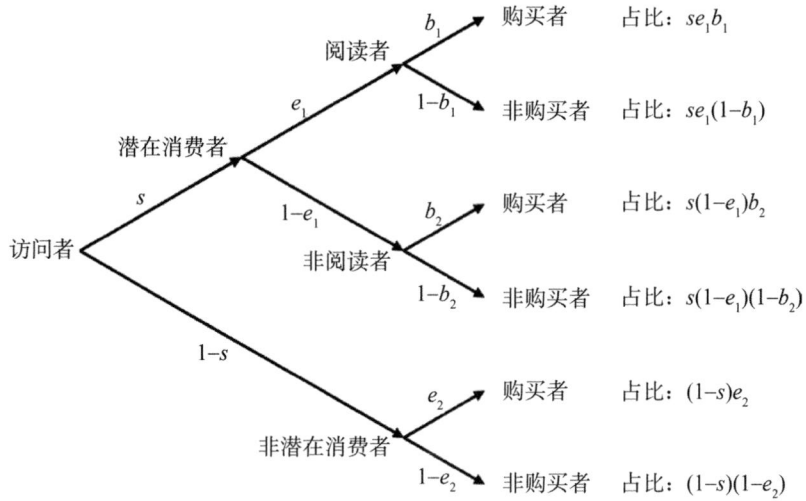

图 2-1 网站访问者分类的经验框架

接着，我们估算这 6 个类别中每一类别的网站访问者数量。在估算购买者、购物者和非购物者中的阅读与未阅读授权协议者的数量时，如果一位访客在授权协议页面的停留时间超过 1 秒钟，就会被标记为阅读者。但这会导致真正的阅读者数量被高估，因为有些意外的来访与购买决定无关。况且即使访客在如此短的时间内阅读了授权协议，也可能尚未完全理解其内容。同时，如果购物者启动了结账程序，他就会被标记为购买者，其他信息则会被用来区分购物者和非购物者。

我们可以把授权协议阅读者进一步分为购买产品的阅读者和没有购买产品的阅读者，分别占比 se_1b_1 和 $se_1(1-b_1)$。同时，有占比 $s(1-e_1)b_2$ 的购买者没有阅读授权协议，占比 $s(1-e_1)(1-b_2)$ 的购物者既没有阅读授权协议也没有购买产品。我们认为很少有非购物者会阅读授权协议，因此 $(1-s_1)e_2$ 这个

---

[1] 对有些购物者来说，访问授权协议页面并不会影响他们作出购买决定的概率。比如，有些购物者或许都不知道授权协议是什么，或许在看到协议之后才发现自己根本读不懂其中内容，又或许只是出于好奇或意外才访问了授权协议的网页。类似的访问并不会使购买者加入"少数知情者"群体，因此 e_1 这个数值或许会高估"少数知情者"群体的比例。从某种程度上说，我们可以通过考察用户在授权协议网页停留的时间来判断此种情形对研究结论的影响。但另一方面，由于我们并不考虑购物者可能会通过其他方式了解到授权协议（如口口相传或多次购买），因此 e_1 也有可能会低估"少数知情者"群体的比例。我们将在第五节讨论此种情形对研究结论的影响。

比例应该很小。最后，非购物者中不阅读授权协议的比例是$(1-s)(1-e_2)$，正如我们所预料并证实的那样，这个比例数值较大。由此，我们可以通过如下公示估算出构成"少数知情者"群体占全体购物者的比例 e_1：

$$e_1 = \frac{se_1b_1 + se_1(1-b_1)}{se_1b_1 + se_1(1-b_1) + s(1-e_1)b_2 + s(1-e_1)(1-b_2)} \quad （公式2-1）$$

最后，我们将分析经营者会选制定怎样的合同条款，以此来检验我们的估算数据与"少数知情者"群体的市场均衡点是否吻合。

四、研究数据

我们庞大的点击流数据库涵盖了 92411 个美国家庭于 2007 年 1 月的网页浏览行为记录。数据库由一家主流的在线行为研究公司提供。该公司招募了一批有代表性的美国家庭，来自这些家庭的受试者都同意在他们的计算机上安装一款数据收集插件来记录他们访问的每个网页地址。插件收集了被试者所访问网页的确切顺序及其在每个页面上所花费的时间等数据，原始数据库在经过二次处理前非常庞大。

我们在选择样本家庭时保证它们的人口统计地和实际地理位置分布都较为均衡，并且在拥有互联网接入的美国家庭中具备代表性。[1]原始数据中，每个网页的访问信息都由一个用户标识符（user identifier）和一个会话标识符（session identifier）进行编码。其中用户标识符与匿名受试者一一对应，会话标识符则将每位被试者的网页访问记录分为若干阶段。我们还获取了每个被访问网站的网页地址、访问时间、页面停留时长、页面是否处于安全（即加密）的连接中、提供该网页的网络服务器，以及拥有该网络服务器公司的唯一标识符。上述网页浏览信息构成了数据库中的大部分内容。除此之外，我们还获取了一些其他非常有用的信息，包括无法辨识出个人的人口特征和公司序列信息。如果数据库中的网络服务器公司为另一家母公司所拥有，那么该公司序列信息就

---

[1] 这个数据提供商的面板数据是现存最大的代表性媒体研究数据库。在收集数据的这段时间里，受试者是通过随机拨号法被选取出来的：数据公司从全美住宅电话中随机选取了一组电话号码，并试图在不同日子和一天内的不同时间去联系他们。被试者还包括大学生和公司雇员。数据公司定期更新人口统计信息，并通过各种方式更新受试者，以保证对用户的跟踪情况不会受到某些异常行为的影响。

能标识出这些母公司的存在（例如，Office 和 Outlook 就会被标识为具有相同的母公司，即微软公司）。

（一）样本构成

我们把标准合同置于一个重要的市场中进行考察。具体而言，我们研究用户如何访问软件公司的网站。这些公司在线销售产品，并向在线向用户提供授权协议，用户可自主决定是否在购买前仔细阅读协议内容。在数据提供商所呈现的各种市场分类中，我们仅考察用户访问软件公司的行为。随后，我们在数据库中选出两种可以在线购买或下载产品的软件公司：软件零售商和免费软件提供商。软件零售商通过公司网站以一定价格出售软件，免费软件提供商则将其软件向任何有意下载的用户免费开放，如浏览器软件和插件。我们希望探究用户对了解两类软件公司的授权协议分别有着怎样的偏好。

为了使研究样本中的经营者具有足够同质性，我们排除了以下几类经营者：不提供在线购买或下载服务的公司、点对点传输软件的供应商和网页托管公司。如果一家公司网站被浏览过两个以上页面的访问者不足 50 人，我们也排除它，因为我们只关心那些有购买意愿或潜在购买意图的用户（购物者），而仅仅浏览一个页面的用户不太可能具有此种购买意图。根据上述条件，我们最终确定了 197 家公司作为研究样本。

我们记录了每家公司在线公开的软件授权协议的地址。为了收集全部的授权协议，我们手动浏览了每家公司网站，在网站内部利用谷歌搜索；如果公司有提供网址，则直接搜索公司提供的网址。我们还搜索了点击流数据中所有与这些公司相关的网页浏览记录，来寻找可能是授权协议的网页（例如，网页地址中包含"授权协议""法律""条款"等词的网页），再进行手动核验。

部分授权协议是"网页型"的，即它们通过超链接出现在公司网页中。此种情况下，我们可以轻松地知道用户是否主动点击了授权协议链接，因此我们把这些公司都包括在内。[1] 少数公司将授权协议是"点击型"的，要求消费者

---

[1] 一个可能的疑虑是，这些合同并没有醒目地与网页"捆绑"在一起。正如第二节第一小节所指出的，法院通常不愿意认可这类合同的执行力。但这种呈现合同的方式在线上软件市场中也并无太大问题，因为大部分经营者在消费者购买软件之后的下载环节还是会醒目地呈现授权协议文本。这种"立即支付，条款随后"的合同呈现方式已经被部分法院认定为有效。但即使合同在购买后就会出现，那些有心成为"少数知情者"的消费者依旧会希望在购买前就能看到合同条款，因为相比购买之后重新查看合同条款，在对比购物的时候就提前看到合同显然成本更低。

在购买产品之前点击"同意"选项以确认授权协议。"点击型"的网站有两种：其一是在"同意"选项旁提供超链接，用户点击后才能阅读授权协议。此时所有消费者在完成交易前都必须确认授权协议，但我们可以追踪哪些消费者点击了协议链接这一额外步骤，由此确认哪些消费者获取了授权协议信息。其二是在"同意"选项上方可滚动的文本框中呈现协议条款。我们从数据库中删除了这种类型的公司，因为我们无法得知消费者此时是否会阅读协议条款。消费者滚动浏览并阅读协议条款可能会增加在交易付款页面停留的总时间，但我们发现消费者通常也需要在此页面上执行一些别的操作。这样一来，基于这种停留时长的测算方式就存在太多干扰因素，无法有效反映用户阅读授权协议的情况。最后，除上述情形之外，我们也从数据库中删去了未提供在线授权协议的公司。

在排除了所有数据不足或不适合做研究的公司之后，最终的研究样本包括78家软件零售商和12家免费软件供应商。我们相信，即使增加样本中的公司数量或用户访问网页的跟踪时间，本章的基本结论也不会有实质改变。此外，我们追踪的数以万计的访问公司网站行为（如下所述）也有力地描述了研究样本的规模，因为消费者的每次访问都代表一次情境，可能阅读授权协议。消费者的访问行为构成了这项研究的基本观察单位。

（二）样本公司与产品特征

在同等条件下，消费者或许会对大型公司和老字号公司的授权协议更急于审查，因为这类公司在他们眼中更值得信赖，处事也更公正。为了验证这一假设，我们获取了每家样本公司的年收入、公司成立年份和公有或私有产权信息。数据的获取方式包括通过雅虎金融、胡佛美国公司索引，以及与直接询问公司。

表1（参考原文的表1，译文因篇幅没有纳入——统稿注）呈现了研究样本中两种公司的特征信息摘要。我们记录了每家公司的产品数量（每件独立命名的产品都被单独计为一件产品），以此来计算每件产品的平均收入。

我们还收集了样本产品的一些特征信息，并为每家公司都选取并记录一款旗舰产品。许多中小型公司只销售一种主要产品，那么我们就选择该产品作为旗舰产品。对于较大的公司，我们选择占其销售份额最大的产品作为旗舰产品。如果无法获取相关信息，就选择被置于网站中最醒目位置的产品，因为它们应该最受欢迎。[1]由于旗舰产品很可能已经具有一定声誉,消费者往往会怠于阅读其授权协议。不过,对旗舰产品的选择不会影响我们的整体研究结果,因为我们最终呈现的协议阅读情况和访问量等数据是基于样本公司所有产品得出的,并非仅包括旗舰产品。

由于用户更可能阅读高价产品的授权协议,因此我们记录了每款旗舰产品的价格及其公司网站上提供的所有产品的中位数价格;我们也记录产品的许可证信息(单次使用许可证或多次使用许可证),因为后者可能会使其价格更高;我们还记录产品是否向开发人员提供、公司是否提供旗舰产品及其他产品的试用版,因为这些信息也可能影响用户阅读授权协议的意愿;我们同时记录产品的受众是商业用户还是一般公众用户。最后,根据亚马逊网站对软件产品的分类,我们将所有的样本软件总共分为150类(例如杀毒软件或文字处理软件)。

(三)授权协议特征

我们意在测算阅读授权协议条款的购物者的占比。因此,我们收集了所有可以获取授权协议的公司网页地址。如上所述,许多公司仅销售一种产品,因此它们仅在网站上提供这一种产品的授权协议;也有些公司出售若干种产品,且所有产品均受其在线公布的单个授权协议约束;还有些公司为不同产品制定了不同的授权协议,或者对其每种产品的每个历史版本都单独制定授权协议。最后,我们共收集到240个与样本公司产品授权协议所对应的不同的网址。

(四)定义"购物者"与"购物访问"

如上所述,数据库中包含了所有访问过特定公司网站的被试者。我们需要从中定义"购物者"(即具有购买可能性的访客),因为很大一部分访客虽然浏览过网页,却并无购买意图。我们通过用户浏览过的公司网页地址信息来定义用户的访问行为。

一种定义用户访问网站的方式是考察用户对公司网站的"访问强度"来识别购物者。有购买意向的用户可能会在公司网站的销售栏目浏览若干网页。我们沿用莫伊与法德尔(Moe & Fader,2004)以及卡特利奇与皮特可(Catledge

---

[1] 我们用旗舰产品来收集与产品相关的数据,因为我们无法通过数据库辨别大多数购物者会实际考虑的产品。同时,我们也无法通过获取每件产品的详细销售数据来评估经营者所提供的每一类产品的受欢迎程度。

& Pitkow，1995）的定义，把"购物访问"广泛地定义为在公司网站上至少浏览过两个页面的访问行为。另一种更加严格的定义则只包含访问过特定公司网站五个以上页面的行为。巴克林与西斯米罗（Bucklin & Sismeiro，2003）发现后一种定义更有可能排除用户随机浏览网页的情况。

另一种极端的定义认为，只有已经挑选完商品并且启动结账程序的访问者才具备购买意图。因此，我们把启动结账程序作为判断访问者具备购买意图最严格的标准。为了识别结账行为，我们筛选出样本中 90 家公司仅在结算或付款时才能访问的网址，并记录下用户访问者些网址的情况。我们也同意，即使用户启动了结算或付款流程，也不保证其最终定然完成交易，但这至少表明用户对这趟交易已深思熟虑。不过，如此定义"购物访问"可能会过于严苛，因为这种方式排除了所有没有启动结账程序的访问行为。

总之，上述三种对用户购物意愿的定义越来越严格。我们希望随着愈渐严格地定义"购物访问"，"少数知情者"群体的比例也能得到愈渐保守的测算。至于真实的数值，则很可能介于通过前三种方法得到的三个估算值之间。

（五）如何定义"购物访问"：每单次计还是月度累计？

关于如何定义一趟"购物访问"，我们采用了点击流数据的文献中常用的两种方法。第一种是通过行业惯例判断，这种方法也被我们的数据提供商采用：它将用户的多次购物访问定义为相互间隔 30 分钟以上的多次网页浏览活动。根据上述定义以及莫伊与法德尔（2004）的总结，用户可以在 1 天、1 周或 1 个月中多次访问某家公司。

第二种方法认为，用户访问网页的成本较低，所以其在特定公司网站上的购物活动可能会持续数天，甚至数周。詹森等（Johnson et al.，2004）发现，用户在 1 个月内重复访问某公司网站通常都是进行相同的购物活动。因此，我们也汇总计算了用户在一整月中对特定公司网页的访问情况，并将汇总结果作为对用户"购物访问"的另一种计算方式。

（六）人口与地理特征信息

我们使用被试者的个人信息来识别那些可能会阅读格式条款的购物者及该家户的身份特征。我们的数据库包括户主的年龄与性别、家庭收入、家庭规模以及家庭中是否有儿童。

表 2（参考原文的表 2，译文因篇幅没有纳入——统稿注）呈现了这些数据。研究样本中的 48154 位用户都在一段连续的时长中访问了至少 1 家公司网站的 2 个以上页面；他们的平均年龄为 46.22 岁，年龄范围分布于 18—99 岁。户主的平均收入为 60502 美元（标准差为 39704 美元），收入数据（或许也包括年龄数据）经过了最高标准化处理，中位数收入的数值（37500 美元）更好地描述了研究样本。大约一半户主是男性，平均每个家庭有 2.78 位家庭成员，41% 的家庭中有孩子。表 2 还呈现了访问者样本的摘要统计信息，这些访问者要么至少在 1 个公司的网站上至少访问了 5 个页面，要么就是在挑选完商品之后启动了结账程序。

五、发现

下面我们将具体分析用户在"购物访问"时阅读授权协议的情况。为了识别此类访问，我们将所有授权协议的网页地址和我们收集到的点击流数据中用户访问公司网站时的网页地址进行匹配。根据对"购物访问"的不同定义，我们计算出用户访问公司网站和授权协议网页的描述性统计数据。最后，我们运用回归分析来研究影响用户阅读授权协议的因素（事实证明，这些因素的影响力很低）。

（一）终端用户访问公司网页与阅读授权协议的情况

我们试图测算有多人比例的购买者会在作出消费决定时希望了解授权协议的条款。如前所述，我们将样本定义为仅包含那些可以让用户自行选择是否阅读授权协议的公司。表 1 和表 2（参考原文的表 1 和表 2，译文因篇幅没有纳入——统稿注）总结了购物者对此类公司的访问信息，其中表 3（参考原文的表 3，译文因篇幅没有纳入——统稿注）以用户的每单次不间断访问为计算依据，表 4（参考原文的表 4，译文因篇幅没有纳入——统稿注）依据用户的身份信息汇总其每月的所有访问量。所有数据都会注明其计算用户购物访问行为的特定方法。我们根据公司的不同类别来区分用户的访问行为。我们发现，下载免费软件时不会出现安全结账的页面，只有在购买零售软件时才会进入结账程序。除了访问公司网站的信息外，这两张表格还呈现了用户访问授权协议网页的信息。通过记录用户在第 1 次访问授权协议页面之前浏览过的网页数量和用户浏览授权协议页面的时长，我们可以得知该用户对授权协议的关心程度。为方便起见，我们以中等严格的标准来定义一次"购物访问"（浏览 5 个页面），相关结论报告在表 1 中，以用户每单次不间断访问为计算依据。如果读者尝试用表 1 和表 2 中的其他定义来计算，会发现本章结论在"购物者"和"购物访问"的不同定义下都能保持稳健。

当我们把"购物访问"定义为访问过公司网站的 5 个及以上页面时，用户对软件零售商和免费软件提供商的不间断访问分别为 72282 次和 13715 次。用户对软件零售商的页面浏览量和访问持续时间的中位数分别为 10 页和 183 秒（3.05 分钟），且这 2 个变量都呈偏态分布。软件零售商和免费软件提供商的授权协议分别被访问了 57 次（0.08%）和 30 次（0.22%）。用户在访问两类公司的授权协议前的页面浏览量中位数分别是 8 页和 4 页。其实这些数据已经很有说服力了，但我们仍需考察那些访问授权协议网页的购物者是否真正阅读了协议内容。在这组样本中，用户在授权协议页面上停留的平均时长是 62.7 秒，中位数是 32 秒（请注意，我们对"访问"的定义是在授权协议页面上停留 1 秒，以此获得一个相对保守的用户访问授权协议的数量）。有一半的用户访问授权协议时长少于 30 秒，90% 的用户阅读合同文本的时长少于 2 分钟。

我们来对上述数据的现实背景做个介绍。研究样本中，每份软件零售商的授权协议平均包含词数 2277 词，中位数为 2187 词，标准差为 1148 词。读者在授权协议网页上花费的时间长度（相对于其文本长度）表明，他们很少完整地阅读合同条款。这或许是因为授权协议通常是用复杂的法律术语所撰写。由于消费者不太可能明白法律中的默认规则，因此即使授权协议已经用清晰的语言解释了部分条款的含义，消费者仍可能会产生误解。贝利（Bailey，1999）发现，美国成年人的平均（非法律术语）阅读速度是每分钟 250—300 词。因此，一名成年人完整阅读样本授权协议需要 8—10 分钟，而非仅仅 1 分钟。换句话说，即使样本中访问授权协议网页的用户数量很少，这个知情消费者的数字可能仍然被高估了。当然，阅读授权协议的少数用户也无法代表普通读者，因为他们或许有能力快速地浏览基本信息。

然而，我们的统计结果可能存在偏差，因为样本中公司被访问总次数的多少可能会给用户访问授权协议的概率带来系统性差异（例如，因为访问者事先不熟悉此类公司的合同条款）。为了解决这一问题，我们重新计算了授权协议的访问率，具体方法是，把用户访问公司网站总次数的倒数，作为加权系数来调整数据。这一调整导致授权协议的访问率在所有定义方式下都下降。此调整回应了可能的批评（即研究样本中，特定类型公司网站的低访问次数可能低估了观察到的授权协议访问率）。[1]

如果按照第二种定义按月汇总计算用户在一整月中对公司网站的访问行为，如表 4 所示，也会得到相似的结果。但是，整体结果表明，即使精确地定义用户对公司网站的"购物访问"，表 3 的结论依旧稳健。最后，无论如何定义"购物者"和"购物访问"，软件零售商的购物者中阅读授权协议的比例都最高，为 0.65%，即每 1000 名购物者中有 6 位阅读者。

（二）解读："少数知情者"群体的市场均衡？

回到（图 2-1 所述的）实证研究方案，我们可以把研究样本中的公司网站访问者分为"潜在购买者"和"其他访问者"。我们计算了用户每次访问期间的页面浏览总数，是否访问了授权协议，以及是否启动了安全结账程序。表 3 呈现了用户每次访问行为的数据，表 4 则以月度汇总的方式呈现这些数据。为了估算阅读者、购买者和购物者的数量，我们假设用户访问授权协议的网页就代表其阅读了授权协议；启动结账程序就代表其购买产品；浏览 5 个及以上页面就代表一次"购物访问"；浏览 2—5 个页面就代表其他目的的访问。根据表 4 的数据，我们估算了图 2-1 所示的 6 个类别中每一类别样本的月度访问者数量。

我们发现，在所有阅读授权协议的用户中，有 9 位最终决定购买软件，47 位决定不购买，即 se_1b_1 对应的人数是 9，$se_1(1-b_1)$ 对应的人数是 47。另有 2982 位购买者没有阅读授权协议，40670 位购物者既没有阅读授权协议也没有购买软件，即 $s(1-e_1)b_2$ 对应人数 2982，$s(1-e_1)(1-b_2)$ 对应人数 40670。由于那些不以购物为目的之访问者不太可能阅读授权协议，因此即使 $(1-s)e_2$ 的数值很小也不足为奇——在我们总共包含 25664 次用户访问的研究样本中，它对应的人数是 5。另外，没有阅读授权协议的非购物访问者有 25661 人，即 $(1-s)(1-e_2)$ 对应人数 25661。上述数

---

[1] 审阅按：当消费者上了知名公司如亚马逊的网站购物，会因为事先熟知该公司的条款而花费很少时间审阅条款内容。而拜访亚马逊的消费者又高于拜访不知名网站的消费者，使（若不加权调整）前者的观察值较多，而此种观察值又会显示消费者不审阅条款内容。因此，本章使用拜访次数的倒数作为加权系数，使知名网站的观察值在加权后减少。

据让我们有能力估算购物者种"少数知情者"群体的比例，即 e_1 的值等于

$$\frac{se_1b_1+se_1(1-b_1)}{se_1b_1+se_1(1-b_1)+s(1-e_1)b_2+s(1-e_1)(1-b_2)} = 56/43708 = 0.13\%。$$

当我们把购物者定义为浏览过 5 个及以上网页的访问者时，有可能会高估购物者的数量。因此可以假设，阅读和未阅读授权协议的购物者中，最终启动结账程序的比例都为 9/56=16.1%（虽然这一比例高于相关营销学文献中所载的 2%—5% 的购买率，但如果并非每位购物者在启动结账程序后都最终选择购买，那么也是合理的）。这样一来，所有购物者和最终购买者中的"少数知情者"[1]比例也就相同了，为 9 / 2991 = 0.30%。[2]

最重要的一点是授权协议网页的访问率很低，只有 0.1% 左右。尽管还有许多替代性的估算方法，但这些数值都表明该比例远低于 1%。假设没有其他约束性机制在起作用，那么，这么少的"少数知情者"群体可以保护消费者吗？他们可以促使经营者制定出经济学意义上有效的合同条款，从而防止市场失灵吗？现有文献很少有关于"少数知情者"群体需要多大才有助于达到市场有效状态的建设性意见，这些意见通常也只在解释一些实例时才会出现。例如，施瓦兹与王尔德（1979）认为"少数知情者"群体必须占 20%—30% 才能达到市场有效。虽然本章的测算方式并不完美，但还是比这个数值小了两个数量级。[3]

理论上，经营者能否制定有利于消费者的合同条款取决于其自身的利益权衡：一端是向知情购买者销售产品可获得的净收益（由产品的边际成本决定），另一端是制定更有利于消费者的合同条款的成本。这种权衡也将决定需要多

---

〔1〕 大多数预测"少数知情者"群体的模型都预测，非阅读者中的购买转换率大于或等于阅读者中的转换率，因为当后者对授权协议不满时，他们较不可能决定购买。如果我们假设 b_2=100%，也即所有的非阅读者都决定购买，那么就可以得到"少数知情者"群体的上限。在这里，"少数知情者"群体的比例是所有购物者中的 56/（2991+47）=1.84%。

〔2〕 若我们假设真正的购物者最终会在某些商家处购买（但曾访问过更多网站），并且这些购物者中的"少数知情者"都有相同概率去访问他们曾浏览过的产品的授权协议页面，那么我们样本中那些启动了结账程序的访问者行为在所有购物者中就具备代表性。他们访问授权协议页面的概率（30%）也为我们估算那些最坚定的购物者中"少数知情者"群体的规模提供了参考。

〔3〕 上述计算结果建立在表 4 中月度累计的数据基础之上。如果认为用每单次计的方式定义访问行为会低估"少数知情者"群体的规模，那么该数值就是相对保守的。根据表 3 的数据，我们可以得到 7 位最终购买的阅读者，50 位最终没有购买的阅读者，4859 位最终购买的非阅读者，67366 位既没有阅读也没有购买的购物者，和 59447 位非购物者（其中只有 6 位读者）。由此，"少数知情者"群体中的购物者比例 e_1 即为 57/72282=0.079%，启动结账程序中的阅读者比例为 7/57=12.3%。假设非阅读者中的购买转化率相同，那么少数知情者"群体的比例就是 7/4866=0.14%；如果假设非阅读者中的购买转化率是 100%，那么就会得到"少数知情者"群体比例的最大值 57/（4866+50）=1.16%。

大比例的"少数知情者"群体才能让经营者提供此种有利于消费者的合同条款。让我们考虑这样一位经营者,他可能会提供一份对消费者有利或不利的格式合同条款,也即我们通常认为的"好合同"或"坏合同"。消费者中的知情者比例 r 反映了消费者搜寻和阅读格式合同的成本,以及他们将从中获得的预期收益。这一比例取决于交易环境的特征和交易议程的设置,如施瓦兹与王尔德(1979)提到的消费者搜索策略。在我们的研究样本中,该比例 e_1 也是"少数知情者"群体中购物者的比例。消费者关注格式合同所规定的权利义务(例如保修条款、产品转让权等),因此"好合同"就比"坏合同"价值更高。但对经营者而言,制定一份"好合同"自然也比制定一份"坏合同"的成本更高,我们把这两种产品成本定义为 c_g 和 c_b,则有 $c_g > c_b \geq 0$。由此,也可以修正一些之前的定义:我们把 b_1 作为遇见"好合同"时知情消费者的购买比例,b_3 作为遇见"坏合同"时知情消费者的购买比例($b_1 > b_3$),b_2 仍旧是不知情消费者的购买比例。虽然 b_1、b_2 和 b_3 的具体数值会受到实验环境的影响,但 $b_1 > b_2 > b_3$ 的大小关系不会改变。对经营者来说,如果制定一份"好合同"所获的收益大于制定一份"坏合同"所获得收益,也即满足以下条件,那么他就会提供一份"好合同":

$$[rb_1+(1-r)b_2](p-c_g) \geq [rb_3+(1-r)b_2](p-c_b) \quad (公式2-2)$$

等价地,使经营者提供一份"好合同"所需要的知情者比例就如下所示:

$$r \geq (c_g-c_b) / \left[\left(1-\frac{b_1}{b_2}\right)(c_g-c_b) + \frac{b_1-b_3}{b_2}(p-c_b) \right] \quad (公式2-3)$$

当经营者提供"好合同"的边际成本降低,或者因为遇见"坏合同"而选择不再购买的消费者比例增加时,这一比例都会随之降低。

只要赋予这些未知参数特定的值,任何比例的知情消费者都可以使得"少数知情者"群体达到市场均衡。但是,我们可以通过考察软件市场中授权协议的"维护和支持"部分(Maintenance and Support,"M&S")来粗略求得这些参数的可能区间以及经营者制定一份"好合同"的边际成本,让"少数知情者"群体的理想占比浮出水面。由于"维护和支持"是软件授权协议中的核心条款,因此经营者制定相关条款的成本应当与其制定一份有利于消费者授权协议的成本处于同一数量级。

为了估算经营者制定 M&S 条款的成本，我们从马罗塔－伍格勒（2007）的研究样本中选取了 42 家软件公司，并获取了其中 520 种软件产品的价格和每年提供 M&S 服务的价格。被选取的公司都提供包期的 M&S 服务（即不按计次收取费用）。我们发现，M&S 的平均价格、价格中位数和标准差分别为产品价格的 26%、20% 和 22%（不包括 M&S 服务的部分）。由于样本公司之间具有高度相关性，因此我们更关注所有公司的数据均值。除去两个明显异常值之后，将剩余 40 家公司 M&S 价格与产品价格的比值作为随机变量，其分布的平均值、中位数和标准差分别为 0.29、0.24 和 0.16。

因此，软件产品的 M&S 服务成本大约是产品总价格的 25%—30%。由于 M&S 服务成本主要来自可变成本，因此如果 M&S 服务市场是一个完全竞争市场，那么这将告诉我们 M&S 服务的边际成本。这个数字同时也是经营者制定一份"亲消费者"授权协议的边际成本取值下限。我们认为，将 M&S 服务成本估计为产品价格的 25%—30% 可能会偏高，具体原因如下：（1）消费者可能更愿意从软件经营者那里购买额外的 M&S 服务，因此软件公司可能会将产品价格分为两部分，前期购买（软件产品）的价格较低，后续购买（M&S 服务）的价格较高；（2）由于逆向选择和道德风险，额外购买 M&S 服务的消费者可能本身就会为经营者施加较高的 M&S 成本；（3）软件公司在提供 M&S 服务方面具有强大的市场力量，因为这个市场具有较强的准入壁垒，尤其是对那些不熟悉产品或不了解消费者是否愿意从原始软件公司那里购买 M&S 服务的竞争对手而言。上述所有因素都会导致 M&S 服务占产品总价的部分高于单纯提供 M&S 服务时的价格成本。另外，M&S 条款也只是授权协议的 23 个核心条款之一，其余条款也会包含其他类型的产品维修、复制或发行许可等可能提高经营者机会成本的服务。此外，M&S 服务的定价在企业软件市场中比较相似。在这些市场中，企业普遍购买 M&S 服务，而第三方 M&S 服务供应商之间的竞争则非常激烈。

综合来说，我们可以合理地估计 M&S 成本为产品价格 p 的 20% 左右，也即 $0.2p$。把上述式子的分子和分母分别除以足以促使经营者制定一份"好合同"的知情消费者数量 p，就得到了如下不等式：

$$r \geq \left(\frac{c_g - c_b}{p}\right) / \left[\left(1 - \frac{b_1}{b_2}\right)\frac{c_g - c_b}{p} + \frac{b_1 - b_3}{b_2}\left(1 - \frac{c_b}{p}\right)\right] \quad \text{（公式 2-4）}$$

根据上式，如果 $(b_1-b_3)/b_2 \leq 1$，当阅读者发现这是一份"好合同"时，他们的购买比例将不低于非阅读者（一份"坏合同"则会降低该比例）。同时，由于 $b_1 \geq b_2$，即 $1-b_1/b_2 \leq 0$；$c_b \geq 0$，即 $1-\frac{1-c_b}{p} \leq 1$，我们可以得到 $r \geq (c_g-c_b)/p$ 也即 $r \geq 0.2$。这意味着，如果经营者制定一份"好合同"的成本是 $0.2p$，且上述三个合理假设都成立的话，数据显示，$r \geq 0.2$ 就成了"少数知情者"群体达到市场均衡状态的必要条件，而该数值是我们观察到的实际数值 $r \approx 0.001$（即 0.1%）的 200 倍。另一种可能的情况是，要让经营者因知情消费者群体的存在而制定一份"好合同"，那么此举的边际成本应低于产品售价的 1%。[1] 无论是以上哪种情况，我们的研究数据都无法让"少数知情者"群体的数量达到市场均衡状态。

还有一种观察"少数知情者"群体数量是否达到市场均衡的方法，与上述方法类似但更加简便，即观察访问者启动结账程序的情况。在"少数知情者"群体达到市场均衡状态时，经营者就会制定有利于消费者的"好合同"。根据表 2，我们发现在 3534 次启动结账程序的访问中，授权协议被访问了 6 次。由于启动结账程序是完成购买的必经程序，如果经营者提供的是不利于消费者的"坏合同"，他们就会失去所有阅读过授权协议的消费者。因此，一端是向 6 位阅读者销售所得的净收益，另一端是向 3528 位非阅读者提供"好合同"所付出的成本，经营者需要对二者进行权衡。正如我们观察到的那样，只有在提供"好合同"的成本低于产品售价的 0.17% 时，经营者才会这样做，即唯有此时"少数知情者"群体才能达到市场均衡。

上述论断比此前的分析更少依赖于假设条件，且再次指向同一结论——我们的研究数据表明，现有的"少数知情者"群体并未让市场达到均衡状态。因此，如果"少数知情者"是使得市场均衡的唯一机制，一个合理的推论就是经营者将提供最不利于消费者的 M&S 合同条款。但如果他们并未这么做，就说明一定存在其他机制在迫使经营者提供更有利于消费者的条款，而若缺乏这些机制，或许就会有更多的消费者阅读授权协议。

---

[1] 当然，有人会说制定一个有利于消费者的争议解决条款只会花费经营者 0.1% 产品价的成本。尽管理论上的确如此，但我们发现实践中很少有经营者会因为害怕失去 1000 个消费者而选择调整合同条款。更重要的是，那些对消费者来说更为关键的条款（如 M&S 服务条款和保修条款）都是最耗费成本的。

(三)稳健性检验:未读先知?

消费者有许多途径可以了解格式合同的内容。比如,不少购物网站论坛就有讨论产品质量的博文和帖子;专业新闻机构也会把格式合同的条款内容向更多消费者解读。

通过 Alexa 网站,我们获取了 25 个消费者最常访问,并可能包含授权协议条款、产品质量和经营者信息的网址列表。随后我们测算出研究样本中购物者访问这些网站的频率。少数网站专注于软件和授权协议的条款,大部分网站很少讨论授权协议条款。后者包括 Wired 和 Ars Technica 等科技类新闻网站、Consumerist 等发布消费者保护类新闻和反对经营者"霸王行为"的网站,以及 PC Magazine 等普通科技新闻网站。最后,还有一些概览式的消费者信息网站,它们虽然不关注软件信息,但可能包含"消费者报告"等软件产品的评论信息。

我们考察了所有购物者访问过的,与上述 25 个网站相关的网页,确认其中是否有关于授权协议的信息。我们发现,在 131729 次至少访问过两个页面的消费者访问行为中,只有 3 位购物者访问了评论区中包含授权协议信息的页面。如果以月度总计的方式测算,则有 11657(16.8%)次访问行为至少包含了上述 25 个网页之一,但是这些访问行为都与授权协议无关。在这组研究样本中,只有 69 位购物者访问了具有特定软件产品评论的页面或包含该月的软件评论信息(如税收信息)页面。共有 84 位购物者访问了有关软件新闻或其他信息的页面,包括如何获取某些免费的插件。余下的访问都是与软件产品或授权协议条款无关的页面。这样看来,消费者并没有通过访问购物网站这种替代方式来了解产品的授权协议。

"少数知情者"假说的核心要旨在于,格式合同的好坏可能直接反映在了产品价格之中,因此消费者无须了解它们。但是,只有足够多的消费者在比较购物时读懂合同条款,才能使合同条款的质量真正通过产品价格反映出来(除非消费者知道所有经营者制定的合同都不可能被强制执行,因而缺乏阅读合同条款的激励)。马罗塔-伍格勒(2007)发现,大多数经营者提供的合同条款要比缺省规则的条款更糟糕,但还不至于让消费者无法通过它们了解到任何信息。我们的研究结论与马罗塔-伍格勒(2007)一致,但我们也无法对此种情形是否足以使市场达到均衡状态下定论。

马罗塔-伍格勒(2007)的研究与本章非常相关,因为其专门研究了授权协议条款差异与产品价格之间的关系,并发现它们之间几乎没有任何可被检验的关系。这或许是因为软件产品在被打包出售时，合同条款只是影响其价格的相对较小的因素，如果不控制影响产品价格的许多其他因素，就很难衡量合同条款与产品价格之间的关系。但这一发现依旧与我们的研究结果一致，因为如果消费者未能及时阅读并对合同条款进行比较，经营者也将缺乏动力去调整产品价格来反映授权协议质量。这样一来，确实很难保证消费者仅仅通过观察产品价格就能够推断出授权协议条款是否对他们有利。

此外，尽管消费者对高价产品似乎具有更强的动机去了解其合同条款，但产品价格对消费者阅读意向的影响在统计学意义上并不显著。不过这一结果不应被过度解读，因为相比直接预测消费者是否会阅读合同，我们对消费者阅读与否的原因研究仍十分有限。

另一种可能是，授权协议条款的被披露程度（例如，合同条款是否被突出显示）会反映其质量。例如，当合同条款中有利于消费者的部分被突出显示，而不利于消费者的部分被隐藏或根本找不到时，就可能会达到市场均衡。我们发现，如果此种均衡在我们的研究设定中真实存在，那么其并非是由"少数知情者"群体这一机制来维持的。此外，马罗塔－伍格勒（2009）发现，即使"点击型"的合同得到有效披露，其对经营者的偏袒依旧与"非点击型"的合同大致相同。后一种合同需要消费者花费更大力气才能找到，这说明，经营者并未通过调整对合同的披露程度，来反映该条款对消费者的友好程度。他们不会为了吸引消费者注意"好合同"就使用"点击型"授权协议，也不会为了遮掩"坏合同"就使用"网页型"授权协议。

（四）影响用户阅读授权协议的因素

下面，我们将简要分析公司类型、产品特征、用户身份和网页特征等因素是如何影响一位消费者选择是否阅读授权协议（或者更准确地说，是"点击"授权协议）。表 2-1 呈现了 Logit 回归的结果，其中因变量是虚拟变量，代表用户浏览特定公司网页时是否访问了授权协议页面。

对用户的阅读意愿有积极影响（虽然很小）的因素包括产品是否免费（消费者可能会觉得其中另有猫腻）和用户每次访问的页面浏览量（访问时间越长，购物意愿可能就越强）。对用户阅读意愿可能产生负面影响的一个因素是公司收入（代表公司规模）的自然对数与产品数量之商。其原理在于，对于消费者知晓且信任的产品而言，他们就不太可能去阅读该产品的授权协议，因为他们会凭借对产品熟悉而产生信任。因此，我们可以使用产品平均收入来代表消费者信任。[1]但最主要发现依旧在于，常数项是回归模型中最重要的部分，这说明几乎没有用户阅读授权协议。

表 2-1 决定用户是否在线访问授权协议页面因素的 Logit 回归模型

	不间断会话			每月累计的不间断会话		
	至少 2 页	至少 5 页	至少启动 1 次结账程序	至少 2 页	至少 5 页	至少启动 1 次结账程序
免费软件提供商	1.06 (0.75)	0.71 (0.81)		2.05** (0.75)	1.95* (0.79)	
价格中位数（取对数）	−0.004 (0.13)	−0.02 (0.14)	0.38 (0.39)	0.07 (0.14)	0.06 (0.14)	0.07 (0.41)
公司每件产品收入（取对数）	−0.52** (0.05)	−0.55** (0.06)	−0.32 (0.21)	−0.52** (0.05)	−0.54** (0.06)	−0.36* (0.14)
公众公司	2.28** (0.35)	2.57** (0.43)	0.29 (1.16)	1.85** (0.35)	2.13** (0.39)	1.08 (0.89)
访问网页的数量	0.06** (0.01)	0.03* (0.01)	0.13** (0.04)	0.07** (0.01)	0.04** (0.01)	0.12** (0.03)
性别	−0.39+ (0.22)	−0.30 (0.24)	−1.23 (0.94)	−0.35+ (0.20)	−0.36+ (0.22)	−0.48 (0.71)
收入（取对数）	0.11 (0.15)	0.21 (0.17)	−0.23 (0.43)	0.13 (0.14)	0.21 (0.15)	−0.21 (0.42)
年龄（取对数）	0.40 (0.35)	0.14 (0.39)	1.45 (1.31)	0.30 (0.33)	0.19 (0.36)	−0.49 (1.38)
样本数	160392	85997	4866	80695	49217	2991
eudo-R^2	0.11	0.11	0.20	0.13	0.13	0.15

说明：+ 表示0.1统计水平上显著，*表示0.051统计水平上显著，**表示0.01统计上显著；括弧内为标准误差。

（五）为何阅读用户如此之少？

访问授权协议页面的消费者非常少，这说明搜寻和阅读协议条款的成本非常高。如果这种成本主要在于找到授权协议，那么强调强制披露的监管规则就

---

[1] 授权协议的阅读意愿总体上呈正相关。在对购物者作明确定义之后，这种相关性是显著的。

可以增加知情消费者的比例。但是，马罗塔－伍格勒（2012）通过相同的数据库发现提高合同的被公开比例并不能直接带来阅读人数的增加。这表明，消费者的主要成本在于阅读和理解合同条款——对他们而言，即使只需点击鼠标就能访问授权协议页面，他们也不愿这样做，因为读懂授权协议条款的成本实在太高。因此，降低消费者理解合同条款的成本或许可以更有效地增加知情消费者的比例。例如缩减合同长度、简化合同内容、标准化合同条款、提供标准化的合同摘要等。此种监管手段或许比单纯地加强合同披露更能促使消费者去阅读授权协议。类似地，以标准化方式公开基本的信用条款、放大合同文字字体（例如美国的"舒默盒子"[1]和英国的"摘要框"）、简单易懂地表述合同内容等监管规则也可以有效降低消费者阅读和理解格式合同条款的成本。

六、分析与启示

一直以来，消费者如何阅读格式合同的条款都是法律与政策之辩的焦点。核心问题在于是否应当规定所有用于消费交易的格式合同都必须进行强制性披露；另一个争议在于格式合同条款是否可以被强制执行，以及是否应对线上软件交易作出不同于其他软件交易的专门披露性规定。回应这些争议的关键就是厘清"少数知情者"假说的可信度：用格式合同区分不同类型的消费者真的可以帮助市场达到均衡状态吗？本章考察了消费者究竟在何种程度上实际访问和阅读线上格式合同的条款。用户的点击流数据使我们首次以一个相对合理的精确度去测算"少数知情者"群体。

我们发现，选择阅读线上格式合同的消费者屈指可数。据我们估算，访问软件零售商授权协议的消费者比例在0.5%—0.22%，并且这其中大多数消费者都没有花足够时间来消化超过一个章节的内容。我们还发现，购物者也很少通过各种替代性信息去了解授权协议条款，例如包含商品评论或相关新闻的网站。即使进行大胆假设，阅读（并理解）授权协议的消费者比例也很难达到1%。我们对市场中"少数知情者"群体规模的估计比以往文献中提到的足以维持市场均衡的数值小出一到两个数量级。简单的数理计算也再次证实了这一观点。

---

〔1〕 译者注："舒默盒子"是美国金融监管的一种政策工具，用于强制信用卡公司向用户披露其产品的条款信息。其因负责相关立法工作的纽约州议员查克·舒默（Chuck Schumer）而得名。

消费者可能会觉得，有其他因素会制约经营者提供良好的授权协议条款，因而理性地决定不去了解相关信息并成为"少数知情者"群体的一员。我们的数据尚无法说明消费者此举是否合理，以及授权协议的条款是否达到了经济学意义上的有效。尽管如此，由于公司之间商业往来的成本较低，并且有许多尚未建立良好声誉的新公司，因此本章所设定的市场环境还是相对更容易寻找"少数知情消费者"的。

但由于我们的研究仅直接考察了一种市场环境，且线上购物相对简便，成本又低，因此一个合理怀疑在于，本章所描述的"少数知情者"群体的运作机制在其他市场情形中是否适用？若此怀疑在理，那么类似的测算方法应该会得到明显高于我们所观察到的阅读格式合同的人数规模。因此，未来研究可以继续考察约束线上软件经营者市场行为的其他因素，以及其他市场环境中的阅读者规模是否能够满足"少数知情者"群体的运作机制。

阅读格式合同条款的消费者屈指可数，即使是那些搜寻起来并不费力，或者要求消费者在购买之前勾选"已阅读并同意"的线上授权协议亦是如此。这说明，真正让消费者望而却步的是对合同条款的阅读和理解成本，而非搜寻成本。因此，仅仅寄希望于强化强制性披露的监管规则可能过于乐观，无法真正促进知情消费者的诞生。只有让格式合同的条款变得更加易于消费者阅读，理解与比较，才能让这一目标真正得以实现。

本章参考文献

Ralph W. Bailey & L.M. Bailey, *Reading Speeds Using RSVP*, User Interface Update–February 1999 (1999).

Douglas G. Baird, *The Boilerplate Puzzle*, Michigan Law Review, Vol.104, p.933–952 (2006).

Oren Bar-Gill, *Seduction by Plastic*, Northwestern University Law Review, Vol.98, p.1373–1434 (2004).

Shmuel I. Becher & Esther Unger-Aviram, *The Law of Standard Form Contracts: Misguided Intuitions and Suggestions for Reconstruction*, DePaul Business and Commercial Law Journal, Vol.8, p.199–227 (2010).

Omri Ben-Shahar, *The Myth of the Opportunity to Read in Contract Law*, European Review of Contract Law, Vol.5, p.1–28 (2009).

Randolph E. Bucklin & Catarina Sismeiro, *A Model of Web Site Browsing Behavior Estimated on Clickstream Data*, Journal of Marketing Research, Vol.40, p.249–267 (2003).

Melvin A. Eisenberg, *The Limits of Cognition and the Limits of Contract*, Stanford Law Review, Vol.47, p.211–259 (1995).

Xavier Gabaix & David Laibson, *Shrouded Attributes, Consumer Myopia, and Information Suppression in Competitive Markets*, The Quarterly Journal of Economics, Vol.121, p.505–540 (2006).

Victor P. Goldberg, *The Battle of the Forms: Fairness, Efficiency, and the Best-Shot Rule*, Oregon Law Review, Vol.76, p.155–171 (1997).

Robert A. Hillman, *Online Consumer Standard Form Contracting Practices: A Survey and Discussion of Legal Implications*, in Jane K. Winn ed., Is Consumer Protection an Anachronism in the Information Economy, Ashgate, 2006.

Robert A. Hillman, *Online Boilerplate: Would Mandatory Website Disclosure of E-Standard Terms Backfire Boilerplate: Foundations of Market Contracts Symposium: Panel One: Boilerplate in Consumer Contract*, Michigan Law Review, Vol.104, p.837–856 (2006).

Eric J. Johnson, Wendy W. Moe, Peter S. Fader, Steven Bellman & Gerald L. Lohse, *On the Depth and Dynamics of Online Search Behavior*, Management Science, Vol.50, p.299–308 (2004).

Avery Katz, *Your Terms or Mine? The Duty to Read the Fine Print in Contracts*, The RAND Journal of Economics, Vol.21, p.518–537 (1990).

Mark A. Lemley, *Terms of Use*, Minnesota Law Review, Vol.91, p.459–483 (2006).

Ronald Mann & Travis Siebeneicher, *Just One Click: The Reality of Internet Retail Contracting*, Columbia Law Review Vol.108, p.984–1012 (2008).

Florencia Marotta-Wurgler, *What's in a Standard Form Contract: An Empirical Analysis of Software License Agreements*, Journal of Empirical Legal Studies, Vol.4, p.677–713 (2007).

Florencia Marotta-Wurgler & Daniel L. Chen, *Does Contract Disclosure Matter?*, Journal of Institutional and Theoretical Economics, Vol.168, p.94–123 (2012).

Wendy W. Moe & Peter S. Fader, *Dynamic Conversion Behavior at e-Commerce Sites*, Management Science, Vol.50, p.326–335 (2004).

Victoria C. Plaut & Robert P. Bartlett, *Blind Consent? A Social Psychological Investigation of Non-Readership of Click-Through Agreements*, Law and Human Behavior, Vol.36, p.293–311 (2012).

George L. Priest, *A Theory of the Consumer Product Warranty*, Yale Law Journal, Vol.90, p.1297–1352 (1981).

Steven Salop & Joseph Stiglitz, *Bargains and Ripoffs: A Model of Monopolistically Competitive Price Dispersion*, The Review of Economic Studies, Vol.44, p.493–510 (1977).

Michael Spence, *Consumer Misperceptions, Product Failure and Producer Liability*, The Review of Economic Studies, Vol.44, p.561–572 (1977).

Louis L. Wilde & Alan Schwartz, *Equilibrium Comparison Shopping*, The Review of Economic Studies, Vol.46, p.543–553 (1979).

第三章　医师是否从事防御性医疗？*

Do Doctors Practice Defensive Medicine?

作者： 丹尼尔·凯斯勒（Daniel Kessler）
　　　 马克·麦克莱伦（Mark McClellan）
译者： 黄种甲
校定： 许菁芳、张凯评
审阅： 张永健
统稿： 程金华

　　医疗过失责任系统有两个主要功能：提供损害赔偿给因医疗过失而受损害的个人，以及创造激励，让医师在从事医疗行为时尽适切之注意。医疗过失法旨在处罚因疏忽而致病患健康恶化之医师，并透过此等罚则，赔偿受害的病患。不过，有相当多证据指出，现行的医疗过失制度在提供赔偿一事上并不精准。举例言之，哈佛医疗实务研究就发现，在1984年的纽约州，实际因过失医疗行为而受有伤害之病患，其数量是实际获得赔偿病患之16倍。然而，实际支付的医疗过失赔偿本身，以及透过法律制度实现赔偿的行政费用，仅仅只是医疗支出的1%，因此医疗过失的赔偿费用，并非是医疗支出成长的重要原因。

　　即使所有医师的医疗过失成本（诸如损害赔偿及诉讼费用等），事实上都享有完整的保险保障，医疗过失制度

---

* Daniel Kessler and Mark McClellan, Do Doctors Practice Defensive Medicine?, 111 *The Quarterly Journal of Economics* 353 (1996). ©1996 Oxford University Press.

对医师行为所产生的效果，仍可能远大于对医疗照护成本及结果之影响。医师可能采用高成本的预防措施，以避免非金钱上的惩罚，例如名誉上的伤害、舆论造成的自尊贬损以及应诉所耗费的时间及身心折磨。

医疗过失的赔偿金一方面可以避免医师或其他医疗服务提供商，将病患置于不利后果的风险之中；但另一方面也可能使得医师过度小心，而采取防御性医疗行为（因惧怕法律责任，而施以无效的预防措施）。许多医师和政策制定者认为，因应潜在诉讼所产生的额外检验和流程，可能是医疗保险费用大幅成长的主力。一旦法律责任驱使医师采取有害的疗法，或是放弃具有风险但有益的医疗行为，则防御性医疗甚至可能对于病患的健康产生负面影响。准此，防御性医疗具有重大的政策意义。

尽管此问题相当重要，但并无直接证据证实防御性医疗行为的存在及其规模，而此等证据对于如何决定适当的侵权责任制度相当关键。本章试图借由检验医疗过失侵权法、治疗强度及病患结果，来针对防御性医疗行为的普遍程度提出证据。我们使用了于1984年、1987年及1990年此三年使用联邦医疗保险，并且因急性心肌梗塞（Acute Myocardial Infarction，AMI）以及冠状动脉疾病（Ischemic Heart Disease，IHD）而入院的年长者数据。我们利用此横跨1984年、1987年及1990年的跨时间数据，并和各州侵权法制度相结合。我们研究侵权法改革对于整体医院支出的影响，也就是医院对于前述病患于上述期间的支出改变，借此测度治疗强度。侵权法改革如何影响病患所面临重要之施术结果，我们也纳入模型。亦即，我们也估计了侵权法制度改革，影响前述病患所可能面临之严重后果（即病发后1年内死亡）之程度。同时，我们也估计了制度改革如何影响病患所面临之两个严重后果：病患是否在初次发病后当年内，因继发性的急性心肌梗塞或心脏衰竭，而再度入院。

何谓防御性医疗？如果减轻医疗过失责任，导致医师减轻医疗强度，却没有导致病情的恶化，那么我们就可以说先前的医疗行为属于防御性医疗。亦即，医师为了避免过失责任而采取较高强度，却无更好效果的医疗行为。换言之，医师是迫于医疗过失责任的压力，因而付出过高程度的注意。从另一个角度来说，减轻医师责任的侵权法改革，本身降低了不具相应效果的医疗开支，并因此减少了医疗服务的不效率。我们根据责任制度的数个面向，导出医疗措施强度，并计算该医疗措施强度所能达成的健康成果成本（额外1年寿命或额外1年心血管健康），借此评估防御性医疗行为的规模。如果责任所引发的预防措施，比起其他可接受的医疗行为，有着更低的年度拯救支出[1]，那么既存的侵权责任系统提供了使医师采取有效率注意程度的激励。但若责任所引发的预防措施导致更高的费用，则侵权责任系统便诱发医师采取过度的注意。由于精准测量改革结果非常重要，因此在我们的分析里，我们包含了1984年、1987年、1990年所有美国心脏疾病的年长患者数据。

本章第一节讨论现有理论的模棱两可。现行责任制度如何影响医疗照护的效率？理论并不清楚。是故，责任制度的政策应该要以实证证据为依归，也就是医疗行为中"合理注意"实证结果。第二节回顾实证研究文献。虽然替代性责任规则（alternative liability rules）研究已有相当成果，但基本上仍未有直接证据，显示侵权责任系统对医师行为的影响。第三节呈现计量模型，用以评估医疗决定之责任规则、成本及病患结果，以及本章就防御性医疗行为之推论结果。我们比较了那些改革医疗责任的州与未采取改革的州，比较其医疗方式选择、成本以及结果之趋势的异同，来辨识出责任的影响。我们同时也审视了数个可以充实模型的方式，以支持统计效度的评估，以及提供更多关于侵权责任改革效果的想法。第四节讨论本章数据数据的细节，这些资料启发了我们分析那些受惠于联邦医疗保险的年长者，以其评估防御性医疗之成本。第五节呈现了实证结果。第六节讨论政策的意涵，而第七节为结论。

一、医疗照护中的过失责任与有效预防

总的来说，医疗过失系由州法院根据州法律作出判决。成功的起诉主张有三个要件：第一，病患确实受有不利影响；第二，医师必须造成前述不利影响；[2]第三，医师必须有过失。简言之，在医患关系中必须显示出该医师相较于平均专业注意程度更加轻忽。此医疗过失主张有效性的三部分检验，就是大家所知的"过失原则"。

除了对病患的赔偿外，侵权责任系统还有另一主要功能：引导医师采取避免病患伤害的最适预防措施。然而，过失原则却也可能导致医师采取不够充

---

[1] 译者注：即指某一医疗行为对于患者所延长的寿命的平均单位支出，如10万美元救治可活2年，则年度拯救支出为5万美元。

[2] 译者注：即指因果关系。

分的预防措施，使得预防措施的边际社会利益大于边际社会成本；也可能导致医师采取过度的预防措施，亦即防御性医疗，使得预防措施的边际社会利益小于边际社会成本。过失原则未必会导引出医疗照护的社会最适行为，因为就预防措施而言，医师和病患所面临的私人激励和社会激励并不一致。首先，意外发生时，医师所承受的成本与意外本身的社会成本不同。因为医疗过失保险并非完全以医师的经验评等，若因医疗过失导致病患伤亡，医师所承受的成本相当微小。然而，医师仍承受其他的成本——例如应诉的时间价值以及心神耗费——因诉讼所生但不受保险给付的费用仍相当可观。其次，因为大多数的医疗照护都有保险给付，因此病患和医师在个案中的预防措施所承担的医疗成本是微小的。总体而言，由保险给付的药物费用、诊断检测以及其他基于预防目的之措施，远远超出医师所要承担的未承保的费用。最后，医师只有在病患提起诉讼时，始承担重大的医疗事故成本，而病患并不会就每个医疗过失伤害行为提起医疗过失诉讼。

上述个人与社会最适预防程度的歧异，会受到各州法律的影响，而有不同方向与程度的差距。虽然过失原则的基本架构适用于美国境内大多数的医疗过失诉讼，但是在过去30年间，各州仍有所调整，即侵权行为的架构对于医疗过失责任或有扩张、或有限缩。举例来说，有些州已经对医疗过失的损害额度设了上限，使得可填补的损害限制在固定金额之内（例如25万美元）。这些针对基本过失原则的调整，可能影响医师的成本以及病患提诉的利益，同时影响了请求的平均金额与频率。我们以"医疗过失压力"此一概念，来描述州法律环境提供原告利益，或医师、病患面临成本的程度（医疗过失压力可以是多面向的）。

如果法律只要求医师负担轻微的过失责任，且外部化的医疗处置成本相当低，则对于医师而言的个人最适注意程度，将远低于社会最适状态。在此情形下，提起诉讼的低利益，会降低医师面临医疗事故时的非金钱性成本，因此医师可能采取比低成本诊断措施所能担保的更低的注意标准。但是如果法律环境创造了重大的医疗过失压力，且外部化的医疗处置成本也很大，那么个人最适注意程度可能远超过社会最适状态：医师个人将采防御性医疗。举例来说，随着医疗科技进步（借由降低医师心力成本占整体医疗成本的比例）以及增加医疗伤害侵权赔偿的裁判金额，将容易导致防御性医疗。

防御性医疗行为的激励，还有可能因为法官或陪审团错误地加诸责任，而进一步加重。医师的预防措施，在事后往往难以验证，因而提供了过度注意的激励。医师的过度注意源自全有全无的责任判断：因为对医师而言，小幅度地增加预防措施到最适注意程度之上[1]，可以大幅度地降低预期赔偿责任。

然而，何等程度的医疗过失压力可以提供最合宜的激励实为一实证问题。因为在基本过失原则下，个人层次的最适医疗行为可能导致边际社会利益大于或小于边际社会成本。理论上，过失原则的边际变动会影响效率，而效率高低取决于该等变动对预防行为的效果、总体医疗成本以及不利的健康结果。之前的研究分析了法律改革对于医疗过失压力测量值的影响，例如，医疗过失赔偿的金额多寡。为了理解医疗过失压力对于行为面的影响，我们透过研究法律环境变动对于医疗支出的影响，来测度责任体制所诱发的医疗行为的边际成本，以及研究法律变动对于健康恶化的影响，来测量法律所诱发的医疗行为所产生的边际社会利益。借此，我们对于基础的过失系统的效率提出直接证据，并且判断在不效率的情形下，哪些改革有助于改善效率。

二、实证研究文献回顾

尽管先前的实证研究文献并未直接证实防御性医疗的存在或程度，然而文献本身和医师采取防御性医疗的假设相一致。有一支文献透过对医师的调查来评估医师是否从事防御性医疗行为。这些调查透过无法进一步验证的假设（例如问卷答案所揭露的关系、实际诊疗行为及病患结果），来估算防御性医疗的成本。虽然调查显示医师相信他们从事防御性医疗，但调查结果只不过提供了医师认为在假设的情况下会提供何种医疗方式的相关信息，而非测量真实情况下医师所采取的行为。

另一支文献，则使用加强治疗有效性的临床研究。这些研究发现，某些大家认定是为了减免责任的加强治疗对于健康结果并没有显著影响。另外，一些医院控制医疗过失政策的临床评估也发现，医师"过度使用"了被认为是防御性医疗行为的加强治疗。然而，这些研究并没有直接回答本章感兴趣的政策问题：因害怕医疗过失而采用加强治疗，对病患是否有所影响？很少有医疗技术

---

[1] 译者注：应指采取防御性医疗。

在应用上毫无效果。况且，某一医疗行为对于全体人群而言的平均效果，与施用在（因为更严格的过失责任制度而接受该诊疗行为的）边际病患身上，其效果可能迥然不同[1]。要能评估医疗过失责任改革，有赖于密集疗法在"边际"病患有效性的证据。

第三支文献的主张其发展较为完备。其估算在某一法律环境中，损害赔偿判定以及医疗过失诉讼提起的频率之间两者变化的效果。丹松（Danzon，1982 & 1986）[2]和斯隆等（Sloan et al.，1989）发现侵权法的改革，包含设定医师责任上限，或者要求赔偿金额得扣除病患在他处获得的赔偿金额[3]，降低了平均赔偿金额个案中的给付。丹松（1986）也发现扣除他方给付规则的改革以及缩短时效减少了提诉频率。朱克曼等（Zuckerman et al.，1990）还有巴克（Barker，1992）也从医疗过失保险市场的数据，获致相似的结论。前者发现损害上限及缩短时效，降低了医疗过失的保险费；而后者发现设置损害上限提升了保险公司获利能力。

尽管数据上或方法上有明显的不同，这些文献都包含了一项重要且统一的讯息：法律改革会影响医师激励。最常见的发现是，两项降低诉讼的赔偿额以及频率的改革——也就是损害上限以及扣除他方给付——具有一个共同点：它们直接地降低医疗过失的预期赔偿。损害上限截去赔偿金额的分配，而扣除他方给付降低损害赔偿的平均数。其他改革只是间接地影响医疗过失赔偿，例如强制分期给付赔偿金（要求部分案件的赔偿以年金的方式给付）或者缩短时效，对于责任及医疗过失压力，影响则较不显著。

这些关于频率及强度改革的研究，对于回答"医师是否从事防御性医疗"此问题，只是第一步：个别来说，这些研究只举证了法律制度改革对医师激励

---

〔1〕 译者注：这里可以用一个比较生活化的例子帮助理解。对于新型冠状病毒（Covid-19）的治疗，以全人类的全体来说，入院积极治疗的效果未必比较符合成本效益分析。但对于边际病患（重症、老年）而言，相当必要。随着过失责任的标准变动，对于有症状患者所应采取的医疗措施也有不同。推到极端，如果合理注意的标准是一经确诊即入院治疗，那么入院治疗的效果就等于全人类的平均效果；倘若合理注意的标准是有慢性病的年长确诊者始入院治疗，那么入院治疗对于"边际"病患效果就会大幅提升。

〔2〕 审阅按：该文在1982年系作为工作论文公开，后于1984年正式发表。参见 Patricia Danzon, *The Frequency and Severity of Medical Malpractice Claims*,The Journal of Law and Economics, Vol.27, p.115–148 (1984).

〔3〕 对于可以扣除自他方受领之给付的改革，动摇了普通法的预设原则：纵使原告全部或一部因此自独立或共同方获得赔偿，被告也必须负担原告所受之全数损害。在普通法的预设原则下，为医疗过失而负责的被告负担原告该次医疗过失的医疗费用，即便该费用是由健康保险支出。此时，原告享有双重保障（原告同时受领健康保险所支付的医疗费用以及医疗过失被告知赔偿）或者被告必须向原告之保险人给付该费用，取决于原告的保险契约以及州法或联邦法。然而，部分州已经修法指出赔偿总额得以扣除他方全部或一部之给付。

的影响，并没有举证法律制度改革对医师行为的影响。要能辨识出因法律责任而生之防御性医疗行为的存在，以及不效率预防措施的范围，有赖于预防成本及不利后果损失与在法律环境中之变化的两相比较。

有些研究调查医师在医疗过失压力下的响应行为。基本上，这些研究把曾经被索赔过的医师，连接到他们的临床医疗行为以及病患结果，来分析防御性医疗的成本。罗克（Rock，1988）、洛卡利奥（Localio，1993）等人以及哈佛医疗实务研究发现结果与防御性医疗一致。不过考虑到两项未被观察到的异质性——医疗提供者间的异质性以及各区域间的异质性——这样的结果仍算合理。这些研究透过诉讼频率，或个别医师、医院、单一州内区域某段时间内之保险费规模，来衡量医疗过失压力。因为在一定时间内，单一州内的医疗过失法规是定值，此等研究中关于医疗过失压力的衡量，便不是基于法律，而是基于个别医师或区域所不可见的因素，故产生了严重的选择偏误（selection bias）。举例而言，个别医师或个别区域的保费或诉讼频率可能较高，可能因为该医师提供的医疗服务质量较差，该病患身体状况较差（因此容易有不利结果），病患对于医疗行为有特定偏好（因此更可能质疑或反对医师的决策），或因为更多其他因素。这些法律制度下的变异来源并不清楚，也可能由多变因导致。这些所有因素很难被观察到，却可能导致压力与行为决策之间明显但非因果的关联。

是以，纵使之前的研究提供了医疗责任系统的洞见，它们仍未直接证实医疗过失改革如何影响医师行为、医疗成本及健康结果。

二、计量模型

我们的统计方法测量各州侵权法改变的效果。各州侵权法一方面对医师产生医疗过失责任的压力，因此影响医师的决策行为；另一方面与病患或医师之间不可观察的异质性无关。我们比较了改革州和非改革州，7年间医院支出与健康结果的时间趋势——健康结果包含所有原因下的心脏疾病死亡率，还有与生活质量直接相关的心脏疾病并发症之发生。我们将病患人口特征、州法律及政治特征，还有特定州与特定时间效果等自变量纳入模型，以非参数方法[1]推

---

[1] 译者注：即指不预设全体分布态样的估计方法。

估自变量与平均支出以及健康结果等因变量的函数关系。我们也把州侵权法的改变结果，作为法律改变前后的变化而纳入模型。最后，我们以法律影响医疗支出及健康结果之关系为基础，来检验防御性医疗的存在及其规模。

虽然这样的策略基本上是用制度改革州及非制度改革州之双重差分（difference-in-differences，DID）以识别效果，我们仍在下列面向中，修改了传统双重差分的估计策略。其一，如上提及，我们的模型包含了对于支出及健康结果函数形式的少数限制性参数或分配假设。其二，我们不只针对改革建立简单的单一时间模型。基于许多理由，医疗过失改革可能对医疗行为有更复杂、更长期的影响。法律改变可能不会有立即性的效果，因为法律从业人员、医师、病患都必须学习到他们责任的结果，以重新达到均衡状态。法律改变可能影响的不只是医疗决策的稳定环境，同时更因技术强度的提升而减轻压力，进而影响了后续医疗干预的环境。因此，改革的长期效果可能会和短期效果有所不同。我们的模型框架使用7年幅度的面板数据，可以进一步分析制度采用前后的时间趋势异同。

为衡量防御性医疗的普遍程度，我们使用了面板数据框架，辅以对于心脏疾病病患连续性的观察。在年份 $t=[1,T]$ 间的状态 $s=[1,S]$，我们的观察单位包含因诸如心脏病之特定疾病的首次发生而住院的病患 $I=[1, N_{st}]$。每一病患有观察值 X_{ist}，用以描述为一组完全互动的二元变量，及许多无法观察到但影响医疗决策及结果的特征。个人所接受到的医疗强度为 R_{ist}，R 表示健康事件后医院的年度总支出。病患的健康结果为 O_{ist}，可能会被接受到的医疗强度所影响，其值越高表示越不利的健康结果（O 在本章模型中为二元变量）。

我们以两类责任上限制度——直接与间接医疗改革——之存在为基础，定义个别个体健康事件下，特定时间州侵权法制度的效果。于本章第二节的文献分析中，发现了在不同改革类型下，其诉讼行为以及医疗保险费有所不同（在后文第四节将讨论我们对于改革的分类）。我们使用二元变量 L_{mst} 表示在特定时间下 t 下的特定州 s 是否存在直接改革。$L_{1st}=1$ 表示 s 州在 t 时间下采取直接改革；$L_{2st}=1$ 表示 s 州在 t 时间下采取间接改革。$L_{st}=<L_{1st},L_{2st}>$ 是一个描述医疗改革存在的二维度的二元向量。

我们首先以这些个人层次的变量，来估计平均支出及结果效果的线性模型。支出模型如下：

$$R_{ist}= \theta_t + a_s + X_{ist}\beta + W_{st}\gamma + L_{st}\varphi_m + v_{ist} \qquad (公式3-1)$$

其中 θ_t 为时间的固定效果，α_s 表示州的固定效果，W_{st} 是下述跨时的州法律政治环境变量的向量，β 和 γ 是人口组成控制及额外州别及时间控制的相应的平均效果估计向量，φ_m 是二维的医疗改革对成长率的平均效果，v_{ist} 则是平均为 0 的独立分配误差项，其条件期望值 $E(v_{ist} \mid X_{ist}, L_{st}, W_{st}) = 0$。因为法律改革可能影响支出的多寡及成长率，所以我们对 1985 年以前（大多为 1980 年以前）实行改革的州以及未实行改革的州，估计不同的时间趋势基线 θ_t。我们的资料组基本上包含所有因符合本研究的心脏疾病，而住院的老年病患，如此一来，我们的研究结果，便能描述美国老年族群中，医疗过失改革相关的趋势之内所呈现的实际平均差异。我们提供标准误差，以便就潜在全体的平均差异进行统计推论。我们的模型假定：以州和时间作为分群的病患，在不可观察的特征上具有类似的分布，而该特征将会影响医疗行为和健康结果。假设医疗过失法影响医疗过失压力，但不直接影响病患的支出或结果，那么相关系数 φ 将辨认出医疗改革所导致的医疗过失压力变化的平均效果。

为了分辨医疗改革的短期和长期效果，我们估计了较不严格的，也就是较长时间的法律改革之平均效果模型。这些"动态"的模型，以采取变革后的时间为基础，估计个别的成长率因素 φ_{md}：

$$R_{ist} = \theta_t + \alpha_s + X_{ist}\beta + W_{st}\gamma + L_{st}d_{st}\varphi_{md} + v_{ist} \qquad \text{（公式 3-2）}$$

在公式 3-2 中，我们分别纳入短期平均效果 φ_{m0} 以及长期平均效果 φ_{m1}。我们透过设定 $d_{st0}=1$，表示 1985—1987 年采用改革者在 1987 年之情形，以及 1988—1990 年采用改革者在 1990 年的情形，来预估法律的短期平均效果（实行改革后 2 年内）φ_{m0}；并以 $d_{st1}=1$ 表示 1985—1987 年采用者在 1990 年的情形，来估计长期（采用后 3—5 年）效果 φ_{m1}。

模型中这些估计的平均效果 φ_{md} 奠定了医疗改革对医疗支出与结果之效果的测试基础，并因此打下测试防御性医疗存在与规模的地基。在所有的模型中，如果对于直接或间接的改革 m，模型中的医疗支出 $\varphi_{md}<0$ 且健康结果 $\varphi_{md}=0$，那么就存在防御性医疗的证据。换句话说，如果州法律改革与医疗支出的成长率降低有关连，且没有因透过其对医疗行为决策之影响而对不利健康结果的成长率有负面影响，那么可以推知医疗过失压力从社会福利来看是过高了，此时存在防御性医疗。放宽一点来说，如果医疗过失改革对于支出的效果"大于"

对健康结果的效果，那么就存在防御性医疗。因此，在下述的结果中，我们同时测试了医疗支出和改革的结果效果两者是否显著偏离 0，以及支出与结果效果的比值。

防御性医疗测试的强度，取决于法律改革对于结果估计效果的统计精确性。最终，我们审慎地评估我们对结果效果估计值的信赖区间。[1] 由于搜集所有攸关个别病患的健康结果并不可行，是以，我们聚焦在"重要的健康结果"，包含死亡率与严重的心脏并发症，都是可于研究全体中确实观察到的资料。由于本章所列举的心脏并发症，反映了未受妥当照料的心脏病患，生活质量受损的两个主要情形（例如，更进一步的心脏病，或心血管功能的衰败）。是故，心脏并发症的估计值与死亡率，可以预设捕捉医疗过失改革中的重要健康结果。

我们也另外看了模型中其他的变量组合，确定改革影响均无涉于病患特征（跨州/时群体），以及其他未被观察到的医疗过失压力。其中一组验证即以纳入州/时交互作用的随机效果为基础。为了控制区域内、同时间段内成本的相关性，我们用胡贝尔－怀特（Huber–White，1980）发展出来的标准误差[2]，来修正邮政编码及时间造成的相关性。我们也测试了在改用以胡贝尔－怀特标准误差修正州（而非邮政编码）及时间造成的相关性时，是否影响我们估计的标准误差。[3]

另一组变量组合则牵涉评估变量的范围，该变量总结各州在各时间点下之政治及管制环境，借此测试那些可能影响改革的因子，是否影响改革对支出或病患后果效果的估计值。既然本章所关怀之侵权法改革，其主要原因是商业性死亡保险的全国性危机，那么改革本身的内生性不太可能是个大问题[4]。不过，坎贝尔等（Campbell et al.，1996）指出一州之内的医师及律师的集中度，以及州政治环境的量度与责任改革有关；而丹松（Danzon，1982）指出一州之内律

---

[1] 再次强调，因为所有在研究年度间患有严重心脏疾病的老年患者已全数被纳入，因此，这样的考量只适用于将结果推广至其他病患全体。

[2] 审阅按：胡贝尔－怀特（1980）发展出的方法，现在的实证研究文献中通称为"稳健标准误差"（robust standard errors）。

[3] 当然，如果这样的州及时间特定效果（相关性）存在，那么就没有理由期待它们会是正态分配。误差架构的正态性假设，总的来说在健康支出及结果的模型中没有发挥良好作用。但使用这样的随机效果使我们得以探知我们对于可能的州及时间特定偏移估计的强度。

[4] 译者注：内生性问题系指误差项和解释变量相关，导致统计推论出现误差，可能原因有遗漏变量、同时性（simultaneity）等。在此，作者应该是指侵权法改革本身和防御性医疗的同时性问题，也就是：改革本身影响了防御性医疗的程度，防御性医疗的存在本身也会推动侵权法改革。不过作者认为，无论是何者，其结果都印证了防御性医疗的存在。

师的集中度，与医疗过失诉讼中所给付的赔偿及改革的推动有所关联。[1]从结果而言，我们在每个回归式中控制了各州州长的所属政党、州议会的多数政党及单位人口之律师数量，并测试此等控制结果的敏感性。[2]

第三组变量组合验证则奠基于其他于20世纪80年代开展之侵权法改革，此等改革在本研究的时间范围内，对于老年人医疗过失责任应当有最低限度的影响。然而，如果是各行业中对于责任压力的疑虑导致了侵权法的改革，则这些改革可能和重要的业务过失改革相关。而如果这样的改革与本章被纳入的改革相关，那么我们的估计可能会高估我们所分析的医疗过失法改革的效果。

我们进一步透过估计各州对于限制法规改革的影响，检验我们无遗漏变量偏差假设（assumption of no omitted variable bias）的有效性。侵权责任的时效规定在潜在伤害的状况下是最重要的。时效规定的存在，排除了那些发生在时效之后的伤害，但包含了对于心肌梗塞的老年患者的医疗过失行为，在罹于时效前即发生的不利后果。然而，时效规定乃是本研究未涉猎，但最为重要的改革（23个州于1985—1990年缩短时效规定，且有研究发现较短的时效减少了诉讼频率）。如果我们的模型假设正确，那么时效的改革就应该不会对于我们所分析的医疗行为密集度及结果决定有任何影响。然而，如果遗漏变量偏差是个问题，那么时效改革可能会表现出显著的估计效果。

最后，因为我们所有对于各州固定差值的分组控制，并不允许我们在加强治疗及不利健康结果之基线上估计差值，因此我们也另外估计了所有只包含区域效果的模型，借此了解在不同法律体制下，医疗行为比例、费用及结果的基线差异。

四、数据

我们的分析数据有两个主要来源。[3]老年联邦医疗保险受益人的申请数据，

---

[1] 根据丹松（1982 & 1986），都市化对于侵权法改革的提诉请求金额及其频率是个高度显著的决定因素。如下所述，我们将在个别层级上控制都市化因素。

[2] 虽然我们基于内生性的考量并没有纳入单位人口外科医师数量的控制，以外科医生密度为条件的结果实际上还是一样的。我们纳入现在及一年后延迟效果两者来说明过去政治环境影响现行法的可能性。

[3] 1980年、1985年和1990年单位人口律师数的数据来自1985年与1991年的美国律师基金会信息，间隔年份系依直线插补法计算。州政治情势之信息则是来自1984—1990年的州政府委员会信息。

显示了许多心脏疾病老年患者的特征，以及他们在心脏疾病上的花费及结果。这些理赔申请数据相当完整，涉时甚长，都是首次入院者，也就是在1984年、1987年或1990年时首次被诊断出急性心肌梗塞或冠状动脉疾病，而前一年度无此二症状的患者。病患人口特征之数据则取自健康照护资金管理局（Health Care Financing Administration）的"健康保险资格注销"（Health Insurance Skeleton Eligibility Write-off，HISKEW）申请数据，辅以社会安全管理局（Social Security Administration）收录的死亡报告以验证死亡日期。医院单年总支出，则是加总所有首次确诊心肌梗塞或冠状动脉疾病的病患，于入院次年后，所支付给急性照护医院（包含联邦医疗保险所未支付的共同付款及扣减额）保险给付之费用。心脏疾病并发症之出现，则是由病患首度确诊后，下一年度所有后续确诊中计得（不计入转诊）。心脏疾病并发症包含继发心肌梗塞，或心衰竭患者于初次发病后一年内再入院。其实，治疗冠状动脉疾病或急性心肌梗塞，是为了预防继发；而需要入院之心衰竭，则是证据，显示患者心脏因冠状动脉疾病受有严重功能损害。用于数据组创建程序及样本排除标准的编码规则实际上和麦克莱伦与纽豪斯（McClellan & Newhouse，1995）中报告者相同。

我们之所以分析心脏疾病病患，是因为该组诊断可以用以探索政策改革如何影响健康及医疗行为。心脏疾病及其并发症是美国医疗支出及死亡主要原因。大多数的急性心肌梗塞及冠状动脉疾病的入院患者是老年人，而这一族群的死亡率与继发性心脏并发症，也相对普遍。只是，这批数据同时有同质的病患数据和结果（得以临床细节来分析防御性医疗是否存在），也有够高的医疗支出以及很普遍的疾病恶化结果，让我们的测试更精准。更有甚者，因为急性心肌梗塞基本上是一种严重的潜在疾病（冠状动脉疾病也是），我们得以透过比较急性心肌梗塞和冠状动脉疾病之病患，来衡量改革是否对严重程度不一的案例而异其影响。

此外，心血管疾病可能对于防御性医疗相当敏感。由疾病引发的医疗过失案件之间，急性心肌梗塞的发生频率相当频繁，支付金额也高，仅次于乳癌与脑创伤婴儿而居第三位。急性心肌梗塞还有另一个特别之处：其因医疗过失所受伤害，总是非常严重。急性心肌梗塞病患承受伤害的分数，在国家保险监理官协会（National Association of Insurance Commissioners）的9分量表中，评为8.2分，是所有因健康问题所生之医疗过失案件中的第二高分。在40件最严重、昂贵的医疗过失案件之中，心血管疾病和相关程序也包办了7件。

我们选择研究老年病患，其实也因为没有非老年美国病患的纵向资料可供比较。然而，专注于此人口组成仍有其他优点。数份研究指出老年人口的提诉比率较诸非老年人口低，推测是因为老年人口的预期余命较短，导致严重伤害的损害额较低。这个假说隐含着外科医师较不可能对老年病患采取防御性医疗行为。因此，老年人口所面临的医疗行为与支出，最不受法律改革影响。同样地，医师对老年人采取防御性医疗的激励相对较低，而老年人产生不利结果的频率相对高；因此，老年人口最清楚反映了改革的不利结果。是故，对老年病患的分析应该可以显示防御性医疗的成本下限。无论如何，不管是老年或非老年病患，其医疗模式的跨时趋势已相当近似（例如，医疗强度在两个群体中皆大幅增加，存活率也有所成长）。只是，我们预期，从长者群体中的所得出的观察，其性质也与非老年人相似（若对后者的跨时实证分析可行的话）。表 3-1 描述样本人口特性。

在 1984 年和 1990 年，老年急性心肌梗塞族群的年龄有轻微增长，而男性占冠状动脉疾病的比例有轻微的增加，但急性心肌梗塞和冠状动脉疾病病患的特征则相对稳定。急性心肌梗塞病患的数量在年度同族群之中则有微幅降低（自 233000 降至 221000），然而冠状动脉病患的数量则有所增加（自 357000 增至 423000[1]）。在急性心肌梗塞和冠状动脉疾病发生后，病患的实质医院支出改变非常剧烈。举例来说，医院一年，在急性心肌梗塞病患的平均支出，由 1984 年的 10881 美元上升至 1990 年的 13140 美元（以 1991 年美元计），实质年增率为 4%。此等费用趋势可初步归因于治疗强度的改变。因为联邦医疗保险的"展望性"医院支出系统（prospective hospital payment system）[2]，联邦医疗保险当中，病患的特定医疗措施费用核销，在此期间有所降低。如此费用成长及医疗措施强度的增加，明显与死亡率降低有关，急性心肌梗塞病患死亡率由 39.9% 降至 35.3%（1987 年后的大量降低）；同时冠状动脉病患的死亡率也从 13.5% 降至 10.8%（1987 年后的大量降低）。然而，急性心肌梗塞存活率的增加——而非"冠状动脉疾病"的改善——与相应的再发急性心肌梗塞及心脏病并发症增加有所关连。这项结果强调着，要在这些趋势中，辨识出强度相比于其他因素——以及责任改变之角色——改变所扮演的角色，实为困难。

---

[1] 审阅按：编辑团队无法得知此处"423000"的数值出处，可能为原作者误缮。
[2] 译者注：此种付款方式乃是由医疗保险依据计算而得的金额，于从事医疗行为前，预先支付给医疗院所。

表 3-1 急性心肌梗塞与冠状动脉疾病人口的数据特征

	急性心肌梗塞人口		
	1984年	1987年	1990年
1年内死亡率（%）	39.9	38.8	35.4
1年内急性心肌梗塞再入院率（%）	10.9	11.4	14.6
1年内心脏病再入院率（%）	9.6	10.1	11.0
1年内医院支出（美元）	10881	11996	13140
平均年龄	75.6	75.9	76.1
（标准误差）	（7.0）	（7.2）	（7.3）
是否为女性	48.5	49.6	49.6
是否为黑人	5.1	5.4	5.5
是否来自乡村。	29.4	30.3	30.3
样本数	232768	227360	220550
	冠状动脉疾病人口		
	1984年	1987年	1990年
1年内死亡率（%）	13.5	11.6	10.6
1年内急性心肌梗塞再入院率（%）	5.5	4.7	4.3
1年内心脏病再入院率（%）	7.8	6.9	7.7
1年内医院支出（美元）	10638	11187	12515
平均年龄	74.6	74.3	74.3
标准差	（6.9）	（6.8）	（6.8）
是否为女性	55.2	53.4	51.4
是否为黑人	5.7	5.7	5.8
是否来自乡村	30.6	30.4	29.7
样本数	356717	372871	381222

说明：医院支出以1991年美元计。

其次，之前我们搜集过例如斯隆等（1989）有关州医疗过失法的资料，当时已经汇整一广泛数据库，包括1969—1992年各州责任法以及富含各种法律改革用以管控业务过失的相关政策。[1] 我们把被告可能负担基础责任[2] 设定在

[1] 我们的资料组成部分源自于坎贝尔等（Campbell, Kessler & Shepherd, 1996）。
[2] 基础责任被定义为没有任何责任减轻改革且有强制判决前利息之过失原则。

最大值，并以此定义法律体制的指针变量。表 3-2 总结了法律体制不同的 8 个州，记录医疗过失法的特征。我们将此 8 种改革区分成 2 个群组，各有 4 种改革：直接降低医疗过失赔偿者及间接降低医疗过失赔偿者。"直接"改革包含（1）截去赔偿分布的右尾，例如设置损害上限以及废除惩罚性赔偿金，还有（2）下修分布的平均数，例如修正扣除他方给付原则以及废除强制判决前利息（pre-judgement interest）。"间接"改革则包含其他可能降低医疗过失压力，但只间接影响赔偿者。例如，透过限制原告与收取后酬的律师之间的可强制执行之合约范围。如第二节所讨论，我们作出这样的区分，是因为先前实证研究发现：直接改革在赔偿数额及被病人提告之频率两个层面上，相较于间接改革而言，对医师激励影响更大。联邦医疗保险资料组中的各个观察值，都和一组两个的侵权法变量配对，该变量可以显示病人在初次入院时，是否存在有直接或间接医疗过失改革。

表 3-2　本章分析的法律改革

改革	描述	对责任之预测效果
损害赔偿上限	针对非财产上损害或总体损害设定法定额度上限	直接
废除惩罚性损害	医疗过失被告在任何情况下不就惩罚性损害负责	直接
取消强制判决前利息	不强制计算非财产上损害或总损害在损害或起诉日起之利息	直接
扣除他方给付原则	总损害得扣除原告全部或一部其他来源之给付	直接
设定后酬上限	原告透过契约同意给付赔偿之一部，给予律师后酬者，以法定特定比例为限	间接
强制分期给付	全部或一部之损害必须以年金的形式支付	间接
连带责任改革	废除所有案件或被告非共谋行为之案件中，非财产上损害或总体损害中的连带责任	间接
病患赔偿基金	医师受领政府管控之超额医疗过失保险，一般而言透过课税或保费来筹措资金	间接

表 3-3 包含了各州采用直接或间接改革的生效日期。表格显示了一些在不同时间点实行法律改革的州。举例而言，有 13 个州从未采取任何直接改革，而有 23 个州在 1985—1990 年采取了直接改革，另有 18 个州在 1984 年或以前采取了直接改革（改革加上未改革的州数超过 50，因为部分州在 1985 年以前和以后都采取了改革）。同样地，有 16 个州从未采取任何间接改革，23 个州在

1985—1990 年采取间接改革，另有 18 个州在 1984 年或以前采取了间接改革。采取直接或间接改革之间的关联并不强：16 个未曾采取某一改革（直接／间接）的州，实行了另一类型（间接／直接）的改革。

表 3-3　法律改革之编年史 *

州	直接改革起始年	间接改革	州	直接改革起始年	间接改革
亚拉巴马	1987	1987	蒙大拿	1987	
阿拉斯加	1976, 1986	1988	内布拉斯加	1960, 1976	1976
亚利桑那		1988	内华达		
阿肯色			新罕布什尔	1986	
加利福尼亚	1975	1975, 1986	新泽西	1987	1972, 1976
科罗拉多	1986	1986, 1988	新墨西哥	1976	1976, 1987
康涅狄格	1985	1986	纽约	1967, 1984	1970, 1985
特拉华		1976	北卡罗来纳		
佛罗里达	1976, 1986	1980, 1985	北达科他	1987	1987
佐治亚			俄亥俄	1975	1988
夏威夷	1986		俄克拉何马		1953, 1978
爱达荷	1987, 1990	1986, 1987	俄勒冈	1975, 1987	1975**, 1987
伊利诺伊	1976, 1985	1985	宾夕法尼亚		1975
印第安纳	1975	1975, 1985	罗得岛	1976	
爱荷华	1975		南卡罗来纳		1976
堪萨斯	1986, 1988	1975, 1976	南达科他	1976	1988
肯塔基			田纳西	1975	1975
路易斯安那	1975,***	1975, 1984	得克萨斯	1977	
缅因	1989	1985, 1988	犹他	1985, 1986	1985, 1986
马里兰	1986		佛蒙特		1970
马萨诸塞	1986,***	1986	弗吉尼亚	1974	
密歇根	1986	1981	华盛顿	***	1986
明尼苏达	1986		西弗吉尼亚	1986	
密西西比			威斯康星	1986	1975, 1986
密苏里	1986	1986	怀俄明		1986, 1987

*除了判决前利息。蒙大拿州于 1985 年实行了判决前利息制度。其他州在 1985—1990 年则未实行或废止判决前利息制度。下列州则于 1984 年以前实行强制判决前利息制度：阿拉斯加、科罗拉多、爱荷华、路易斯安那、缅因、马萨诸塞、新罕布什尔、新泽西、北卡罗来纳、俄克拉何马、罗得岛、犹他、西弗吉尼亚。**奥勒冈州于 1987 年废止 1975 年所施行的间接改革。***1984 年以前生效的普通法禁止惩罚性赔偿金。

五、实证结果

借由提出针对 4 种病患族群之支出及死亡率的未调整条件平均数，表 3-4 以医疗过失改革之时间点为基础，预览了本章基本的双重差分分析。1984 年（本章的基准年）的支出水平，在部分于 1985—1987 年通过改革的州里，相对较高；而在 1988—1990 年通过改革的州里，则较低。在 1985—1987 年实行改革的州里，急性心肌梗塞的基准死亡率较低，冠状动脉疾病的基准死亡率则较高；在 1988—1990 年实行改革的州里则相反。因此，总体而言，改革州与非改革州在基准支出及结果看起来是相当相似的。较早实行改革的州（于 1985 年以前）有着较高的基准年支出但相近的基准年死亡率。表格中呈现出在研究期间内的改革支出成长相比于非改革州相对较小。综合来看，就急性心肌梗塞而言，改革州的支出成长率比起非改革州少了 2%—6%，且此趋势的差距比起冠状动脉疾病的趋势还大一些。虽然不同州的群组间，死亡率的趋势有所不同，但改革州和非改革州死亡率的趋势平均而言，相去不远。这些简单的比较，并未说明任何跨越州群组的病患特征的趋势差异，也未说明任何其他相关改革的效果，更不意味动态医疗过失改革效果的分析。但无论如何，它们预期了表 3-4 的主要估计结果。

表 3-5 呈现了标准双重差分估计：在 1985—1990 年，侵权行为法改革如何影响急性心肌梗塞的平均支出（亦即，并未包含动态改革效果）的结果。在此模型与后续模型中，我们纳入了完全交互作用的人口组成效果——含病患年龄（65—69 岁，70—74 岁，75—79 岁，80—89 岁，90—99 岁）、性别、非裔及其他族裔、城市或乡村居民——并且控制了先前提及的当代政治及管制的变化。对于 4 种结果（医院年支出、年死亡率、急性心肌梗塞再入院、心力衰竭再入院）中的任一种结果，都呈现两组模型。第 1 组包含全部的州和年度的固定效果。第 2 组旨在说明在本章研究开始前已实行改革的州，其平均差异以及结果的敏感度，以达到更完整的固定效果模型设定（specification），包含时间及人口区域效应。如同前述，两个模型设定都是线性的，支出模型的因变量为对数值，所有相关系数的估计值都乘上了 100，以便评估平均效果的百分比（支出模型）或百分点（结果模型），而标准误差则因应"异方差"

（heteroskedasticity）[1]以及州或邮政编码的分组来加以修正。

表 3-4　实行直接改革与否之各州其急性心肌梗塞及冠状动脉疾病患者医院总支出与死亡率（1984—1990 年）

	1 年医院总支出					1 年死亡率				
	1984	1987	1990	1984—1987 变化	1984—1990 变化	1984	1987	1990	1984—1987 变化	1984—1990 变化
急性心肌梗塞										
没有直接改革州	10194 美元	11810 美元	12618 美元	15.9%	23.8%	40.2%	39.1%	35.7%	−1.1%	−4.5%
1985 年实行直接改革州	10513 美元	11722 美元	13022 美元	11.5%	23.9%	40.1%	39.0%	35.4%	−1.1%	−4.7%
1985—1987 年实行直接改革州	11304 美元	12595 美元	13186 美元	11.4%	16.6%	39.5%	38.6%	35.3%	−0.9%	−4.2%
1988—1990 年实行直接改革州	8960 美元	9865 美元	10925 美元	10.1%	21.9%	41.9%	39.2%	35.7%	−2.7%	−6.2%
冠状动脉疾病										
没有直接改革州	9439 美元	10859 美元	12083 美元	15.0%	28.0%	14.1%	12.0%	11.0%	−2.1%	−3.1%
1985 年实行直接改革州	10331 美元	11064 美元	12505 美元	7.1%	21.0%	13.5%	11.7%	10.7%	−1.8%	−2.8%
1985—1987 年实行直接改革州	10527 美元	11315 美元	12300 美元	7.5%	16.8%	13.8%	11.6%	10.5%	−2.2%	−3.3%
1988—1990 年实行直接改革州	9241 美元	9623 美元	11421 美元	4.1%	23.6%	14.1%	12.3%	11.5%	−1.8%	−2.6%

说明：医院支出以1991年美元计。

---

［1］　传统回归分析以残差项源自相同分配为假设，因此残差项的变异数齐一，可用以各变量的统计推论；然而，在部分情况下，倘若残差项的变异数可能不一致，是为"异方差"。此时，以相同的变异数进行统计推论，可能导致错误地拒绝或者接受虚无假设，而得出不正确的结论。因此，有必要对此进行调整，得出正确的残差变异数，用以进行推论。

表 3-5 侵权法律改革对于急性心肌梗塞支出及结果之效果（双重差分分析）

变量	控制州及时间之效果				控制区域及时间之效果			
	1年医院支出	1年死亡率	1年急性心肌梗塞复发	1年心脏衰竭复发	1年医院支出	1年死亡率	1年急性心肌梗塞复发	1年心脏衰竭复发
改革之双重差分效果								
直接改革	-5.30（0.47）	0.07（0.29）	-0.18（0.20）	-0.07（0.18）	-6.71（0.46）	0.05（0.28）	-0.31（0.19）	-0.14（0.18）
间接改革	1.81（0.46）	-0.13（0.28）	-0.04（0.19）	-0.02（0.18）	3.37（0.43）	0.10（0.26）	-0.09（0.18）	0.14（0.16）
1984—1990年成长率基线								
	21.01（0.70）	-5.46（0.46）	5.02（0.32）	0.99（0.29）	22.64（0.76）	-5.51（0.44）	4.78（0.31）	1.10（0.28）
1984—1990年成长率差异：1985年前改革州								
直接改革	3.08（0.77）	0.36（0.47）	-1.60（0.32）	0.43（0.30）	1.24（0.73）	0.17（0.44）	-1.25（0.31）	0.25（0.28）
间接改革	2.76（0.50）	-0.57（0.30）	0.52（0.21）	-0.28（0.19）	4.88（0.49）	-0.45（0.30）	0.56（0.21）	-0.16（0.19）
与1984年水平之差异：1985年前改革州								
直接改革					4.97（0.57）	-0.89（0.34）	-0.08（0.23）	0.21（0.21）
间接改革					1.75（0.40）	-0.12（0.24）	0.12（0.17）	0.32（0.15）

说明：括号内是用来针对邮政编码及时间分组的"异方差性一致标准误差"（审阅按：即稳健标准误差）。医院支出以1991年美元计。自1年医院支出模型乘上100的系数是来自对数的回归。结果模型的系数之单位是百分点。所有模型都包含了针对管制/法律环境以及病患人口特征之控制。成长率基线乃是根据管制/法律环境特征之样本平均计算而得。

两个模型设定下的平均支出成长率的估计值皆很大，显现出在1984—1990年实质支出超过21%。估计的双重差分效果显示，实行直接改革的州相较于非改革州减少5.3%。间接改革的相应双重差分效果估计为1.8%，虽属正向，但显得微小；这些改革并没有大大影响支出。在区域效果的模型中，改革效果的估计值虽然略大于前述模型，但仍大体近似。在本研究期间前实行改革的州，其在1984—1990年的支出成长率是稍微大一些的，大约3%。区域效果模型指出，以此作为群体的州在1984年有着较高的支出水平。因为这些州总体而言至少在5年前即实行改革,所以结果指出:直接改革并不会导致(实行改革后5年)较慢的支出成长。然而,欠缺早期改革州的改革前基准及实行时间的异质性,以及早期改革/非改革州不同成长率如何受其他因素影响,会让分析变得比较复杂,难以解释早期改革/非改革州成长率差值的长期效果。在任何情况下,1984—1990年实行改革者与非实行改革者间的支出成长率差值,都不会被双重差分的"等级"效果所抵销。总结来说,医疗过失改革确实导致至少10%的成本减少。

表3-5剩下的栏位描述改革对于急性心肌梗塞效果的双重差分估计值。死亡率降低,但因心脏并发症的再入院率则上升,此与表3-1的结果相互呼应。改革及非改革州其结果的趋势相近:死亡率及并发症趋势的总和差异大约在0.1个百分点。这些微小的估计死亡率差异,不仅非显著地不等于0;此等估计值毋宁是被精确地估计。举例来说,对于直接改革下,1984—1990年1年死亡率趋势的效果,其在95%信心水平之限制为0.64个百分点。与估计支出效果共同来看,高压力责任制度下的支出/好处的比例,对于每一额外的急性心肌梗塞1年存活者,每年超过500000美元(以1991年美元计)。即便是以死亡估计上限为基础的比例,其转换成医院支出,就每一急性心肌梗塞1年存活者,也已超过100000美元。[1] 在相对应的区域效果模型中的估计值也非常类似。间接改革也与接近0的估计死亡率效果有关。至于和生命质量有关的结果(即心肌梗塞复发或心脏衰竭),也显现出和改革没有结果上的效果。在此情况下,直接改革估计效果的点估计(95%信赖区间的上限),在急性心肌梗塞的复发率是–0.18个百分点(标准误差为0.21),而在心脏病的发生率则是–0.07个百分点(标准误差为0.28)。再次强调,和估计的支出效果相比,这些差异并不重大。

表3-6呈现医疗过失改革对于冠状动脉疾病支出及结果的估计值,其结果与急性心肌梗塞具有质的相似性。冠状动脉疾病的支出同样在1984—1990年有着迅速的成长。直接改革导致某程度上冠状动脉疾病大幅的支出减少(9%),而间接改革也同样与相对小的支出增加(3.4%)有关。改革对于冠状动脉疾病结果的效果一样非常微小:直接改革对于死亡率的效果,其平均差异为–0.19个百分点(95%信赖区间上限为0.10),而直接改革对于继发的急性

---

〔1〕 以估计死亡效果之95%信赖区间上限计算,可得:(0.053*$13,140)/0.0064108000美元;以实际双重差分估计值计算,可得:(0.053*$13140)/0.00071000000美元。此二者的比率都非常高,其绝对值的差距肇因于分母相当近似于0。

心肌梗塞或心脏病再入院者的效果并没有比较大。[1]从区域效果模型所得出的估计值也非常类似。因此，直接责任改革看起来对于冠状动脉疾病的支出，在没有重大影响健康后果的情况下，有着相对较大的效果。

表3-6 侵权法律改革对于冠状动脉疾病支出及结果之效果（双重差分分析）

变量	控制州及时间之效果				控制区域及时间之效果			
	1年医院支出	1年死亡率	1年急性心肌梗塞复发	1年心脏衰竭复发	1年医院支出	1年死亡率	1年急性心肌梗塞复发	1年心脏衰竭复发
改革之双重差分效果								
直接改革	-9.02（0.45）	-0.19（0.15）	-0.20（0.10）	-0.12（0.12）	-10.02（0.44）	0.05（0.15）	-0.19（0.10）	-0.03（0.12）
间接改革	3.42（0.44）	-0.42（0.15）	0.24（0.10）	0.19（0.12）	4.06（0.40）	-0.61（0.14）	0.23（0.09）	0.10（0.11）
1984—1990年成长率基线								
	17.16（0.75）	-2.78（0.25）	-0.84（0.17）	-0.92（0.21）	18.56（0.73）	-2.91（0.25）	-0.98（0.16）	-1.00（0.20）
1984—1990年成长率差异：1985年前改革州								
直接改革	-1.41（0.76）	0.33（0.26）	-0.39（0.17）	0.56（0.21）	-3.06（0.73）	0.42（0.25）	-0.21（0.16）	0.61（0.20）
间接改革	-1.04（0.47）	-0.32（0.16）	0.11（0.11）	-0.29（0.13）	0.87（0.46）	-0.31（0.16）	0.01（0.11）	-0.22（0.13）
与1984年水平之差异：1985年前改革州								
直接改革					6.88（0.57）	-0.66（0.19）	-0.34（0.13）	-0.61（0.15）
间接改革					2.71（0.38）	-0.24（0.13）	-0.19（0.09）	-0.01（0.10）

说明：括号内是用来针对邮政编码及时间分组的"异方差性—一致标准误差"（审阅按：稳健标准误差）。医院支出以1991年美元计。自1年医院支出模型乘上100的系数是来自于对数的回归。结果模型的系数之单位是百分点。所有模型都包含了针对管制/法律环境以及病患人口特征之控制。成长率基线乃是根据管制/法律环境特征之样本平均计算而得。

如同我们在第三节所提及的，表3-5及表3-6的变量所估计的责任改革平均效果，可能无法捕捉到改革的动态效果。表3-7呈现把限制放宽后的模型

---

[1] 因为我们关注可能影响冠状动脉疾病住院率及住院病患后果的改革，因此我们估计了与使用冠状动脉疾病全体住院率作为因变量之特征可类比的模型。我们发现不论是直接或间接的改革，对于冠状动脉疾病住院率，均无显著或重大的效果。

所预估的效果。在这些模型设定中，我们使用了 7 年的面板数据来估计直接与间接改革对于支出与结果的短期与长期效果，来确定差分模型设定中所隐含的"改革变化"效果是否足够。此一模型保留州与时间的固定效果。[1]

表 3-7　侵权法律改革对于支出及结果之效果（实行后时间分析）

变量	急性心肌梗塞，控制州及时间之效果				冠状动脉疾病，控制州及时间之效果			
	1年医院支出	1年死亡率	1年心肌梗塞复发	1年心脏衰竭复发	1年医院支出	1年死亡率	1年心肌梗塞复发	1年心脏衰竭复发
改革实行后时间效果								
1985—1990 年实行改革，在过去 2 年以内								
直接改革	-3.95 (0.52)	-0.22 (0.31)	-0.25 (0.22)	-0.29 (0.20)	-7.08 (0.49)	-0.15 (0.17)	-0.17 (0.11)	-0.23 (0.13)
间接改革	1.71 (0.48)	0.10 (0.29)	-0.32 (0.20)	-0.01 (0.18)	3.09 (0.46)	-0.24 (0.15)	0.21 (0.10)	0.31 (0.12)
1985—1990 年实行改革，在过去 3—5 年以内								
直接改革	-5.80 (0.53)	0.12 (0.32)	0.19 (0.22)	0.03 (0.21)	-8.88 (0.50)	-0.11 (0.17)	-0.16 (0.11)	0.08 (0.14)
间接改革	-0.14 (0.58)	-0.23 (0.35)	0.06 (0.24)	-0.12 (0.23)	1.43 (0.55)	-0.70 (0.19)	0.21 (0.13)	-0.00 (0.15)
1984—1990 年成长率基线								
	21.54 (0.72)	-5.51 (0.47)	4.84 (0.32)	0.94 (0.30)	17.11 (0.76)	-2.91 (0.26)	-0.98 (0.17)	-1.00 (0.21)
与 1984—1990 年水平之差异：1985 年前改革州								
直接改革	3.54 (0.77)	0.39 (0.47)	-1.56 (0.32)	0.47 (0.30)	-0.53 (0.76)	0.37 (0.26)	-0.35 (0.17)	0.67 (0.21)
间接改革	3.20 (0.51)	-0.52 (0.31)	0.49 (0.21)	-0.25 (0.20)	-0.42 (0.48)	-0.24 (0.16)	0.13 (0.11)	-0.22 (0.13)

说明：括号内是用来针对邮政编码及时间分组的"异方差性一致标准误差"（审阅按：稳健标准误差）。医院支出以1991年美元计。自1年医院支出模型乘上100的系数是来自对数的回归。结果模型的系数之单位是百分点。所有模型都包含了针对管制/法律环境以及病患人口特征之控制。成长率基线乃是根据管制/法律环境特征之样本平均计算而得。

我们发现和简单双重差分模型中同样的一般模式，然而比起短期效果，采取医疗过失改革后的 3—5 年内的效果是更大的。尤其是表 3-7 显现出直接改革导致急性心肌梗塞短期的支出减少，2 年内大约减少 4%，而 3—5 年内减少

---

[1] 只呈现区域效果的模型，与表 3-5 和表 3-6 右半部类比，同样也呈现非常类似的效果。

达 5.8%。这样的特性也显现出表 3-5 所彰显的间接改革与支出的正相关是一个短期现象：间接改革对于支出的长期效果几乎是 0。[1]

如同表 3-5，直接与间接改革，不论是在实行改革后即刻或稍后，两者对于死亡率以及因并发症而再入院的影响都很轻微。举例来说，直接改革与非改革的州，在 95% 信赖区间上限为 0.39 个百分点下，其死亡率趋势的平均差异在改革后 2 年内是 –0.22 个百分点（非显著）。在第 3—5 年，预估的效果在 95% 信赖区间上限为 0.75 个百分点下，是 0.12 个百分点（非显著）。这些点估计值意味着减少每一急性心肌梗塞不利结果的高额支出。

对于冠状动脉疾病的相应模型结果呈现在表 3-7 的右半部。直接改革对于实行改革后 2 年内支出降低 7.1% 有关（标准误差为 0.5），实行改革后 5 年内则降低 8.9%（标准误差为 0.5）。[2] 相对地，实行直接改革的州在 2 年内的死亡率趋势（点估计为 –0.15 个百分点，95% 信赖区间上限为 0.18），或实行后 5 年（点估计为 –0.11 个百分点，95% 信赖区间上限为 0.22），并没有显著差异。直接改革，不论是立即或稍后，对于心脏并发症同样也没有显著或重要的效果。间接改革则与支出成长率的小幅正面效果有所关联（2 年内 3.1%），但这些效果随着时间而降低至相对无关紧要的程度（3—5 年内 1.4%）。间接改革同样也与微幅较低的死亡率，及微幅较高的心脏疾病并发率有关，但这些效果的规模是非常小的（例如：实行间接改革后 3—5 年内急性心肌梗塞复发率之 95% 信赖区间上限为 0.47 个百分点，心脏衰竭之区间上限则为 0.29 个百分点）。因此，改革对于冠状动脉疾病影响，跟对于急性心肌梗塞的影响类似，只是直接改革会对冠状动脉的医疗支出有稍微大一点的影响。

合并观之，从表 3-5 到表 3-7 的估计值，一致显示出：于 1984—1990 年实行直接医疗过失改革，导致此期间医院支出的大幅降低——实行改革后 5 年内，急性心肌梗塞之降低累计达 5%；冠状动脉疾病之降低达 9%——而这些支出效果，与任何后续死亡率或重大心脏疾病并发率之效果没有关系。

我们估计了各种模型来了解主要结果的稳健性。我们测试了结果对于其他

---

[1] 我们也估计了早期改革州（1984 年以前）的个别时间趋势。这个方式可能允许针对强度成长率的改革长期效果的一些证据发展。如前所述，我们找不到该效果的证据。当然，欠缺早期采行改革州采行改革前的基准线，排除了双重差分的识别性，使得长期的结论更加不确定。针对近期支出及结果的信息的进一步研究，将可为 5 年后的效果提供更具说服力的证据。

[2] 与急性心肌梗塞相反，对于早期改革州在 1984—1990 年支出的慢速成长（详见表 3-6）也暗示了改革可能对于减缓冠状动脉疾病的支出成长有其长期效果。

假设的敏感性，尤其是可排除州 / 时间交互关系的假设。其中一组检验，以随机的州 / 时间效果，来重新估计效果，借以确定在州 / 时间互动关系上相关联的结果，是否会影响我们的结论。结果是，改革的预估效果并未因此等方法，有重大或显著的不同。利用表 3–6 和表 3–7 所呈现的模型，在控制州 / 时间的随机效果的情况下，直接改革对急性心肌梗塞病患支出的双重差分效果是 –4.9%（标准误差为 2.1），而间接改革的效果为 –0.6%（标准误差为 2.0）。在控制州 / 时间的随机效果下，直接改革对急性心肌梗塞病患死亡率之双重差分效果是 0.15 个百分点（标准误差为 0.32），而间接改革的估计效果为 –0.19 个百分点（标准误差为 0.32）。我们在冠状动脉疾病患者上也获得相同的结果：直接改革对医疗支出有负向、且统计上显著的效果，至于对死亡率则可以精准估计出其微弱的效果；间接改革对于支出或死亡率则均无重大效果。在 1984 年到 1990 年间，早期改革者与未改革者之支出成长率之估计差异，在随机效果的模型设定下并不显著。就急性心肌梗塞病患而言，早期实行直接改革者，其差异成长率为 0.61%（标准误差 3.1），早期实行间接改革者，其差异成长率为 0.61%（标准误差 2.3）。就冠状动脉疾病患者而言，早期实行直接改革者，其差异成长率为 –1.9%（标准误差 3.0），早期实行间接改革者，其差异成长率为 –3.2%（标准误差 2.2）。另一个相关的诊断，则是在估计模型时使用胡贝尔 – 怀特（1980）修正标准误差，但修正的是州及时间造成的效果，而非邮政编码及时间造成的效果。考量州、时间造成的相关性后的标准误差，大于考量邮政编码及时间而造成的相关性后的标准误差，但小于随机效果模型下所得到的标准误差。[1]

---

[1] 审阅按：本章提到胡贝尔 – 怀特（1980）之处，反复谈及州、邮政编码、时间的标准误的相关性，及对标准误的调整。背后的原因在于，OLS 等线性回归模型对无法观察到的全体误差（errors）有两项基本假设。一是误差项来自期望值为 0 且变异数为常数（constant），即同方差（homoskedasticity；of the same scatter）之分布；二是误差项为随机（random），也就是误差间彼此间不相关（uncorrelated）。如果违反了上述假设，回归系数与标准误的估计恐将产生偏误，需要进一步以合适的方法补救之。然而，误差是观察不到的，我们仅能以样本拟合模型后，以残差（residuals）作为误差的估计，并借由分析残差确认误差是否符合假设。如果误差符合变异数为随机且同质的假设，残差对时间顺序、拟合值或任一解释变量的散布图会呈现在区间内均匀散布。在 Stata 软件中，做完回归之后，一个标准的检验程序是以 rvfplot 指令作图，以观察残差与拟合值是否存在可见的模式，例如残差随着拟合值变大而变大或变小。如果残差项的变异数有变大或变小的趋势，则是异方差（heteroskedasticity）；如果残差对拟合值的散布图在区间内均匀散布，则是支持同方差存在的证据。换言之，线性回归模型假设同方差，而同方差在数据库的观察值彼此独立时，较可能成立。反之，若数据库的观察值有彼此不独立、有"相依性"（dependence）时，全体误差就可能具有异方差性，因而违反了线性回归模型的假设。此时，统计软件虽然仍会提供回归系数与标准误，但其估计有偏误（biased），后续的检验也不可信。一种解决方案，就是使用胡贝尔 – 怀特（1980）的方法，使线性回归模型在估计参数时考虑观察值的相依性，并调整标准误。本章数据库的观察值有时来自同一个邮政编码，若在同一邮政编码执业的医师，会受到同样的

虽然一系列政治与规范环境的控制在这些模型中，对于支出确实有统计上显著的影响，但是它们并未大幅改变我们的结果。如果我们使用表 3-5 和表 3-6 的模型，但排除对于管制及法律环境的控制，那么直接改革对于急性心肌梗塞患者的支出的估计效果会是 −9.1%（标准误差为 0.44）；间接改革之效果则为 3.3%（标准误差为 0.40）。此外，在 1984—1990 年，早期改革州与非改革州之成长率差距，因为在 1985 年前实行直接改革，而由正转负（表 3-5：控制法律环境者，3.1%；无控制法律环境者，−3.1%）。对于在 1985 年以前实行间接改革的州，其成长率差距则维持不变（表 3-5：控制法律环境者，2.8%；无控制法律环境者，3.5%）。合并观察这两个分组，我们确定低估了表 3-5 及表 3-6 的估计。直接改革在没有增加死亡率的情况下，减少了支出的成长；而就支出以及死亡率而言，间接改革并无显著效果；且对于早期改革州而言，1984—1990 年之支出成长率差额，并非改革长期影响之稳健估计值。

最后，我们重新估计表 3-5 及表 3-6 的模型，并包含了"时效改革"的控制。时效改革对于支出影响极小，且对于死亡率没有影响，这跟其他间接改革的结果是一致的——而时效改革正是被归类为间接改革的一种。表 3-5 和表 3-6 所呈现出的模型，时效改革与急性心肌梗塞病患 0.96% 之费用增长（标准误差为 0.46）以及 0.003% 之死亡率增加（标准误差为 0.28）有关。将时效改革纳入，并不会明显地改变直接或间接改革之双重差分预估效果：对于急性心肌梗塞病患而言，直接改革的预估效果从 −5.3%（见表 3-5）到 −5.5%，而间接改革的预估效果则维持在 1.8%（见表 3-5）。

为了多方确认改革效果的源由，我们还用了其他的模型设定，像是高强度心脏手术（如心导管手术）的使用效果，或使用其他方式设定模型中的时间变量〔实行改革后时间、历年（calendar-year）效果〕，以及分别预计每个侵权改革样态的效果。这些模型设定所产生的结果与此处对于急性心肌梗塞及冠状

州法、当地民情与社会规范影响，而相对于在其他邮政编码执业的医师，倾向于有类似的行为反应，则来自同样邮政编码的观察值就彼此相依。同样地，同一年的观察值，相对于不同年的观察值，会因为不同的政治情势、时代精神等因素而彼此相依。回归模型不会自动考虑相依性，而是实证研究者必须在设定模型时，自行指出相依性的可能来源。在本章，主要的回归模型考虑了邮政编码、时间造成的相依性。作为稳健性检验的回归模型则考虑了州、时间造成的相依性。州和邮政编码都是地理单位，而且前者完全包含后者。通常实证研究者都会选择能最大程度考虑相依性的模型设定，因此本章的主要模型考虑了邮政编码。关于此问题的更多说明，参见张永健：《法实证研究——原理、方法、应用》，新学林出版股份有限公司 2022 年版，附录 2。较为精简的说明，参见程金华、张永健：《法律实证研究：入门读本》，法律出版社 2020 年版，第十四章。两处的说明均为何汉葳与张永健合著，本注释的内容也有赖何汉葳博士校正。

动脉疾病所呈现的较简单的模型设定一致。具体而言，如果改革可以确实降低责任，则会明显减缓支出的成长速度，也会稍微降低高强度疗程的使用（但较少的效果可能解释支出差异，也暗示着较强度稍低的疗程会被影响），而且其实不会影响死亡率。

六、政策含义

我们研究限制法律责任的改革，对于老年医疗支出及心脏疾病的影响，现在已经找出"防御性"医疗措施规模及其存在的证据。这些结果将医疗过失改革效果的实证文献推进一步。过往文献已经发现：直接改革对于医疗过失诉讼的频率及给付有重大效果。因为医疗过失诉讼的实际费用仅仅占了整体医疗照护支出的一小部分，这些诉讼对医疗照护支出的成长，效果相当有限。为了更完整地评估医疗过失改革，我们研究改革如何影响实际医疗照护费用及治疗效果。本章是首个使用外生的侵权法变化来评估医疗过失压力行为效果的研究——侵权法变化与医师的个人特质，或者是所在区域都无关。我们的分析，在剖析美国业务过失责任制度上，填补了重要的实证鸿沟，因为业务过失法对于医师行为的效果，不仅是现行责任制度的证立基础，同时也帮助我们理解医疗支出如何成长。

我们发现直接限制责任的改革——损害上限、废除惩罚性赔偿、取消强制判决前利息，以及扣除他方给付原则之改革——在改革实行后 3—5 年内，降低了 5%—9% 的医院支出，具体结果则需数年显现。前述的效果，在面对实际的心脏病发时，可能比起心脏疾病（冠状动脉疾病）的轻微病征情形要来得小，因为后者可能有更多病患具有需要治疗的病征。[1] 相对地，间接限制责任的改革——限制律师后酬、强制分期付款、连带责任改革及病患赔偿基金——至少在实行改革后数年内，并没有影响医疗支出或病情结果。两种改革类型均未导致死亡率或严重并发症的结果差异。如前所述，若估计与直接改革有关的支出／受益比，该直接改革的比例，相当于在每个延长一年寿命的存活者身上支出超过 500000 美元，急性心脏疾病或心脏病存活者之比例亦相仿。在 95% 的信赖

---

[1] 译者注：白话地说，急性心脏病发的人，可能没有任何病征，也还没就医。但冠状动脉疾病患者，因为有早期症状，因此有就医并且接受治疗的可能，进而有更高的可能导致防御性医疗。

区间下，对于结果的效果其上限一般而言甚至不过 1 个百分点，相当于在每额外一年存活者身上支出超过 100000 美元。虽然说，业务过失法的改革仍然可能影响其他病人所重视的面向，但这类可能的影响，还是要和对于死亡率或并发症的重大结果一起衡量。因此，在现在已经很高的医疗过失压力之下，若以改进医疗照护结果为目标，而去提高医师的赔偿上限，将会是一个成本很高的手段。

约有 40% 之心脏病患受到 1984 — 1990 年直接改革的影响。我们认为，如果在这期间直接限制医疗过失责任的改革适用于全美，和不采用直接改革相比，那么心脏疾病的支出将可在改革施行后头 2 年，每年减少 4 亿 5 千万美元，并在改革施行后 3 — 5 年每年减少将近 6 亿美元。

虽然我们的表格对于一个双重差分研究来说，已经稍嫌冗长，但要获得某些特定结论，还是不太够：医疗改革对于医疗支出成长与健康结果趋势的长期效果，仍有未竟。所有政策因子的合理静态效果，只能解释近数十年来支出成长的一小部分，而我们也记录了可能扮演重要角色的结果趋势。例如，医疗过失改革的政策改变，是否因医疗照护的科技改变而影响了长期趋势？在改革实行之后，改革是否对于支出或健康结果的趋势有其实益，或是趋势的效果随着时间而渐趋消失？从早期改革（1985 年以前，大多是 1980 年以前）来看，初阶的证据显示，那些实行直接改革的州，其长期支出的成长速率并没有比较慢。另外，后续的成长看起来也没有抵销改革后的支出减少。更重要的是，我们并没有找到相关证据显示，稍早已经实行直接改革的州，在 1985 — 1990 年再度实行直接改革时，其二度直接改革的效果会比其他州小。这意味着医疗过失政策的变化，可能产生更有利的长期支出/福利趋势。无论如何，因为欠缺改革州支出及结果趋势的基本数据，本研究关于长期效果的结论还不扎实。对于医疗过失改革长期效果的后续追踪，在数年内应属可能，且可帮助吾人确认责任改革是否能持续影响支出成长或健康结果趋势。

医院为心脏疾病年长患者付出了可观的支出——光是 1991 年这一年就超过 80 亿美元——但此支出在医疗照护的整体费用来说，只占了一部分。如果我们的研究结果可推导至非医院、其他疾病及年轻患者，那么直接改革可以在不影响健康后果的情况下，每年减少支出达 500 亿美元。我们希望未来能展现出本章研究结果的一般性。使用医疗过失诉讼，与病患之支出与结果信息的细部研究，同时链接医疗过失责任系统的两种政策证立分析，会是格外有意义的研究。

这样的研究可以提供更多证据，帮助我们决定特定类型施术者的责任原则，以及对于医疗支出（但非结果）的意涵。是以，这些研究可以精准地指示，何种责任改革——例如无责任保险，及强制行政管制等非传统类型改革——可以大幅影响防御性医疗行为，且不影响健康后果。

总而言之，从我们研究直接医疗过失改革的证据看来，医师确实从事防御性医疗。鉴于过往文献已经证明医疗过失诉讼与医疗伤害的关联性并不高，本章的发现——较低的医疗过失责任应不会对病情结果产生不利后果，反而确实减少支出——并不让人特别惊讶。不过，本章毋宁是首份直接实证量化防御性医疗成本的研究。

七、结论

我们说明了医疗过失责任改革——直接限制诉讼之赔偿及提告的获利——会降低年长者心脏疾病的医疗支出；同时，并不会引发严重的健康后果，包含致死或一般的并发症。我们结论如下：针对年长心脏病患的治疗，确实存在防御性医疗行为，而适度调降责任，可以减少高成本的防御性医疗。

本章参考文献

Laura-Mae Baldwin, L. Gary Hart, Michael Lloyd, Meredith Fordyce and Roger A. Rosenblatt, *Defensive Medicine and Obstetrics*, The Journal of the American Medical Association, Vol.274:20, p.1606–1610(1995).

Drucilla K. Barker, *The Effects of Tort Reform on Medical Malpractice Insurance Markets: an Empirical Analysis*, Journal of Health Politics, Policy and Law, Vol.17:1, p.143–161(1992).

T. J. Campbell, D. P. Kessler and G. B. Shepherd, *Liability Reforms' Causes and Economic Impacts*, in Ralph Landau, Timothy Taylor and Gavin Wright eds.), The Mosaic of Economic Growth, Stanford University Press, 1996, p.267–280.

Patricia Munch Danzon, *The Frequency and Severity of Medical Malpractice Claims*, Rand Institute for Civil Justice, 1982.

Patricia Munch Danzon, New Evidence on the Frequency and Severity of Medical Malpractice Claims, Rand Institute for Civil Justice, 1986.

A. Russell Localio, Ann G. Lawthers, Joan M. Bengtson, Liesi E. Hebert, Susan L. Weaver, Troyen A. Brennan and J Richard Landis, *Relationship Between Malpractice Claims and Cesarean Delivery*, The Journal of the American Medical Association, Vol.269:3, p.366–373(1993).

Mark McClellan & Joseph P. Newhouse, The Marginal Benefits of Medical Treatment Intensity: Acute Myocardial Infarction in the Elderly, Unpublished NBER working paper, p.39–64(1995).

Mark McClellan & Joseph P. Newhouse, *The Marginal Cost-Effectiveness of* Medical *Technology*: *A Panel Instrumental-Variables Approach*, Journal of Econometrics, Vol.77:1, p.39–64(1997).

Joseph P. Newhouse, *Medical Care Costs: How Much Welfare Loss?*, Journal of

Economic Perspectives, Vol.6:3, p.3–21(1992).

Steven M. Rock, *Malpractice Premiums and Primary Cesarean Section Rates in New York and Illinois*, Public Health Reports, Vol.103:5, p.459–468 (1988).

Frank A. Sloan, Paula M. Mergenhagen and Randall R. Bovbjerg, *Reforms on the Value of Closed Mdical Mlpractice claims: A Microanalysis*, Journal of Health Politics, Policy and Law, Vol.14:4, p.663–689(1989).

Halbert White, *A Heteroskedasticiy*-Consistent *Covariance Matrix Estimator and a Direct Test for Heteroskedasticity*, Econometrica: Journal of the Econometric Society, p.817–838(1980).

Stephen Zuckerman, Randall R. Bovbjerg and Frank Sloan, *Effects of Tort Reforms and Other Factors on Medical Malpractice Insurance Premiums*, Inquiry, p.167–182(1990).

第四章　财产权的演变：国家法或非正式规范？*

The Evolution of Property Rights: State Law or Informal Norms?

作者：　瑞恩·巴布（Ryan Bubb）
译者：　蒋侃学、韩馨仪
校定：　许菁芳
审阅：　张永健
统稿：　程金华

一、引言

财产权从何而来？一部分的论述赋予国家核心的角色。此外，越来越多研究财产权制度长期发展影响的文献，主要集中在国家如何调节制度差异并进行跨国比较，例如阿塞莫格鲁等（Acemoglu et al., 2001），以及拉波塔等（La Porta et al., 2008）[1]提供有力的证据，证明殖民时期建立的国家财产权制度仍持续存在，并能够解释当今跨国经济表现的差异。

---

* Ryan Bubb, The Evolution of Property Rights: State Law or Informal Norms?, 56 *Journal of Law and Economics* 555 (2013). ©2013 The University of Chicago Press.

〔1〕 审阅按：该文是在《法律与金融》（*Law and Finance*）一文发表10年后进行的回顾，后者的翻译收录于本书第15章。

但也有一些不同说法认为在财产权制度的决定因素中，国家的地位不那么重要。德姆塞茨（Demsetz，1967）的一篇开创性的论文指出：当财产权在外部性内部化方面的收益，超过建立和实施财产权的成本时，财产权就有可能出现。他的例子是，当欧洲人进入北美造成动物毛皮的价值上升时，北美原先无国家的社会开始在狩猎区出现了私人财产制。

本章考察影响财产制度演变的诸因素。首先，本章研究国家法律对事实上管辖土地财产的制度的影响。本章使用的数据来自加纳（Ghana）及科特迪瓦（Côte d'Ivoire），这两个相邻国家有非常不同的财产法制度上。特别是从殖民时期受英国统治的加纳，将限制家户转让土地权利的习惯法纳入其普通法制度。相对地，科特迪瓦的法国统治者在很大程度上忽略习惯法，宣示了该国所有未使用土地都是国家财产，延续到后殖民时期科特迪瓦政府延续过去的政策，继续边缘化习惯法在法律体系里的重要性。

比较两国在国家层面财产权制度的差异或可推论，法律上（de jure）的差异对事实上（de facto）的制度有重大影响：与加纳相比，科特迪瓦有更高比例的家户报告其转让土地的权利。然而，这两国除了国家制度和政策不同外，在其他方面也有所不同，诸如地理、前殖民时期人口密度和种族组成。国家层面的比较并无法使国家制度和政策的因果关系与这些其他差异的影响区分开来。

本章的实证方法是使用家户为单位的数据，利用国家和法律在国境边界的不连续变化，设计一个断点回归研究。尽管加纳和科特迪瓦在远离边界的地区有很大不同，但随着接近两国的边界，双方的地理、殖民前的种族群体及殖民前的制度都趋于一致。如果其他影响因素在边界都是连续变化的，那么任何边界两侧的财产权制度差异都只能是因为边界划定后的国家政策及法律规范的累积结果，因为先于边界的差异是连续分布的。

本章发现尽管法律上的制度大相径庭，但在两国边界上事实上的土地产权是明显连续的。边界两边的家户在报告出租和出售土地的权利的盛行率相似。这些结果，表明了国家正式的法律和政策，对财产权制度的影响有限；相反，非国家的规范来源形塑了事实上土地财产的管理规则。

另外，数据还显示国家提供的服务和农业政策，在经济成果中起到重要作用。人力资本投资的指标在边界不连续的跳跃，意味着加纳更多的教育支出，使其农村地区的人力资本，相对于科特迪瓦有所提高。此外，各国农业政策对农作物选择，产生了深远的影响：加纳相对低的咖啡产量数据，经过边界后立即跃升至高产量，很可能是科特迪瓦长期实施国家出口管制的结果。

从而，似乎并非所有国家政策都完全无效，而仅是在影响部分类型的制度方面无效。我假设数据所呈现的趋势，可以用国家和地方精英之间的冲突，以及不同国家的精英之间的相对能力来解释。赫布斯特（Herbst，2000）认为，非洲各国控制内陆地区的能力较低，是由于艰困的地理环境和有限的外部威胁。当地方和国家精英在政策上发生利益冲突，其结果将取决于国家实施政策的难易程度以及国家的能力。土地财产是根深蒂固的地方制度，地方精英对此享有既得利益。此外，由国家主导的制度改革需要在内地建立大型行政机构，因此我们没有观察到国家政策对事实上财产权制度的影响。相反地，教育政策不存在此类地方与精英的利益冲突；或者，国家出口作物政策之落实只需控制港口，因此我们能在这些领域中观察到有效的国家政策。

非洲国家的低产能，或许能够部分解释非洲大陆糟糕的经济增长。但是本章的研究结果表明，在撒哈拉以南非洲的国家历史较短、能力有限，事实上的财产权制度变化，可能与各国法律上的制度关系不大。

本章的断点回归设计的局限性在于其只能估计到各国边界的平均效应——都是农村和相对偏远的地区。当然，非洲大多数的农地都在远离国家首都的农村地区，使得这个研究仍有重要意义。

最近的一些研究也类似地利用了司法管辖边界来调查非洲正式制度和国家的作用。与本研究最相关的是米哈洛普洛斯与帕帕亚诺（Michalopoulos & Papaioannou，2013）的研究，该文使用光密度来衡量经济发展，并发现在同一族裔群体中，国家层级的制度对经济绩效没有影响。而本章的研究结果很好地削弱以上的研究发现。特别是本章发现非洲国家对人力资本和生产选择的强大影响，虽然无法驱动以光密度衡量的（非洲内部）经济表现的差异，但确实对重要经济成果有影响。

尽管在此脉络下，国家对财产权制度的作用有限，但加纳和科特迪瓦的财产权制度却存在很大差异。正如德姆塞茨（1967）的假设，本章证明了这些国家内部制度差异的一部分可以由经济因素解释。特别是在适合种植可可（该地重要的出口作物）的地区，土地转让权的普及程度更高，这证实了，农业的商业化导致更加个体化的财产权制度。因此本章的研究结果支持了伊斯特利（Easterly，2008）的观点，对非洲的财产权制度，自下而上的制度演进，比国家主导的改革更为重要。

本章结构如下：第二节描述了西非原住民的财产权制度，以及加纳、科特迪瓦的法律制度。第三节中，我以断点回归估计国家层级的制度对事实上财产权制度以及经济成果的影响。在第四节中，我解释加纳内部制度的变化并使用"可可作物适宜性"（cocoa suitability）来检验德姆塞茨（1967）的假说。第五节作结。

二、背景

（一）西非原住民的财产权制度

尽管西非原住民的财产权制度在不同时间和空间有着很大的差异，但无论其变迁都保有"共有"的特色，即每个家户使用土地的权利，都是源自某些范围更大的社会群体的土地使用权，此种权利是社会群体权利的衍生，并且该社会群体的代表（例如酋长或宗族首领）有权管理土地的取得和转让。

本章在此描述的是具有丰富文献资料的加纳阿散蒂人的原住民制度。阿散蒂人是隶属于阿坎族的一支，阿坎族是横跨加纳、科特迪瓦之间边界的主要种族，因此对本章的实证研究设计特别重要。必须指出的是阿散蒂人在被殖民前，有相对集中的国家组织，而其他较不中央集权的前殖民时期政体，在财产权制度上可能赋予个别家户对特定土地更强的权利。

对阿散蒂人而言，土地具有精神上的意义——它归属整个社群的先祖，而生者从祖先那继承了土地使用权。因此阿散蒂的个别家户并未拥有现代普通法意义下的土地所有权。相反地，土地是归整个社群所有，而酋长则充当托管人。家户单独拥有他们在耕地上所种植的农作物；但他们对土地的权利，并不包含我们通常称为所有权的完整的一束权利。

这种土地产权制度可能会导致某些无效率的情况，例如对土地投资可能较低，因为个体家户不太可能从投资中获得全部收益。此外，对转让的限制可能会阻止最高价值的使用者获得土地，并在其他要素市场不完善的情况下，导致土地劳动力的无效率分配。

（二）可可与财产权的演变

在 20 世纪，西非土地产权逐渐变得更加个体化，赋予务农家户更多的权利，而大家族团体及酋长的权力则明显下降。许多研究都有提及，导致加纳和科特迪瓦的财产权制度个体化的因素是引入经济作物，其中最重要的就是可可。在20世纪初引入可可生产后，加纳和科特迪瓦迅速成为世界上最大的两个生产国。一些质性研究也认为可可的引入导致土地产权的个体化。

可可生产导致产权个体化的想法，是德姆塞茨（1967）财产权理论的一种应用。有关该理论的经典著作指出："新财产权的出现，是因应人类在交易互动中，所期待发生新型成本利益的可能性……当内部化的收益大于内部化的成本时，为了内部化外部性，财产权就随之发展。"普拉托（Platteau，1996 & 2000）将此称为土地权利的进化论——随着经济条件的变化，制度会回应对于新制度的需求而演变。德姆塞茨（1967）认为产权制度倾向有效发展的假设，被用于检验各种经济因素，是否可能透过成本和收益的影响使财产权制度更加个体化。就此点而言，诺斯与托马斯（North & Thomas，1973）认为，人口密度的增加解释了欧洲在1000—1300年土地所有权个人化的转变。

将德姆塞茨（1967）的理论应用在农业的商业化中，当农民从自给生产转向为市场生产时，因为土地产权共有所引起的无效率规模就会越来越大。如果改变制度需要一固定成本，如同马利根与施莱费尔（Mulligan & Shleifer，2005）所述，那么出口农作物的引进可能导致制度的改变，因为改变制度带来的收益超过成本。

（三）加纳和科特迪瓦的财产法

另一个影响财产权演变的潜在因素，是国家层级的政策和法律上的财产法规定。现有疆界的非洲国家其实晚近才出现。在前殖民地时期，非洲许多地区缺乏像现代国家那样的中央集权政治机构；而前殖民地时期的国家，其边界和制度结构也和殖民主义时期的国家，有很大的不同。此外，殖民时期相当短暂——1885年，柏林会议后的争夺战中，殖民大国开始划分非洲领土，并宣称拥有这些土地。加纳和科特迪瓦之间的边界也是在这个时期确立下来。1957年，从加纳开始，非洲殖民地纷纷独立建国，此后边界几无变化。赫布斯特（2000）认为非洲的殖民国家和后殖民国家，都面临着人口密度低、外部威胁有限的具挑战性的地理环境，因此有效控制其内陆地区的成本超过收益，导致了低弱的国家能力。

尽管如此，长期以来一直有研究主张，法国和英国统治策略的差异，在非洲国家独立后依旧产生了深远影响。此外，在制度发展等更广泛的文献，也多侧重把国家作为制度差异的调节因素。最著名的研究应是拉波塔等（2008）的研究，以及阿塞莫格鲁等（2001）的研究，皆指出殖民时期建立的国家制度会产生长期的经济后果。前者着眼于殖民者的身份，对比法国和英国移植到其殖民地的法律体系。后者认为，定居者面临的条件，形塑了殖民国家所建立的制度性质。两者皆肯认殖民地时期的冲击对国家制度产生了深远的经济影响。

部分学者认为在撒哈拉以南非洲，国家是影响财产权最关键的因素。例如布恩（Boone，2007）认为："形塑现代非洲政治权威中心和特征的关键是，过去国家扮演界定财产权的角色——特别是农村财产权。"她认为非洲国家财产制度通常属于下列两类："共有制度"，例如加纳，国家创造或"维持"公共土地所有权；或者，"使用者权利制度"，如科特迪瓦，使用现代国家的力量，通过支持和执行耕者有其田的主张来挑战现存的土地分配权力。因此，在加纳和科特迪瓦两国之间，国家政策与法律法规的对比，就反映了非洲国家普遍在财产法制度上的两种典型。

加纳被英国殖民，并由殖民者引进了英国的普通法制度。自1876年的《最高法院条例》以降，英国在加纳法院承认原住民习惯法——尊重习惯法是普通法的重要特征。独立后，加纳国家继续将习惯法视为加纳法律的一部分。1960年《加纳共和国宪法》第40条包含习惯法，而1960年《解释法》第18条将习惯法定义为包含"根据习惯适用于加纳特定社区的法律规则"作为加纳法律的一部分。克鲁克等（Crook et al.，2007）认为，将习惯法正式纳入加纳法律，并透过正式的司法裁决发展为判决先例的方式，使加纳的习惯法具有高度拘束力，而后又以社会规范的形式影响了（特别是受过良好教育的）非国家行为体（nonstate customary actors）。

科特迪瓦的财产法走上一条与加纳截然不同的道路。科特迪瓦曾是法国的殖民地，法国人对习惯法采取了明显轻视的态度。在殖民时期开始时，法国政府宣称，拥有所有当时未被占用和未被耕种的土地——这几乎等于是当时科特迪瓦的绝大部分土地。独立后，执政党经济政策的关键是增强移民定居者的财产权，以促进农业发展。和加纳的发展脉络相似，在选择种植可可和咖啡等作物方面，科特迪瓦的移民扮演关键的角色。但地方传统精英没有直接出售土地，而是通过辅导机构让移民获得土地。这个机制不仅限制了移民的土地权利，而且要求移民定居者永久支付大笔常规土地费用。肖沃与科林（Chauveau &

Colin，2010）指出在缩减传统精英对定居者土地权利主张的过程中，相较于正式的法律干预，更重要的是国家"本质上属于政治侍从主义式的干预"，旨在诱使传统精英将其土地所有权转让给定居者。

一言以蔽之，加纳的正式法律制度历来一直支持土地习惯法，而科特迪瓦的法律制度则削弱了习惯法。若正式法律确有影响，我们应可见科特迪瓦的财产权比加纳的财产权更加个体化。事实上，确有学者主张加纳和科特迪瓦在法律上的差异，导致事实上的财产权制度发生变化，也就是说，实际上适用的规则限制了家户使用和交易土地的行为。如菲尔明－席勒（Firmin-Sellers，2000）指出："法国和英国殖民者设计了截然不同的制度来规范他们与（科特迪瓦和加纳）原住民酋长的互动……因此，这些制度产生了截然不同的财产权制度和土地持有模式。"

菲尔明－席勒（2000）继续指出，在科特迪瓦由于法国人破坏了酋长制度，宗族首领遂成为真正拥有土地的人，不再受酋长约束。相比之下，在加纳，平民和拥有大片土地统治权的最高酋长，都是由英国人赋予权力，而地方酋长则被边缘化。克鲁克等（2007）同样认为，这两国不同的干预，导致科特迪瓦的财产权个体化程度比加纳更高。

然而，西非国家普遍还很年轻，国力也薄弱，这不禁令人怀疑，国家层面的制度差异，是否真的影响了事实上规范？此外，国家及正式法律规范如何影响西非事实上的财产权制度？目前仍缺乏量化证据。

三、国家和财产法律规范对事实制度的影响

（一）数据和描述统计

为调查加纳和科特迪瓦在国家制度及实定财产法的差异，是否与其事实上产权制度的演变有因果关系，我使用世界银行在非洲进行的"生活水平调查研究"（the Living Standards Measurement Study，LSMS）前两份调查的数据：科特迪瓦生活水平调查（CILSS）和加纳生活水平调查（GLSS）。CILSS 于 1985—1988 年进行，是首次进行的 LSMS 调查。GLSS 第 1 轮和第 2 轮的数据则分别是在 1987—1988 年和 1988—1989 年收集，使用与 CILSS 问卷几乎相同的调查工具。每份研究问卷均包含有关家户组成、教育、消费、生产、资产

和借款的详细问题，以及有关家户对其出售和出租土地权利看法。

尽管这些数据是在 25 年前收集的，但制度变革的过程通常是相对缓慢的长期过程，因此，数据的年代几乎不影响揭示这一长期过程的决定性因素。此外，更重要的，这些数据的主要优势在于，它是同时针对加纳和科特迪瓦的大规模家庭调查，而调查内容基本上是相同的，且其中还含有关财产权的问题。因此它们特别适合用在针对国家和法律法规作用的断点回归研究。

两项调查均采用两阶段抽样设计，首先从最近一次国家人口普查的人口稠密地区分层列表中随机选择查点区（EAs），然后从每个选定的 EA 中随机选择一个家户样本。本章使用来自 GEOnet 名称服务的地图和数据确定了 EA 的位置。（译文因篇幅没有纳入——统稿注）提供了 GLSS 第 1 轮和第 2 轮以及 CILSS 查点区的地图。

1. 样本选择和描述性统计

本章将样本限制为 GLSS 和 CILSS 中拥有农业用地的家户，并排除完全是出租或是佃农的家户。原因是——正如以下的讨论——本章以家户成员对土地转让权的理解，作为本研究衡量事实上财产权指度的标准，而租用土地的家户通常无法出售或转租其租用的土地。如果在样本中包括佃农，那么在盛行租赁转让的地区，土地转让权似乎不那么普遍。

2. 事实产权制度的估计

本章将家户成员对出租和出售土地权利的看法，作为事实上产权制度的衡量标准。这种方法普遍用于非洲产权制度的研究，例如，贝斯利（Besley，1995）在研究产权对投资激励的影响时，使用自我报告的转让权。他发现，自我报告的出售、出租、赠与、抵押、质押和遗赠土地权利的某个指数，与该领域的投资增加有关。

使用转让权作为财产权的依据有三个主要理由。首先，土地使用权的转让权本身就是一项重要权利。所有权人因而能够实现其在土地上投资的全部价值，并在其他要素市场不完善时，有效地将其他因素（最重要是劳动力）分配到土地上。其次，如上所述，限制土地的转让，是西非大部分地区习惯财产权制度的特征。因此，转让权利的盛行程度是衡量产权发展是否走向个体化的一个良好指标。最后，转让权与财产权的其他面向相关，例如即使在土地休耕后仍持续的排他使用权。表 2（参考原文的表 2，译文因篇幅没有纳入——统稿注）的相关系数矩阵包含两种转让权利方法——分别是出租土地的权利、出售土地的权利,以及该家户当时是否出租土地的指标,和家户土地中休耕的比例。这四个变量的成对相关系数均为正且统计上显著。

进一步有效验证转让权利的方式,是检视这些措施与家户特征的相关性是否如同预期。表3(参考原文的表3,译文因篇幅没有纳入——统稿注)列出家户层面特征与土地转让权之间的相关性,呈现土地出租权和土地出售权对一系列家户特征、EA环境固定效应的回归结果,数据是来自GLSS和CILSS样本。

人们可能认为,鉴于需要吸引劳动力来耕种土地,土地出租权对于拥有大量土地的家户更有价值。就此二调查和权利移转措施而言,拥有更多土地的家户确实更有可能报告其土地转让权。例如,当家户拥有的土地数量增加10%,在加纳,该家户有权出租其土地的可能性增加约1个百分点。

另有三个与移转权利有关的家户层面因素值得注意。在加纳,种植可可和咖啡的家户更有可能报告转让权(统计上显著);在科特迪瓦,则是更可能报告租赁权。我在第四节使用预测可可产量的地理指数,来调查可可生产对于财产权的影响。在四个回归结果中,有三个模型显示较年长的户主更可能回报转让权,例如户主年龄每增长10岁,家户有权出租其在科特迪瓦土地的可能性就增加2个百分点。最后,在科特迪瓦,由非本地出生的人担任户主的家户,回报土地转让权的可能性相较其他家户低了15个百分点。这凸显了一个人在社区中的地位,对决定其土地财产权的重要性。但数据显示,在加纳没有这种相关性,一个可能原因是此种迁徙在加纳相当常见,如表4所示(参考原文的表4,译文因篇幅没有纳入——统稿注)。

我在2008年10月和2009年1月进行田野调查,了解农村家户如何解释这些转让权的问题。我特别访问了加纳南部农村社区27个农业家户的成员,询问他们是否有权出售自己的土地,然后探讨他们回答的原因,以深入了解GLSS家户可能如何解释转让权利的问题。大部分户主回答他们没有出售土地的权利,因为土地归属于他们的母系血统的大家庭;一些家户主也回答他们必须得到酋长的准许才能出售土地,且必须向酋长支付出售价格的1/3。我访问的每个人似乎都明白我在问什么。出售土地的概念在这些社区中显然很好理解,但家户和酋长对土地出售加以限制。

(二)实证框架

上述讨论表明,加纳和科特迪瓦两国在土地财产的法律规范上存在分歧。

其中一种"简单粗暴的"（naïve）评估差异的方法，是比较两国的平均结果。表 4 列出了国家的平均值，且根据简单的解释方法，与法律上差异对于事实上体制环境有很大影响的观点吻合：有 67% 和 44% 的科特迪瓦家户分别回报有出租和出售土地的权利，相较加纳只有 38% 和 21%。

但这种解释途径的问题在于：两国在国家政策以及与法律无关的方面存在差异，这些差异亦可能对其产权制度造成影响。例如，科特迪瓦西部占主导地位的种族群体，与加纳东部地区的群体有很大的不同。从国家层面的平均值比较，会搞混由于国家政策造成差异和非国家政策造成的差异。

1. 断点回归

取而代之，本章利用发生在国家边境的不连续变化，来估计国家政策和法律的累积效应。形式上，本章估计了边界产权制度条件期望下，不连续跳跃的大小，这种方法背后的直觉很简单，尽管在加纳和科特迪瓦远离边界地区的差异很大，但随着靠近两国边界，两侧的地理环境、殖民前的民族和制度都趋于一致。那么现存于边界两侧家户之间的差异，都是由于两国法律和国家政策的不同，而不是先前存在的差异。

这种精确断点回归（sharp regression discontinuity，SRD）方法可以在潜在结果的框架下形式化，如下所示。令 $Y_i(0)$ 和 $Y_i(1)$ 表示家户 i 对于某些结果变量 Y 的潜在结果，例如家户是否有权出售其土地。$Y_i(0)$ 是家户 i 适用科特迪瓦法律和国家政策的结果，$Y_i(1)$ 是适用加纳法律和国家政策的结果。国家政策的单位因果效应定义为 $Y_i(1)-Y_i(0)$。基本问题当然是对任何家户 i，只会有一个潜在的结果，即科特迪瓦家户的 $Y_i(0)$ 或加纳的 $Y_i(1)$。断点回归（RD）设计针对潜在结果遗漏值的问题，以边界两侧的家户数据插补来解决，这使我们能够估计边界家户亚群的平均因果效应。

要观察到亚群的平均因果效应，令 $S_i \in \{0,1\}$ 表示家户 i 所居住的国家，即 $S_i=1$ 表示加纳，而 $S_i=0$ 或科特迪瓦。此外，令 D_i 是家户 i 到加纳和科特迪瓦边界的距离，正（负）值表示该家户居住在边界以东（西）。而 S_i 是 D_i 的决定性函数：

$$S_i = 1(D_i \geq 0) \qquad \text{（公式 4-1）}$$

将家户分配到国家的函数不连续性，使我们能够一致地估计国家政策差异对居住在边境家户的平均因果效应，定义为 $\tau_{SRD}=E[Y_i(1)-Y_i(0)|D_i=0]$。为了估计 τ_{SRD}，必须假设 $E[Y_i(0)|D=d]$ 和 $E[Y_i(1)|D=d]$ 在 d 和 $d=0$ 区间都是连续的。在这

个平滑性的假设下，我们可以得出 $\tau_{SRD}=\lim d_{\downarrow 0}E[Y|D=d]-\lim d_{\uparrow 0}E[Y|D=d]$，而这两个极限值可以用标准回归函数估计技术来测量。

边界是任意划定的，并未遵循前殖民时期的族群划分。此一事实是这种方法有效性的关键。这确保了边境的财产权制度，与国家政策无关的其他所有决定因素都是连续性变动。黄金海岸（殖民地时期加纳的名称）和科特迪瓦之间的边界，是由一系列英法协议所决定的（介于 1893 — 1905 年）。这边界是由地界信标划分，其中约一半的边界是基于河流或溪流，一半是基于地标之间的直线。由此所产生的边界当然没有遵循族群的界限，而是将许多族群一分为二，包括阿西尼族（Assini）、安义族（Anyi）、布林族（Brong）、达加里族（Dagari）和利比·德哈族（Ligbi Degha）。

支持本研究策略的另一个重要假设是 CILSS 和 GLSS 是具有可比性的调查，故该调查设计并不会导致边境产权估计值的跳跃。CILSS 和 GLSS 均是由世界银行的 LSMS 办公室协调。起初是 CILSS 先开始，而 GLSS 问卷是以 CILSS 调查问卷为基础而进行，虽然在 GLSS 问卷中有引入一些差异，但都只是次要的，似乎不太可能导致调查的回馈有显著差异。

这种断点回归设计有些重要的限制。首先它只能用于调查加纳和科特迪瓦之间，整套不同的法律规范和国家政策所造成的影响，且它不能从整套体系中个别隔离出单一因素观察其影响。因此，下文报告的估计不应被解释成只是两国财产法规范差异的影响估计，而应理解成法规范以及农业和教育政策等其他国家政策层面差异的综合影响。

其次，断点回归研究方法只能估计边界处的"局部平均处理效果"（LATE），而不是整个样本的平均结果。边境地区是农村地区，且距离两国首都相对较远。本研究设计无法揭示法律及国家政策如何影响城市地区，或靠近国家首都地区的财产权。

2. 估计

为了估计边界处各结果变项在条件期望的跳跃，我使用以下方程式估计：

$$Y_i = \beta_0 + \beta_1 S_i + f(D_i) + S_i \times g(D_i) + \varepsilon_i \quad （公式4\text{-}2）$$

其中 $f(D_i)$ 和 $g(D_i)$ 是距离边界的多项式。我使用两个基本界定：所有数据都进行全局四阶多项式回归；仅对边界附近数据做局部线性回归。为了决定局部线性回归的带宽，我按照李与勒米厄（Lee & Lemieux，2010）的建议，计算了范与吉布尔（Fan & Gijbels，1996）的经验法则带宽。我将这些经验法则的带宽用于局部线性回归估计，为了检查稳健性，我另对每个结果变量使用两倍和一半的带宽。我在家户层级进行分析，其标准误差全集中在环境影响层面（EA-level）。无论将数据压缩到环境影响水平，或使用采用康利（Conley，1999）所计算的空间标准误差对环境影响层面的平均值执行相同的分析（为简洁起见，此部分未报告），其结果都是稳健的。

加纳的国界比科特迪瓦更北。在加纳，地理位置在相对于科特迪瓦边界最北端以北的查点区，都没有可与之比较的单位，所以选择舍弃它们。要注意的是，几乎所有边境附近的 EA 样本都在两国的南半部，只有一个 EA 样本是在较干燥的北半部边境地区。EAs 是从人口普查名单中选出的，其概率与人口成正比，因此这正是数据中北部边境地区人口密度非常低的缘故。

（三）结果

1. 财产权制度

现在转回到断点回归估计，用以测量边境的财产权制度的变化。图 4-1 显示土地出租权回归不连续图。此局部平均的散布图暗示，边界的土地出租权并没有不连续；这个图也显示，经度与土地出租权之间存在显著的线性关系，从西向东递减。边界两侧的四阶多项式在边界处拟合，反映出回归函数在边境只有很小的间隙。

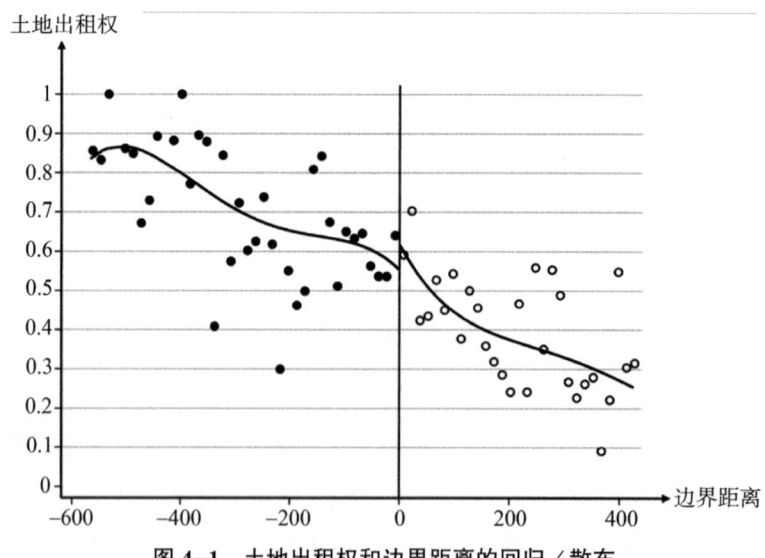

图 4-1　土地出租权和边界距离的回归／散布

表 4-1 呈现点估计。作为前述视觉证据的再确认，点估计值接近于 0，且没有任何一个估计值具有统计上的显著性。图 4-2 和表 4-1 显示了土地出售权的结果，基本模式是相同的：尽管国家平均值间有很大差异，但回归函数在边界处相遇，并且几乎没有证据表明土地出售权存在不连续性。使用全局多项式回归和使用经验法则带宽的局部线性回归的估计与 0 没有显著差异。使用两倍于经验法则带宽的估计值略有 15 个百分点的边际显著性（在 10% 的水平上），但其正负方向与现有文献预测相反。

表 4-1 国家影响土地产权和使用的断点归点估计

	全局四阶多项式	局部线性（依带宽区分）		
		经验法则	两倍	一半
	（1）	（2）	（3）	（4）
估计产权制度				
土地出租权	0.065	0.010	−0.055	0.058
标准偏差	0.116	0.083	0.059	0.113
带宽（左，右端点）	∞，∞	175, 157	350, 314	87, 78
样本数	3964	1582	3190	801
土地出卖权	0.172	0.174	0.149[+]	0.086
标准偏差	0.131	0.122	0.0820	0.141
带宽（左，右端点）	∞，∞	95, 102	189, 204	47, 51
样本数	3866	982	1986	396
估计土地使用				
过去 12 个月曾出租土地	−0.056	−0.040	−0.149[*]	−0.209[*]
标准偏差	0.100	0.098	0.60	0.095
带宽（左，右端点）	∞，∞	104, 99	208, 199	52, 50
样本数	3962	979	1998	431
土地休耕的比例	0.074	0.138[*]	0.111[*]	−0.002
标准偏差	0.076	0.065	0.046	0.086
带宽（左，右端点）	∞，∞	161, 73	125, 116	80, 36
样本数	3967	1009	2038	560

说明：每一格代表一个回归参数。报告的系数是估计的从科特迪瓦到加纳边境的不连续跳跃。样本是加纳生活水平调查第一轮和第二轮（1987—1989年）和科特迪瓦生活水平调查（1985—1988年）中，拥有农业用地且居住在加纳和科特迪瓦边界最北端以南的所有家户。加权回归是用科特迪瓦生活水平评估研究办公室所提供的样本权重。群集调整标准误差是依查点区（EA）分群。全局四阶多项式的结果是分别在边界的两侧评估。经验法则的带宽是遵循Fan和Gijbels（1996）所做。+表示5%水平的统计上显著。

另一个可能的疑虑，是两国非本国国民比例的变化，可能遮掩国民财产权的变化。科特迪瓦约 10% 的抽样家庭由非国民担任户主，相比之下加纳只有 2% 的家庭是如此。由于非本国国民的财产权通常比本国国民弱，而科特迪瓦拥有较高的非本国国民比例，应可预期较低的财产权回报。为了检验这一点，我排除了非国民并估计了国民间产权制度的不连续性，其结果没有质的差异（为简洁起见，未报告）。

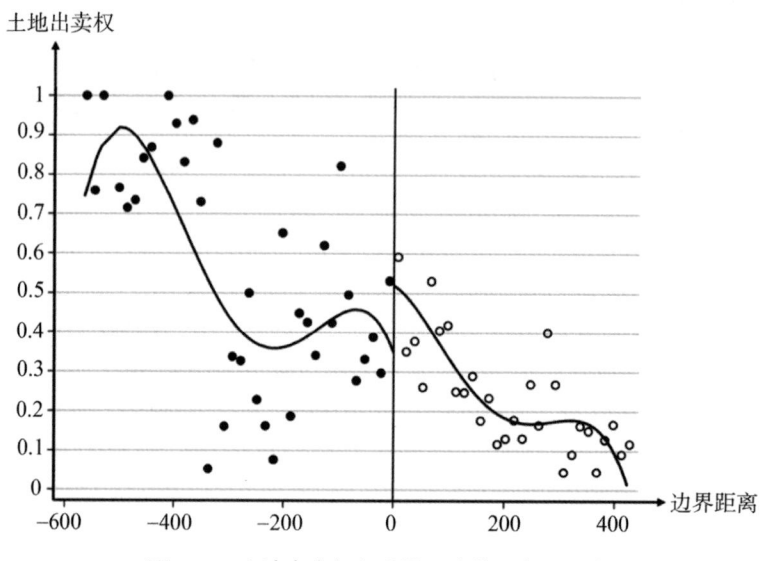

图 4-2　土地出卖权和边界距离的回归／散布

因此，从数据中可知，尽管边界两侧有着非常不同的法律制度和国家政策，但家户在土地财产权却是有类似的事实规范。这显示国家在边境附近地区的产权制度中发挥的作用有限，相反地，非法律来源的规范才是事实上制度的关键决定性因素。

2. 土地使用

除了检验国家层级的政策外，在此脉络下是否对财产权制度产生影响，本章也调查了国家层级政策是否会对土地使用结果产生影响。首先考虑实际的土地租赁市场活动，土地租赁的盛行不仅只是财产权制度的一种功能，它更是在一套给定制度下行为的方式。科特迪瓦推行所谓的土地转让自由化，很自然地，我们会预期在该地有更多的土地转让。事实上，图 4-3 再一次显示和土地出租盛行率基本相同的模式——估计的回归函数在边界处汇集在一起。点估计如表 4-1 所示。其中，第 1 栏和第 2 栏中的偏好估计值与 0 没有显著差异。但是使用两倍于和一半经验法则带宽的估计值，分别有具统计显著性的 –15 个百分点和 –21 个百分点，因此这些结果并不稳健。总的来说，这些结果几乎没有提供证据反对"国家层级政策对租赁市场制度影响甚微"的虚无假设。

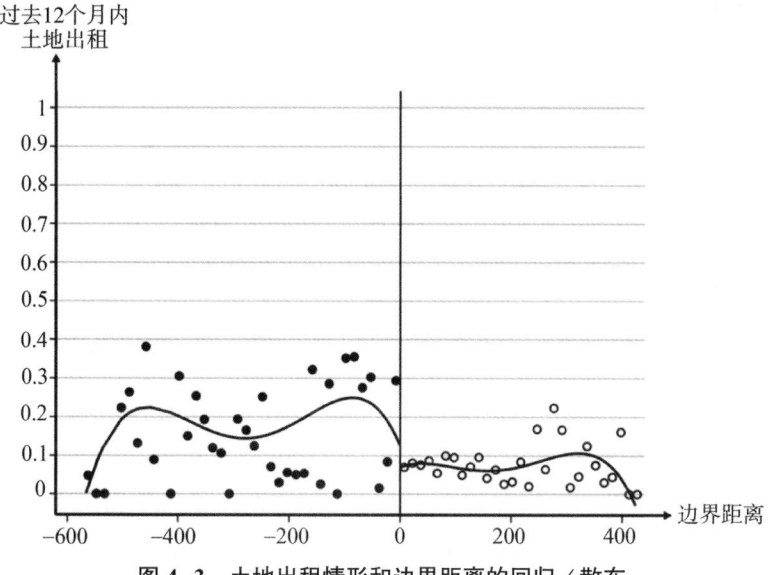

图 4-3　土地出租情形和边界距离的回归/散布

另一个重要的土地利用变量是目前休耕的可用土地比例。休耕是一项重要的土地投资，戈尔茨坦与乌德里（Goldstein & Udry，2008）曾指出在加纳财产权较弱的家户其休耕时间较短。然而除了财产权之外，其他因素也可能影响休耕的决定，像是作物选择、教育和肥料成本。我们可以用类似的断点回归方式来确认国家层级政策，是否对家户的休耕行为有所影响。图 4-4 和表 4-1 显示了家户休耕土地比例的不连续性。数据确实提供了某种效果的证据，虽然散布图没有显示明显的不连续、多项式的估计也不显著，但在使用局部线性回归的估计中，加纳土地休耕的比例显著地增加了 13.8 个百分点。

此结果的一种可能性是反映了财产权保障的差异——这是财产权制度的一个面向，只是此数据集中缺乏一个良好的衡量标准。由于我们认为土地转让权估计结果在边境是连续的，而休耕比例呈现的不连续结果是本章推论的一个次要限制。然而，这种限定是次要的，因为其结果不具稳健性，而且休耕行为可能受到国家的其他政策影响，例如接下来讨论的教育和农业政策，而这些国家政策并未影响制度。

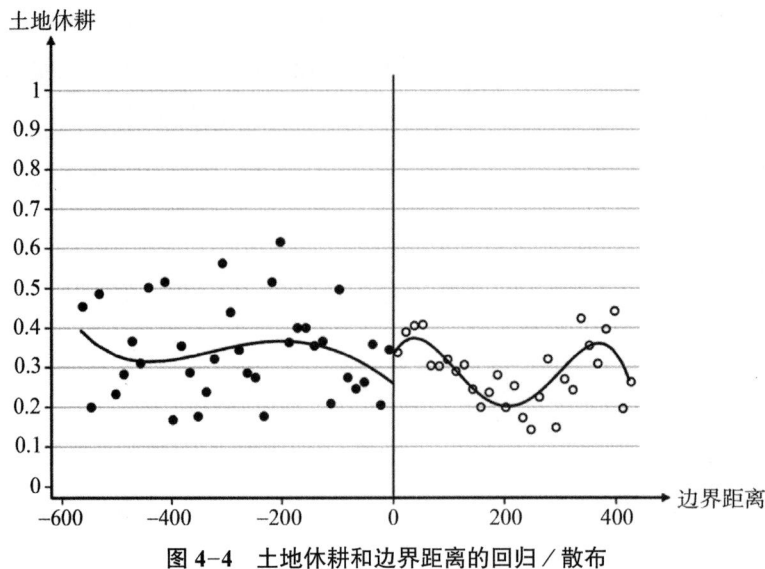

图 4-4　土地休耕和边界距离的回归／散布

3. 其他经济成果

有一种解释边界产权制度缺乏不连续性的方法，是边界和国家根本无关紧要。从而我现在转向其他可能受国家政策影响的经济结果，并借以调查在这种情况下是否国家真的完全没有影响力。

国家可能通过教育政策对人力资本积累产生影响。在殖民初期，加纳和科特迪瓦的教育政策就出现分歧。英国人更注重非洲殖民地的初等教育，包括原住民语言；而法国人则采取同化主义的方法，侧重于中等教育，希望从一小部分人口中培养出"法国公民"，因此在英国殖民地的小学入学率远高于法国殖民地。本章的断点回归方法确认了国家政策对于加纳和科特迪瓦的教育成果有很大的影响。如图 6（参考原文的图 6，译文因篇幅没有纳入——统稿注）所示，在两国边界处，户主是否上过学有显著的不连续性，点估计请见表 6（参考原文的表 6，译文因篇幅没有纳入——统稿注）。四阶多项式的点估计中，国家政策对于边境地区的入学率有 36 个百分点的影响。

不只如此，教育的差异对于人力资本亦有实际影响。图 7、图 8（分别参考原文的图 7 和图 8，译文因篇幅没有纳入——统稿注）以及表 6 皆显示：断点回归预测国家对户主识字和算术能力的影响。四阶多项式预测识字率有 12 个百分点的提升，但在统计上并不显著。呈现在第二栏的局部线性回归预测是统计上显著的 16 个百分点的跃升。算术能力的点估计都具有统计上意义，且其中全局多项式回归的估计值为 22 个百分点。

非洲国家的另一项主要经济活动是对出口作物市场进行管制。两国都建立了营销委员会规范农民出口作物的价格，表面上是为了确保农民免受世界价格波动的影响，但实际上对农民的生产征收高额税金。虽然可可是这两个国家的主要出口作物，但咖啡只在科特迪瓦种植，加纳的产量则非常少。法国历来以高于世界价格 50% 的溢价购买大部分科特迪瓦生产的咖啡（直到 1969 年），并限制从法属西非以外的咖啡进口量。图 9（参考原文的图 9，译文因篇幅没有纳入——统稿注）和表 6 呈现家户是否种植咖啡的断点回归结果，并确认了国家对于作物选择有很大的影响。在边境处，两国种植咖啡的地理适宜性是相同的，但科特迪瓦却明显生产更多咖啡。

在两国边境在咖啡产量的巨大差异引发一个问题：为什么这种产量差异没有转化成财产权制度的差异？在第四节中，本章将提出类似作物的可可生产导致加纳土地权利的个体化的证据。但在加纳，家户使用其他作物尤其是可可，取代咖啡的种植。图 10（参考原文的图 10，译文因篇幅没有纳入——统稿注）显示，边境两侧类似比例的家庭种植可可或咖啡，点估计中其不连续性在统计上并不显著（为简洁起见，未报告）。

4. 讨论

本章发现法律上的规定对事实上的产权制度几乎没有影响，这呼应了埃利克森（Ellickson，1991）的研究，而该研究与本章背景迥异。他发现在加州夏斯塔县，"谁应对家畜非法侵入造成的损害负责"此议题的事实上行为准则与法律规则无关——行为准则一致认为家畜的所有人负责，即便部分地区以法律正式规范，其实是土地所有人有责以栅栏将将家畜隔离在外。同样地，在西非，独立于政治法律外的社会规范支配着财产权。

不过仍要注意，西非国家并非完全没有影响。特别是国家似乎可以提供公共财（例如教育），和规范出口作物的生产。对此，一种可能的解释是包括土地财产权在内的某些制度，是一系列抵制国家政策的地方性、非国家制度的一部分。地方精英在西非的习惯财产权制度中扮演重要角色，这些制度的改变将会不利于他们的地位和财富。阿尔达舍夫等（Aldashev et al., 2012）提出了一种习惯法抵抗正式法律的模式：当地传统精英能够对向法院上诉的非精英人士施加惩罚，这为习惯法存续提供了某种机制。

相比之下，国家精英和地方精英在教育政策上的利益很可能是一致的——

没人介意政府何时建一所学校。而尽管国家精英和地方精英在农业政策上的利益存在冲突，但控制出口市场对国家来说相对容易，因为这并不需要在内陆地区有一个庞大的行政机构来达成。

本章的断点回归设计有一重要的限制，只能区别国家边界处，即相对偏远的乡村地区的局部影响。虽然我在边界没有发现影响，但也可能是两国财产权制度的显著平均差异，是由未影响边境地区的渠道所驱动的。例如，国家政策可能会影响两国发展的产业种类，进而影响除了农村边境以外地区的财产权。尽管如此，西非的大部分地区都属于农村和偏远地区，这使得在边境地区所做的国家影响因果效应，仍然是具有实质外部有效性的估计。

四、解释国内差异：农业的商业化

虽然国家在西非的财产权制度中发挥的作用很小，但图 4-1 和图 4-2 中可见加纳和科特迪瓦的财产权制度的确存在很大的差异。我进一步使用 GLSS 数据来调查可可这种作物，是否对许多归因于它的财产权产生影响，从而解释加纳境内财产权制度的部分差异。

（一）实证框架

作为一个简单的结构模型，考量以下等式：

$$\text{PropRights}_{iv} = \beta_0 + \beta_1 \text{Cocoa}_v + \beta_2 X_v + \varepsilon_{iv} \quad \text{（公式 4-3）}$$

其中 PropRights_{iv} 是衡量 v 村庄中 i 家户对其土地财产权强度的某种尺度，Cocoa_v 是衡量 v 村可可产量规模的尺度，X_v 是外生控制的向量。估计这种模型的一个基本问题是反向因果关系：拥有更多个体化财产权的家户可能会更快地采用经济作物种植。

为处理这个问题，本章使用了可可种植区域土地适宜性的地理衡量，作为采用可可的工具。简化形式的等式如下：

$$\text{PropRights}_{iv} = \alpha_0 + \alpha_1 \text{CocoaSuit}_v + \alpha_2 X_v + v_{iv} \quad \text{（公式 4-4）}$$

CocoaSuit_v 是衡量 v 村庄周围土地种植可可适宜性的尺度。上述公式 4-4 不受任何反向因果关系影响，估计 α_1 提供了检验"需求"的因素——对个体化财产权制度的需求是否影响了财产权演变。透过增加一个排除限制的假设：

CocoaSuit$_v$只透过经济作物的生产来影响财产权制度。从而我可以使用工具变量（辅助变量）估计量进一步检验可可生产对财产权制度的影响，即公式4-3中的β_1。德姆塞茨（1967）假说认为，制度的发展是为了因应社会需求，特别是为了因应农业商业化而发生制度变化。而使用以上方法检验该假说的一个问题是，财产权制度和可可适宜性之间的关联性可能是被其他渠道所驱动的。例如可可种植区的家庭可能只是平均更富有，而总体发展导致财产权制度发生变化，或者结果可能是由迁移所驱动。希尔（Hill，1963）描述了最早在加纳种植可可的人，是如何在耗尽自己的土地后，离乡寻找其他土地来种植可可。在迁入新的地区后，他们再向当地酋长谈判购置土地。也有可能是这种迁移过程导致了土地权利的个体化，但这并非德姆塞茨（1967）所指出的方式。我在下文中检验这些其他的可能性。

（二）数据

本章使用 GLSS 第 1 轮和第 2 轮问卷的数据来衡量财产权制度，并采用和第三节相同的方法。作为可可种植土地适宜性的衡量标准，本章使用加纳的阿克拉土壤研究机构（Soil Research Institute，SRI）所制作的可可适宜性指数。[1] SRI 使用由联合国粮食及农业组织提出的，生态农业区（agro-ecological zones）方法来生成可可适宜性指数，以降雨量、温度、海拔、坡度和土壤类型等，来衡量土地适合可可种植的程度。该指数介在 0 和 1 之间。

图 11（参考原文的图 11，译文因篇幅没有纳入——统稿注）的地图提供可可适宜性指数，以及 GLSS 第 1 轮和第 2 轮中的地理查点区（EAs）。地图上颜色越深的区域，越适合种植可可；边界则是查点区域的边界。由于可可无法在该国的北部种植，所以我在所有回归中都包含了区域虚拟变量，以便我只使用区域内的变化，而不是比较北部和南部（它们在许多方面都非常不同）。

同样地，我也将种族当作控制变因，作为控制原初制度的一种方式。GLSS 并没有要求住户提供准确的种族，但会要求提供户主的主要语言，其回答分为两种，一为回答六种传统语言中之一，即阿坎语（Akan）、埃维语（Ewe）、加－阿丹格贝语（Ga-Adangebe）、达格巴尼语（Dagbani）、豪萨语（Hausa）和恩泽马语（Nzeme），它们也代表了原初制度中的大部分差异的种族类别。

---

[1] 不幸地，我没有科特迪瓦土地的可可适宜性数据，因此只能分析加纳。

另有 200 位户主回答其他语言。

(三) 结果

1. 第一阶段

表 7 (参考原文的表 7, 译文因篇幅没有纳入——统稿注) 的第 1 栏中显示: 在 EA 地区, 土地种植可可的比例, 之于可可适宜性指数的第一阶段回归。其中可可适宜性指数与可可产量呈高度正相关, 即便在控制区域后也是如此。第 2 栏的结果表明, 可可适宜性与户主是否曾从出生地迁移并不相关, 这使以迁移渠道解释可可适宜性与财产权之间相关性的可信度降低。此外, 第 3 栏的结果显示, 家户人均支出与可可适宜性间没有关联性, 故以整体发展渠道作为解释可可适宜性与财产权之间相关性的理由也不可采。

2. 可可对财产权制度的影响

表 8 (参考原文的表 8, 译文因篇幅没有纳入——统稿注) 列出可可种植对土地出租权的影响的估计。第 1 栏的数据是使用简单的普通最小二乘法回归, 估算家户土地出租权与家户所在的 EA 地区土地种植可可比例的关系, 并发现相关性很强: 土地种植可可的比例每增加 1 个百分点, 土地出租权的盛行率就会增加 0.6 个百分点。但此估计可能涉及以下问题: 反向因果关系、遗漏值偏差以及由于测量误差导致的衰减偏误。

现在转而处理工具变量估计值以解决内生性问题。第 2 栏显示了土地出租权对可可适宜性指数的缩减式 (reduced-form) 回归结果, 相关系数是 0.11 且具有统计上显著性。这意味着从完全不适合可可生产的地区 (CocoaSuit = 0) 转移到非常适合的地区 (CocoaSuit = 1) 使得土地出租权的盛行率增加 11 个百分点。

第 3 栏显示可可种植对于土地出租权影响的工具变量 (Instrument Variable, IV) 估计值, 其中可可种植是通过可可适宜性作为工具变量而测量。该回归结果 0.698 与普通最小二乘法 (Ordinary Least Square, OLS) 的估计幅度相似, 且具有统计上显著性。

表 9 (参考原文的表 9, 译文因篇幅没有纳入——统稿注) 同样分别列出 OLS、缩减式和 IV 估计值回归, 其中依变量则改为使用土地出卖权, 结果与土地出租权的回归结果非常近似。

因此, 这些数据支持了德姆塞茨 (1967) 的假说。适合可可种植的地区在

20世纪受到需求方的冲击,因为可可很快成为这些地区的重要经济作物。可可使习惯财产法制度造成的扭曲更加扩大,从而产生更加个体化的财产权需求。此需求引发财产权制度的变化,并反映在可可种植区更普遍的转让权上。

3. 稳健度测试:增加气候控制变因

使用工具变量的排除限制假设的一个明显问题是,可可适宜性有可能代表(proxy)其他地理变量,这些变量通过其他渠道影响财产权。这些替代渠道中,许多也符合Demesetz指出的发展方式——地理透过影响可用生产函数,进而改变较个体化的财产权制度的净收益。此外,我在回归中纳入区域固定效应的做法,也有助于控制部分的地理差异。尽管如此,我增加了对当地气候的控制——年均温和年降雨量的二次多项式——作为稳健性检验。如果基线结果是由这些被排除的限制违反所驱动,而不是可可生产的因果关系所造成,那么增加对气候的控制应该会降低工具变量估计值的大小。

原文表7第4—6栏中的结果重现了第一阶段回归结果,亦包括气候控制的部分。增加控制降低了可可适宜性与种植可可的土地比例之间的偏相关性,这与人们本来预期相同,因为温度和降雨量是可可适宜性的一部分,但结果在定性上是相似的。

原文表8、表9第4—6栏重新进行可可对财产权影响的分析,并加入气候控制,其结果大致相同。但在原文表8、表9第5、6栏的缩减式和IV估计值则稍微变大,这使得我们更有信心推论可可适宜性指数是将可可影响的因果效应独立出来,而不是受到其他地理因素的影响。

五、结论

加纳和科特迪瓦两国的土地财产权法律差异很大。但是,法律差异对事实上的财产权制度影响不大。相反地,地方社区的经济需求——本章以可可种植为变量,对土地财产权的个体化有一定程度的影响。近来有越来越多采取类似立场的研究,本章与其对话,指出非源于国家的规范是财产权制度中重要的元素,并表明这些规范在某种程度上会逐步演进,以适应不断变化的社会需求。

虽然在加纳和科特迪瓦,我发现不同的国家政策和法律,对于该地事实上制度影响不大;但有时,正式法律规范确实会对财产权制度有影响。例如拉波塔与米拉佐（La Ferrara & Milazzo，2012）[1]发现，1985年加纳的无遗嘱继承法，对继承的实践产生了影响。特别是作者记录在法律制度下，母系社会对男孩人力资本投资的转变。他们对此的解释是，因为父亲以男孩的土地继承权，取代了儿子的人力资本投资，以回应法律的变化。这将是下一个重要的研究课题——解释正式法律何时、以及为什么能够影响财产权习惯法的实践。

---

[1] 审阅按：该文在2012年系作为工作论文公开，后于2017年正式发表。参见 Eliana La Ferrara,& Annamaria Milazzo, *Customary Norms, Inheritance, and Human Capital: Evidence from a Reform of the Matrilineal System in Ghana*, American Economic Journal: Applied Economics, Vol.9, p.166–185 (2017)。

本章参考文献

Daron Acemoglu, Simon Johnson & James A. Robinson, *The Colonial Origins of Comparative Development: An Empirical Investigation*, American Economic Review, Vol.91, p.1369–1401 (2001).

Gani Aldashev, Imane Chaara, Jean-Philippe Platteau & Zaki Wahhaj, *Using the Law to Change the Custom*, Journal of Development Economics, Vol.97, p.182–200 (2012).

Timothy Besley, *Property Rights and Investment Incentives: Theory and Evidence from Ghana*, Journal of Political Economy, Vol.103, p.903–937 (1995).

Catherine Boone, Property and Constitutional Order: Land Tenure Reform and the Future of the African State, African Affairs, Vol.106, p.557–586 (2007).

Jean-Pierre Chauveau & Jean-Philippe Colin, Customary Transfers and Land Sales in Côte d'Ivoire: Revisiting the Embeddedness Issue, Africa, Vol.80, p.81–103 (2010).

Timothy G. Conley, *GMM Estimation with Cross Sectional Dependence*, Journal of Econometrics, Vol.92, p.1–45 (1999).

Harold Demsetz, *Toward a Theory of Property Rights*, American Economic Review, Vol.57, p.347–359 (1967).

William Easterly, *Institutions: Top Down or Bottom Up?*, American Economic Review, Vol.98, p.95–99 (2008).

Robert C. Ellickson, *Order Without Law: How Neighbors Settle Disputes*, Harvard University Press, 1991.

Kathryn Firmin-Sellers, Institutions, Context, and Outcomes: Explaining French and British Rule in West Africa, Comparative Politics, Vol.32, p.253–272 (2000).

Markus Goldstein & Christopher Udry, *The Profits of Power: Land Rights and*

Agricultural Investment in Ghana, Journal of Political Economy, Vol.116, p.981–1022 (2008).

Jeffrey Herbst, States and Power in Africa: Comparative Lessons in Authority and *Control*, Princeton University Press, 2000.

Eliana La Ferrara & Annamaria Milazzo, *Customary Norms, Inheritance, and Human Capital*, Unpublished working paper (2012).

Rafael La Porta, Florencio López-de-Silanes & Andrei Shleifer, *The Economic Consequences of Legal Origins*, Journal of Economic Literature, Vol.46, p.285–332 (2008).

David S. Lee & Thomas Lemieux, *Regression Discontinuity Designs in Economics*, Journal of Economic Literature, Vol.48, p.281–355 (2010).

Stelios Michalopoulos & Elias Papaioannou, *Pre-colonial Ethnic Institutions and contemporary African Development*, Econometrica, Vol.81, p.113–152 (2013).

Casey B. Mulligan & Andrei Shleifer, *The Extent of the Market and the Supply of Regulation*, The Quarterly Journal of Economics, Vol.120, p.1445–1473 (2005).

Douglass C. North & Robert P. Thomas, *The Rise of the Western World: A New Economic History*, Cambridge University Press, 1973.

Jean-Philippe Platteau, Institutions, Social Norms and Economic Development, Harwood Academic, 2000.

Jean - Philippe Platteau, The Evolutionary Theory of Land Rights as Applied to Sub - Saharan Africa: A Critical Assessment, Development and Change, Vol.27, p.29–86 (1996).

第二编
民事诉讼的实证研究

本编导读

张永健

民事诉讼的法经济学研究，从一个看似愚蠢的问题开头：为什么有纠纷的人会诉讼？法经济学者问：如果原告和被告都正确知道彼此诉讼输赢的机率，为何还要花钱请律师、花时间上法庭？和解和诉讼的结果一样，但和解比较便宜啊！[1]

从这个看似愚蠢但实则深刻的洞见出发，早期的法经济学文献发展出两支至今仍引领风骚的理论。其中一支以乔治·普利斯特（George L. Priest）和本杰明·克莱恩（Benjamin Klein）发表于1984年的经典文章为中心[2]（见本书第5章）。这篇经典文章在SSCI上被引用超过800次，而根据谷歌学术搜索的统计则列出了超过2500次的引用。普利斯特和克莱恩的理论被称为"分歧预期"

---

[1] 本导读改写自笔者已发表的文章，参见张永健：《比较法作为双重因果推理——以修正民事诉讼法影响和解率的实证研究为例》，载《"中研院"法学期刊》2024年第34期，第81—152页。

[2] George L. Priest & Benjamin Klein, *The Selection of Disputes for Litigation*, The Journal of Legal Studies, Vol.13, p.1–56 (1984). 笔者曾以更严谨的数学方法，重写了普利斯特和克莱恩文章的模型，参见 Yoon-Ho A. Lee & Daniel Klerman, *The Priest-Klein Hypotheses: Proofs and Generality*, International Review of Law and Economics, Vol.48, p.59–76 (2016).

（divergent expectation）模型，因为在其理论框架下，双方当事人不和解而要打诉讼的原因是对诉讼结果的预期不同（如果预期相同，诉讼又花劳力、时间、费用，理性当事人会选择自行和解）。如果两造对诉讼结果的预期相同，例如都认为原告有 90% 的概率胜诉，则两造一定有和解的空间。但若两造对诉讼结果的预期差异很大，例如原告乐观地认为自己胜券在握，而被告乐观地认为原告会一败涂地，则可能不存在和解空间——无论客观上来看哪一造的预期更接近真实。[1]在普利斯特和克莱恩的理论假设下，若两造对诉讼结果的预期都很精确，则只有少数真的客观来看赢面非常接近的案件不会和解。换言之，只要双方当事人对诉讼结果的预期都没有偏离客观胜率太远，客观来看原告明显较有理的案件和明显较无理的案件会率先和解；当大多数案件都和解后，进入法院判决的少数案件就是原、被告都各有道理者，因此原告胜诉率会接近 50%。此项"50% 假设"，是普利斯特和克莱恩理论最有名的部分，但也很有争议。

普利斯特和克莱恩的理论并非横空出世；在 20 世纪 70 年代有几位理论的奠基者。后来在芝加哥大学法学院长期任教的威廉·兰德斯（William M. Landes）教授在早期文章指出了双方分歧预期、和解与诉讼的相对成本、风险偏好的重要性。[2]理查德·波斯纳（Richard A. Posner）法官还是专职学者时，讨论司法错误成本、诉讼与和解的成本、双方的乐观（分歧预期的深层原因）对和解率与胜率的影响。[3]约翰·古尔德（John Gould）教授则专注于双方预测原告胜率的共识程度对和解率的影响。[4]三篇文章在文献中常被合称为"兰德斯—波斯纳—古尔德"（Landes-Posner-Gould 或 LPG）模型。他们共同之处是把双方当事人看成追求财富极大的行动者，目标是从纷争解决程序中获得最多的金钱回报。诉讼或和解，完全是成本效益分析决定。在此种框架下，当诉讼成本相对于诉讼目标金额上升时，和解率上升；反言之，诉讼目标金额相对于诉讼成本上升时，双方对原告预期胜率的微小差距就可能使和解空间不存在，因此和解率下降。当双方对于自己胜诉不这么有信心时，和解率上升。

在普利斯特和克莱恩的典范下，出现了其他的修正理论。罗伯特·考特

---

[1] Steven Shavell, *Foundations of Economic Analysis of Law*, Belknap Press of Harvard University Press, 2004.
[2] William M. Landes, *An Economic Analysis of the Courts*, Journal of Law & Economics, Vol.14, p.61–107 (1971).
[3] Richard A. Posner, *An Economic Approach to Legal Procedure and Judicial Administration*, The Journal of Legal Studies, Vol.2, p.399–458 (1973).
[4] John P. Gould, *The Economics of Legal Conflicts*, The Journal of Legal Studies, Vol.2, p.279–300 (1973).

（Robert Cooter）和丹尼尔·鲁宾菲德（Daniel Rubinfeld）的合作文章[1]，与丹尼尔·凯斯勒（Daniel Kessler）、托马斯·梅茨（Thomas R. Meites）和杰弗里·米勒（Geoffrey Miller）等人的合作文章[2]，就主张若双方风险趋避（risk averse），则在诉讼目标金额相对于诉讼成本上升时，和解率会上升而非下降，以避免诉讼的不确定性（此预测与LPG模型相反）。彼得·西格尔曼（Peter Siegelman）和乔尔·沃德福格（Joel Waldfogel）则指出，当双方都有律师代理时，相对于双方都无律师代理时，信息较为充分与对称，对原告胜率之预期会倾向接近，因此和解率上升。[3]

学界也出现和普利斯特和克莱恩完全不同范式的理论。[4]例如卢西安·贝布丘克（Lucian A. Bebchuk）[5]、詹妮弗·莱根姆（Jennifer F. Reinganum）和路易斯·王尔德（Louis L. Wilde）[6]、凯瑟琳·斯皮尔（Kathryn E. Spier）[7]提出被称为"单边信息不对称"（one-sided asymmetric information）的理论[8]。简言之，他们主张，当事人之所以无法和解，是因为双方了解的信息不同。例如侵权案件被告知道其过失程度，但原告不知。信息弱势的一方会不知道何时应该和解，因此有时会冒险进行诉讼。史蒂文·沙维尔（Steven Shavell）在这个理论范式下，推导出：任何原告胜率都有可能。[9]

综合以上文献，关于和解率之具体预测如下：第一，双方预期之分歧越大，

---

[1] Robert D. Cooter & Daniel L. Rubinfeld, *Economic Analysis of Legal Disputes and Their Resolution*, Journal of Economic Literature, Vol.27, p.1067–1097 (1989).

[2] Daniel Kessler, Thomas R. Meites & Geoffrey Miller, *Explaining Deviations from the Fifty-percent Rule: A Multimodal Approach to the Selection of Cases for Litigation*, The Journal of Legal Studies, Vol.25, p.233–259 (1996). 凯斯勒教授关于防卫性医疗的文章，收录于本书第3章。

[3] Peter Siegelman & Joel Waldfogel, *Toward a Taxonomy of Disputes. New Evidence through the Prism of the Priest/Klein Model*, The Journal of Legal Studies, Vol.28, p.101–130 (1999).

[4] 但有学者指出，在最抽象的数学模型下，普利斯特和克莱恩的理论模型和信息不对称模型是互通的。参见 Jonah B. Gelbach, *The Reduced Form of Litigation Models and the Plaintiff's Win Rate*, Journal of Law and Economics, Vol.61, p.125–157 (2018)。

[5] Lucian A. Bebchuk, *Litigation and Settlement Under Imperfect Information*, RAND Journal of Economics, Vol.15, p.404–415 (1984).

[6] Jennifer F. Reinganum & Louis L. Wilde, *Settlement, Litigation, and the Allocation of Litigation Costs*, RAND Journal of Economics, Vol.17, p.557–566 (1986).

[7] Kathryn E. Spier, *The Dynamics of Pretrial Negotiation*, Review of Economic Studies, Vol.59, p.93–108 (1992); Kathryn E. Spier, *Litigation*, in A. Mitchell Polinsky & Steven Shavell eds., Handbook of Law and Economics: Volumn 1, Elsevier, 2007.

[8] 双边的信息不对称理论，参见 Daniel Klerman, Yoon-Ho A. Lee & Lawrence Liu, *Litigation and Selection with Correlated Two-Sided Incomplete Information*, American Law and Economics Review, Vol.20, p.382–459 (2018)。

[9] Steven Shavell, *Any Frequency of Plaintiff Victory at Trial Is Possible*, The Journal of Legal Studies, Vol.25, p.493–501 (1996).

和解率越低；而信息越不对称或越缺乏，预期的分歧越大（预测 A）。第二，和解相对于诉讼越贵，和解率越低（预测 B）。第三，诉讼目标金额相对于诉讼成本上升时，和解率会产生变化，是上升或下降，取决于双方是否风险趋避之假设（预测 C）。

哪一种理论范式，乃至于哪一个具体的预测正确，自然就要靠实证研究来回答。

目前，多数论文检验和解率提升时，原告胜率是否如普利斯特和克莱恩所预测地接近 50%。[1] 最直接检验和解率高低影响因子者，是西格尔曼和约翰·多诺霍三世（John J. Dononue Ⅲ）使用联邦法院就业歧视案件的行政数据，所作的实证研究。他们的分析支持了普利斯特和克莱恩理论模型的预测：最强和最弱的案件最倾向于和解[2]。本书第 6 章翻译西奥多·艾森伯格（Theodore Eisenberg）教授的文章[3]，有几个原因：第一，其他文章多着力于找寻支持普利斯特和克莱恩的证据——意思是，即使原告胜率偏离 50% 甚远，也以其理论尽力解释——例如指出双方从诉讼中获得的利益（stake）不相同。而艾森伯格教授则最终认为普利斯特和克莱恩的理论没有被数据支持。第二，该文检验原告 50% 胜率的实证框架与其他文章不同。

普利斯特和克莱恩最重要、最长远的贡献——但现在已经被当成法经济学内的常识——是指出诉讼案件并非所有纠纷的代表性样本[4]。若把普利斯特和克莱恩理论的逻辑推到尽头，则无论法律规范偏袒原告或被告，原告提出大量

---

[1] Peter Siegelman & Joel Waldfogel, *Toward a Taxonomy of Disputes: New Evidence through the Prism of the Priest/Klein Model,* The Journal of Legal Studies, Vol.28, p.101–130 (1999); Joel Waldfogel, *Reconciling Asymmetric Information and Divergent Expectations Theories of Litigation,* Journal of Law and Economics, Vol.41, p.451–476 (1998); Joel Waldfogel, *The Selection Hypothesis and the Relationship between Trial and Plaintiff Victory,* Journal of Political Economy, Vol.103, p.229–260 (1995); Wei Cui & Zhiyuan Wang, *The Selection of Litigation against Government Agencies: Evidence from China,* Review of Law and Economics, Vol.13, p.1–41 (2017)（用中国的数据）; Mark J. Ramseyer & Minoru Nakazato, *The Rational Litigant: Settlement Amounts and Verdict Rates in Japan,* The Journal of Legal Studies, Vol.18, p.263–290 (1989)（用日本数据）; Daniel Klerman, *The Selection of Thirteenth-Century Disputes for Litigation,* Journal of Empirical Legal Studies, Vol.9, p.320–346 (2012)（用 13 世纪英国的数据）。

[2] Peter Siegelman & John J. Donohue Ⅲ, *The Selection of Employment Discrimination Disputes for Litigation: Using Business Cycle Effects to Test the Priest-Klein Hypothesis,* The Journal of Legal Studies, Vol.24, p.427–462 (1995). 西格尔曼与多诺霍三世的其他发现也支持了克勒曼和李的修正论。

[3] Theodore Eisenberg, *Testing the Selection Effect: A New Theoretical Framework with Empirical Tests,* The Journal of Legal Studies, Vol.19, p.337–358 (1990).

[4] 最近则有实证研究指出，这也不一定。有些纠纷中，诉讼案件看起来是所有相关纠纷的代表性样本。参见 Eric Helland, Daniel Klerman & Yoon-Ho A. Lee, *Maybe There's No Bias in the Selection of Disputes for Litigation,* Journal of Institutional and Theoretical Economics, Vol.174, p.143–170 (2018)。

荒唐案件到法院，还是只提出全垒打案件，结果都一样：原告胜率 50%。换句话说，外界的研究者，无法从观察法院判决的案件，反推纠纷的整体样貌。吾人常说法院诉讼案件只是纠纷的冰山一角，也是同样的道理。丹尼尔·克勒曼（Daniel Klerman）和艾力士·李（Yoon-Ho Alex Lee）的文章（详见本书第 7 章），指出：除非在极端情形，即和解率几近于 100%，否则案件的选择效果（selection effects）不会大到使得法律或法官对原告或被告的偏颇效果完全消失。换言之，例如若法律或法官本来就偏袒原告，最后进入法院判决的案件，仍会以原告胜诉情况居多。从冰山一角推论冰山的整体模样，还是可能，而且有意义！该文运用模拟方式进行实证分析，而且提出许多非常明确的预测，可供其他研究者在现实世界找寻验证的机会。

所有的定量实证研究，都有一个局限，就是无法观察到绝大多数的民事和解（当然，非定量实证研究方法，也同样无法观察到绝大多数的民事和解）。因此，目前的信息所限，各国的量化法实证研究学者只能研究法院内和解。而尤其是从事跨国和解率比较时[1]，量化法实证研究学者会谨记在心：因为法院内和解只是和解的一小部分，所以若不同国家的人民对于"是否进入法院"有差异很大的"心理/文化障碍"，则研究结论必须小心、必须适切标注研究限制。换言之，如果 A 国人民都"先告上法院再说"，则诉讼上和解率可能高；如果 B 国人民都"视法院为畏途"，则所有可能和解的案件可能都在法院外解决，则 B 国的诉讼上和解率可能低，但总体和解率比较高。此种跨国比较研究的限制，一定程度可以由同一国的跨时研究的弥补。只要某国的民事诉讼改革只变动诉讼制度本身的特定特征，却大致不影响"心理/文化障碍"，则检验民事诉讼经济理论仍然可行。

不过，即令没有"心理/文化障碍"，理性的诉讼人仍然会选择将何种案件带到法院。文献上常举的例子，是有可能反复被告的公司（例如身处侵权泥沼的烟草公司）会在原告证据强时，与对方和解；并在原告证据弱时，坚持不和解，希望获得法院的有利判决，产生判决先例效果，以吓阻潜在的原告。如果某国的民事诉讼制度改革后，进入法院的案件之特征，与改革前进入法院的案件特征不同，则单纯比较改革前后的和解率差异，仍可能误会改革的实际

---

[1] Yun-chien Chang & Daniel Klerman, *Settlement Around the World: Settlement Rates in the Largest Economies*, Journal of Legal Analysis, Vol.14, p.80–175 (2022). 该文研究了世界前 25 大经济体以及美国若干州的民事诉讼和解率。

效果。芝加哥大学的威廉·哈伯德（William H. J. Hubbard）教授，研究美国联邦最高法院最近在民事诉讼领域最重要的两个案件——"大西洋贝尔公司诉托姆布雷案"（*Bell Atlantic Co. v. Twombly*）[1]与"阿什克罗夫特诉伊克巴尔案"（*Ashcroft v. Iqbal*）[2]——的效果时[3]（参见本书第8章），就主张要比较下列定义的案件：改革前进入法院，而在改革前程序终结（和解、判决、撤回等）；改革前进入法院，而在改革后程序终结。如此，只要改革当时程序终结与否，和改革内容本身无关（例如，因为承审法官休假而使某些案件较晚决定），观察这两群案件的终结方式，并比较差异，就可以得知改革的实际效果。再次强调，哈伯德教授提出的这种实证研究方法，可以排除法律变革对法院案件组成的影响，从而作法律变革的因果推论（causal inference）。

---

[1] 550 U.S. 544 (2007).
[2] 556 U.S. 662 (2009).
[3] 以定量实证方法探究此问题的美国文献非常多，可参考本书第8章中的文献回顾部分。

第五章　选择性诉讼[*]

The Selection of Disputes for Litigation

作者：　乔治·普利斯特（George L. Priest）

　　　　本杰明·克莱恩（Benjamin Klein）

译者：　安雨田

校定：　许菁芳、张凯评

审阅：　张永健

统稿：　程金华

一、既有问题以及历史解决方案

　　本章旨在探讨那些因审判而解决的法律纠纷，与那些在审判程序前和审判程序过程中得到和解的法律纠纷之间的关系。探讨此类关系对我们分析法律系统以及法与社会之间关系至关重要。现今，绝大多数关于法律系统的系统性分析都来自于上诉案件的研究。的确，上诉案件提供了最直观的视角，让我们了解法律规则的演变。然而，现今大多数学者都不仅满足于仅研究法律规则的演变，还希望关注法律对社会的影响。上诉案件虽然可以从法院的视角为我们揭示何为疑难案件、何为简单案件。然而，对案件

---

[*] George L. Priest and Benjamin Klein, The Selection of Disputes for Litigation, 13 *The Journal of Legal Studies* 1 (1984). ©1984 The University of Chicago Press.

本身的分析并不能全面揭示法律规则对当事人或者法律纠纷的影响。

假设所有的法律纠纷（甚至是这些法律纠纷的某个随机样本）都进入了一审判决乃至上诉阶段，我们就可以直观地看到法律规则如何影响社会行为。分析上诉案件的事实部分，则可以了解到哪些社会问题需要法律的解决方案。同时，随着上诉问题类型的改变，我们可以观察到法律规则是如何影响法律问题，而法律问题又如何影响日常行为。然而众所周知，只有小部分的法律纠纷最终走到了一审判决阶段，而所有获得判决的一审案件中，只有小部分进入了上诉程序。罗斯（Ross，1970）的研究发现，在涉及保险公司的法律纠纷中，只有4.2%的案件最终进入一审判决，而只有0.2%的案件进入上诉阶段。研究交通事故的警察报告，康拉德等（Conard et al.，1964）发现，只有0.7%的事故受害者坚持到了一审环节，最终只有0.09%的受害者将一审判决上诉。我们很难根据0.2%的案件（甚至是更小的比例）来分析这一类案件的相关特征，更不要说，这些进入上诉环节的案件还不是这一类案件的随机抽样。

由于进入一审和上诉环节的案件是个特殊的法律纠纷样本，许多法律学者对这些案件的代表性颇有顾虑。但是到目前为止，学界还没有找到更好的方式来分析上诉类型案件。卢埃林（Llewellyn，1960）认为进入一审程序的案子往往是"具有病理性"的：这些一审案件之于一般的法律纠纷，就像是"现实生活中杀人狂和失眠之间的关系"。为了随机抽样法律纠纷，卢埃林（1960）选择忽略上诉案件，进而更宏观地理解整个法律系统。为了保证随机性，他研究"法院审判报告的特定页数"（例如，1842年纽约法律报告的前94页所涵盖的案件）或者法院在某个"审判日"进行的案件（例如所有由宾夕法尼亚州最高法院在1944年3月20日判决的案件）。在他看来，这些案件就像是"矿场中那些被过滤筛掉的东西"。然而该研究在方法论上的创新并没有充分引起现代法律学者的关注。毕竟，他的研究方法完全忽视了法院自身是如何创新法律规则的；因此，他的研究只能够分析司法程序，并不能对实质性的司法决策作出分析。另外，大多数学者也不赞同此项研究对于法律规则的隐含假设，即认为法律规则无关紧要。

在此之后，惠特福德（Whitford，1968）试图通过研究严格责任制来理解这一法律规则对汽车制造商和消费者的影响。他并没有将研究目光局限于重要判例，而是研究了1960—1967年每一个公开的、有关于汽车制造缺陷的案例（包括那些只涉及程序性问题的案例）。不过，该研究依然怀疑这些案件的全面性，故其还访谈消费者、汽车销售商和制造商的雇员以及与汽车诉讼相关的律师，以求更好地理解此类案件。

尽管如此，大多数法律学者依然会在研究中忽略上诉案件是否可以代表该类型案件，或者直接假定上诉案件可以代表相关类型的案件。他们经常假定，那些进入一审程序的案件与上诉案件，跟这一类型案件中已经得到和解的法律纠纷，有着相似的本质。例如，波斯纳（Posner，1972）发现，他庞大的上诉案件样本中，每一个合同的双方当事人，都同意了法律制定的责任标准，并从而推论出19世纪的过失侵权法有经济效率。然而，此类研究的结论若要成立，则必须假定在上诉前就已和解的法律纠纷所涉及的责任标准，与法律制定标准是一样的。

与此相似的逻辑是，学者可以根据原告的胜诉率来推定法律判决标准的尺度，或者是法官或者陪审团对原告或被告的态度。例如，在经典的《美国陪审团》一文中，卡尔文与蔡塞尔（Kalven & Zeisel，1966）比较陪审团和法官审理民事诉讼中原告的胜诉率，以及刑事案件中嫌疑人定罪率的差异，来衡量两种审判方式的区别。相关研究也发现，在人身伤害案件中，原告在陪审团审判案件的胜诉率是55%，因此他认为陪审团不是完全一边倒地倾向于原告，而是会根据每个案件的特殊性来试图作出公平的判决。持有相似观点的还有美国最高法院。在最高法院看来，残疾补助救济系统在程序上还是公平的，因为在被政府拒绝发放残疾补助救济的案件中，上诉人的胜率基本达到了50%。这些推论的假设基本相似。但是，如果原告的胜诉率可以精准衡量一个法律标准、法官或陪审团态度、或者程序的公平性，那么它必须基于此重要前提：在法律诉讼程序中的案件，能够代表所有该类型的法律纠纷。

本章试图建立一个诉讼过程的模型，来澄清"和解"与"未和解法律纠纷"之间的关系。根据我们的模型，法律纠纷会和解还是继续诉讼的原因是基于经济性的考虑，包括当事人的预期支出（有利的或不利的），当事人所拥有的信息以及对于预期结果的判断，以及诉讼与和解的直接支出。我们的模型中最重要的假设就是：潜在的当事人都能够理性预估可能的判决结果，不论判决结果是基于既有法律判例，还是法官、陪审团的成见。基于以上假设，我们的模型认为进入诉讼程序的法律纠纷（而不是那些已经和解的法律纠纷）并非所有法律纠纷的随机样本，亦未具代表性。

特别值得一提的是，法律判决的标准只会对我们观察到的原告和被告的胜诉率产生有限程度的影响。如果法律冲突是因随机选择而进入诉讼，那么原告的胜诉率，会随着法律判决标准对原告有利程度的变化而改变。然而，根据我们的模型，如果原告和被告从诉讼中获益或受损相同，那么不论实体法律标准为何，当事人极大自身利益的决策，将把一审胜诉率和二审上诉成功率推至50%。因此，不论法律标准是过失责任还是严格责任，不论法官或者是陪审团抱有敌意或是同情心，原告的成功率最终将趋向于50%。我们也将试图解释是什么经济因素使得原告胜诉率偏离了50%。

本章的第二节将阐述这个模型的基本原理，并且解释50%的胜诉率可能造成的影响。然后，我们将放宽模型的基本假设，来分析那些判决对原、被告当事人的影响并不均等的案件类型，比如，单独消费者针对生产商的诉讼有可能改变生产商未来的行为。本章的第二节也阐述为什么当事人的相对利害得失，对诉讼胜诉率影响很大。我们认为这是为什么胜诉率会偏离50%的主要决定因素。最后，本章第三节将以我们的实证研究，以及过去50年针对法律系统的重要实证研究，来解释这个模型的可能影响。

本章是基于普利斯特（Priest，1977）在其过去研究中两个重要观点的延伸：（1）如何定义选择性假设（selection hypothesis），以及（2）探讨当事人决定是和解还是继续诉讼将如何影响法律本身。早期研究指出，当诉讼成本远高于和解成本时，原告胜诉率将会接近50%。本章将进一步延伸该论点。首先，本章将对选择性效应的成因做出更加细致及全面的分析和定义。其次，第三节以易于观察的量化方式，将选择性假设的实证影响表现出来（例如胜诉率）。最后，本章阐释诉讼案件与和解案件的实证关系，比如诉讼成本、和解成本和预期判决之间的关系，案件类型和法律标准之间的关系，以及随着时间的推移和法律的变化，当事人双方对于法律信息的掌握等，过往的研究皆未厘清这些关系。我们希望本章能够帮助拓宽对法律系统运行的实证研究。

二、选择模型及其启示

至今，针对诉讼成功率的分析，仅以原告胜诉率的方式呈现，但我们尚未探究诉讼双方的具体目标。但原告或者被告胜诉唯有在赔偿金额被事先规定，且诉讼的唯一争点是被告是否有责时，才是原告成功的明确量度。但有些案件并不符合此种情形。比如，在某些案件里，诉讼争点在于赔偿金额多少，因为双方已经承认责任分配，或者已经预期了法院分配责任的方式。在这些案件中，诉讼的"成功"是一条直线上的某一个点，而原告胜诉与当事人认知到诉讼是否成功的关联甚小。[1]相似地，在那些有关强制令的一审案件中，双方矛盾的核心主要是在于强制令的表述方式；在上诉案件中，双方矛盾核心是应当适用的法律规则。在这些案件中，胜诉也不意味着某一方的绝对胜利。

另外，最终判决所聚焦的法律问题本身，往往并不是双方开始诉讼的主要原因。一审过程往往牵扯一系列的法律问题：管辖权、证据开示、陪审员选择、排除证据的动议、反对证人证词的动议等。如此看来，最终判决只是诉讼过程的最后一环，而其结果很大程度上取决于之前一系列诉讼程序的裁决结果。

我们提出的一般纠纷解决模型，可以解释以上描述的各种诉讼结果，无论双方当事人的矛盾原因为何。如果说有一类诉讼针对的是赔偿金额，比如说，原告期望法庭判15万美元的赔偿，而被告预期法庭会判5万美元的赔偿。根据我们的模型判断，最终赔偿金额的判决的中位数会在10万美元附近——如果我们不考虑这个案件如何影响未来双方当事人行为的话。同样地，如果案件是针对禁止令的表述方式或者法律问题的阐释，当双方案件的利害关系程度相近，最终的判决结果会在原告或者被告所希冀的判决结果的中间；如果程度不相等，那么判决结果可能会向对案件中利害关系更大的那一方倾斜。同样，我们的选择性假设还可以解释一些关于程序或者实体法律审前动议的结果：每一方当事人在这些动议中的利害关系，取决于这些动议结果对于他们的重要性。尽管我们很难量化这些情形，也还未能确定如何衡量其他可能的潜在影响，但在下一节里，我们将说明为什么我们的模型至少能够提供一定程度上的量化指引。

三、对于理论的实证检验

本节提供选择性假设的实证证据。第一小节是我们收集一系列民事案件诉讼赔偿结果的资料。第二小节将回顾总结过去的所有实证类研究结果。当然，

---

〔1〕 审阅按：在美国民事诉讼的数据库中，只要原告获得大于0美元的赔偿金，诉讼结果就会被记录为原告胜诉。但在绝大多数争议赔偿金额多寡的案件中，原告获得1美元的赔偿金，虽然是胜诉，但绝大多数原告不会认为这是"成功"。

这些研究要不未曾检验胜诉率的相关假设，或者，并没有将胜诉率作为其分析的中心议题。我们将在第一小节区分我们与过往研究的不同，主要因为我们的研究对案件分类更加精准。在法院的一系列判决中，只有一部分是属于争议较大的判决。我们对50%的胜诉率和不同利害关系如何影响胜诉率的分析，也只适用于这类争议较大的案件类型。因此，尽管第二小节中所提及的研究结果具有一定意义，但不能保证其适切性。

最后，我们必须要强调：由于可能存在测量误差，选择性假说是否由本章数据分析所支持，还难以定论。根据我们的理论，原告胜诉率受法律纠纷的分布、裁决的重要性、诉讼成本与和解成本、以及双方当事人的利害关系等一系列因素所影响。对于以上一系列因子，我们都还没有一套盖棺定论的衡量标准。我们避免赘述这个问题，请读者小心地阐释这些因子。

（一）民事案件中的赔偿：本章的数据

第一，关于不同时间下的陪审员态度问题。所有的法域里，陪审员是由现有选民或居民所选出；因此，某一个法域里陪审员群体的特征会随着这个法域的选民或居民的变化所改变。随着时间推移，人口的变化可能会改变一个社区的人口、职业以及种族结构。因此有人会预期，地方的人口特征变化可能会影响到出身此地的陪审员的态度。当然，随着时间变化，就算是同一个陪审员，他的态度也有可能因为其他原因而改变。最后，学者也大多都同意，陪审员的决定至少在一定程度上会受到当时的法律标准所影响，而法律标准本身也处于动态变化中。从另一方面讲，我们的选择性假设认为，当事人考虑是否和解时，当事人可以将陪审员的不同态度和不同的法律标准纳入考量；因此，诉讼案件中，原告所能获得赔偿比例应不会随着法律标准的变化所改变。

表5-1总结了在1959—1979年，伊利诺伊州库克县（包括芝加哥）的民事一审案件中原告胜诉的结果。当然，我们未能够具体衡量陪审员态度。在这段时间里，陪审员态度可能出现很大的变化。尽管如此，以下数据还是显示了原告胜诉率50%的选择效果。在这21年间，只有7年里原告的胜诉率，统计上显著地偏离50%；虽然因为抽样之故，显著性检验强烈倾向于显示偏离50%有统计上显著。在这7年中，只有1年原告胜诉率与50%相差甚远（1977年的37.7%）。而这21年间，整体胜诉率离50%只差1.53个百分点。

表 5-1　库克县陪审团审理民事案件的原告胜诉率（1959—1979 年）

年份	原告胜诉率 [a]（%）	案件总数	年份	原告胜诉率 [b]（%）	案件总数
1959	51.1	239	1970	47.1	729
1960	51.1	465	1971	47.1	866
1961	45.2*	513	1972	44.1*	779
1962	45.5*	565	1973	47.7	771
1963	55.3*	947	1974	48.6	663
1964	52.6	813	1975	52.6	715
1965	52.7	769	1976	47.5	614
1966	51.3	973	1977	37.7*	572
1967	46.0*	951	1978	45.3*	643
1968	47.0	920	1979b	53.3	385
1969	47.7	779	总计	48.47*	14671

说明：a 陪审团陷入僵局的案件视为原告胜一半；b 仅含9个月数据；* 统计上显著地异于50%（5%的显著水准）。

第二，关于不同法院类型下的陪审团裁决问题。表 5-2 试图阐明由陪审团审判的案件中，原告胜诉率是否受法院类型影响。这张表格比较了库克县法域内的市政法院、巡回法院以及联邦地方法院 3 种原告胜诉率的区别。值得注意的是，联邦民事案件的总数有可能被低报。

这些案件都是由陪审团（而不是法官）决定，但这不当然使原告胜诉率在各类法院趋同。毕竟，这些案件的案由并不相同，陪审团的背景不尽相同，法官指挥诉讼的方式也不一样。以上数据基本符合我们关于 50% 胜诉率的猜想。在这 3 种类型的法院里，原告整体的胜诉率在 50% 左右，尤其是在各州的巡回法院里。诚然，在这些州巡回法院里，原告的胜诉率接近 50% 的年份也是最多的。

但是，在表 5-2 中我们观察到了和我们的选择性猜想相违背的关系。我们之前提过，随着利害关系变大，就算是原、被告双方对预期胜诉率之间落差变小，那么双方还是有充分的理由进入诉讼，而进到诉讼程序的案件比例将会变大。相反地，如果利害关系对原、被告双方并不很大，只有在原、被告双方对胜诉率的预期落差较大时，诉讼才较可能发生。因此，选择性效应应该在利害关系较大的案件中产生更大的影响。据此，如果我们控制其他所有变量的话，我们应该观察到的是在利害关系相对较小的案件中，相比于利害关系相对较大的案件，胜诉率更趋近于50%。

表 5-2　库克县不同法院类型下的原告胜诉率（1959—1979 年）

年份	市政法院（1）		巡回法院（2）		联邦地方法院（3）	
	原告胜率	案件数	原告胜率	案件数	原告胜率	案件数
1959	66.1	56	48.3	147	38.9	36
1960	42.8	139	58.8	262	37.5	64
1961	44.4	223	44.7	263	57.4	27
1962	42.6	238	47.4	272	48.2	55
1963	52.7	244	56.1	651	57.7	52
1964	57.5	212	51.5	555	43.5	46
1965	66.1	165	48.4	553	55.9	51
1966	53.8	266	50.5	648	48.3	59
1967	45.5	309	45.6	613	60.3	29
1968	43.8	380	48.2	517	73.9	23
1969	39.2	260	50.5	479	68.8	40
1970	44.3	230	46.7	470	75.9	29
1971	46.9	322	47.7	514	40.0	30
1972	32.4	227	47.3	503	66.3	49
1973	39.6	255	51.5	477	53.8	39
1974	45.9	258	49.5	385	67.5	20
1975	47.6	269	56.2	409	48.6	37
1976	41.0	166	50.9	427	28.6	21
1977	34.0	209	38.3	341	63.6	22
1978	39.3	177	46.9	398	51.5	68
1979	54.5	99	53.0	264	50.0	22
各年份总计	45.60	4704	49.54	9148	52.99	819

然而，表 5-2 并没有支持这一假设。市政法院的管辖标准[1]比州法院的管辖标准往往低很多，而在市政法院的判决里，胜诉率与 50% 之间的偏差远比其在州法院的偏差要大。但是我们认为市政法院和州法院的区别，无法精准地测试我们的选择性假设。在未来的研究中，我们将控制诉讼标的金额和法律问题等，来更加深入地研究有关利害关系的假设。

当然，不同类型法院间胜诉率的差异，可能由其他原因解释。比如说，在市政法院起诉的原告，相较于在州巡回法院起诉者，更少请律师代理。这可能解释前者的每年诉讼结果的变异较大，但不能解释为何市政法院的原告胜诉率一贯地低于 50%——不过，没有律师代理的原告较为厌恶风险，也更常是只打一次官司者，这可以解释低胜诉率。原告胜诉率随着法律问题的变化而有明显差异。因此，原告胜诉率在不同法院间的区别很可能是由于法律问题的不同所导致的。但是按照这样的猜想，我们又不能解释为什么州法院的胜诉率如此趋近于 50%。

第三，关于法官的态度问题。表 5-1 和表 5-2 提供的数据仅限于由陪审团审判的案件。当然，有人可能会认为陪审团审判之所以比较均衡，是因为当 12 个陪审团必须一致同意一个判决时，每一个个体的偏见会被压抑；或者，因为普通老百姓决定案件的标准很大程度上是随机的。在这里，我们研究法官裁判案件之原告胜诉率。很多人都认为，法官的判案结果反映了法官的个人倾向。弗兰克（Frank，1977）在其著名的《法律与现代头脑》一文，研究纽约治安法院的法官之间，就刑事案件定罪与判刑的差异。此研究某种意义上反映了这种对诉讼程序的现实主义视角。但是根据我们的选择性假设，当事人双方在和解谈判中，都应该已经准确地预测了法官的倾向（就像他们能够预判法律条款的具体应用，或者是陪审团的集体态度一样）。因此，我们认为由法官审判的民事案件中，原告的胜诉率依然会趋于 50%。

我们很难得到法官如何判决案件的信息。表 5-3 将美国联邦地区法院法官判决过失侵权与合同违约的案件做了样本分析（在 1960—1980 年的样本）。我们之所以选择过失侵权和合同违约案件，是因为在这类案件中，原告和被告的利害关系基本上是大体相同的。然而这个样本分析无法精准地测试我们的假设。许多地区法院的判决都没有发布正式的意见书，因此，我们只能分析那些

---

[1] 译者注：管辖标准意味着只有满足一定的法律标准的法律纠纷方能在特定法院受理，即市政法院中的案件利害关系相对较小。

公报判决。并且，尽管联邦法院的有一定程度的专业分工，我们还是很难定位某个法官的具体判决，就算是将时间线拉长也很难看出这样的趋势。为了收集随机样本，我们随机选择了在这段时间内任职的 20 名法官，然后从中选取了 5 名在过失侵权类案件上判决数量最多的法官所判决的案件进行分析。我们用同样的方式随机选取并分析了合同违约案件。这 5 名法官分别是安德鲁·卡弗里（Andrew A. Caffrey，马萨诸塞州地区法院）、罗泽尔·汤姆森（Roszel C. Thomsen，马里兰州地区法院）、爱德华·温菲尔德（Edward Weinfeld，纽约南区法院）、约瑟夫·罗德三世（Joseph S. Lord III，宾夕法尼亚州东区法院）和弗兰克·考夫曼（Frank A. Kaufman，马里兰州地区法院）。我们并没有这些法官的个人历史、政治以及心理类相关信息，尽管我们认为这些法官在这些维度上都有着一定的区别。

表 5-3　美国联邦地区法院的法官判决情况（1960—1980 年）

法官	过失侵权案件			合同违约案件		
	原告胜诉	被告胜诉	案件总数	原告胜诉	被告胜诉	案件总数
卡弗里	9	14	23	5	7	12
汤姆森	9	6	15	9	8	17
温菲尔德	10	8	18	4	4	8
罗德三世	8	8	16	4	3	7
考夫曼	3	5	8	2	1	3
各法官总计	39	41	80	24	23	47

表 5-3 再一次肯定了我们的选择性假设。在过失侵权案件中，与 50% 的偏差最大的是卡弗里法官的案件，但这种偏差很大程度上是由于其案件数量相对较少：如果卡弗里法官改变两个判定被告胜诉结果的话，那么在这 23 个案件中，将会有 11 个原告胜诉案件和 12 个被告胜诉案件。在合同违约类案件中，没有任何一个法官从 50% 胜诉率的偏差大于 1 个案件。并且，如果我们看法官的案件加权合计，胜诉率非常接近于 50%。

或许有人认为，有其他理论可以解释 50% 的胜诉率，比如说这 5 个法官相较于其他联邦法院法官而言更加公平。据此猜测，正是因为他们如此公平，原告和被告更可能愿意在他们审理的案件中放弃陪审团裁判。但是这种假设正是我们的选择性假设下的一个特殊案例。根据我们的理论，双方对诉讼结果的预期歧异较大时，诉讼更有可能发生。由公平的法官主审的案件最难预测结果，就像是猜完全公平的硬币被抛掷后会呈现哪一面。

在我们观察到基于法官的选择性影响后，可以得出一系列令人惊讶的结论。表5-3阐释了为何许多政治学文献无法很好地衡量法官态度。我们并不怀疑表5-3中法官态度的不同程度与民事诉讼中原、被告的态度不同程度相似，但是我们并没有证据说明法官态度的不同可以解释在一审结果中所观察到的选择性效应。如果法官针对案件的态度非常明确，当事人一定会和解。诉讼能够继续的原因，主要是因为法官并没有就案件本身表现出明显的态度，因而当事人双方无法就案件结果达成一致的预测。

法律程序学派学者试图根据"中立原则"来限制法官的判决。现在我们暂且认为法官的个人偏见已经被压制。我们的选择性假设会认为，就那些在诉讼程序尚未和解的案件来说，原、被告会中和法官的偏见，因为在经济激励下的当事人，只会对那些法官并未展现出偏见的案件继续诉讼程序。我们想要证明的就是，对于中立判决最大的影响为（1）和解与诉讼成本的落差及（2）当事人可能错误判断的程度。进入诉讼程序的案件的最终审判结果可能看起来完全中立，但是那些被和解的案件可能反映明显的法官偏见。

第四，关于不同类型案件下的陪审团裁决问题（基于利害关系的证据）。表5-1和表5-2所展示的陪审团裁判数据掩盖了不同类型案件的原告胜诉率的差别。表5-4展现了原告胜诉率的区别，数据还是基于1959—1979年伊利诺伊州库克县的陪审团审判结果：交通事故、乘客对公共运输机构的诉讼、不动产责任类诉讼、滑倒、被酒醉者伤害的受害人针对酒馆的诉讼、受害的工人针对非雇主的诉讼、产品侵权诉讼、医疗事故诉讼以及其他伤害、名誉权侵权和商业侵权案件。统计上的显著性从两方面反映出来。在95%置信区间下，若仅在依据抽样情况而调整总数时，原告胜诉率偏离50%的案件类型，用单个星号标记；若无论是否依据抽样情况而调整总数时，原告胜诉率都偏离50%的案件类型，用两个星号标记。当然，两个星号标记的案件类型，更能显示原告胜诉率偏离50%。

表 5-4　库克县不同案件类型下的原告胜诉率（1959—1979 年）

案件类型	原告胜率（%）	案件总数
1. 交通事故	47.4**	9987
2. 公共运输类诉讼	52.3	879
3. 不动产责任类诉讼	47.8	1396
4. 滑倒	55.6*	399
5. 醉酒者伤害诉讼	53.8	371
6. 受害的工人针对非雇主诉讼	66.3**	775
7. 产品侵权诉讼	42.8**	477
8. 医疗事故诉讼	39.6**	202
9. 其他伤害、名誉权侵权和商业侵权案件	53.9**	1013
交通相关案件合计	47.79*	10866
非交通相关案件合计	52.50**	4633
案件总数		15549

说明：*表示在0.1统计水平上显著，**表示在0.05统计水平上显著，***表示在0.01统计水平上显著。

表 5-4 中 9 类案件类型有着不同的纠纷分布。并且，每一类案件类型的判决标准都可能各自落在纠纷分布的不同点上。[1]当然，这些法律纠纷所依据的判决标准，实质上都不尽相同。比如，在伊利诺伊州，交通事故的责任标准（第 1 行）是一般过失标准，而乘客起诉公共运输类的诉讼（第 2 行）则要求最高的注意程度。尽管没有先验的论理，不同案件类型的分布，或者判决标准相似的可能性非常低。

表 5-4 中一些结果表明：原、被告的利害关系基本相近，导致原告有趋近于 50% 的胜诉率，但其他结果不能支持此结论。在以上 9 类法律纠纷中，其中第 2、3 和 5 类的原告胜诉率基本在 50%（公共运输类、不动产责任以及醉酒者伤害案件）。在第 4 类案件中（滑倒），原告胜诉率与 50% 的差距并不明显：只有当调整样本总数时，[2]胜诉率才会显著偏离 50%。在第 1 类案件中（交通事故），原告胜诉率与 50% 的差距也不明显（47.4%），尽管其是由于样

---

〔1〕 审阅按：此处涉及本书未翻译的部分原文内容，读者可自行参阅原文中有关数理模型的部分。
〔2〕 审阅按：关于调整样本总数，参见原文脚注 61 的说明。

本总数较大，才形成了如此的统计结果。而在除此之外的案件中（其他伤害、名誉权侵权以及商业侵权案件），原告的胜诉率也接近50%（53.9%），但是由于这些案件类型都非常不同，这部分数据的启示有限。

然而，在另外3类案件（分别位于第6、7和8类的工伤、产品责任以及医疗责任）中，原告的胜诉率明显偏离50%。根据我们的理论，胜诉率明显偏离50%显示了两个可能性。其中一种解释是，如果大部分的法律纠纷是因为诉讼成本比和解成本低很多，或者预期判决金额比诉讼成本高很多，那么胜诉率则反映了原告在相应类型案件中的胜诉率。也就是说，在这种情况下，当事人的选择效应将会更低一些。现在没有理论来阐明法律标准会处于一类案件类型纠纷分布的什么位置，所以我们所能观察到的胜诉率可能不一定在50%。就以上这3类案件来说，我们没有明确的证据来说明这些案件的诉讼成本和和解成本之间有着特殊的关系。我们另外的研究发现，工伤、产品责任和医疗案件的判决赔偿中位数相对较高；当然，这类案件的诉讼成本也有可能更高。但是我们并不能就此排除这种可能性，也就是高额赔偿导致了胜诉率从50%偏离。

另外一种针对这3类案件胜诉率偏离于50%的解释是，原、被告的利害关系出现了系统性的偏差。对于原、被告来说，他们在产品责任、医疗事故和工伤案件中的利害关系是不是非常不均衡？也许有可能（至少在产品责任和医疗事故案件中），但是我们没有直接证据来证明这一点。但我们可以想象，在产品责任案件中，被告的利害关系比原告的利害关系要大许多。产品责任案件可能会打到上诉审，而上诉审判决可能对被告厂商不利。对厂商不利的判决先例可能影响后续产品销售，也提示了其他因产品受害者可群起而攻之，提升了产品受害者的胜诉预期及其索要的和解金额。同时，那些经常打官司的公司很可能会更注重建立以及维护他们严苛的形象，从而降低与未来原告的和解需求。

我们可以在医疗事故类案件中观察到相似的结论。一个不利的判决结果会损害医师的声誉，也就是说，败诉判决对于被告医师的影响，比原告得到的赔偿要更大，那么医师也会像制造商一样选择性地和解，尤其是在那些败诉比胜诉可能性更大的案件里和解。根据这个选择性假设，如果判决结果的利害关系对于被告比对于原告要更大，那么在我们所观察到的结果里，原告的胜诉率应该小于50%。

在表5-4里的产品责任和医疗事故案件的统计结果也证实了这一点。在产品缺陷类案件中，原告的胜诉率是42.8%；在医疗事故类案件中，原告的胜诉率是 39.6%。尽管我们对于这类案件的阐释可能是基于直觉，但是我们并没有其他更好的理由来解释为什么这类案件的胜诉率偏离 50%。有些人可能认为陪审团在这类案件中可能更倾向作出有利于原告的决定：因为陪审团对医疗事故和产品侵权中的受害人原告抱有更强的同情心。但如果没有选择性效应的话，同情心效应应该导致更高的原告胜诉率。但是在这两类案件看来，是有充足资源的被告赢下了更多的案子。

我们还有其他理由来说明，这类案件中原告胜诉率偏离 50%，是出于结构性原因。表 5-5 展示了原告胜诉率在更长的时间维度里的变化。由于案件数量较少，我们以 3 年为间隔将案件分组。表 5-5 说明在这 21 年里，原告的胜诉率在这 3 类案件中持续偏离于 50%。这种胜诉率的持续偏差还掩盖了案件数量以及平均赔偿金额的大幅度变化。例如，在产品侵权案件里，走完一审程序的案件比例从 1960—1964 年的 13.2% 上升到了 1970—1974 年的 28%。如果我们控制通货膨胀的话，产品侵权类案件在 1960—1964 年的平均赔偿金额是 143000 美元，而 1970—1974 年的平均赔偿金额为 281000 美元。相似地，在这两段时间里，医疗事故类案件数量增长了 62%，而平均赔偿金额也从 32000 美元增长到了 370000 美元。在这段时间里，工伤类案件并没有明显的增长，但是平均赔偿金额几乎翻倍。但是我们并不认为这些案件的案情出现了什么明显的变化。

表 5-5　库克县产品侵权、医疗事故及工伤案件的原告胜诉率（1959—1979 年）

时期	产品侵权类案件（1）		医疗事故类案件（2）		工伤类案件（3）	
	原告胜率（%）	案件总数	原告胜率（%）	案件总数	原告诉率（%）	案件总数
1959—1961	27	26	33	12	65	87
1962—1964	47	43	43	20	74	131
1965—1967	47	67	55	19	67	156
1968—1970	48	61	41	29	68	106
1971—1973	37	82	28	27	65	154
1974—1976	47	94	41	41	54	83
1977—1979	40	104	38	54	67	58
合计	42.8	477	39.6	202	66.3	775

就产品侵权类案件来说，我们还有进一步的理由来说明为什么选择性效应是导致胜诉率偏离 50% 的原因。在表 5-5 里，我们看到，产品侵权类案件的原告胜诉率一直低于 50%。然而在这 21 年间，产品侵权类案件的法律标准出现了巨大变化；1965 年，伊利诺伊州最高法院判决，此类案件的法律标准从原来的过失责任演变到了严格责任。表 5-5 的数据说明，1965 年以后，这类案件的胜诉率出现了微小的增长。我们根据此项法律标准的变化将案件分成了两类。在法律标准变化之前的 1959—1965 年，原告的胜诉率为 39.7%；在法律标准变化之后的 1965—1979 年，原告的胜诉率为 43.4%。由于增长幅度较小，胜诉率的增长在统计上并不显著。与此同时，我们还找出了在 1965 年法律标准变更之前那些使用严格责任标准的产品侵权类案件。在这 93 个案件中，原告的胜诉率为 44.6%，非常接近于法律标准变化后的胜诉率数字。

尽管原告胜诉率在过失标准与严格责任标准下的差异并不统计上显著，我们的模型还是可以预测胜诉率差异。根据选择性假设，50% 的胜诉率只有在接近极限时成立。[1]（胜诉率偏离开 50% 是因为原、被告的利害关系有差异）。因为法律判决标准上下一定范围内的纠纷会进入诉讼（而范围多大取决于原、被告错误判断的程度），[2] 前述极限不可能达到。所以，如果法律标准发生了变化，那么我们可能会观察到原告胜诉率小幅变化——不过因为选择效果，这种变化会远小于被告赔偿比率的变化程度。当然，在严格责任标准下，胜诉率从 40% 增长至 43% 与减低原告举证责任负担的效果一致。须再次强调，由于案件数量较少，胜诉率的变化并未统计上显著，因此，此种解释有浓厚臆测性质，还需要更多的实证研究。但是，至少过去 20 年内，民事责任标准最大的变革，并没有造成胜诉率的显著改变；这支持了选择性假设的推测：胜诉率一般不随着法律标准变化而改变。

我们到现在还没有探讨工伤类案件：基于表 5-4 和表 5-5，原告的胜诉率在这类案件中远大于 50%，也就是 66.3%。根据我们的理论，这说明原告的利害关系远大于被告的利害关系，而被告通常是非属雇主的建筑公司、楼房拥有者或者建筑师。我们必须承认这个结果与我们的理论相悖，我们也无法解释

---

［1］　审阅按：意思就是，唯有在绝大多数案件都和解，只有极少数案件获得法院判决时，50% 胜诉率才会成立。

［2］　审阅按：例如，假设过失的标准是行为人必须付出 80% 程度的注意义务，才无过失，可能行为人付出 75%—85% 程度的注意时，才会进入诉讼。

这类案件结果。我们的猜想是，受害者原告的利害关系应该比被告的利害关系要小。对于原告来说，他们起诉能得到的赔偿只是民事判决赔偿金额和工伤赔偿的差额。刚开始，我们认为66.3%的胜诉率是由我们错误的衡量方式所导致的。在工伤类案件中，我们经常会看见第三方诉讼或者交叉起诉，[1]而在这些程序中问题并不在于原告是否能够从被告那里获得赔偿或者多少赔偿，而是在于从哪个被告那里获得赔偿。如果我们忽略这些问题的话，原告的胜诉率依然在63.3%。我们计划在未来仔细研究为何出现这种结果。

（二）其他研究中的胜诉率

法律现实主义的兴起导致学界对法律实证研究（尤其是针对法院运作研究）的兴趣大增。在1930年以后发表的实证类研究中，原告的胜诉率都被很好地被记录下来。我们在这里将记录我们找到的部分记载胜诉率数据的实证研究。

1932年：治安法官法庭，俄亥俄州汉米尔顿县。道格拉斯（Douglas，1932）的现实主义研究试图呈现在非上诉法院中，法院是如何审理案件的。该研究针对的乃是1925—1930年俄亥俄州最基层的法院，其管辖的是诉讼额不超过300美元的案件，法官的报酬也是从当事人双方那里收取而来。在这段时间内，汉米尔顿县法院有26个部门，每个部门都有一个独立法官。故研究者的假说是：原告的胜诉率之间的区别可以说明法官态度不同。他一直在强调，由于这些法院的法官教育背景的不同并且缺乏法律经验，这类法院在运用法律标准时缺乏准确性：在这段时期内任职的法官，53%的法官经验少于3年，26%的法官经验少于2年，还有15%的法官经验少于1年。

表10（参考原文的表10，译文因篇幅没有纳入——统稿注）所展示的是这26个汉米尔顿县法官在一般民事案件中的判决结果。由于这些法官大多缺乏经验，我们认为原、被告在估测法官态度时可能会出现很大的偏差。的确，就像道格拉斯（1932）所影射的，缺乏法律教育和经验的法官可能自己都无法保持一致性，对相似的案件施行相似的法律标准。当然，每个案例的不确定性，会提高诉讼率，以及增加不同法官之间的胜诉率的差异。但是从每个法官个体角度出发，选择性效应会非常微小。表10确认了法官彼此态度不同。不同部门之间的胜诉率可能区别非常大（91%对17%），但是在大多数部门中，胜诉率的

---

[1] 译者注：交叉起诉（cross-complaints）意味着一方向原案件的同一方的联合方提起诉讼，如一原告起诉另一原告，或一被告起诉另一被告。

区别并不很大。

在道格拉斯（1932）所研究的 6 年资料中，所有部门最终合计的胜诉率 50.73% 非常具有说服力，这距离我们的 50% 概率并不遥远。这个结果的一种解释是，尽管汉米尔顿县法院每个法官的预期判决不确定性很高，但是原告和被告依然可以就法院本身的态度来确定他们的和解预期和和解谈判态度。因此，不论法官态度为何，当事人双方试图和解的激励依然会将原告胜诉率推到 50% 的均值上。

1966 年：美国陪审团。在针对"二战"后的美国陪审团的研究中，最经典的当属卡尔文与蔡塞尔（1966）的论著。二者所写的《美国陪审团》试图评估陪审团和法官在审理一审案件时的区别，比如说定罪与否、是否承担责任等。他们承认单纯比较两者之间的区别并不能完全反映出他们判决标准的差异，因为陪审团审理和法官审理的案件之间有所差异。于是，他们向法官发送问卷，由此记录他们和陪审团共同审理的案件结果，并征询法官是否同意陪审团的事实判决。

《美国陪审团》一文主要研究的是刑事案件。许多原因使得刑事案件中的和解过程（即辩诉交易）——以及相应的选择性效应——跟民事的和解过程（会导出 50% 的胜诉率）非常相同。尽管该文承诺将研究民事案件，但他们未发表其研究成果。他们提供了一些民事案件的相关数据，但是我们很难从这些数据得出有意义的分析。他们发现在民事案件的样本中，陪审团在 59% 的案件中支持了原告，而如果是由法官审理的话，他们可能会在 57% 的案件中支持原告。在个人伤害案件中，陪审团在 56% 的案件中支持了原告，而如果是由法官审理的话，他们可能会在 54% 的案件中支持原告。这些数据都在选择性效应猜想的估值范围内，并不矛盾。

1970 年：庭外和解。罗斯（1970）在其著名的专著中深入研究大型保险公司的民事案件和解过程。该研究的样本包括了 2216 个请求，其主要关注点在于和解谈判的过程而不是诉讼过程。作者并没有直接记录原告的一审胜诉率，但是他的数据足以让我们推导胜诉率。在 2216 个请求中，其中 93 个案件最终获得一审判决（4.2%）。在这 93 个案件中，原告的胜诉率是 48.4%（45 个案件）。如果我们使用 95% 的置信区间的话，这个数据并没有偏离于我们猜想的 50% 胜诉率。

针对 6 人或 12 人陪审团的讨论。在 1970 年的"威廉诉佛罗里达州案"

（*William v. Florida*）和1973年的"科尔格罗夫诉巴廷案"（*Colgrove v. Battin*）中，美国联邦最高法院判定，在州刑事诉讼和联邦民事诉讼中，使用6人陪审团是合宪的。最高法院在威廉诉佛罗里达州案认定，6人陪审团和12人陪审团之间的裁判结果，不存在"可辨识的差异"，而此项判决也招致许多批评。在科尔格罗夫诉巴廷案中，最高法院回应了学界的这类批评，列举了3项实证研究以支持其在威廉诉佛罗里达州案中的判决。这些研究都说明了不论是在6人陪审团还是12人陪审团中，原告的胜诉率基本上都大体一致。

在科尔格罗夫诉巴廷案后，这3项被最高法院引用的实证研究（以及第4项实证研究宣称不同的陪审团大小会导致不同的判决结果）招致许多方法论上的批评。其中最主要的批评是：无法证明6人陪审团和12人陪审团所审判的案件类型大体相似。因此，如果不同大小的陪审团所审判的案件不尽相似，那么尽管我们所能观察到的原告胜诉率大体相似，这两个大小的陪审团的判决标准也可能存在差异。尽管这种批评非常有说服力，迄今还没有学者提出理论来解释，为什么不同类型的案件可能由不同大小的陪审团所判决。因此，这种批评，不论适合与否，并未能帮助我们理解大型陪审团的重要性。其他的一些研究试图通过模拟陪审团的实验，来找出不同大小陪审团的差异。还有一些学者试图利用非常复杂的经济模型来研究陪审团的决策过程。但是这些实验性研究或者理论模型的结果都没有在实际的刑事或者民事案件中得到检验。

根据选择性效应假设，我们预期的原告胜诉率应该不会随着陪审团的大小而改变；只要原、被告双方的利害关系相近，6人陪审团和12人陪审团的胜诉率都应该趋近于50%。所以，不论案件类型是否不同，原告的胜诉率在6人陪审团和12人陪审团中都应该接近50%。如果6人陪审团和12人陪审团的胜诉率存在区别的话，那么这应该说明原、被告的利害关系出现了系统性的不均衡，而并不是因为陪审团的大小导致了这种胜诉率区别。

当然，在不同大小陪审团之间的相似胜诉率并不能说明大小陪审团使用了一样的判决标准。但是现有的方法论批评并不全面。就算在大小两种陪审团审理的案件，其可观察到案件特征——如预期判决金额的大小、纠纷类型（产品侵权、交通事故等）——相似，根据选择假设，即令一种陪审团非常偏向原告而另一种陪审团非常偏向被告，可观察到的胜诉率也会相同。当事人选择纠纷进入诉讼，会使得陪审团的不同态度隐而不显。表11（参考原文的表11，译文因篇幅没有纳入——统稿注）总结四个针对 6 人陪审团和 12 人陪审团所作判决的实证研究。这些研究基本上再一次支持了我们的选择性假设。

我们的选择性假设对于 6 人以及 12 人陪审团的讨论带来重要意义。我们在之前已经提及，现有针对陪审团大小的相关实验性和理论性研究；还有一些实验，研究了在不同的陪审团规则下（例如不需要全体同意的陪审团规则）以及根据不同种族、族裔、性别组成的陪审团下的判决结果。在过去的这些年，这些模拟研究也越来越贴近陪审团判案现实。

但是，选择效果导致这类社会科学研究有内在限制。在最常见的诉讼条件下，观察不同陪审团的判决，无法得出有关陪审团的确切结论。就算是陪审团的构成，或者是陪审团的决策程序发生了改变，从而导致了陪审团审判结果的变化，研究者也必须调整实验，从而将选择性效应考虑进去。

因此，现有文献其实是倒过来研究问题。研究人员现在试图衡量不同情况下陪审团裁判的变化，但他们应该衡量的是不同情况下诉讼案件的变化，因为当事人选择纠纷进入诉讼，会始得陪审团裁判保持不变。选择性假说意味着，陪审团或法官决策方式的变化所产生的主要可观察效果，会是诉讼案件（content of litigation）的变化，而不是裁判本身的变化。

希金斯（Higgins）与鲁宾（Ruben）对司法自由裁量权的研究。希金斯与鲁宾（Higgins & Rubin，1980）试图研究司法决策的经济学动机。他们的假设是，一审法官会想要被提拔为上诉法官，因此想要减少被上诉法院驳回的裁判。但随着法官年龄变大，被提拔的机会降低。因此，他们预测，法官年龄变大会致使一审被驳回比率提高。

希金斯与鲁宾（1980）的假设忽视了选择性效应。如果原、被告的利害关系相等，那么只有在那些原、被告对于预期判决不一样的案件里，一审判决才会被上诉（这与那些最终走到一审审判阶段的案件的原理是一样的）。因此，如果原、被告的利害关系相等，上诉的被驳回率应该也趋近于 50%，而这与一审判决法官本人以及其专业能力、想要被提拔的程度和经济利益无关。当然，上诉被驳回率不会受上诉法院和一审法院的法律观点是否相近所影响。如果一审法官的裁判非常明显地忽略了上诉法院的观点，那么当事人双方就会在庭外和解，并且是以非常不同于一审法官裁判的结果和解，从某种角度上以私了方式"驳回"一审裁判。如果一审法官的法律见解（或者其他面向的见解）和上诉法官的意见差别很大，审判的上诉率可能更高（但如果差别过于明显的话，上诉率反而会更低,因为当事人有可能已经在庭外和解了),但是上诉的驳回率更应该是由当事人双方的相对利害大小所决定。

当然,如前所述,比起一审案件,上诉案件里,当事人双方的利害关系更有可能不相等。上诉案件可以通过确立判例,从而影响到其他的诉讼或者当事人一方的其他行为。此外,我们很难筛选出那些真正有两造攻防的上诉案件;但是大多数现有针对司法管理的研究都将所有上诉案件打包起来研究。

希金斯与鲁宾(1980)没有发现年龄对上诉驳回率造成了影响,也没有发现驳回率对于法官的提拔有影响,而在选择性效应假说来看,这是非常自然的结论。这两位作者也非常慷慨地与我们分享了他们的原始数据。根据他们所能得到的内部资料,在1974年,第八巡回法院的18位联邦地区法官在137个上诉案件中被驳回了76次,驳回率为48.4%。但与此同时,在1966—1970年,第五巡回法院的37位联邦地区法官在2962个上诉案件中被驳回了837次,驳回率为33%。因为针对第五巡回法庭地区法官的上诉率是第八巡回法庭地区法官的两倍,我们认为有可能存在量度问题。否则的话,这个结果和我们的理论是相悖的。

不匹配的利害关系:反垄断案件和政府公诉。巴克斯特(Baxter,1980)的论文分析在反垄断法律执行中的赢家和输家。该研究发现在1964—1970年,在私人提起的反垄断案件中,原告的胜诉率是15.2%。他对此的解释与我们的解释大体相似:反垄断案件中,被告的利害关系一般比原告的利害关系要大。但另外一方面,我们都知道在政府发起的公诉反垄断案件中,他们的胜诉率高于50%。波斯纳(Posner,1972)的研究发现,在1890—1967年司法部提起的反垄断案件中,司法部胜诉率是81%;在1919—1969年联邦贸易委员会提起的反垄断案件中,联邦贸易委员会的胜诉率也是81%。那么我们如何解释私人提起和政府提起的反垄断诉讼之间的胜诉率差异呢?

一个可能的解释是在私人提起的反垄断诉讼中,原告和被告的利害关系不相匹配。一般而言,反垄断诉讼中的被告的利害关系远超过原告的利害关系,其原因就和在产品侵权案件中的制造商被告,和医疗事故案件中的医师被告的利害关系远超相应原告是一样的。当然,一个对于被告不利的反垄断诉讼判决,其于被告的商誉影响,可能小于其在产品侵权案件和医疗事故案件中对被告名誉的影响。但是我们也能想象到,一个反垄断案件中的被告除了担心不利判决以外，还会担心法官判决不容反言[1]、其他的原告是不是会提起诉讼、其他的原告提出的和解条件，尤其是有关如何分销和其他销售方式的部分，而这些部分与具体的赔偿金额并无关系。

那么为什么反垄断案件中原、被告的利害关系在政府提起的公诉案件中不尽相同呢？尽管我们对政府行为没有完整的理论，但可以想象，政府的动机并不是最大化它的经济利益——而最大化经济利益正是我们之前提到的50%胜诉率假说，以及偏离于50%的胜诉率即意味着原、被告利害关系不均等的前提。比如说，在每一个我们看到的刑法公诉案件中，检察官的胜诉率都大于50%。波斯纳（1972）提出了一个模型解释政府行为，并认为基于政府的预算限制可以得出为什么公诉胜诉率会如此之高。根据这个模型，因为政府的预算是固定的并且不能通过借款来帮助公诉，政府会选择那些更有可能胜诉的案件提起公诉。虽然我们很难区别这个模型和"政府试图最大化自己的胜诉率"这个简单假设之间的区别，但是这两个理论都认为政府的胜诉率会大于50%。

政府公诉人对案件的选择导致了其较高的胜诉率的假说还有一些实证支持。在一篇没有发表的博士论文中，拉赫曼（Lachman，1975）研究密歇根州韦恩县的刑事公诉案件。在每个案件的档案里，都有公诉人对成功定罪可能性的判断。她同时发现那些最终进入一审阶段案件的胜诉率都至少高于60%。因此，韦恩县的检察官可能只选择那些胜诉率极高的案件进入一审程序，而非采取辩诉交易[2]。

有很简单的方式来解释私人提起和政府提起的反垄断诉讼之间的胜诉率差异。可以想象，之前提到的，政府提起的反垄断诉讼中原、被告的利害大小的差异，会随着上诉级别的提高而缩小。一般来说，因为昂贵的上诉成本，只有那些有可能成为重要判决先例的案件才会被上诉到较高级别的上诉法院，其中就包括最高法院。当然，就算是当事人这种想树立重要判决先例的动机也不足以说明当事人的利害关系趋近于相等。一个具体的判例价值对于原、被告双方的重要性是不相等的，因此，就算是最高法院所判决的案件，胜诉率也不太可能会落在50%。尤其是，我们可以想象到在私人提起的反垄断案件中，私人原

---

〔1〕译者注：由于被告面临着一系列的诉讼，其在早期诉讼中所做的证词可能被后续的诉讼中的原告所加以利用，后续诉讼中的法官可因不容反言原则，判定被告不得改变其在早期诉讼中的证词。

〔2〕译者注：辩诉交易，即检察院和被告犯罪嫌疑人就罪行和刑罚等达成的协议，以换取嫌疑人的认罪并减轻嫌疑人刑罚的一种制度。审阅按：或译认罪协商。

告提起的胜诉率（15.2%）和政府提起的胜诉率（81%）会随着案件被提到最高法院而趋近于相等。但是，尽管我们已经有上诉案件的胜诉率的资料，巴克斯特（1980）和波斯纳（1972）都没有提到，或者分析这些资料。在1890—1969年最高法院判决的反垄断案件中，美国司法部的胜诉率是74%，联邦贸易委员会的胜诉率是75%，而私人提起的反垄断案件胜诉率是63%。我们的这一解释当然近乎猜测，但是我们需要更深入分析此问题。

四、结论

我们自己收集到的许多资料和其他许多实证研究已经可以为选择性假说提供实证支持。但是我们不应该就此认为这一假说是完全正确的。在我们之前提到的，我们的模型认为胜诉率是由几个原因导致的。影响因素较小的因子是：纠纷的分布型态以及判决标准在分布上的位置。影响因素较大的因子是：当事人双方对判决标准的错误判断，以及诉讼成本、和解成本、判决这三者之间的关系。除此之外，我们模型的一个重要假设是：当事人双方错误判断的分布。因此，全体法律纠纷的平均数，及当事人量度的标准误差，其各种组合会导致可观察到的不同胜诉率。因此，我们研究的下一步就是独立地分析这些因子。

但即便如此，因为选择性假说在实证研究里取得了初步成功，我们对这项研究的潜力报以巨大希望。要借由研究判决而对法律的效果下定论，必须先考虑案件选择理论。随着法学研究变得越来越实证化，基于选择性假说的推论将变得愈发重要，而这样的推论对于我们理解法律系统的运行非常关键。

本章参考文献

William F. Baxter, *The Political Economy of Antitrust: Principal Paper by William Baxter,* Lexington Books, 1980.

Alfred F. Conard, James N. Morgan, Robert W. Pratt, Charles E. Voltz & Robert L. Bombaugh, *Automobile Accident Costs and Payments: Studies in the Economics of Injury Reparation,* University of Michigan Press, 1964.

Paul F. Douglas, *The Justice of the Peace Courts of Hamilton County*, Ohio, The John Hopkins Press, 1932.

Jerome Frank, *Law and the Modern Mind*, Brentano's Publishers, 1930.

Richard S. Higgins & Paul H. Rubin, *Judicial Discretion,* The Journal of Legal Studies, Vol.9, p.129–138 (1980).

Harry Kalven, *The Dignity of the Civil Jury,* Virginia Law Review, Vol.50, p.1055–1075 (1964).

Harry Kalven, Hans Zeisel, Thomas Callahan & Philip Ennis, *The American Jury,* Little Brown and Company, 1966.

Judith Lachman, *An Economic Model of Plea Bargaining in the Criminal Court System,* Michigan State University Department of Economics, 1975.

Karl N. Llewellyn, *The Bramble Bush: On Our Law and its Study,* Oceana Publications, 1960.

Karl N. Llewellyn, *The Common Law Tradition: Deciding Appeals*, Little Brown and Company, 1960.

Richard A. Posner, *The Behavior of Administrative Agencies*, The Journal of Legal Studies, Vol.1, p.305–347 (1972).

Richard A. Posner, *A Theory of Negligence,* The Journal of Legal Studies, Vol.1, p.29–96 (1972).

George L. Priest, *The Common Law Process and the Selection of Efficient Rules*, The Journal of Legal Studies, Vol.6, p.65–82 (1977).

Laurence H. Ross, *Settled out of Court: The Social Process of Insurance Claims Adjustments,* Aldine Publications, 1970.

William C. Whitford, *Strict Products Liability and the Automobile Industry: Much Ado About Nothing*, Wisconsin Law Review, Vol.1968, p.83–171 (1968).

第六章　检验选择效应：基于实证检验的新理论框架[*]

Testing the Selection Effect:
A New Theoretical Framework with Empirical Tests

作者：　西奥多·艾森伯格（Theodore Eisenberg）
译者：　张翔宇
校定：　许菁芳、张凯评
审阅：　张永健
统稿：　程金华

近年来，法律经济学界出现大量有关于法律纠纷如何、为何和解又进入诉讼的理论和实证研究。此类文献中最重要的发展之一，是纠纷的诉讼选择理论，以及当原告选择以审判来解决纠纷时，其胜诉率的研究。这些成果都要归功于巴克斯特（Baxter，1980）的研究，以及普利斯特与克莱恩（Priest & Klein，1984；下文如无特别说明，提及这两位学者合作文献时均指该文——统稿注）所合作的研究。他们的理论包括两个部分。第一个理论是选择效应（Selection Effect），指出进入审判阶段的案件并不是大量潜在案件中随机抽样的结果。相反地，根据所适用的法

---

[*] Theodore Eisenberg, Testing the Selection Effect: A New Theoretical Framework with Empirical Tests, 19 *The Journal of Legal Studies* 337 (1990). ©1990 The University of Chicago Press.

律规则，那些原告、被告认为判决结果非常容易预测的案件，会较快得到和解。因此，进入审判程序的仅会是疑难案件。

由于经审判裁决的案件无法代表所有的纠纷，因此，只从审判结果去推断裁决这些纠纷所依据的法律是否健全，具有风险。审判案件的样本可能包含许多原告胜诉和被告胜诉的案例。然而，单凭这一事实无法推断出基本法律规则的公平性以及适当性。如果规则非常有利于原告，那么审判案件数量的减少会是因为许多原告无须诉讼就能获得赔偿。相似地，如果规则非常有利于被告，则到审判时，案件总数也会减少，因为被告可以取得有利的和解。因此，不论法律规则偏向原告、偏向被告，或者不偏向任何一方，都会导致真正进入审判的案件是双方势均力敌。学术文献普遍承认选择效应的解释力。它是复杂诉讼模型的基础，实证研究一直在检验这些模型，相关的论辩亦持续进行。

第二个理论，则是所谓的"50%假设"（50 percent hypothesis）。此理论与选择效应非常近似，但又有明显的差别，且其比选择效应的预测更加具体。50%假设认为，从大量潜在纠纷中，挑选任一领域的审判案件，原告将会有50%的获胜率，被告也将会有50%的获胜率。一般而言，这一假设有两个重要限制。首先，当争议焦点是赔偿范围而非责任存在与否的案件中，这一假设并不适用。其次，50%假设仅适用于双方利害关系（stakes）相同的情形。如果一方（如被告为公司）担心案件结果对其他诉讼的影响，而另一方（如普通侵权案件中的原告）不存在此类担忧，则不满足这一条件。

我们可以简单地将50%假设视为选择效应理论的极限情况。因此，关于这一假设任何的经验性证据，都会有力地支持更具有一般性的选择效应理论。但是，虽然这两个理论在文献中具有千丝万缕的联系，相反的命题却无法成立。换言之，有可能在不接受50%假设的前提下，仍然坚持选择效应理论为真。许多学者努力透过实证研究，检验50%假设，并透过统计，发现庭审胜诉率接近50%的案件类型，借此证明选择效应理论为真。巴克斯特（1980）勾勒出他的推理思路，从而预测原告应该赢得接近一半的审判案件。该研究认为其所搜集的反垄断案件数据无法证明相关假设，这一数据中的胜诉率大幅度偏离50%。普利斯特与克莱恩以伊利诺伊州库克县侵权案件等数据，更广泛地检验了这一假设。他们将接近50%的胜诉率当作支持选择效应的证据，并用当事人不同的利益考量等因素，来解释对为何数据显示原告的胜诉率偏离50%。威特曼（Wittman，1985）借助加利福尼亚州汽车追尾事故案件的数据，发现原告胜率偏离50%，因此质疑普利斯特与克莱恩的实证研究。而后者也使用库克县追尾事故的案件数据，作出了回应。

本章指出，目前检验50%假设的统计方法并不完整，并且重新制定了应接受或不应接受该假设的标准。本章检验了50%假设，认为不应采用该假设来解释所有的民事诉讼案件。50%假设对于侵权诉讼案件更具有解释力，且若能向下调整原告胜诉率的预测值，则可以准确描述产品责任案件的审判数据。

更重要的是，本章提出的50%假设评估方法，亦可被用于检验与其他诉讼结果相关的假设。纵使我们可能不接受50%假设，也可以保留接受其基石——选择效应理论。进入审判阶段的案件，很显然是已立案争议的一个有偏斜的子集（skewed subset）。[1] 即便这些案件没有显示出50%的胜诉率，但每一个案件类别或子类别会显示平均胜诉率。举例而言，联邦法院审理的医疗事故案件总体胜诉率为38%。检验所观察到的医疗事故案件胜诉率，在不同地区的分布是否符合选择效应理论，可以采用与本章类似的方法，或在此基础上有所改进。

一、50%假设检验方法的理论改进

为了完善50%假设的检验方法，我们需要分别厘清因果机制及其预测。至少有两个不同的原因可以解释为何要改进这一假设。第一个原因是，对法律制度而言，让原告赢得一半的诉讼不失为一个可取的目标。但是，坚持此原则将产生荒诞的社会效应，给予原告不切实际的诉讼激励，赌赌看自己的纠纷会不会落入胜诉的那一半。

然而，50%假设并非源于不切实际的期待。在那些已深入诉讼程序而到达庭审阶段的案件中，若双方当事人对案件结果的评估一致，将会和解；而双方如果对胜诉有不同的预期，则会导致案件进入司法审判。在普利斯特与克莱恩采用的简单模型中，"直觉上，原告高估胜诉率的误差分布，与被告低估原告胜诉率的误差分布是一致的；也就是说，一半诉讼纠纷是因为原告的高估，而另

---

[1] 审阅按：意思是，进入审判阶段的案件，并非已立案争议的代表性样本。

一半是因为被告的低估。"在极限情况下,[1]类似的误差分布项会使得原告拥有50%的胜诉率。

因此,为了验证50%假设,我们只能将任一审判划分为两种结果,即胜诉或败诉。巴克斯特(1980)、普利斯特与克莱恩认为,在极限情况下,胜诉及败诉有同等发生的概率。在三位学者的选择效应理论中,审判案件的结果是一个二项随机变量,其中原告的胜诉率是50%,计为 $P=0.5$。换言之,人们可以将某特定法院审理的诉讼案件结果,类比为抛掷一枚质量均匀的硬币。这一行为仅有两个可能的结果,并且理论表明在有大量审判案件或抛掷硬币的情况下,任一结果发生的可能性会趋向于50%。但我们无法精确地预测具体的某一部分硬币抛掷或审判案件中,其是否有50%的成功率。[2]

将这一类比再往前推进一步,我们可以把每场庭审的胜诉率看作抛掷不同硬币的结果(或看作抛掷同一枚硬币的一个可分集)。如果有人在测试抛掷一组100枚硬币的概率结果是否有偏斜,或合理趋近50%,并因此抛掷每一枚硬币100次。为了检验这组试验的概率是否趋向50%,我们需要比较100次观测成功率的分布和预测成功率分布。[3]任何一次特定事件的成

---

[1] 审阅按:在极限情况的意思是,绝大多数立案案件都已经和解,只有极少数案件进入审判。原告的五成胜诉率唯有在此种情形才会实现。读者可以想像成1000笔案件立案,只有2笔势均力敌的纠纷进入审判,而原告在其中一件胜诉。此条件在极限条件下非常重要,可参考本书第7章中的相关理论。

[2] 译者注:作者在描述硬币抛掷带来的正反面概率时,用成功率(success rate)进行指代。下述译文中,译者亦会用"成功率"或"胜诉率"的直译方式来指代硬币抛掷结果或诉讼结果的概率。

[3] 译者注:根据拉普拉斯中心极限定理,若 m 为 N 重伯努利实验中事件 X 发生的次数,且事件 X 在每次试验中发生的概率为 p,则对于充分大的 n,有 m 符合期望值为 np、方差为 $np(1-p)$ 的正态分布。我们假设,对总体而言,总概率为 $P=M/N$(N 为每组伯努利试验的次数、M 为 X 发生的次数)。对于上述样本而言,样本概率为 $p=m/n$。因此 $m \sim N(np, np(1-p))$,将 $p=m/n$ 代入得 $p \sim N(p, \frac{p(1-p)}{n})$。通过调整公式得 $\frac{p-P}{\sqrt{\frac{p(1-p)}{n}}} \sim N(0, 1)$。假设 $H_0: p=P=0.5$;$H_1: p \neq P(=0.5)$。对于给定的 $1-\alpha$,查看标准正态分布是否符合 $P\left\{-z_{\alpha/2} < \frac{p-P}{\sqrt{\frac{p(1-p)}{n}}} < z_{\alpha/2}\right\} = 1-\alpha$。借此确定总体率 P 的 $1-\alpha$ 的置信区间,并检验 P 是否在置信区间内。

作者的研究方法与上述检验二项随机分布的方法大致相同,但并不完全符合。首先,上述检验要求伯努利试验的 n 是恒定的,但该研究中每一年的案件数量并不一致。因此,如下文所示,作者实际上是使用了其他的方式来计算多组实验(各法院各年度审判案件的胜诉率)的均值和方差。其次,多重伯努利试验要求任一试验间是相互独立且同分布的。但在现实中,是否各法院各年的审判情况满足相互独立(前一年的审判情况是否会影响当事人对后一年审判的预期,进而改变当事人的策略)且同分布(不同法官或许具有不同的自由裁量权),这一论断有待考证。

功率（对应一枚硬币的抛掷概率），对检验这套硬币的抛掷概率偏斜的意义都是相对较小的。可以预见的是，一些硬币会显示出其显著偏离50%。同样地，抛掷所有硬币所产生的总体成功率，也不是我们的主要关切重点。即便将所有硬币的成功率加总为50%，也不能证明硬币的抛掷概率毫无偏斜，因为此一结果，可能是由许多硬币的抛掷结果彼此朝相反的方向偏斜所导致。

硬币抛掷的类比，对实证检验50%假设具有重要意义。其无非透过原告胜诉率的分布，来分析审判结果的数据。因此，应该使用各法院各年的原告胜诉率的整体分布——而非某法院特定年份的原告胜诉率——来检验诉讼案件选择过程[1]的结果，是否可以类比为二项随机分布。例如，普利斯特与克莱恩指出，某些年份的审判胜诉率在统计学意义上，与假设有显著区别。如果硬币抛掷是个恰当的类比，那么不必把这种偏离0.5均值的事件看作反对假设的证据。即使当50%成功率的基本假设为真，我们也会预期到一些诸如此类的偏离。换言之，如果原告在更多庭审数据组别中的胜诉率为50%，普利斯特与克莱恩本可以完全证成他们的理论。然而讽刺的是，就算所有数据点显示的成功率都接近0.5，这反而也是有力证据，借以反对审判结果是概率为0.5的二项随机变量。统一的结果反而显示陪审团被告知要尽量维持原告的50%胜诉率。

二、对普利斯特与克莱恩数据的重新分析

让我们从原告胜诉率的分布出发，来检视普利斯特与克莱恩的数据。他们的初始数据主要包括伊利诺伊州库克县的陪审团裁决。他们提出的两种主要的检验方法，分别是按照（1）法院和年份及（2）案件类别。本节使用上述检验方法来分析他们的数据。重新评估他们的数据后，本章指出，此项实证研究的数据最多只能为50%假设提供些许支持。

---

[1] 审阅按：选择过程（selection process）中的选择，是指原告与被告对案情进行评估后决定是否和解，是将某些立案案件"选择"入审判程序。

(一)跨法院的检验

在开始部分,普利斯特与克莱恩按照年份和审理案件的法院来细分数据。本章表1复制了两位作者的数据(普利斯特与克莱恩论文中的表5,选入本书后为前文第五章的表5-2,本章因篇幅不再重复纳入——统稿注)。其中按照时间和法院列出两位学者收集到的库克县原告胜诉率数据。根据这些数据,该文便总结道:"以上数据基本符合我们关于50%胜诉率的猜想。在这3种类型的法院里,原告整体的胜诉率在50%左右,尤其是在各州的巡回法院里。诚然,在这些州巡回法院里,原告的胜诉率接近50%的年份也是最多的。"他们还详细探讨了审判结果偏离50%假设的可能解释。

若是和巴克斯特(1980)一样,数据集非常有限,则可供选择的分析方法也就少之又少。那么研究人员所能做的,就是检查数据是否与预期的50%的成功率相一致。当有了更多数据,那么检查每一个子集的成功率是否达到50%,就成了一件合乎逻辑的事情。因此也就可以理解,普利斯特与克莱恩是根据这一标准来测量他们的数据。

但是,基于他们的数据量,有另一种可行的替代分析方法。普利斯特与克莱恩的分析,强调用原告在个别年份或法庭的胜诉率,来检验50%假设。然而,如果能获得不同年份、不同法院的审判结果数据,那么以下方法便不太适宜:检验每一年的判决结果是否符合假设。相反地,如上所述,根据对假设的一种合理解释,原告胜诉率在各年、各法院的分布是检验假说的更佳方式。

表1根据各个法院各年度案件审理结果,呈现随时间变化的数据。每一组数据就好比是由一枚均匀硬币抛掷 N 次的结果来决定,其中 N 代表各法院每年审判案件的数量。50%假设并不会预测原告在各法院各年度的胜诉率均为50%;相反地,该假设预测一个平均值为0.5的胜诉率分布(其标准差亦可计算得知)。为了检验该假设,应将对原告胜诉率的预测分布与观测分布进行比较。

举例而言,假设硬币A指代的是表中市法院1959年的审判情况。我们可以通过抛掷硬币56次(该法院在那一年的案件审理数)并记录其 p 值(原告胜诉率),来将50%假设作模型化处理。硬币B可以指代市法院1960年的情况并抛掷139次。硬币C以及诸如此类的硬币,应指代各法院后续年度,并根据各法院各年的审判数来抛掷相应的次数。假设每一枚硬币对应普利斯特与克莱恩所绘表格中,特定法院的特定年份,因此总共会抛掷63枚硬币,并且在抛掷相当于该年该法院审判的次数后，每一枚硬币都有其自己的成功率。一种检验 50%假设的方法是比较以下两种分布的一致程度：一边是 63 个跨年度、跨法院的原告胜诉率的分布，另一边则是预测的抛掷 63 组假想硬币中的成功率分布。

我们可以从各法院、各年度的案件量中，得出连续抛掷硬币模型的 p 值分布（案件量可类比为硬币抛掷次数）。利用 P 的预测值 0.5，我们可以计算出跨年度跨法院数据的预测标准差。然后，我们可以将这些结果合并为一系列案件的一组预测均值和标准差。借用普利斯特与克莱恩样本中的案件数，硬币抛掷模型预测出一个关于跨年度跨法院的 p 值的正态分布，其均值为 0.5，标准差为 0.079。[1] 这些数字可以用来绘制原告胜诉率（p 值）的预测频率，并比较预测频率和观测频率。

预测胜诉率分布如图 6-1 曲线所示。曲线上的各个点代表 63 个审判案件组中，预期会落入 x 轴上各概率范围对应之中心点的数量（y 轴）。例如，该曲线预测，表 1 中将会有 8 个单位胜诉率落入 0.4875 和 0.5125 的概率区间内，即以 p 值 0.5 位中心点的范围内；相似地，5 个单位胜诉率会落入以 p 值 0.55 为中心的范围内。我们应该根据原告胜诉率的预测频率分布，来检验 50%假设。如果多年的胜诉率分布符合预测频率分布，则有证据表明 p 值为 0.5 的随机二项分布的选择过程是有效果的。观测到特定年份或法院的 p 值高于或低于 0.5，并不一定是拒绝该假设的证据。只要偏离的情形符合 50%假设预测的概率分布，则根本无须对 50%的偏离作解释。因为，此方法的预测分布容许许多年、许多法院的胜诉率偏离 50%。

---

[1] 译者注：由于作者没有明确说明计算整体均值和方差的方法，译者尝试通过多种方式来复盘其计算结果但并没有成功。由于各法院各年度的审判案件数量是不同的，故其不是一个完全符合多重伯努利试验的模型，相应的方差也无法根据 $P \times (1-P)/n$ 计算得出（n 为每组试验的样本容量）。因此作者需要通过其他的方式来计算整个模型的标准差，译者使用了三种方式来复盘：第一种方式，计算 63 个胜诉率数值的均值和标准差，结果为均值接近 0.5，而标准差接近为 0.0965，与作者的计量结果不一致。第二种方式，假设 63 组试验均符合趋向于正态分布的多重伯努利试验，因此合并的不是数值，而是合并 63 组相互独立的正态分布。假设每组试验的分布为 $f_i(x)$，其中 i 为试验的组号，n_i 为样本容量。合并后的分布为 $g(x)$。由于 $f_a(x) \sim N(0.5, \sigma_i^2)$，其中 $\sigma_i^2 = \dfrac{P(1-P)}{n_i}$，$P$ 为假设均值 0.5。那么将 63 个正态分布线性相加得，$g(x) \sim N\left(0.5 \times 63, \sum\limits_{i=1}^{63} \sigma_i^2\right)$。通过计算得，合并后的分布函数均值为 0.5，标准差为 0.007，远低于 0.079。第三种方式，采取加权平均的方式来合并方差，即 $\sigma^2 = \dfrac{\sum\limits_{i=1}^{63}(n_i-1)\sigma_i^2}{\sum\limits_{i=1}^{63}(n_i-1)}$，计算得标准差为 0.0326。译者倾向于认为，作者采取的是第三种方法来计算整体标准差。而在原文的脚注中，作者也指出在计算时，其调整了普利斯特与克莱恩（1984）数据中的审判案件数量。而 3 种方法中，仅有第二和第三种方法会用到 n_i，而第二种方法的标准差最大值为 0.063，低于 0.079。

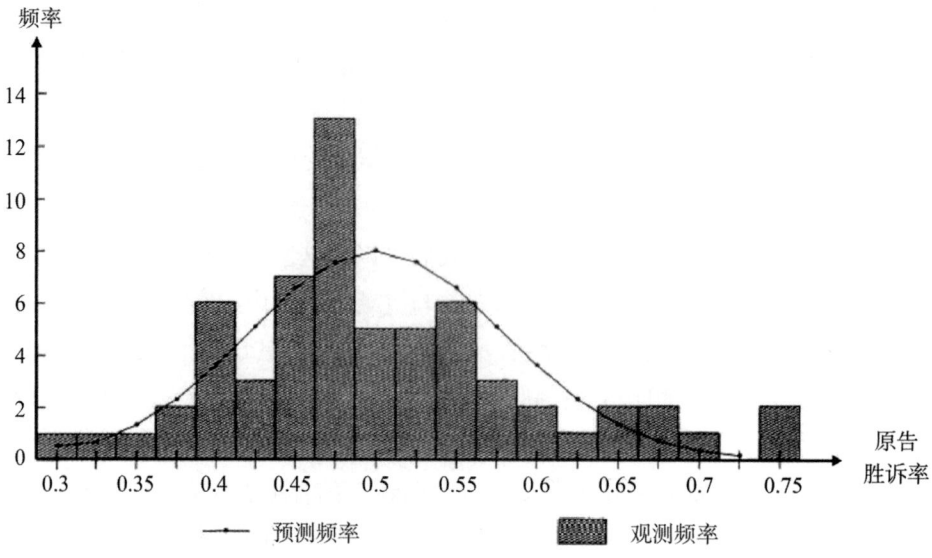

图 6-1　原告胜诉率的预测频率与观测频率对比（1978—1985 年）

　　图 6-1 中的竖状长条描绘了从表 1 中观测到的胜诉率分布情况。如这些图形显示，表 1 的 63 个单位胜诉率中，有 5 个落入以 0.5 位概率范围中心的区间内（从 0.4875 到 0.5125）。我们没有办法通过目测比较预测曲线和观测图形，来确认假设是否有效。一部分观测概率分布似乎与预测概率分布相当接近。部分对偏离于理想预测的分布，也在可以预期的范围内。那么我们可否对观测分布和预测分布之间的关系，作出一个有统计意义的推论？根据一种标准的统计检验方法，我们不能拒绝原假设，亦即普利斯特与克莱恩数据的概率分布，是符合具有假设均值和标准差的预测分布的。[1]

　　我们不必试图解释每一个偏离 0.5 的 p 值。一些合理偏离 0.5 的数值，是包含在 50% 理论预测内的。相反地，若能解释观测频率分布中，那些显著有别于预测频率分布的波峰或波谷，即图中略左于 0.5 的波峰以及曲线右半边尾部的波峰，可能更有价值。

---

〔1〕　译者注：作者在本章中采取了一种非参数检验法——柯尔莫哥洛夫—斯米尔诺夫（Kolmogorov-Smirnov，K–S）检验法——来测量已知数据集的正态性。K–S 检验是用来检验已知数据的累积分布函数是否服从已知理论分布函数，主要是检验已知分布和假设分布之间的垂直差距（D）的大小。抛开具体的数理理论，统计学认为，若经验分布符合某假设分布，那么 $\sqrt{n}D_n$ 会依分布收敛于数学家安德雷·柯尔莫哥洛夫（Andrey N. Kolmogorov）发现的一种分布函数（n 为样本点的数量）。我们需做的，便是在给定样本点和显著性的情况下，查找对应的 K–S 统计量，观察 D 是否小于该统计量，便可证明不可拒绝原假设。以下文章中，若无特别指出，则拟合度的检验方法均为 K–S 检验。参见［美］威廉·康诺华：《实用非参数统计》，崔恒建译，人民邮电出版社 2006 年版，第 6 章。

（二）分诉讼事项类别的检验

普利斯特与克莱恩因对他们假设第二个主要的检验，是依据诉讼事项类别研究审判案件。他们将陪审团审理的案件细分为9类，并假设每一类都符合50%假设。表2（普利斯特与克莱恩论文中的表7，选入本书后为前文第五章的表5-4，本章因篇幅所限不再重复纳入——统稿注）给出了这一分析的结果。

普利斯特与克莱恩如此描述他们的分析结果："原、被告的利害关系基本相近，导致原告有趋近于50%的胜诉率，但其他结果不能支持此结论。在以上9类法律纠纷中，其中第2、3和5类的原告胜诉率基本在50%（公共运输类、不动产责任以及醉酒者伤害案件）。在第4类案件中（滑倒），原告胜诉率与50%的差距并不明显：只有当调整样本总数时，胜诉率才会显著偏离50%。在第1类案件中（交通事故），原告胜诉率与50%的差距也不明显（47.4%），尽管其是由于样本总数较大，才形成了如此的统计结果。而在除此之外的案件中（其他伤害、名誉权侵权以及商业侵权案件），原告的胜诉率也接近50%（53.9%），但是由于这些案件类型都非常不同，这部分数据的启示有限。然而，在另外3类案件（分别位于第6、7和8类的工伤、产品责任以及医疗责任）中，原告的胜诉率明显偏离50%。"他们随后为偏离50%的案件类型提供解释。

如果用二项随机变量来量化审判案件的结果，那我们可以再次检验普利斯特与克莱恩的案件类别数据中，原告胜诉率分布是否符合理论预测分布。在此，考虑到其实证研究可用数据很少，检验每个案件类型的胜诉率——而非不同类型案件的概率分布——的损失并不大。如果使用总体判决的胜诉率（亦即含括所有不同的案件类别）来检验50%假设的概率分布，并没有说服力。以下，我用更大的数据集来复盘他们对不同案件类别的分析。

三、用联邦数据检验50%假设

现有对50%假设的检验方法无法导出明确结论。跨时间、跨法院和跨案件类型的数据与分析，不能得出拒绝原告50%的胜诉率假设的结论——但此数据分析并未强迫我们接受原假设。即便现有的研究更具说服力，案件类型的限制也会影响其研究结果。普利斯特与克莱恩根据追尾碰撞案件中的特殊因素，反驳威特曼（1985）对他们的质疑；巴克斯特（1980）借助反垄断法——一个胜诉率较低的案件类型——阐述其理论；而普利斯特与克莱恩（1984）的原始数据仅限于某地区陪审团审理的侵权案件——然而在美国，不同地区的审判结果有很大差异。

为了探究 50% 假设在所有民事诉讼领域的适用情况，需要搜集许多不同类型案件的审判胜诉率。因此，某个案件类型，或某地区的胜诉率接近 50%，并不具有代表性。下述分析透过大型的全国数据来检验 50% 假设，并得出以下结论：本章拒绝原告 50% 胜率的假设。

（一）行政办公室数据

美国法院行政办公室（The Administrative Office）的数据让我们能够研究在许多案件类型，以及全国审判的胜诉率。提起联邦民事诉讼的原告会提交一份表格，行政办公室会用该表格对案件进行分类。该表格包含若干子类别——合同、侵权、财产权、社会治安、公民权利、囚犯和其他案件。本章附录中列出数据量足以进行分析的类别和子类别（译文因篇幅没有纳入附录——统稿注）。当一起联邦案件结案，地区法院的书记员办公室会将另一份表格归档，该表格包含案件的诉讼程序和案由类别，及是否有裁判原告或被告胜诉的判决书记录在案。利用结案数据，我们可以确定在每一个案由类别的案件中，原告胜诉的比例是多少。这里使用的数据包括所有联邦地区法院从 1978 年至 1985 年止的所有非破产民事案件的所有审判结果，总共 64965 起审判案件。对联邦数据优缺点的讨论，可以在其他文献中找到。

（二）跨地区检验

为了检验 50% 假设，我首先将诉讼纠纷按联邦地区进行划分，这种细分类似于普利斯特与克莱恩对库克县数据的划分。这一方法提供了 92 个数据点，每个点包含许多庭审案件。因此，我绘制长条图，显示观测到的原告胜诉率分布；并绘制折线图，显示预测的原告胜诉率的分布（预测乃依据随机二项式，$P=0.5$）。预测和观测频率分布之间的差异，应该会让我们能接受或拒绝接受该假设。需注意的是，即使数据显示部分案件的原告胜诉率偏离 50%，我们的方法仍然可以支持普利斯特与克莱恩的观点。图 6-2 显示了此一研究成果。无论是目测还是传统正态性统计检验，都让我们发现 50% 假设并非为真，也就是说，原告并没有 50% 的胜诉率。成功率的观测分布与 50% 假设的预测分布明显不相一致。

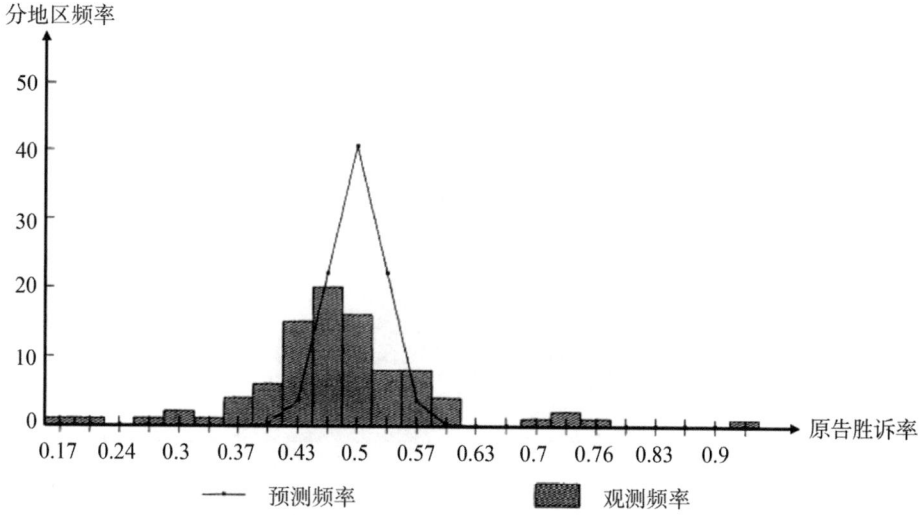

图 6-2 民事案件原告胜诉率的分地区预测频率与观测频率（1978—1985 年）

（三）跨案件类型的检验

普利斯特与克莱恩将库克县的数据按照案件类别分类。如前所述，这种分类使其对 50% 假设的检验不具有说服力。类似地，我们可以按类型划分行政办公室的数据。行政办公室的数据包含许多案件类型，可用以完整地检验假设。（原文）附录列出了不同类别案件的庭审成功率。我们既不需要图形化亦不需要正式地统计评估原假设，即观测胜诉率分布可能是 50% 假设预测的胜诉率分布的结果。结果发现，这些数据远远不能支持这个假设。绝大多数案件类别的胜诉率远远偏离 50%。在 72 个案件类型中，只有 16 个显示原告的胜诉率在 45% 与 55% 区间之内。50% 假设再次被证实并非为真。

（四）检验侵权诉讼

对 50% 假设的第三个检验是侵权案件，并且再次按联邦管辖权分区作统计。普利斯特与克莱恩在侵权这一案由领域内，找到了最多的实证证据支持其假设。事实上，如果该 50% 假设只存在侵权案件中，也足以令人赞叹了。侵权诉讼大概占这段期间内联邦法院所有审判案件的 30%。图 6-3 按联邦地区列出了被行政办公室列为侵权案件的预测和观测胜诉率频率。理论预测的正态分布比观测成功率分布更接近 50%。

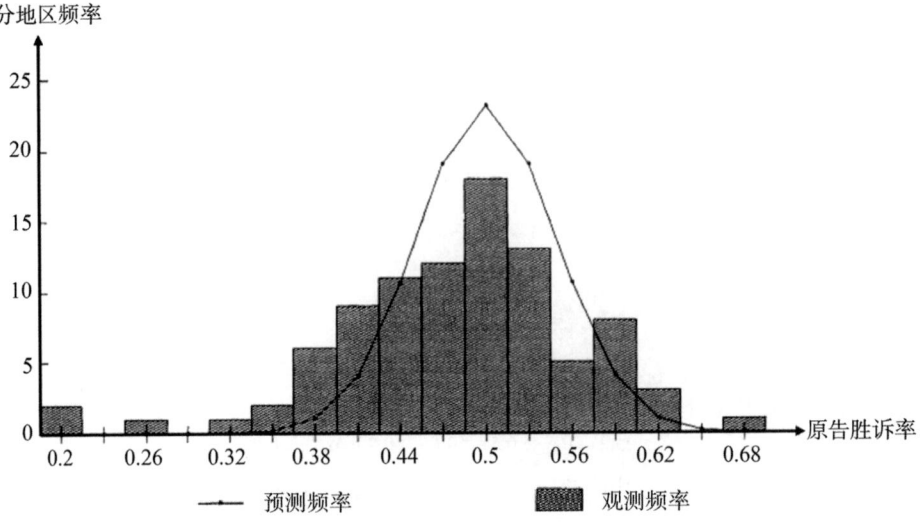

图 6-3 侵权类案件原告胜诉率的分地区预测频率与观测频率（1978—1985 年）

我们再次拒绝接受原假设：观测到的原告胜率分布，可能由均值为 0.5（方差亦由假设计算得出）的正态分布中产生。但预测分布与观测分布又有一个看起来合理的拟合。与先前的结果相比较，图 6-3 表明，比起其他法律领域，侵权判决可能是比较能被二项随机变量模型量化的法律领域。一些相对不太成功的侵权案件类别，例如医疗事故和产品责任，可能能够解释图形向 50% 左侧的偏斜。将这些类别排除在外可以在一定程度上增加拟合度，尽管纯人身伤害案件显著偏离 50% 的胜诉率。

四、扩展概率分布分析法至50%假设之外

我不敢强求解释为何侵权案件的胜诉率偏离 50%。所有侵权案件都未显示 50% 的胜诉率，这并不令人吃惊。侵权法由几个胜诉率迥异的子领域组成。每一个子领域都有形成其预期胜诉率分布的自身特点，包括双方当事人可能不同的利益考量。举例而言，产品责任和医疗事故案件中的原告只有在不到四成的案件中获得胜利。而机动车案件的原告胜诉率高达 60%。无论是普利斯特与克莱恩的数据，还是本章使用的联邦数据，都展现了不同侵权类别胜诉率的巨大差异。前者发现侵权案件的整体胜诉率接近 50%，但这一结论不必视为可以解释许多侵权子类别案件的确凿证据。反之，该结论同样可以被认为，在合并许

多侵权案件类别后——其中一些的胜诉率高于50%而另一些低于50%——产生的总成功率接近50%。也就是说，极端情况可能会相互抵销。

以同质的特定案件类别检验其是否符合预测胜诉率，是较佳分析方式，因为此取径减少整体胜诉率的误导（若将不同质的案件混在一起分析，胜诉率的巨大内部差异可能相互抵消）。然而，甚至是在较小的子类别中，现有证据是：50%假设无法精准地描述审判结果。在其中某些类别中，或可用诉讼中不对称的利益考量，来解释为何偏离50%。在产品责任和就业歧视案件中，被告往往是法院的常客，原告在前一类案件中的庭审获胜率仅有25%，而在后一类案件中的庭审胜诉率仅21%。但许多案件类型中的原告胜率都持续偏离50%，累积起来让人对原告50%的胜诉率假说更无信心。即使在理想的条件下，50%假设可能也不成立。然而，上述的量化成果并不会削弱选择效应理论本身。

选择效应理论与观测胜诉率都需要检验非50%的假设。此处描述的方法可用来检验其他假设。我们可以推衍概率分布分析法（distributional analysis）来检验这样的假设：一组案件的胜诉率是遵循任意给定百分比的二项分布。假设一类案件的胜诉率有诸多测量结果，且任意测量结果包括了不同数量的审判案件。与其将每个测量结果与预测概率进行比较，我们应该探询观测成功率分布——给定测量结果的观测次数以及每次测量结果中观测到的审判案件数量——是否来自$P=0.x$的二项分布随机过程，其中$0.x$是假设的胜诉率均值。

若不再采取50%的胜诉率假说，则检验原告胜诉率趋近于何种水平的方法就不同。以产品责任领域为例。产品责任案件中，原告胜诉率的测量结果一直低于50%。这些重复的低观测值不可能是随机波动的结果。因此，产品责任案件是检验非50%假设的主要备选方案。

由于数据偏离了50%的成功率，我们不再有推导预估样本均值和标准差的理论胜率值（$P=0.5$）。因此，推导上述图6-1至图6-3中预测成功率频率的方法不再可行。如果理论无法提出一个均值，那么数据就是样本均值唯一的现实来源。行政办公室数据提供了本章研究的7年内每个地区的审判胜诉率。我们可以取这一系列胜诉率的均值，并检验观察到的原告胜率分布，符合正态分布，且其观测到的均值、方差，如同$P=0.36$的二项分布过程所预测。

图6-4展现了64个地区产品责任案件胜诉率分布，这些地区在研究所涉

期间内有至少10起产品责任审判记录在案。预期频率曲线是由胜诉率的观测均值（$P=0.36$）及每个地区与均值相关的方差 $[P \times (1-P)/n]$ 得出的，其中 n 代表一个地区审判案件的数量。如前所述，我们可以构建期望分布频率，其标准差为 0.096。观测分布与预测分布之间有合理的拟合程度。我们无法拒绝原假设，即观测频率分布可能是由预测分布引起的。

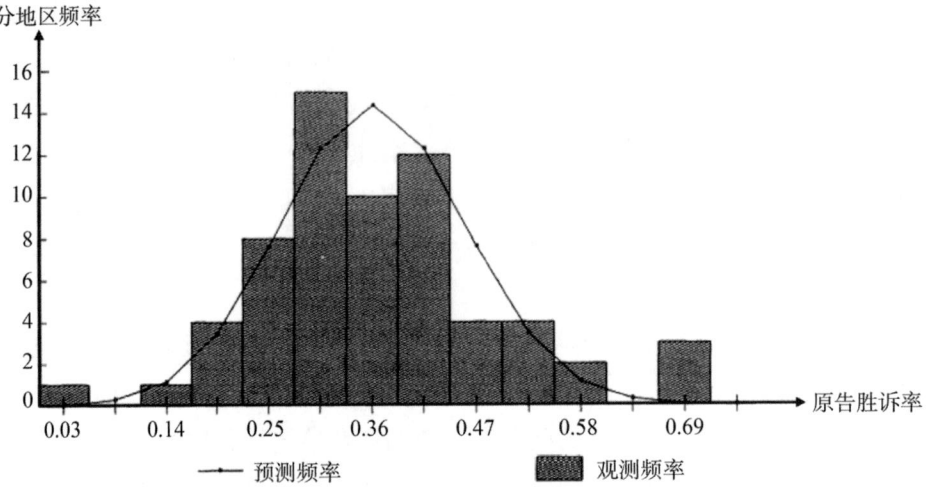

图 6-4　产品责任类案件原告胜诉率的分地区预测频率与观测频率（1978—1985年）

与预测频率分布有关的第二个问题是原、被告利害关系的差异。假定当事人不相等的利害关系可以解释原告的低胜诉率，且不同的地区也会对当事人的利害关系有不同的影响。也许有人认为加州被告的诉讼利益是原告的3倍，但蒙大拿州被告的诉讼利益仅是原告的2倍。有证据表明，即便是同样的案件类别，地区间的胜诉率差异也相当巨大。那么每个地区的胜诉率，可以看作拥有特定胜诉率均值，和方差的二项随机分布变量。如果有足够多的案件进入庭审程序，那么二项随机分布将非常趋近于正态分布。因为符合正态分布的随机变量组合，本身就是符合正态分布的随机变量。[1] 因此，那种关于地区间，当事人有不同利益考量的看法，不会让所有地区胜诉率的总体数据偏离符合正态分布（但方差未知）的预测频率。如果我们能够说明诉讼利益的差异程度，那么就可以检验观测分布是否符合预测分布。

产品责任分析，与广义的侵权类案件分析，必须符合的条件是一致的。产

---

〔1〕 译者注：有限个相互独立的正态随机变量的线性组合仍然服从正态分布。

品责任案件包含许多不同的子类别案件，包括设计缺陷、警告缺失及制造缺陷。这些子类别相互之间的特征和当事人的利害关系也有所不同。

五、结论

诉讼模型研究已经成为跨学科法学研究的一个重要分支。但随着许多诉讼模型理论出现，对这些理论的实证检验却明显较少。几乎没有任何文献研究如何检验这些理论。本章提出了对一组主要诉讼模型的一种检验理论。它并不比模型本身更完整。和其他选择效应理论的实证检验一样，本章概述和应用的理论既没有考虑到诉讼求偿的额度大小，也没有考虑到当事人可能面临的不同利害关系。这一理论使用了一个简单的、易观测的成功标准——谁赢得庭审。有时，一起名义上成功的审判对名义上的赢家而言，实际上是损失。在没有观察诉讼中收回和支出费用的情况下，我们必须等待未来的研究，发展更复杂的标准来衡量成功。随着诉讼模型理论的演变，检验模型的理论也会发生改变。

即使有这些局限性，本章给出的结果应该有助于聚焦研究诉讼模型的努力。首先，不同类型案件的审判成功率差异巨大，加之不同法律主题领域的不同特征，这都显示要寄望一个单一理论来解释审判或其他成功率，势必会徒劳无功。即使是根据传统法律理论形成的单一案件类型，例如侵权法，在其许多子类别中也显示出不同的胜诉率。未来，在发展出一个可供验证的宏观诉讼模型前，若能先深入探索各个案件类型，将会更具有成效。由于陪审团可能存在偏见，其在公民权利诉讼等类别可能会显示出地区效应，而在产品责任诉讼等类别又可能受到各州近期不同的成文法发展，或是受到当事人不同利益考量的实质影响。

其次，比起其他检验诉讼模型的方法，概率分布分析法比较能够找出既有理论有何不足。不过，若没有概率分布分析法，我们很难决定观测结果何时偏离理论预测值。若需要以观测数据为基础，重新建构理论模型，需要准确评估数据与理论的一致性。概率分布分析法毋庸置疑是种强大的工具。

本章参考文献

William F. Baxter, *The Political Economy of Antitrust: Principal Paper by William Baxter*, Lexington Books, 1980.

George L. Priest & Benjamin Klein, *The Selection of Disputes for Litigation*, The Journal of Legal Studies, Vol.13, p.1–56 (1984).

Donald Wittman, *Is the Selection of Cases for Trial Biased?*, The Journal of Legal Studies, Vol.14, p.185–214 (1985).

第七章　从诉讼案件得到的推论[*]

Inferences from Litigated Cases

作者：丹尼尔·克勒曼（Daniel Klerman）
　　　艾力士·李（Yoon-Ho Alex Lee）
译者：李培玉（Paulina Li）
校定：许菁芳、张凯评
审阅：张永健
统稿：程金华

一、引言

自普利斯特与克莱恩（Priest & Klein, 1984）发表那篇著名的《选择性诉讼》文章（参见本书第5章）以来，实证研究者尽量避免研究诉讼案件结果。该文提出，无论法律标准有利于原告或有利于被告，原告的胜诉率皆趋向50%。若胜诉率偏离预测的50%，则该偏差可能导因于原、被告不对称的利益，或其他因素。质言之，法律标准的变化不会对原告胜诉率产生可观察到的影响。许多研究者因此认为，不能从原告的胜诉率，对法律性质[1]作出有效的推论，也不能借由观察胜诉率的变化来度量法律的变迁。

---

[*] Daniel Klerman and Yoon-Ho Alex Lee, Inferences from Litigated Cases, 43 The Journal of Legal Studies 209 (2014). ©2014 The University of Chicago Press.

[1] 审阅按：在此指例如法律偏向原告或被告。

相反地，研究原告胜诉率的学者则不断受到质疑。其实，研究者不愿使用胜负资料也有好处，因为这样一来，法律实证研究者会想办法使用其他更能直接反映法律如何影响社会福利的资料，例如事故率和犯罪率等。

鉴于案件和解是基于当事人双方的选择而非随机因素，诉讼资料反映出显著的选择效应并不足以为奇。然而，普利斯特与克莱恩（1984）的研究令人吃惊之处在于指出选择偏差非常强大，以至于法律标准的变化不会对原告胜诉率产生可观察到的变化。这一论断的强度与重要性，值得我们再次检验其理论基础，以及支撑该理论所必要的假设。

本章认为，在所有标准的案件和解模型中，以及在一般的合理条件下，可以从原告的胜诉率中得出有效的推论。因此，本章希望能够为先前被认为没有研究实益而被忽视的实证研究开辟道路；也支援那些不顾普利斯特与克莱恩（1984）的论证，而研究原告胜诉率的研究者。是以，本章与那些认为原告胜诉率会随法官特质、法律标准及其他因素而变化的研究之观点一致。

本章首先分析信息不对称模型（asymmetric-information models）下的选择效应。普利斯特与克莱恩（1984）的文章是基于古尔德（Gould，1973）、兰德斯（Landes，1971）和波斯纳（Posner，1973）在20世纪70年代开创的诉讼与和解分歧预期模型（divergent-expectation model）。自方博亮（P'ng，1983）和贝布丘克（Bebchuk，1984）有开创性的文章起，对诉讼的精密经济分析偏爱使用基于信息不对称的模型。希尔顿（Hylton，1993）和沙维尔（Shavell，1996）分析信息筛选模型（screening model）下的选择效应，结果显示关于50%的原告胜诉率这一预测并不成立。沃德福格（Waldfogel，1998）测试了分歧预期模型和信息不对称模型的相对预测能力。但此类研究并没有考虑判决标准与原告胜诉率之间的关系，也没有分析信号传递模型（signaling model）。本章提出，在一般的合理假设之下，信息筛选模型和信号传递模型均预测原告胜诉率随法律标准变化的方向和预期的一样：更有利于原告的法律标准导致更高的原告庭审胜诉比例。在信息不对称模型下，当被告具有信息优势时，选择效应意味着原告请求较为薄弱的案件将更容易进入诉讼。然而，因为法律上的判决标准变化会改变原告请求薄弱或坚强者的胜诉概率，所以法律变化可能会一如预期地改变原告胜诉率；相反地，当原告具有信息优势时，更可能把坚强的案件带到法院。然而，由于法律标准的变化，即令在原告请求坚强的案件，也改变其胜诉可能性，因此原告胜诉率会以一如预期的方式变化。

其次，本章也考察普利斯特与克莱恩（1984）的分歧预期模型下的选择效应。虽然该研究在自身模型的假设下，得出原告胜率为 50% 的有效数理预测，但这个预测的适用范围甚窄。根据该模型，原告和被告能对审理结果做出不偏的预测，但当事人的预测并非完全准确。当他们的预测分歧到一定程度时，双方不会达成和解。如果当事人预期误差的方差为 0 时，他们仅在双方势均力敌的案件不和解，且原告胜诉率收敛至 50%。然而，此范围甚窄的结论，以及其原告胜诉率变化不受法律变化的主张，对于实证研究来说未必具有实益，因为当双方当事人的预测误差的方差为 0 时，诉讼案件量也变为 0。所以，只要对诉讼案件进行实证研究，就必然会面对预测误差为正的情况。当预测误差为正时，势均力敌的案件更可能提起诉讼。但也会有随机性，即任何案件，原告都可能提起诉讼。这样原告胜诉率不仅反映原告赢得势均力敌案件的机率为 50%，同时也反映出其他案件中一系列影响原告胜诉的其他因素，例如法律内容和法官特质。分析模型证明：其他条件一致时，有利于原告的法律变化会增加原告胜诉率。普利斯特与克莱恩（1984）认识到，如果和解率低（判决解决纠纷率高），原告胜诉率会随着法律上的判决标准而变化。对模型参数的重新检验显示即使庭审率低于 2%，原告胜诉率仍然会显著变化。我们对该研究模型的分析扩展了沃德福格（1995）的研究，后者的研究使用模拟和结构方式估计，从原告胜诉率推测法律上的判决标准。然而与沃德福格（1995）研究不同的是，我们提供关于法律上判决标准和原告胜诉率的分析证明，而不依赖模拟。

简言之，本章着眼于法律变化的影响。但是这个论证也同样适用到不同决策者。例如，如果一位法官比另一位对原告更友好，普利斯特与克莱恩（1984）的假说会认为双方在和解时，会将法官偏好与偏误纳入考虑，因此可以预计无论哪位法官审理案件，原告胜诉率均为 50%。即使案件随机分配至法官手中，只要案件在开庭前够早分配至法官，原告和被告在得知法官身份后有足够时间和解，其依然会预测 50% 的原告胜诉率。相反地，本章分析显示，控制其他相关因素，若遇到偏好原告的法官，原告胜诉率可能更高。相似的分析也适用于不同陪审团、不同诉讼程序或不同的案件构成。普利斯特与克莱恩（1984）会预测这些因素不会影响诉讼结果；但本章预测原告主张坚实的案件，或亲原告的陪审团或诉讼程序的案件，会导致更高的原告胜诉率。

普利斯特与克莱恩假设同时认为无法验证特定因素（例如原告是否是拉美裔或被告是否不诚实守信）会影响裁决，因为双方在协商时会将该因素纳入考虑。因此其研究预测，除非案件的特征会为双方带来不对称的诉讼利益，否则不会影响原告胜诉率。所以他们认为，以案件结果为因变量、影响案件结果的因素为自变量进行的回归分析，无法确定哪些因素会影响陪审团或法官。相反地，本章认为控制其他的相关因素，这样的回归分析会产生的系数会有正确的正值、负值符号。选择效应会导致系数趋于 0。即选择意味着回归倾向低估系数的值（以及统计显著性）。换言之，在现实世界的效应会比回归系数所显示的更大。[1]

最后，本章检验了有关损害赔偿法律变化的影响，例如规定赔偿金额上限或允许多倍赔偿乘数。本章认为与法律责任标准不同的是，损害赔偿金额计算相关的法律变化会产生更多不明确的影响。

虽然本章认为原告胜诉率能对法律、决策者和法律决策提供有用信息，但是我们仍须强调，做这类推论时必须谨慎。第一，本章并没有质疑普利斯特与克莱恩（1984）的核心观点，即诉讼案件是经过选择而不是对所有法律纠纷的随机抽样。诉讼案件的特征的确与和解的案件大相径庭。第二，只有在其他因素相同的情况下，法律规则、决策者或案件特点的变化才会产生对原告胜诉率可预测的影响。如果其他因素发生变化——例如相关纠纷的分布或特点、不确定性程度、当事人诉讼利益不对称性，或信息分布——那么法律上判决标准变化对原告胜诉率的影响，会被这些其他因素所压倒。若未仔细斟酌这些因素，原告胜诉率的变化会被错误地归因于法律标准的变化，或决策者特点或案件特点的不同。第三，本章假定标准和解模型的有效性。因此，对这些模型的任何批判也将适用于我们的分析。

第二节、第三节和第四节分别分析了信息筛选模型、信号传递模型和普利斯特与克莱恩（1984）提出的分歧预期模型对选择效应之启示。第五节讨论了有关损害赔偿的变化产生的影响。第六节讨论了研究的局限。第七节为结论。

二、信息筛选模型

对普利斯特与克莱恩（1984）分歧预期模型的主要批评是它缺乏严谨的博

---

[1] 审阅按：但自变量有正面或负面影响会正确显示。

弈论：当事人并未考量对方握有可判断胜负的信息，且双方也不会采取策略性协商。差不多在该研究文章发表的时候，经济学家开始将现代信息不对称下的议价理论用来分析诉讼。在这些模型中，缺乏信息的一方会向具备信息的另一方提出"不要就拉倒"的出价。

我们将在这一节中指出，在贝布丘克（1984）的信息筛选模型下，原告胜率会随着法律标准改变而改变。如果法律对原告有利，则相对于面对偏袒被告的法律，原告胜诉率会更高。我们的模型假定被告掌握更多案件信息，并探讨对选择诉讼案件的影响。

下文第一小节首先运用简单离散分布来阐明法律标准改变所带来的影响。第二小节提出更具一般性的证明，亦即在各类可信分布下，法律标准的改变会以预期的方式改变原告胜率。最后，第三小节则检验贝塔分布的选择效应，来考察法律标准改变的重要性。

（一）信息筛选模型：以离散分布说明推论

要理解信息筛选模型对选择的影响，最简单的办法是假设一个简单离散分布。例如，假设当事人双方风险中立，且一致同意损害赔偿金额为 100 美元，若案件进入审判阶段，双方各自的诉讼成本为 10 美元，而且有两种不同类型的被告。高责任型被告败诉的概率为 70%，低责任型被告败诉的机率为 30%，且两类被告在总人口中所占的比例相同。此外，被告知道他们属于高责任型还是低责任型，但原告对此不知情。原告向被告出价，而被告要么接受、要么放弃。

根据前述的假设，高责任型被告能够接受的最高出价为 80 美元，即 10 美元诉讼成本加上其对原告的预期赔付（70 美元 =70%×100 美元）。低责任型被告能够接受的最高出价为 40 美元，即 10 美元诉讼成本加上其对原告的预期赔付（30 美元 =30%×100 美元）。对原告来说，潜在的最佳策略有两种：第一种是以 40 美元与两种类型的被告和解，第二种则是以 80 美元与高责任型被告和解。考虑上述假设的参数，原告出价 80 美元时得到的回报会更多。这一出价也蕴含另一个分离均衡，即高责任型被告会愿意达成和解，而低责任被告会选择继续诉讼。既然只有低责任型被告会继续诉讼，那么原告在诉讼中的胜诉率将会是 30%。

现在假设法律改变了，提高了原告的胜诉率（对两种类型的被告都更易取胜），而此时高责任型被告败诉机率为 80%，低责任型被告被诉机率为 40%。

此时,原告的最佳出价变成了 90 美元。仍然只有低责任型被告会继续诉讼。但因为法律的变化,原告此时会赢得 40% 的诉讼案件。因此,若法律变得有利于原告,原告胜诉率将真的会从 30% 上升至 40%。当然,选择效应还是会有效果,即无论适用哪种法律,低责任型被告还是会选择继续诉讼。但是,原告胜诉率会随着法律的变化而改变,因为新法让原告面对两种被告都更可能取胜。[1]

(二)信息筛选模型下推论的一般证明

上述第一小节中的例子概括了不同类型被告的连续分布。下文借鉴沙维尔(1996)的研究。假设被告知道若案件进入庭审他们败诉的机率为 p,但原告不知道这一机率。不同被告的败诉机率不同,一个败诉机率为 p 的被告被称为 p 型被告。机率 p 分布于区间 [$\underline{p}$, 1] 内,$0 \leq \underline{p} < 1$。[2] 为了确保原告进入庭审时对任何被告确实构成威胁,我们参考纳勒布夫(Nalebuff,1987)的模型而假定 $\underline{p} > \frac{C_\pi}{J}$,$C_\pi$ 为原告的庭审成本,J 是原告胜诉情况下被告将支付的损害赔偿。[3] C_δ 为被告的庭审成本。当事人双方均为风险中立。

各被告类型的概率密度取决于法律标准。假定有两种法律标准,每种法律标准产生一个由概率密度函数 $f(p)$ 和 $g(p)$ 所代表的被告类型分布,分布区间为 [$\underline{p}$, 1]。$F(p)$ 和 $G(p)$ 表示对应的累计分布函数。在不失普遍性的前提下,我们

---

[1] 离散情况下,重要的是法律变化增加了原告打败低责任型被告的可能性。如果原告打败高责任型被告的概率不变或甚至略微下降,那么原告的庭审胜诉率仍然会从 30% 提高至 40%。但是,如果原告打败高责任型被告的概率显著下降,那么单独均衡会被打破,原告会认为值得与两类被告均达成和解。在这种情况下无法计算原告的庭审胜诉率因为案件并不会进入诉讼庭审。

[2] 贝布丘克(1984)和沙维尔(1996)将上限和下限分别称为 a 和 b。为了使这一计数更好记,我们把下限称为 $\underline{p}$。我们也假设上限为 1,假设 $f(p)$ 为小于 1 的正值。这种设定简化了证明,但不会产生重大改变,因为我们可以总是假定 $f(p)$ 的值在超过 $\underline{p}$ 的阈值水平后为任意小。

[3] 纳勒布夫(1987)提出的模型考虑了放松 $\underline{p} > C_\pi/J$ 要求的影响。为了确保原告对不愿和解的被告具有确实可信的庭审威胁,该模型中原告有时必需增加其和解出价。这一更高的和解出价在某一特定条件满足时是必要的,纳勒布夫(1987)将这一情况称为条件 2。如果不满足条件 2,那么贝布丘克(1984)和沙维尔(1996)模型的分析和结论仍保持有效(如下文所示,一个更有利于原告的法律标准会导致更高的原告庭审胜诉率)。如果满足条件 2,原告的庭审胜诉率即为 C_π/J,这一概率比未满足条件 2 时原告庭审概率低,且不受法律变化而变化(除非诉讼成本受诉讼标准的变化而变化)。纳勒布夫(1987)模型只有在原告胜诉概率相对较低时才会得出与贝布丘克(1984)和沙维尔(1996)模型不同的结果。此外,如果有利于原告的法律变化足够大,条件 2 就不会得到满足,原告庭审胜诉率会上升。纳勒布夫(1987)模型并未建议推论不具有可能性,仍然可以正确认为当观察到原告庭审胜诉率上升(所有其他条件相同情况下),推论出法律发生了有利于原告的变化。但是,与贝布丘克(1984)和沙维尔(1996)模型不同的是,纳勒布夫(1987)模型并没有表明相反的推论。一些法律变化(在变化前和变化和条件 2 都满足的变化)将不会导致原告庭审胜诉率的改变。

假定 $f(p)$ 和 $g(p)$ 是可微分的，因此具有连续性，$f(\underline{p})=g(\underline{p})=0$，且 $F(p)$ 和 $G(p)$ 在 $[\underline{p}, 1]$ 严格递增，即在 $(\underline{p}, 1)$ 内 $f(p) > 0$，$g(p) > 0$。这些假设简化了证明，但不因此大大限缩了模型的一般性，因为任何不满足这些标准的函数，可以用满足这些标准的函数在任意精度（any desired precision）逼近（approximate）。例如，一个具有有限间断点的不连续函数，可以由一个连续函数在任意精度求近似值。[1] 同样的，$f(p)$ 和 $g(p)$ 共用下界 $\underline{p}$ 这一假设，并不大大限缩了模型的一般性，因为具有更高下界的函数 $g(p)$，可以通过假设 $g(p)$ 取一个介于 $\underline{p}$ 和理想下界之间的任一低值，从而在任意精度逼近之。

在信息筛选模型下，若被告具有信息优势，原告向被告作出要么接受要么拉倒的要价金额 x。若被告接受，其向原告支付金额为 x，案件终结。若被告拒绝，则双方进入庭审。理性的 p 型被告当且仅当 $x \leq pJ+C_\delta$ 时才会接受要价。同样，被告当且仅当 $p \geq \dfrac{x-C_\delta}{J}$ 时才会与原告和解。所以处于优势地位的被告（那些更可能胜诉的被告）会继续诉讼，处于劣势地位的被告会与原告达成和解。若案件达成和解，原告获得的赔偿金额为 x；若案件进入庭审，原告预期的损害赔偿金额为 $pJ-C_\pi$。原告以预期损害赔偿最大化为标准，选择其和解的出价。若被告按概率密度函数 $f(p)$ 分布，则原告的预期损害赔偿金额为：

$$\int_{\underline{p}}^{\frac{x-C_\delta}{J}} (pJ-C_\pi)f(p)\,\mathrm{d}p + \left[1 - F\left(\frac{x-C_\delta}{J}\right)\right]x \qquad （公式7-1）$$

公式 7-1 的第一项代表原告在诉讼中的预期损害赔偿金额，第二项代表和解的预期损害赔偿金额。若原告的最优出价在区间 $[\underline{p}, 1]$ 内，那么最优出价 x^* 由以下一阶条件决定：

$$1 - F\left(\frac{x-C_\delta}{J}\right) = \dfrac{\left[f\left(\dfrac{x-C_\delta}{J}\right)(C_\pi+C_\delta)\right]}{J} \qquad （公式7-2）$$

用 $P_t(f(p))$ 来表示在 $f(p)$ 法律标准下原告的庭审胜诉率，则：

$$P_t(f(p)) = \dfrac{\displaystyle\int_{\underline{p}}^{\frac{x^*-C_\delta}{J}} pf(p)\,\mathrm{d}p}{F\left(\dfrac{x^*-C_\delta}{J}\right)} \qquad （公式7-3）$$

---

[1] 这与沙维尔（1996）的观点相似："离散的情况（自身权利利益）可以总是由连续密度尽可能的近似。"

对于诉讼的被告来说，这一运算式可以被认为是 p 的加权平均值，即原告胜诉的可能性。若被告按照机率密度函数 $g(p)$ 分布，公式 7-1、公式 7-2 和公式 7-3 同上，除了需要将 $f(p)$ 和 $F(p)$ 换成 $g(p)$ 和 $G(p)$。虽然并不严格必要，但如果只有一个满足公式 7-2 中一阶条件的和解出价，将极大地简化证明过程。为了简化证明，根据下文的进一步分析，可以假设 $f(p)$ 和 $g(p)$ 具有严格递增的风险率（hazard rate）$\dfrac{f(p)}{1-F(p)}$ 和 $\dfrac{g(p)}{1-G(p)}$。风险率递增这一假设非常有必要，但并不会产生过分的限制性，因为大多数常见的分布函数呈现出递增的风险率。[1]

现在我们定义怎样的法律规定比其他规则对原告更为有利。在任何案件事实情况下，相比其他法律规则，一个更有利于原告的法律规则，会产生至少一样高，且有时更高的原告胜诉概率。即如果规则 g 比规则 f 更有利于原告，具有一系列特定事实的原告在规则 f 下胜诉概率为 p，那么具有相同案件事实的另一原告在规则 g 下的胜诉概率 $p' \geqslant p$。同时，如果在规则 f 下，具有案情 B 的原告胜诉概率，比具有案情 A 的原告胜诉概率高，那么在规则 g 下，具有案情 B 的原告胜诉概率，仍然比具有案情 A 的原告胜诉概率高。如图 7-1 所示，这些假定显示一个更有利于原告的法律规则，可以由向右移动的概率分布来表示。

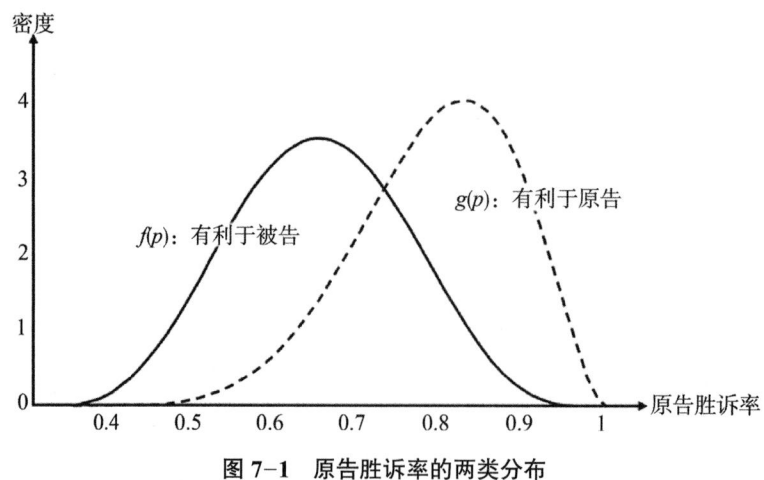

图 7-1 原告胜诉率的两类分布

当然，这一移动并不能精确保留分布的形状，否则会出现原告胜诉率高于

---

〔1〕具有递增风险率的有限分布包括贝塔分布（$\alpha>1$，$\beta>1$），均匀分布和上升和下降的三角形分布。一般而言，任何为凸对数（log concave）的概率密度函数具有递增的风险率。

100%的案情，而这是不可能的情况。因此，越有利于原告的概率密度在低胜诉率时机率密度更低，在高胜诉率时概率密度更高，这一现象如图7-1所示。

"更有利于原告的规则"这一概念可以由单调似然比（monotone likelihood ratio）来理解。即当且仅当 $\frac{g(p_0)}{f(p_0)} \leq \frac{g(p_1)}{f(p_1)}$，$\underline{p} < p_0 < p_1 < 1$ 时，$g(p)$ 和 $f(p)$ 为关联的法律规则的密度函数，与 $g(p)$ 关联的法律规则比 $f(p)$ 关联的法律规则更有利于原告。相等地，当且仅当 $\frac{d}{dp}\left(\frac{g(p)}{f(p)}\right) \geq 0$ 时（假定这两个函数不完全相同），与 $g(p)$ 关联的法律规则比 $f(p)$ 关联的法律规则更有利于原告。若满足单调似然比这个性质，且当 p 值较小时 $f(p) > g(p)$，但当 p 值较大时 $g(p) > f(p)$，这与在更有利于原告的法律规则下，原告胜诉率低的案件数量较少，胜诉率高的案件更多的概念相一致。许多分布[1]具有单调似然比的性质。$f(p)$ 和 $g(p)$ 具有单调似然比性质这一事实意味着 $g(p)$ 对 $f(p)$ 随机占优（stochastically dominates）。但是随机占优本身并不意味着单调似然比性质满足，也不足以确保原告诉讼案件胜诉率更高（参见线上附录B）。因为随机占优并不能完全满足信息不对称模型，我们对信息甄别和信号传递模型命题按够更有利于原告的法律标准表述。[2]

需要证明的命题表述如下：

命题1：当被告具有信息优势时，在贝布丘克信息筛选模型下的推论。当被告具有信息优势，在信息筛选模型下原告的庭审胜诉率在更有利于原告的法律标准下严格更高。特别的，如果（1）$f(p)$ 和 $g(p)$ 是在区间 $[\underline{p},1]$ 内为不同的、可区分的机率密度函数，$f(\underline{p})=g(\underline{p})=0$，且 $\frac{C_u}{J} < \underline{p} < 1$；（2）$f(p)$ 和 $g(p)$ 有递增风险率且在 $(\underline{p},1)$ 内满足单调似然比性质，且（3）相关累积分布函数 $F(p)$ 和 $G(p)$ 在 $[\underline{p},1]$ 内严格递增，那么原告最佳和解要价一阶条件具有唯一解 x_f^* 和 x_g^*，且 $p_f^* = \frac{x_f^* - C_\delta}{J}$ 和 $p_g^* = \frac{x_g^* - C_\delta}{J}$ 的地方，$P_t(f(p)) = \frac{\int_{\underline{p}}^{p_f^*} u f(u) \, du}{F(p_f^*)} <$

---

[1] 这些分布包括指数分布、二项分布、泊松分布、正态分布、贝塔分布（若 $\alpha+\beta$ 为常数）、均匀分布、上升三角形分布、降落三角形分布等。但是只有那些具有有限支持的分布才与本模型相关。

[2] 我们也分析了单调概率比（monotone probability ratio），一个严格度介于随机占优和单调似然比之间的分布，但我们未能用该性质证明我们的命题或用该性质找到反例。

$$\frac{\int_{\underline{p}}^{p_g^*} u g(u)\,\mathrm{d}u}{G(p_g^*)} = P_t(g(p))_\circ$$

附录 A.1（译文因篇幅限制没有纳入所有附录——统稿注）包含了证明过程。命题 1 陈述了当原告在更有利于原告的机率分布中，胜诉率更高的充分条件。可以设置限制性更小的条件，但我们需要复杂命题陈述和其证明，同时并不能提供更多见解。[1]

（三）实证关联

更有利于原告的法律标准会导致更高的原告胜诉率——这意味着，使用"庭审胜诉率"作为因变量的实证研究，是可行的。但是，同样重要的是，验证原告胜诉率的变化大到足以能够通过实证检测得到。为了做到这一点，我们的模型使用贝塔分布。

贝塔分布是在闭区间上一组连续机率分布。在区间 $[\underline{p},1]$ 内，贝塔分布为

$$B(x;\alpha,\beta) = \frac{(x-\underline{p})^{\alpha-1}(1-x)^{\beta-1}}{(1-\underline{p})^{\alpha+\beta-1}\int_0^1 u^{\alpha-1}(1-u)^{\beta-1}\,\mathrm{d}u}$$

。贝塔分布的形状取决于参数 α 和 β 的值。当 $\alpha>1$ 和 $\beta>1$，分布只有一个峰值。如果 $\alpha=\beta$，那么分布是对称的，在区间 $[\underline{p},1]$ 内与正态分布相似。图 7-1 中，$f(p)$ 为一个 $\alpha=\beta=5$ 的对称贝塔分布。若 $\alpha>\beta$，那么分布在区间 $[\underline{p},1]$ 内看起来像一个负偏态分布（negatively skewed normal distribution）。图 7-1 中，$g(p)$ 为一个 $\alpha=7$，$\beta=3$ 的负偏态分布。若 α 和 β 互换，产生的分布呈镜像。例如，若 $\alpha=7$，$\beta=3$，那么分布于图 7-1 中 $g(p)$ 相似，但呈正偏态（positively skewed）。贝塔分布非常有用，因为其允许我们通过改变参数 α 和 β 来类比法律规则或标准变化的影响。例如，$\alpha+\beta=10$，$\alpha>1$ 和 $\beta>1$ 定义了一组 α 值越大，越有利于原告的法律标准的单峰分布。

图 7-2 显示在 $\alpha+\beta=10$，$\alpha>1$ 和 $\beta>1$ 的贝塔分布组内，当 $C_\pi=C_\delta=0.3J$ 时，原告胜诉率如何随法律标准变化而改变。图形显示在本章使用的假设下，法律标准变得更有利于原告（当 α 增加时），原告胜诉率（P_t）同样增加。图形同

---

[1] 例如，结论并不要求单调似然比性质但要求在所有右截尾（right-truncated）分布 $g(p)$ 随机占优 $f(p)$。另外，并不需要所有 p 满足单调似然比性质或递增风险率，只需要在特定的区间满足这些条件。同样，对连续性的假设可以放松，但是需要对间断单独分析。

样显示原告胜诉率的变化非常大——变化率大于 40 个百分点。当然，法律标准较小的改变会导致原告胜诉率较小的变化，而在其他分布下原告胜诉率可能会产生更大或更小的变化。但是，图形显示，若有合理规模的数据，庭审胜诉率变化可能大到足以被察觉。

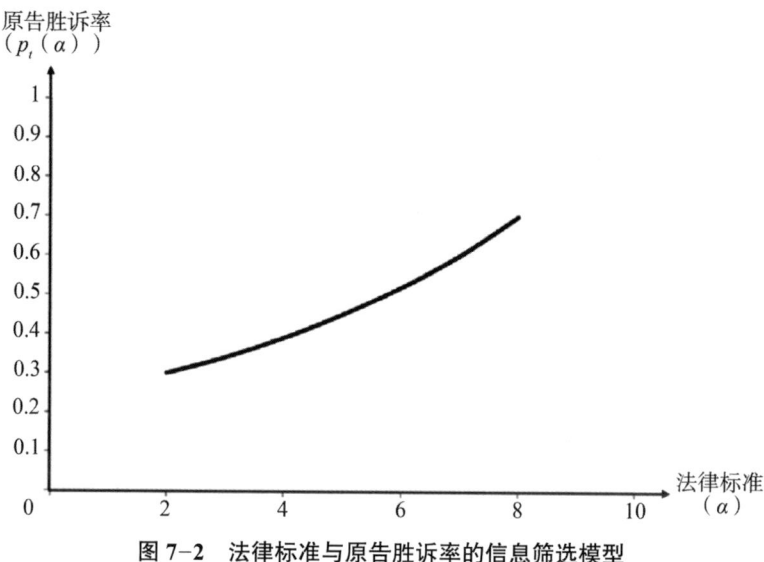

图 7-2　法律标准与原告胜诉率的信息筛选模型

三、信号传递模型

另一个信息不对称模型，则是着重信号传递（signaling）而非信息筛选（screening）。在信号传递模型下，具有信息优势的一方将会出价。下文第一小节使用简单离散分布，来解释在信号传递模型中法律改变所造成的影响。第二小节则显示更一般的效果。当满足单调似然比性质时，法律的变化会以可预测的方式改变原告胜诉率。第三小节使用贝塔分布（beta distributions）探索该发现如何运用在实证上。

（一）信号传递模型：以离散分布说明推论

要说明信号模型中的均衡和选择效应，最简单的方式是假设只有两种类型的被告——低责任型和高责任型被告。和其他信号模型一样，这里的均衡涉混合策略。当被告握有信息优势，较能判断其败诉机率之时，被告会向原告出价，而该出价的和解金额等于原告预期的损害赔偿金额扣除诉讼成本后的净值。故原告对接受或拒绝出价会抱持中立的态度。为了确保高责任型被告不会模仿低责任型被告（从而以较低金额的和解金逃脱），原告会接受所有高额和解出价，但会随机地拒绝一些低价和解出价。如果拒绝的概率设定合理，高责任型被告对低额或高额出价都会保持中立。如此一来，高责任型被告就会出价较高，而低责任型被告会出价较低。这一结果与信息筛选模型相同：诉讼里只会剩下低责任型被告，因为所有高责任型被告会与原告达成和解，而只有一些低责任型被告会继续诉讼。因此，原告胜诉率是原告打败低责任型被告的概率。若法律变得有利于原告，使得原告（对每种类型被告）的胜率增加，但原告胜诉率仍然由原告打败低责任型被告的概率所决定。由于前述概率在利于原告的法律下更高，所以若法律往有利于原告的方向修改，则原告胜诉的案件会更多。

（二）信号传递模型下的一般性证明推论

本段落要说明：上述简单离散分布的分析，在被告类型为连续变项时，仍然有效。鉴于信号模型一开始是用在"原告具有信息优势"的情况中，我们只讨论这个情形。被告具有信息优势的情况，可参阅线上附录 C。

在莱根姆与王尔德（Reinganum & Wilde，1986）提出的经典模型中，当事人双方就原告胜诉率 p 达成共识，但只有原告才知道损害程度。原告按照其考量向被告出价和解。当这个要求赔偿的金额越高，被告拒绝出价的概率就越高。因为在该模型中，不对称的信息是关乎损害程度，而非原告胜诉概率。所以，此模型下的信息不对称几乎不会影响观察到的原告胜诉率：原告胜诉率就是 p。如同前述在信息筛选模型下的假设，如果那么法律变化的效果在于，不论案件事实为何，原告的胜诉概率都会增加，则法律若更偏袒原告，会增加 p，可观察到的原告胜诉率就随之变大。[1]

我们可以调整莱根姆与王尔德（1986）模型，使其假设更类似于本章讨论的其他和解模型的假定，从而使选择效应变得更耐人寻味。这一调整也让这一模型有更广泛的应用。与贝布丘克（1984）信息筛选模型相同，假设双方对损害程度 J 达成一致，但只有原告才知道她的诉讼优势，其胜率为 p。概率 p 在

---

[1] 本章第五节讨论增加损害赔偿金额的法律变化的影响。

区间 $[\underline{p},1]$ 内按照累计分布函数 $F(p)$ 分布。与莱根姆与王尔德（1986）的模型相同，我们假设这一累计分布函数严格递增[1]，且概率具有下界 $\underline{p} > \dfrac{C_\pi}{J}$，以排除无实益的诉讼，$C_\pi$ 和 C_δ 为原告和被告各自的诉讼成本。[2] $C = C_\pi + C_\delta$。双方均为风险中立。

这一调整后的模型基本上与原模型解决方法一致，因此本章省略了许多步骤。原告的策略为函数 $S = s(p)$，函数值为具体的和解金额要求，对应于各个胜诉率。被告的策略为函数 $\rho = r(S)$，函数值为原告拒绝和解金额要求 S 的概率。因为被告并不知道原告胜诉的真实概率 p，被告必须在原告之和解要求 S 的基础上，形成一些对 p 的猜测或信念。这些信念为 $b(S)$ 根据各种原告和解要求 S，将原告归类到不同胜诉概率的类型。

参考莱根姆与王尔德（1986）模型，我们将一分离均衡 (b^*, r^*, s^*) 定义为：（1）鉴于看法 b^*，拒绝策略 $r^*(\cdot)$ 概率将最大化被告的可预期财富；（2）鉴于 r^*，和解赔偿政策 $s^*(\cdot)$ 将最大化原告的预期财富；和（3）对于所有 S，$b(S) \in [\underline{p},1]$，对于所有 $p \in [\underline{p},1]$，$b^*(s^*(p)) = p$——被告必须就各种原告和解要求 S，归类原告到一种既存的原告类型，而且若原告和解要求是在均衡下作成，被告的信念必然正确。使 $\underline{S} = pJ + C_\delta$ 且 $\overline{S} = J + C_\delta$；那么"唯一"[3]分离均衡为（i）$S > \overline{S}$ 时，$r^*(S) = 1$；$S \in [\underline{S}, \overline{S}]$ 时，$r^*(S) = 1 - \exp\left\{-\dfrac{S - \underline{S}}{C}\right\}$；$S < \underline{S}$ 时，$r^*(S) = 0$。(ii) $p \in [\underline{p}, 1]$ 时，$s^*(p) = pJ + C_\delta$。(iii) $\underline{S} \geq \overline{S}$ 时，$b^*(S) = 1$，$S \in [\underline{S}, \overline{S}]$ 时，$b^*(S) = \dfrac{S - C_\delta}{J}$；$S \leqslant \underline{S}$ 时，$b^*(S) = \underline{p}$。

这一均衡可用于分析法律改变是否影响原告胜率。与第二小节相同，我们假定一个由概率密度函数 $g(p)$ 代表的法律标准，比 $f(p)$ 代表的法律标准更有利于原告，当且仅当 $f(p)$ 和 $g(p)$ 具有单调似然比性质。[4]在调整后的信息传递模型下，需要证明的命题陈述如下，且我们在（原文）附录 A.2 证明该命题。

---

[1] 假定累计分布函数严格递增（而非弱递增）简化了数学分析但不会影响结果的普遍性，因为任何弱递增函数可以由一个严格递增函数在任何精度上近似，只要假设在相关区间上非常小的正斜率。

[2] 莱根姆与王尔德（1986）作了 $P \geqslant C/J$ 这一更具有限制性的假设，因为他们同时分析了诉讼费转移（fee shifting），而本章不需要这一更具有限制性的假设。

[3] 与莱根姆与王尔德（1986）一样，把"唯一"放在引号内是因为看法存在一些列的数值。但是，和解出价和其关联的拒绝概率确实是唯一的。

[4] 与信息甄别模型一样，$g(p)$ 对 $f(p)$ 随机占优并不充分。

命题 2：原告具有信息优势时，在莱根姆与王尔德（1986）信息传递模型下的推论。若原告有信息优势，在信号模型下，原告胜诉率在偏原告的法律下依然会更高。具体来说，如果（i）$f(p)$ 和 $g(p)$ 为区间 $[\underline{p},1]$ 上独特、可微概率密度函数 $f(\underline{p})=f(\underline{p})=0$，$\underline{p}>\dfrac{C_\pi}{J}$；（ii）$f(p)$ 和 $g(p)$ 在 $[\underline{p},1]$ 满足单调似然比性质，$\dfrac{\mathrm{d}}{\mathrm{d}p}\left(\dfrac{g(p)}{f(p)}\right)\geqslant 0$；（iii）相关累计分布函数 $F(p)$ 和 $G(p)$ 在 $[\underline{p},1]$ 严格递增，那么

$$P_t(f(p)) = \dfrac{\int_{\underline{p}}^{1} r^*(s^*(p))pf(p)\,\mathrm{d}p}{\int_{\underline{p}}^{1} r^*(s^*(p))f(p)\,\mathrm{d}p} < \dfrac{\int_{\underline{p}}^{1} r^*(s^*(p))pg(p)\,\mathrm{d}p}{\int_{\underline{p}}^{1} r^*(s^*(p))g(p)\,\mathrm{d}p} = P_t(g(p))$$

。

（三）实证关联

跟信息筛选模型一样，我们可以用贝塔分布来说明信号传递模型的实证意义。图 7-3 显示原告胜诉率随着法律标准的变化呈贝塔分布，当 $C_\pi=C_\delta=0.3J$ 时，$\alpha+\beta=10$，$\alpha>1$，$\beta>1$。[1]

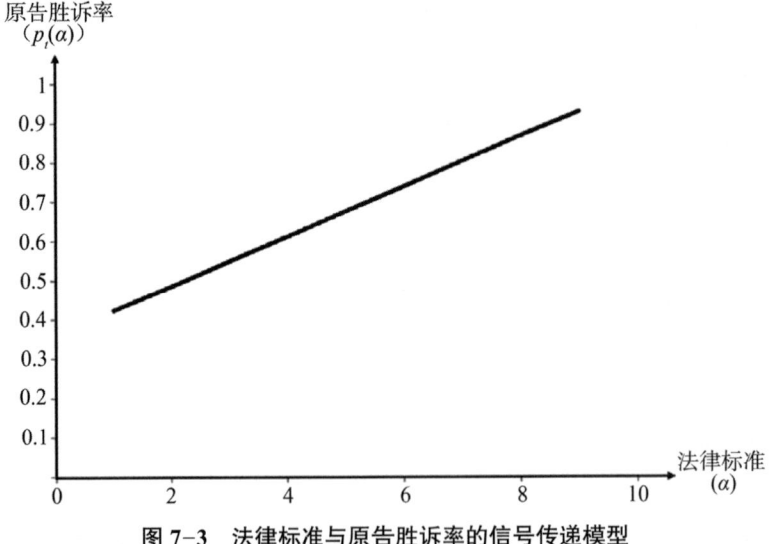

图 7-3 法律标准与原告胜诉率的信号传递模型

---

〔1〕 图 7-3 中原告庭审胜诉率是由一个原告类型在 0.01 间隔的离散分布估计所得。即假定原告类型为 0.30、0.31、0.32……0.98、0.99、1.00。使用贝塔分布计算各原告类型概率。计算 $\alpha\in\{1.01,2,3,4,5,6,7,8,8.99\}$ 原告庭审胜诉率。虽然图形看似线性，但精确言之并非线性关系。

与信息筛选模型的图 7-2 相同，图 7-3 也显示当法律标准利于原告（当 α 增加时），原告胜诉率（P_t）也增加。此外，从图 7-3 也可以看出，法律变化对原告胜诉率所带来的变化，会大到一个可观测到的程度（在合理大小的资料组内）。

四、普利斯特—克莱恩分歧预期模型

最开始，选择效应是在案件和解分歧预期模型下研究的，而大多数后期研究也停留在该范式内。在分歧预期模型下，原告和被告都会评估原告胜诉的可能性，这些评估会有些误差，但并不存在偏见。误差的均值为 0 且大小相等。也就是说，不同于信息不对称模型，各方具有不同信息，分歧预期模型中双方都拥有相同信息或相同品质的信息——只是基于该信息做出不同的预测。他们不同的预测可能反映出不同的起始预设。

到目前为止，本章采用的和解信息不对称模型都是比较新的模型，因为这些模型的博弈论基础更好，也有更多学者接受。不过，因为普利斯特与克莱恩（1984）持续被老练的实证学者和权威期刊引用，所以该文中分歧预期模型依旧很有历史份量与持续影响力。为了回应这点，本章要指出，即使在该模型下，还是可以从诉讼案件中得出有效推论。

不同于信息不对称模型中，起点为双方预测原告胜诉概率，普利斯特与克莱恩（1984）由被告具有一定程度的过错 Y' 开始，双方再进行有误差估计。该研究于是通过双方对被告过错的估计来预测原告胜诉概率，这一设定引入了一定程度的复杂性，即意味着其未能对核心发现提供分析证明。沃德福格（1995）也未能获得封闭式的运算式，计算原告庭审概率或其胜诉率。李与克勒曼（Lee & Klerman，2016）则首次提供了分析证明。

（一）非形式论证

普利斯特与克莱恩（1984）的原告 50% 胜诉率预测的论证非常复杂，此处不再完全复述，图 7-4 阐明了他们的假设和本章的论据。在其分歧预期模型下，所有案件根据被告过错程度水准水平排列，越往右被告过错程度越高。在图 7-4 中，被告分布为最大的钟形曲线，左侧与右侧一致。在该分布下，过错程

度特别低或者特别高的被告数量较少,具有中等程度过错的被告密度较高。但是,我们另一篇文章指出,普利斯特与克莱恩(1984)假说——在极限情况下,原告胜诉率将是50%——的有效性并不取决于争议的分布形状。[1]

法律将被告分为两组——在审判中会被判定为有责任以及没有责任的被告。图7-4左侧是偏袒原告的法律。最大的钟形曲线下的阴影区域代表的是,如果所有案件进入庭审,那些原告胜诉案件所占的比例。右侧的法律决策标准更往右即更有利于被告。因此,最大钟形曲线下阴影更小,这显示如果所有争议都进入诉讼,原告会赢得少于50%的案件。

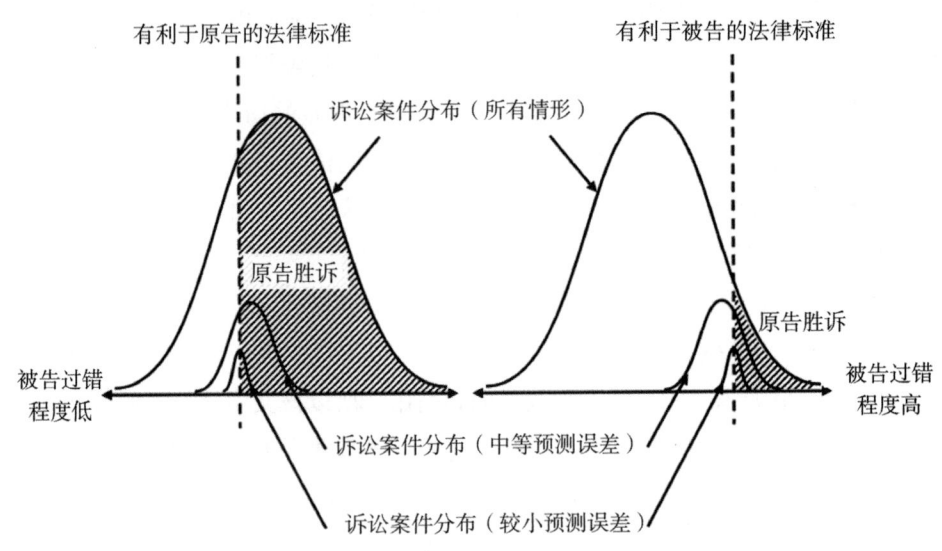

图7-4 法律标准与原告胜诉率的分歧预期模型

当然,大多数案件以和解结案。图7-4中左右两侧最小的钟形曲线显示了原被告能准确预测庭审结果情况下诉讼案件的分布。当双方都准确预测案件结果,则只有疑难案件会进入诉讼。也就是说,进入诉讼的案件几乎都是那些最接近于决策标准的案件。因此,诉讼案件的分布紧密围绕在决策标准周围,无论决策标准更有利于原告还是更有利于被告。因此,原告进入庭审的案件其胜诉率为50%,而这正是普利斯特与克莱恩(1984)分歧预期模型重要的见解。

---

[1] 李与克勒曼(2016)显示,只要双方的误差函数和所涉利益是对称的且争议的密度在包含决策标准的区间上是连续的,在决策标准上函数值不等于0且具有上界,那么当双方估计的标准差为0时,原告胜诉的诉讼案件比例收敛于50%。潜在案件的形状、对称性和分布斜率几乎完全无关。

图 7-4 中左右两侧中等大小钟形曲线显示的是如果双方预测不那么精确时，诉讼案件的分布。当双方预测误差为中等，他们仍然更倾向于争讼势均力敌的案件，但同样地，其会有更大的随机误差，所以诉讼案件的分布受所有案件分布的影响。因此，这个中等大小钟形曲线（代表双方有一定预测误差的诉讼案件），具有比所有案件（最大钟形曲线）更接近于决策标准的形状，但该中等大小的钟形曲线则稍稍偏离决策标准，而向所有案件完整分布的方向偏移。因此，中等大小钟形曲线下的阴影区域，代表了受决策标准影响的原告胜诉案件比例。当法律利于原告（左侧），阴影面积更大，原告赢得超过 50% 的案件。当法律更有利于被告（右侧），阴影面积更小，原告赢得少于 50% 的案件。

（二）一般命题

前一小节的讨论可以总结为下列命题：

命题 3：普利斯特与克莱恩（1984）模型下的推论。在其分歧预期模型的假设下，当事人对案件的预测是一个二元分布，其有一个正标准差，且预测误差均值为 0。该预测的分布在两种法律标准下皆相同。争议分布为在实线上有完整支撑[1]的对数凹函数（log concave），故当法律偏袒原告，原告胜诉率一定会更高。

需要注意的是，这一命题远比分歧预期模型更具一般性。虽然该模型假定预测误差分布为二元正态，命题 3 则假设该二元分布均值为 0，且有一个正标准差。另外，当双方所涉利益不对称时，该结论仍是有效的。又争议的分布仅需为凹函数。呈凹函数的概率密度函数群相当大。[2] 但是，线上附录 E 显示，若概率密度函数仅是准凹函数，这一命题将不成立。认为双方预测误差的标准差不随着法律标准变化的这个假设，影响模型一般性。假如若法律发生变化后，由于新的法律规则可能存在不确定性，故当其中一方当事人去研究新法下的原告胜诉率时，预测的标准差会更大。相反地，如果在新、旧两种法律标准下，原告胜诉率已属于稳定状态，则这一假设问题并不大。

---

　　[1] 审阅按："实线上有完整支撑"的英语表述是 "full support over the real line"，其中的 "real line" 是指实数（real numbers）的集合，而 "full support" 是指任何实数的概率都不为 0。

　　[2] 这些函数包括正态分布、斜正态分布、广义正态分布、指数分布、凹集均匀分布、逻辑斯谛分布、极值分布、拉普拉斯分布和卡方分布，而在实线上具有完全支撑的分布与分歧预期模型最为相关。

(三)实证关联

承上,在普利斯特与克莱恩模型下有利于原告的法律变化,会导致原告胜诉率的上升。以下讨论则显示,若样本足够,则原告胜诉率的变化可能大到足以在实证研究中观察的到。另外,此部分试着解释为什么此项研究可从其模型中得出截然不同的结论。

与普利斯特与克莱恩相同,我们用模拟来探索法律标准变化对原告胜诉率的影响。表7-1中,决策标准Y^*代表争议相关的法律。Y^*越大代表法律越有利于被告。重要的是,延续该研究的思路,表7-1假定潜在争议呈正态分布,均值为0,且标准差为1。故决策标准$Y^*=0$表示:所有潜在争议中,有一半的争议是原告有理由的;而当决策标准$Y^*=1$,则意味着,如果没有案件和解,所有案件进入诉讼,原告胜诉比例为15.9%。

表7-1 法律标准变化对原告胜诉率的影响

诉讼成本 $\frac{C-S}{J}$	预测误差 $(\sigma_{\pi,\delta})$	诉讼率 (%)	决策标准(Y^*)				
			−1.0	−0.5	0.0	0.5	1.0
0.80	1.5	1.4	78.7	65.6	50.2	34.5	21.4
	0.5	0.7	65.4	57.9	49.9	42.1	34.6
	0.1	0.1	53.9	51.1	50.2	48.2	46.9
0.67	1.5	4.0	79.0	65.8	50.0	34.3	20.9
	0.5	1.9	66.1	58.1	49.8	41.8	33.8
	0.1	0.4	53.8	51.7	49.9	47.9	46.3
0.33	1.5	18.2	80.6	66.6	50.0	33.3	19.4
	0.5	9.2	68.6	59.6	50.0	40.5	31.4
	0.1	2.0	54.6	52.1	50.0	47.9	45.8
如果所有案件都没有和解,原告胜率			84.1	69.1	50.0	30.9	15.9

说明:本章以1000万次模拟,产生结果。

原告胜诉率,也随着诉讼成本和双方预测审判结果的准确率的变化而有所改变。在分歧预期模型下,$C=C_\pi+C_\delta$为原被告庭审诉讼费用之和,$S=S_\pi+S_\delta$为原被告案件和解成本之和。那么运算式$(C-S)$代表双方因和解所节省的成本,J

表示原告胜诉时获得的判决金额或损害赔偿。那么运算式 $\frac{C-S}{J}$ 代表和解所节省成本相对于潜在损害赔偿。双方对被告过错程度 Y' 作出有误差的估计。估计误差的标准差为 $\sigma_{\pi,\delta}$。一如预期，诉讼案件的比例随着诉讼成本的升高而降低，也随着双方预测精度的增加而降低。

从表 7–1 中可以看到原告胜诉率，随着法律标准变化而往预期的方向有显著的变化。当决策标准变得更有利于被告（当 Y' 增加），原告胜诉率降低。当预测误差最小时（$\sigma_{\pi,\delta}$=0.1），原告胜诉率仅发生些微的变化。另外，原告庭审胜诉比例变化相当大。例如，$\frac{C-S}{J}$=0.67 和 $\sigma_{\pi,\delta}$=0.5 时，如果决策标准从 –0.5 变为 0 再变为 0.5，原告胜诉率从 58.1% 降到 49.8%，再降到 41.8%。这些差异可以在适当规模的资料中观察到。对于其他参数，尤其是那些涉及更大预测误差的参数，原告胜诉率的变化会更大。

普利斯特与克莱恩（1984）承认，如果预测误差很大，那么决策标准会影响原告胜诉率。但是他们假设双方对庭审结果的预测极度精确。他们预测当诉讼成本 $\frac{C-S}{J}$ 为 0.33 时案件进入庭审的比例低于 2%。透过这两个假设，使用和表 7–1 中类似的模拟，他们推测预测误差约为 0.1。即他们透过与表 7–1 类似的推论，注意：如果庭审率低于等于 2%，那么预测误差必须约等于或小于 0.1。因此他们得出结论，认为决策标准的变化会仅会对原告胜诉率产生非常小的变化。例如，当 $\frac{C-S}{J}$=0.33 和 $\sigma_{\pi,\delta}$=0.1 时，当决策标准从 –0.5 变为 0 再变为 0.5 时，原告胜诉率会从 52.1% 变为 50.0% 再变为 47.9%。这些较小的变化在相对较大的样本中也不太可能被观察到。出于这些原因，普利斯特与克莱恩（1984）强调了具有局限性的结论，即当双方预测误差为 0，原告会赢得 50% 的庭审案件，这一比例并不会随着法律标准变化而变化。

遗憾的是，普利斯特与克莱恩犯了一个简单但又重要的错误。在他们所有的模拟中，他们假设 $\frac{C-S}{J}$=0.33。他们认为，0.33 是"人身伤害诉讼最常见的律师胜诉酬金"来支持这一假设。但是，从原告支付 33% 的律师胜诉酬金得出 $\frac{C-S}{J}$=0.33 这一结论是错误的，理由有二：C 代表原被告诉讼费用之和，而律师胜诉酬金仅代表原告的诉讼成本,而计算 $\frac{C-S}{J}$ 需要知道诉讼成本与和解成本的差额,但律师胜诉酬金的比例无法提供该信息。事实上,在简单的情况下,33% 的律师胜诉酬金其实是 $\frac{C-S}{J}=0$,因为无论案件和解还是进入诉讼,原告总是支付 33% 的律师胜诉酬金。[1]

因为诉讼成本相对于和解成本的资料非常少,$\frac{C-S}{J}$ 最可能的值难以确定。最好的资料来自 1985 年兰德机构对联邦诉讼和州诉讼的研究。研究发现诉讼成本,包括双方时间和花费的总价值,占原告胜诉判决金额 34%,以及占被告胜诉判决金额 38%。但是,这些数字并不是很有用,因为他们代表诉讼与和解案件的加权平均成本,而 $\frac{C-S}{J}$ 需要知道诉讼成本与和解成本的差值。兰德研究仅在医疗损害赔偿案件中,区分和解与诉讼案件的诉讼成本。卡卡利克与佩斯(Kakalik & Pace,1986)的研究显示,平均和解金额与诉讼判决金额大约持平,若案件进入诉讼,被告诉讼费用为判决金额的 64%;若为和解,被告诉讼费用为和解金额的 26%。这表明,对于被告而言,诉讼成本与和解成本的差额为判决金额的 38%。如果原告诉讼费用类似,[2] $\frac{C-S}{J}$ 可能值为 76%=2×38%。我们

---

[1] 考虑原告赢得判决 J 的概率为 p,原告聘请律师的律师胜诉酬金为 33% 这一情形。首先,若是和解,可能的和解金额范围从 $pJ-C_\pi$ 到 $pJ+C_\delta$。为了简化,假设 $C_\pi=C_\delta$,和解金额为前述范围的中值 pJ,原告的和解成本为 $0.33pJ$。那么 $S_\pi=0.33pJ$。现在考虑案件进入诉讼。原告赢得判决 J 的概率为 p,原告支付给律师 $0.33pJ$。原告败诉概率 $1-p$,原告不付律师费。所以如果案件进入庭审,$C_\pi=0.33pJ$。那么 $\frac{C_\pi-S_\pi}{J}=0$。当然这仅是原告一方的 $\frac{C-S}{J}$,计算被告一方的比值我们需要知道被告的诉讼成本,而律师胜诉酬金并不提供这一信息。当然,这一简化的计算忽略原告支付但并不包括在律师胜诉酬金中的成本(例如案件登记费)。但是,重点仍然是律师胜诉酬金不提供或提供很少有关参数 $\frac{C-S}{J}$ 的信息。

[2] 以律师胜诉酬金为条件聘请律师的原告,其诉讼成本与和解成本很难计算。与下文讨论一致,如果律师胜诉酬金为固定比例(例如 33% 或 40%),$\frac{C-S}{J}$ 近似于 0。这表明对于原告诉讼并不比和解成本更高,这显然是不成立的。但是,即使律师胜诉酬金为固定比例,如果案件进入庭审,律师的成本(特别是律师的时间)肯定会增加。因为律师很可能会在和解谈判中投入很多,很可能通过其说服能力使其客户接受和解出价从而节省律师的时间和费用,仅通过观察客户(原告)支付的律师费具有误导性。如果交易成本为 0,律师和客户会制定一个互相利益最大化的和解策略,原告律师负担的真实成本决定和解金额。出于这个原因,假定原告诉讼成本与和解成本的差额粗略等于前述被告的数值是合理的。其他原告通过和解能够节约成本的理由包括原告的时间价值,律师胜诉酬金合约要求原告支付的庭审费用,以及许多律师胜诉酬金合约允许案件进入诉讼后律师获取更大的比例(例如,40%—50%)的情况。

必须将被告的比例（38%）乘以 2，因为 $\frac{C-S}{J}$ 代表原告和被告诉讼费用之和减去他们和解成本之和。因 76% 是对 $\frac{C-S}{J}$ 非常粗略的估计，表 1 包括了对 $\frac{C-S}{J}$ =0.67 和 $\frac{C-S}{J}$ =0.80 的模拟，以显示比 $\frac{C-S}{J}$ =0.76 略高的诉讼费用，和比 $\frac{C-S}{J}$ =0.76 略低的诉讼费用所造成的影响。

这些参数下，法律标准的变化会导致原告胜诉率显著的变化。例如，即使假设诉讼率和普利斯特与克莱恩（1984）模拟一致（2%），如果 $\frac{C-S}{J}$ =0.67，根据表 7-1，预测误差最可能的数值为 $\sigma_{\pi,\delta}$ =0.5。在这一数值下，法律标准的改变会导致原告庭审胜诉比例发生很大的变化。如果 $\frac{C-S}{J}$ =0.80，那么模拟显示产生接近 2.0% 的诉讼率的 $\sigma_{\pi,\delta}$ =1.5，决策标准改变会导致原告胜诉率产生更大的变化。在具有对众多（但并非全部）参数，且样本大小合理的情况下，通过其他分布进行的模拟——例如贝塔分布和伽马分布——同样证实法律标准的改变会导致原告胜诉率有显著的变化。

五、与损害赔偿相关的变化

到现在为止，我们仅分析了改变责任标准的后果。但是损害赔偿计算的法律改变也相当重要。这些法律变化包括损害赔偿金额上限、损害乘数，或排除条款（排除精神损害金）。损害赔偿金额的变化很可能会影响诉讼成本与和解成本。如果我们假设诉讼成本成比例——例如，损害赔偿上升 50% 会导致诉讼成本上升 50%——那么即使有关损害赔偿的法律有所改变，并不会对原告胜诉率造成影响。但此一无影响结论的前提假设是风险中立。然而，有个更符合现实的假设是，诉讼成本会随着损害金额的提高而上升——但并不按比例上升（less than proportionally）。我们可以固定其他变量，观察有关损害赔偿的法律标准若有改变，赔偿金额的增加或减少所造成的影响。然而，我们发现结果并不明确，而且容易受到模型设定的影响。

命题 4：有关损害赔偿的推论和变化。当责任标准和诉讼成本保持固定时：

（1）在信息甄别和信息筛选模型下，损害赔偿的上升（下降）会导致缺乏信息一方庭审胜诉率更高（更低）；（2）在分歧预期模型下，损害赔偿上升（下降）会导致原告胜诉率收敛至（或背离于）如果所有争议进入诉讼的原告胜诉率；并且，该胜诉率将背离于（收敛至）原告胜诉率的极限值，亦即如果双方所涉利益对称，胜诉率将背离于（收敛至）50%。[1]

六、研究局限

上文的分析假设唯一发生变化的是法律规则。我们从信息不对称模型开始——信息甄别和信息传导——假设信息分布在法律变化后保持相同，且两种规则下，分布类型具有单调似然比性质。如第二节的讨论，如果在两种规则[2]下被告过错程度分布保持一致，则可以满足此假设，因为我们可以合理相信若被告过错程度不变，当各类案件进入庭审，更有利于原告的规则会增加原告胜诉的机率。同样，在普利斯特与克莱恩（1984）的分歧预期模型下，我们假设法律的变化会改变决策标准，但不会影响被告过错程度或不确定性程度的分布。

相反地，如果损害赔偿金额、双方所涉及利益的不对称性、信息分布、不确定性程度、值得提起诉讼的案件、过错程度的分布，或其他争议前行为[3]发生改变，则本章的分析不会成立。考虑一个极端的例子，假如在原始法律标准下，潜在被告行为会导致原告胜诉机率在区间 $[a, b]$ 上的均匀分布。并假设出现了一个有利于原告的法律修正，故所有潜在被告大幅减少其可能被归责的行为，使其败诉机率降低至 $\frac{a}{2}$。在此情境下，更有利于原告的法律规则显然不会使原告的胜诉率提高。

因此，从原告胜诉率作有效推论的前提是，潜在被告尚未根据新的法律规则改变其行为——例如哈伯德（Hubbard，2013）[4]指出，新的法律规则在意料之外且溯及既往。在这种情况下，我们可以透过那些适用新规则——但被告在

---

[1] 在纳勒布夫（1987）版本的信息甄别模型下，如果损害赔偿 J 上升（下降）且满足条件 2（可信性约束），因原告庭审胜诉率为 C_π/J，故原告胜诉率会降低（增加）。如果不满足条件 2，那么损害赔偿金额变化的影响与命题 4 中分析的标准信息不对称模型一致。

[2] 审阅按：两种规则应该是指法律标准修改前、法律标准修改后。

[3] 译者注：此处应指在纠纷发生前，民众可能会因为法律规则的修正，而改变其行为。

[4] 审阅按：该文参见本书第 8 章。

行为时以为会适用旧规则——的案件，做出有效的推论。同样，如果当事人缺乏法律经验，或适应新法规需要一些时间、成本投入，我们则可以从法律刚变化后短期时间内的案件做出推论。[1]我们认为，在任何情况下，用诉讼案件度量法律变化的实证研究，其所面临的首要挑战并非选择性和解，而是民众对新法规的行为反应。

当分析不同法律决策者对胜诉率的影响时，行为反应这一问题不会那么严重。例如，研究者可能会使用原告胜诉率，研究民主党总统任命的法官是否比共和党任命的法官更偏好原告。在这一背景下，我们不需要担心由民主党或共和党任命的法官会对争议前行为产生不同影响的可能性，因为法官是在被告作出行为而引发争议后，才被随机分配到特定案件。因此，无论法官由民主党还是共和党任命，在某一特定法院，案件分配到不同法官的机率分布是相同的。所以从诉讼案件对法官（或其他法律决策者，例如陪审员）作出的推论准确性，高于对法律变化作出的推论准确性。

同样地，会影响行为的案件特性，是那些双方事先知道的因素，例如他们的性别或种族，或情境事实——如是否为夜间实施的故意侵权。其他案件因素，例如车祸受害者是否是儿童等，则被告不太可能事前知晓。即使潜在被告在行为前知道这些因素，但其无从得知当陪审员发现当受害人是儿童时，是更愿意或更不愿意认定被告需承担法律责任，故被告也没办法因此而改变其行为，进而选择降低儿童受伤害的机率。因此，在这种情况下，透过诉讼案件对于案件特性是否会造成影响的推论，较为可靠。相反地，如果研究那些行为人可以预知的案件特性——例如侵权案件被告是否是外国人或本国人——研究者则必须加以注意。例如，如果陪审团对外国被告持偏见，外国被告知道这一偏见，这些被告可能会比本国被告采取更多预防措施，使得外国和本国公司的被告过错分布会有所不同。故即使陪审团对外国被告持偏见，当被告为外国人时，原告的庭审胜诉率仍可能更低，因为这类被告可能采取更多预防措施。因此，可能无法通过原告胜诉率来预测陪审员对外国被告的态度。

第五节中对损害赔偿的分析使得实证研究更加复杂化。许多法律变化会对责任标准和损害赔偿计算均产生影响。因为有关损害赔偿的法律变化的影响更模棱两可，预测整体效应也会模棱两可。同样地，如果法官在决定责任以及计算损害

---

[1] 在分歧预期模型下，即使诉讼前行为不发生改变，我们仍需要担心法律变化的方式可能带来的法律标准适用的不确定性，因此增加双方预测误差的标准差。这会大幅增加以诉讼案件作推理的复杂性。

赔偿时偏袒原告，则预测会变得困难（或者偏向另一方被告，预测也同样困难）。

同样值得注意的，是本章所有命题对争议分布做出假设。例如，关于信息不对称模型的命题假设分布满足单调似然比性质，关于分歧预期模型的命题假设分布为凹函数。由于实证研究者必须考量这些假设是否已经被满足，这毋宁是一个较为困难的任务。

七、结论

本章显示，在三种标准和解模型和广泛的参数和分布函数下，原告庭审胜诉的比例会根据法律标准、法律决策者或案件特性的变化产生可预测的改变。在这些模型和假设下，更有利于原告的法律变化会导致原告胜诉率上升。法官或陪审员有利于原告的偏见，会导致更多原告在庭审中胜诉。案件特性——例如特定案件事实或双方年龄或种族等——可能会影响原告胜诉率。因此，即使所有模型均存在选择效应，我们认为，仔细设计的实证研究仍然能有效地推论出法律标准、决策者和案件特性带来的影响。事实上，因为选择效应抑制这些影响，现实中法律、司法、陪审员、案件因素的影响比研究者度量到的更大。相反，有关损害赔偿的法律变化的影响较为模糊，使得实证研究更为复杂。

本章参考文献

Mark Bagnoli & Ted Bergstrom, *Log-Concave Probability and its Applications*, Economic Theory, Vol.26, p.445–469 (2005).

Lucian A. Bebchuk, *Litigation and Settlement Under Imperfect Information,* RAND Journal of Economics, Vol.15, p.404–415 (1984).

Mohtashami G. R. Borzadaran & Mohtashami H. A. Borzadaran, *Log-Concavity Property for some Well-Known Distributions*, Surveys in Mathematics and its Applications, Vol.6, p.203–219 (2011).

John P. Gould, *The Economics of Legal Conflicts,* The Journal of Legal Studies, Vol.2, p.279–300 (1973).

William H. J. Hubbard, *Testing for Change in Procedural Standards, with Application to Bell Atlantic v. Twombly,* The Journal of Legal Studies, Vol.42, p.35–68 (2013).

Keith N. Hylton, *Asymmetric Information and the Selection of Disputes for Litigation*, The Journal of Legal Studies, Vol.22, p.187–210 (1993).

James S. Kakalik & Nicholas M. Pace, *Costs and Compensation Paid in Tort Litigation*, The RAND Corporation, 1986.

William M. Landes, *An Economic Analysis of the Courts*, Journal of Law & Economics, Vol.14, p.61–107 (1971).

Yoon-Ho A. Lee & Daniel Klerman, *The Priest-Klein Hypotheses: Proofs and Generality*, International Review of Law and Economics, Vol.48, p.59–76 (2016).

Barry Nalebuff, *Credible Pretrial Negotiation,* RAND Journal of Economics, Vol.18, p.198–210 (1987).

Ivan P. L. P'ng, *Strategic Behavior in Suit, Settlement, and Trial*, The Bell Journal of Economics, Vol.14, p.539–550 (1983).

Richard A. Posner, *Economic Analysis of Law*, Little Brown and Company, 1973.

Richard A. Posner, *An Economic Approach to Legal Procedure and Judicial Administration*, The Journal of Legal Studies, Vol.2, p.399–458 (1973).

Jennifer F. Reinganum & Louis L. Wilde, *Settlement, Litigation, and the Allocation of Litigation Costs*, RAND Journal of Economics, Vol.17, p.557–566 (1986).

Steven Shavell, *Any Frequency of Plaintiff Victory at Trial Is Possible*, The Journal of Legal Studies, Vol.25, p.493–501 (1996).

Kathryn E. Spier, *The Dynamics of Pretrial Negotiation*, The Review of Economic Studies, Vol.59, p.93–108 (1992).

Joel Waldfogel, *The Selection Hypothesis and the Relationship between Trial and Plaintiff Victory*, Journal of Political Economy, Vol.103, p.229–260 (1995).

Joel Waldfogel, *Reconciling Asymmetric Information and Divergent Expectations Theories of Litigation,* Journal of Law and Economics, Vol.41, p.451–476 (1998).

第八章 托姆布雷案和伊克巴尔案的影响[*]

The Effects of Twombly and Iqbal

作者： 威廉·哈伯德（William H.J. Hubbard）

译者： 饶维嘉

校定： 许菁芳、张凯评

审阅： 张永健

统稿： 程金华

一、引言

《美国联邦民事诉讼程序规则》第 8（a）(2) 条要求原告的诉状[1]必须包含"一个简短明了的要求以证明申诉人有权获得救济"。标志性案件"康利诉吉布森案"（*Conley v. Gibson*，"康利案"）确定了"诉求作为通知"的标准，仅要求原告在诉求中告知被告其不满。康利案

---

[*] William H.J. Hubbard, The Effects of Twombly and Iqbal, 14 *Journal of Empirical Legal Studies* 474 (2017). © 2017 Cornell Law School and Wiley Periodicals, Inc.

[1] 审阅按："pleading"一词根据情境和中文的语法，有时翻译为"诉状"，有时翻译成"诉"、"诉请"或"诉求"。原文中使用了"pleading"与"complaint"两词表示诉请，两者在原文语境下可以视为同义词，因为"initial pleading"（最开始的诉请内容）与"complaint"基本同义，而原文并没有研究后续的"pleading"。此处经与作者确认。

中的一句判决成了经典的标准:"只有在此前提毫无疑问时——原告无法证明存在有任何可以支持其请求的事实使其有权获得救济——法院才应以未陈述请求为由驳回原告之诉。"

"贝尔大西洋诉托姆布雷"案(Bell Atlantic Co. v. Twombly,简称"托姆布雷案")的出现,使得康利案"退休",也造成"整个法律界的冲击——学者、律师、法官都受到一样的冲击"。托姆布雷案将成为有史以来被引用最多的案件之一,原告诉求由仅作为通知手段,变成了"合理诉求"[1],并且从学界对于托姆布雷案的反应可知,诉讼和法庭实践也正经历变革。

两年后,"阿什克罗夫特诉伊克巴尔"案(Ashcroft v. Iqbal,简称"伊克巴尔案")在托姆布雷案的基础上,进一步厘清并重申以下规则:"诉状陈述有合理的救济请求时才不会被驳回。"伊克巴尔案加剧了起诉标准的争议。法律评论文章和议会听证证言都预计新的规则将对于民事诉讼当事人带来"毁灭性"的后果,尤其是就业歧视诉讼的原告,因为他们通常在诉讼刚开始时缺乏证明被告动机的直接证据,因此,可能无法在起诉阶段提供充分的事实细节以到达证据开示环节。

这就带来了一个问题:托姆布雷案和伊克巴尔案(后文偶尔以"托—伊案"代称)引起了多少变化?令人惊讶的是,虽然这些案件引起学术界强烈而立即的回应,迄今实证研究成果却尚未定论这个问题。的确,所有关于驳回动议(不可再诉)批准率的研究都没有发现在托姆布雷案或伊克巴尔案后该批准率发生显著变化,即使是就业歧视案件亦无。

但是,托姆布雷案和伊克巴尔案也不是毫无效果。盖尔博(Gelbach,2012)使用了来自塞西尔等(Cecil et al.,2011)的数据,发现被告提出"驳回动议"(motion to dismiss)的比率提高了,尽管法院批准驳回动议的比率在托—伊案前后没有变化。估计效果的下限大约为所有案件的1%(由于方法的原因,该研究不可能估计上限),就业歧视的案件也无例外。这小得出乎意料的下限,究其原因,是即使在伊克巴尔案之后,针对未陈述请求以获得救济的驳回动议也极少被批准。塞西尔等(2011)发现在2010年提起的案件中,在案件的前6个月内,驳回申请的提起率只有6%。

简言之,文献迄今几乎没有证据证明托—伊案后,诉求的司法实践发生明

---

[1] 审阅按:"plausibility pleading"是指原告的诉求必须具备胜诉可能,本书为求简洁而译为"合理诉求"。

显变化，或者对业歧视案件产生不同的影响。但是，目前有的证据也未否定可能有显著效果。现有文献有严重的方法论局限，包括小样本容量，不具代表性的样本，未考虑选择效应，以及使用粗略数据或代理变量取代真正观测结果等。因此，目前为止没有研究能够证明或证伪托姆布雷案和伊克巴尔案实际影响了法庭的行为，乃至实质影响原被告的命运。

现在，是时候全面评估托—伊案的影响了。每份早期研究都为解决更大的难题作出重要贡献，但未知依旧。本章希望填补文献的重大间隙，并拼接多方结果，以求更全面地了解托姆布雷案和伊克巴尔案影响民事诉讼的程度——不仅是驳回动议之准驳，也包括和解规律、诉请内容以及原告一开始提起诉讼的意愿。虽然就此之实证研究永远不会完成——总有更多的工作要做——本章的目标是把足够多的碎片组织在一起，从而理解全局。

我必须澄清本章要衡量的究竟是什么。托姆布雷案和伊克巴尔案是否有"效果"——到底是什么意思？鉴于托姆布雷案和伊克巴尔案定义了批准或拒绝驳回动议的标准，这两个案件对行为唯一的直接影响，就是法官面对驳回动议的意向。任何其他衍生自此判决的变化都是前述直接影响的间接后果。例如，当驳回起诉概率提高，原告到达证据开示的机会可能会降低，从而阻碍原告在联邦法院起诉，因而也会降低其赢得官司或者有利和解条件的机会。因此，如果托姆布雷案和伊克巴尔案有任何影响——当其他条件恒定——他们一定改变了联邦地区法院批准驳回动议的倾向。当然，其他条件并不会不变。如果原告的律师意识到驳回可能性增加，因应托—伊案而选择起诉更少案件，或者起草更长、更细节的诉状，那么即使驳回数量并没有增加，但托—伊案仍是有影响的。正如多德森（Dodson，2015）所指出的，参与者在"诉讼市场"中的策略性反应，使直接测量托—伊案后的司法驳回意愿变得困难。

因此我使用两种检测托—伊案效果的方法。第一种可称作"因果识别"方法，即如果能使其他条件保持不变，我们可以直接通过驳回率来发现托—伊案的影响。如果驳回率在托姆布雷案或伊克巴尔案之后上升了，那么我们就找到了假说中的效果。另一种方法可称为"消除过程"，即如果我们既不能使其他条件保持不变，也没有发现驳回率的变化，那么可以寻找其他变化——此种变化可能显示了律师和当事人对托—伊案（未能观察到的）直接效果的策略性反应。本章使用了这两种方法来衡量托—伊案的影响。

因此，本章的第一个贡献是方法论。现有文献可以理解为贡献于下述两种方法之一：因果识别法和消除过程法。各种方法都对估计的有效性造成不同程度的潜在威胁，测得托—伊案的潜在影响也不同。本章提供一套整合的框架来诠释结果，可获知此领域中各研究的独特贡献，也指出现有研究的关键空白，并填补这些空白。

本章的第二个贡献是整理了两个全新的数据库来研究托—伊案的影响。首先，我根据美国法院行政办公室（AO）公布已结案或仍在进行的案件数据，整理了在 2005—2013 年，超过 70 万件联邦法院民事案件的行政数据（简称"AO 数据"）。该数据主要局限于，它只提供了个别案件的有限信息；但该数据的优势在于，它包含了经过联邦法院的所有民事案件，无论最后是否产生法院判决（无论公布与否），或者被驳回，和解，或在证据开示环节之后产生判决。

其次，我收集了 2005—2010 年联邦民事案件中具有代表性的案卷记录和诉状样本，并以智能文本分析和老式的手工编码创建详细数据库，囊括在联邦法院提起的诉讼，以及这些诉讼最后的命运。这些数据是直接从美国法院的电子案件提交和案卷系统（PACER）进行提取的，提取的方法主要通过美国法院的公开界面。在由此类数据（简称"PACER 数据"）组成的数据库中，包含了超过 1800 个联邦就业歧视诉讼的案卷表和诉状信息（在 2005—2010 年提起）。

使用 AO 数据和 PACER 数据，运用因果识别和消除过程两种方法，我试图寻找托—伊案存在影响的证据——并将这些发现与现有文献相结合。最终我获得十分详细完整的图像，可展现托姆布雷案和伊克巴尔案的影响，其确实使被告更频繁地提起驳回动议以及修改诉状的请求。然而，并没有证据表明在原告有代理人的案件中，托姆布雷案或伊克巴尔案促成了不可再诉驳回、和解或起诉率方面的重大变化。然而，有一定的证据显示对于无律师代理的原告而言，此两项案件确实有影响。

第二节回顾现有文献。第三节则描述 AO 数据和 PACER 数据。在第四节中，我详细介绍两种方法，并展现此两种方法所得之新实证结果。第五节连结现有文献与新得出的结果，填补了托—伊案的影响力图像。

我必须先强调本章的一个关键论点。我们可以放心地排除托—伊案没有影响任何案件的先验观点。鉴于联邦法院每年受理大约 25 万件新案（还有几百万个纠纷可以起诉，但没有起诉到联邦法院），一定存在一些纠纷——可能是几百或者是几千个案件——纠纷的结果取决于托—伊案下的合理诉求标准存在与否。同样地，从我对"影响"的定义也可以清楚地看到，并不是所有案件都会受托—伊案影响。肯定存在一些案件——其起诉永远不会被驳回，不管是在托—伊案之前还是之后。也有一些案件，不管基于何种原因，其起诉即使在托—伊案之前也会被驳回，遑论在案件裁判发生之后。因此，任何有关托—伊案影响的讨论必须基于"托—伊案确实有造成影响"的共同认知上。真正的问题是：该影响是大是小？这个问题的答案，在不同案件或不同原告的情况下，有所不同。

另外，针对本章的范围有三点需要澄清。首先，我的重点完全在于量化托姆布雷案和伊克巴尔案的影响。在本章中我并没有对质的影响发表任何观点，而关于托—伊案产生的质的影响，在我先前发表的研究文章中已有讨论。其次，我不讨论托姆布雷案和伊克巴尔案对于法律的影响。此前已有大量文献探讨过这一问题，在此不加赘述。我只想说明托—伊案对于法条的影响和对于法律实践的影响可能不同。最后，本章的目的是确定托姆布雷案和伊克巴尔案是否对法律实践产生实质影响。我们从数据中观察到的现象背后可能有很多原因，而本章只简要地讨论这个问题。而在更早的研究中，我已对托姆布雷案和伊克巴尔案为何会带来我们观察到的现象作了更全面的阐释。

二、迄今为止的发现

在过去几年中，很多研究试图量化托姆布雷案和伊克巴尔案对民事诉讼的影响。此处简要讨论这些研究，并会在第四节再回顾这些研究，并将他们纳入我的分析框架中。对这些研究更详尽的统计可参阅恩斯特龙（Engstrom，2013）。

目前，所有对托姆布雷案影响驳回率的研究，都没有发现统计上显著的影响。这些研究均未发现显著的比例变化，存在于不可再诉的批准驳回动议的案件中。有关伊克巴尔案或对于托姆布雷案和伊克巴尔案综合影响的研究，大多都得出了相同的结论。塞西尔等（2011）、摩尔（Moore，2012），以及布雷西亚（Brescia，2012）发现伊克巴尔案之后，可再诉的驳回次数增加了，但不可再诉的驳回没有变化。多德森（2012）和多德森（Quintanilla，2013）虽然发现了显著影响，但他们的分析并没有区分不可再诉的驳回和可再诉的驳回。

这其中规模最大的研究是赖纳特（Reinert，2015），他运用联邦法院的 PACER 系统，手工编码了大约 4200 件联邦地区法院对于驳回动议的裁决，最终发现驳回率显著上升，但这一结果完全是因为可再诉驳回的增加所致。

可再诉的驳回可能影响某些案件的最终结果，因为原告可能不愿意或者不能够提出足够的事实以修改诉状。然而，塞西尔等（2011）着重于可再诉驳回的最终影响，并得出如下结论：在考虑了经修改的诉状以及随后的驳回动议后，从托姆布雷案之前到伊克巴尔案之后，根据《美国联邦民事诉讼程序规则》第 12（b）(6) 条下驳回案件所占的比例并无变化。

伊萨克洛夫与米勒（Isaacharoff & Miller，2013）选出了 2011 年以来 236 个联邦上诉法院的判决，并检查了所有没有陈述诉求而被核准的驳回动议。他们发现只有小部分判决涉及诉状陈述的事实是否充分（也就是受托—伊案影响的具体起诉标准），这个结果意味着托—伊案的影响是有限的。

克莱蒙特与艾森伯格（Clermont & Eisenberg，2014）显示托姆布雷案和伊克巴尔案有很大的显著影响。由于他们和我一样使用了 AO 数据，我得以复制他们的结果。附录 A（译文因篇幅限制没有纳入所有附录——统稿注）展示了他们的结果——在 21 世纪前 10 年中期被告胜诉的判决无法解释地减少了；紧接着在托姆布雷案之后，被告胜诉的判决又明显增加了。我发现这是由数据质量导致。当数据质量的问题解决，无法解释的减少和随后的增加都消失了。

然而，我们必须谨慎对待先前这些直接比较驳回率变化的研究。因为它们并没有考虑到托姆布雷案或伊克巴尔案有重大影响的可能性，而这两个案件前后的案件构成[1]发生了变化，以至于掩盖了托姆布雷案和伊克巴尔案驳回率的真实情形。例如，如果托姆布雷案建立的合理性标准导致很多其后的原告完全不起诉了，那么，有可能在"有提起案件"中，被驳回的比例并不会改变——即使很多（潜在的）原告仍然在法庭上败诉。在第四节，我会更深入探讨这些"选择性偏差"的影响。

近来一些研究，试图探究托姆布雷案和伊克巴尔案后，起诉案件的构成变

---

〔1〕 审阅按：案件构成是司法制度实证研究的重要概念。要探究某个法律变革是否对例如法官的行为产生影响（透过和解率、原告胜诉率、审理日程变量衡量），必须要确保法律变革前后的案件构成足够相似。所谓的案件构成，是指研究范围内，法律变革前后两个时期的案件的各方面性质（原告诉求是否有理、决定提告的原告数量）。如果与实证研究重要相关的某个案件性质发生重大改变，前述关注的变量就可能同时反应了此种性质的转变以及法律变革的影响，因而使研究者无法确知法律变革实际上是否有影响，以及影响多大。

化。我早期有研究关于托姆布雷案的影响,提出了一种解决选择性偏差的实证研究方法,也就是被恩斯特龙(2013)称为"跨越分期"的方法(在第四节中,我会更详细介绍这个方法并改进它,以帮助分析)。我将此方法用在 AO 数据中,发现托姆布雷案可影响小于或等于 0.4% 的案件。

盖尔博(2012)使用正式的模型评估如何影响有驳回动议案件的构成。他提出一个(统计上显著的)下限,评估受托姆布雷案和伊克巴尔案影响的案件数量,相当于"所有被告提起驳回动议的案件"的 21.5%;也就是受"影响"的案子占全部案件的 1%。恩斯特龙(2013)以排除可再诉的驳回方式,修改盖尔博(2012)的分析,提出了一个更低的下限:所有被告提起驳回动议的案件之 11.3%,也就是全部案件的 0.57%。

有些研究的范围超出了联邦法院的驳回率。盖尔博(2016)探讨托—伊案如何潜在影响那些达到即决判决阶段的案件,其案件之构成;他的结果尚无定论。米哈斯基与伍德(Michalski & Wood, 2015)研究合理诉求标准如何在州法院影响不同结果(不只是驳回),但不限于托姆布雷案和伊克巴尔案本身。他们并没有找到证据,证明合理诉求标准对驳回或其他结果有重大影响。柯里与沃德(Curry & Ward, 2013)针对那些采用事实诉求和通知诉求的州,试图寻找托姆布雷案和伊克巴尔案后,是否出现有不同的移送模式,把案件移送至联邦法院——但没有发现影响。最后,博伊德等(Boyd et al., 2013)和黑兹尔顿(Hazelton, 2015)研究托—伊案后起草诉求的变化。博伊德(2013)发现托姆布雷案后的诉状往往会比之前列举更少的诉讼理由。黑兹尔顿(2015)发现有证据表明托—伊案后,侵权诉讼的诉求长度与复杂性增加。

三、新的数据

我使用两个数据集。第一个"AO 数据"包含 2005—2013 年所有提交过的联邦民事案件的行政数据。第二个"PACER 数据"是从 2005—2010 年所有提交过的联邦民事案件的分层随机抽样而来,内容包括档案表和诉求。

这两个数据集有两个引人注目的原因。首先,AO 数据是基于对所有案例的普查,PACER 数据则是所有案例的代表性样本。因此,这两个数据集都突破了过去研究最明显的限制——也就是这些研究依赖 Westlaw 或其他已发布的司法判决数据库。此类样本不能代表所有案例，因为发布的判决意见不是所有司法判决的随机样本，以及，获致司法判决的案件也不是对所有案件的随机抽样。

其次，在研究者尚未用以测验托姆布雷案或伊克巴尔案影响的数据集中，AO 数据和 PACER 数据是最大的数据集之一。以前许多关于托—伊案的研究，严重受限于缺乏统计上的检验力，但这次使用的数据集可以施以更高功率的统计测试来检测托—伊案的影响。这让我更有可能找到该案的影响效果——如果这种影响确实存在。同时它也给了我们更多理由相信，如果没有发现明显的影响，那么这种影响就不存在。

（一）AO 数据

我使用美国法院行政办公室收集和发布的数据，编制了数据集。其包含 2005 年 5 月至 2013 年 5 月，向联邦法院提交的民事案件，一共超过 700000 件。这个时间框架涵盖托姆布雷案前的完整两年，托姆布雷案和伊克巴尔案之间的两年，以及伊克巴尔案后完整四年。（原文）附录 B 详细介绍了我对 AO 数据的处理；我的数据集不包括某些独特的诉讼类别，如拖欠学生贷款、社会保障案件、石棉诉讼和囚犯诉讼，以及可能扭曲结果的案件组，如多区域诉讼（在一项判决中，可能会有数千个独立案件被驳回），还有路易斯安那州东区的案件，因为卡特里娜飓风造成了诉讼数量的激增。

表 8-1 显示了所有 AO 数据的统计摘要。本表显示了一个重要的事实：总体而言，无论是托姆布雷案前后，还是伊克巴尔案前后，诉讼驳回率似乎都相同。再者，托姆布雷案看来也没有导致和解增加，或者造成诉讼提交率的巨大变化。

我在这里注意到 AO 数据有两个关键缺陷。首先，AO 数据并未包含驳回动议的总数申请。因此我使用 PACER 数据研究驳回动议。其次，AO 数据没有区分在审判前根据案情终止案件的动议类型，包括第 12（b）（6）条驳回动议、第 12（c）条按诉状判决动议和第 56 条即决判决动议。这三类都属于"审判前依动议的判决"。

为了解决这一缺陷，我根据案件终止时的案件期限和胜诉方，将所有编码为"审判前动议判决"的案件分成两组。我将持续时间 45 天以上，但少于 225 天，而且被告胜诉的案件（或缺少胜诉方资料的案件），视为是根据第 12（b）

（6）条动议终止；对于这些案件，我创建虚拟变量"驳回"，并将其设置为1。相同时长但原告胜诉的案件则应该是按第12（c）条处置或其他类型的判决（如缺席判决）。

表 8-1　AO 数据概述统计

		年份（每年自 5 月 21 日起算）							
		2005	2006	2007	2008	2009	2010	2011	2012
所有案件	案件数	82956	82529	82431	82523	85645	89971	93985	96438
	诉讼驳回率	0.019	0.019	0.018	0.016	0.017	0.017	0.017	0.015
	诉讼和解率	0.205	0.211	0.217	0.214	0.224	0.228	0.225	0.227
反垄断	案件数	632	757	815	570	444	355	425	536
	诉讼驳回率	0.011	0.008	0.009	0.007	0.016	0.020	0.016	0.017
	诉讼和解率	0.073	0.077	0.044	0.098	0.038	0.065	0.064	0.052
公民权利	案件数	26810	25511	25163	26115	26800	28916	29554	27793
	诉讼驳回率	0.025	0.025	0.025	0.023	0.026	0.024	0.023	0.023
	诉讼和解率	0.130	0.130	0.133	0.139	0.137	0.150	0.159	0.165
劳动争议	案件数	11711	10582	9933	10383	10536	11327	11275	10039
	诉讼驳回率	0.015	0.016	0.016	0.016	0.017	0.017	0.017	0.016
	诉讼和解率	0.129	0.135	0.136	0.141	0.146	0.147	0.159	0.165
占比	侵权类案件	0.323	0.309	0.305	0.316	0.313	0.321	0.314	0.288
	合同类案件	0.189	0.194	0.197	0.228	0.208	0.182	0.166	0.154
	公民权利类案件	0.046	0.044	0.043	0.039	0.040	0.036	0.056	0.101

为期 225 天或以上的案件，我则视为依第 56 条动议终止。我选择这些分割线，因为它们大致相当于"典型"案件中，从提出诉讼到依驳回动议判决的最短和最长时间。这个时间范围，与各种研究判决驳回动议和即决判决动议所认为的时间一致。重要的是，虽然这些精确边界的确定有些武断，但即使调整边界也不会显著改变我的结果。在（原文）附录 C 中，我呈现提交诉状后 365 天

内驳回的回归结果（而不是 224 天），结果变化不大。其他虽未提供但额外持续时间范围（从 124 天的上限到 424 天的上限）的结果也类似。

AO 数据的最后一个问题是 2002—2007 年，胜诉方变量的数据质量。在这些年里，有异常多比例的案件缺少胜诉方的资料。由于大多数 45—224 天内作出的审前判决是有利于被告的，因此，在确定哪些案件算作被驳回时，我把胜诉方编码为"失踪"的案件与"被告"归为一起。在（原文）附录中，我更详细地讨论这个问题，估算缺少胜诉方信息案件的数量，然后重新分析估算的案数据。这一替代方法，让下面介绍的所有结果都具有稳健性（没有质的差异）。事实上，它们明显更强；结果接近于 0，并被精确估计。

（二）PACER 数据

PACER 数据是由 2006—2010 年提交的联邦民事案件样本的档案表和诉状组成。从美国法院的 PACER 系统下载时，这些文件为 PDF 档案。因为收集、编码大量档案记录和诉状将耗费大量时间和费用，我采用分组（按地区和诉讼性质）的样本设计来增加统计能力。PACER 数据并不是直接从所有 90 个联邦区提取案件，而是从 21 个区提取案件，并且每年在就业歧视、反垄断和侵权（包括车辆驾驶疏忽、产品责任和医疗事故等）3 种案件类型中，至少分别有 5 个案件。实际上，反垄断案件是限制因素，因为托姆布雷案本身是一起反垄断案件，但这种案件只占所有联邦案件的很小一部分。

但是，在完成数据收集和处理后，我确定反垄断数据与其他类别的案件不具有可比性，因此我决定不报告反垄断案件的结果。另外，表中省略了侵权案件，因为它们比就业歧视案件少很多，而且结果不精确。然而，值得注意的是，侵权案件的结果大致和劳动争议案件报告的结果相似：诉状篇幅增加和诉求修改次数明显增加，但驳回或其他诉讼结果没有变化。也许最重要的是，在 113 个案例的样本中，只有两个驳回动议被提出——分别在托姆布雷案发生前与后——并且都没有被批准。很难想象比这更有说服力的证据证明，托姆布雷案和伊克巴尔案充其量只对动议和案件结果有轻微的影响！

为了最大限度地增加统计功效，并将分析重点放在一般认为最容易受托姆布雷案和伊克巴尔案影响的案件类型，我仅使用 PACER 数据中的雇用歧视案例——那些由行政办公室标记为"公民权利：雇用争议"的案件。PACER 数据的统计摘要信息显示在表 8-2 中。

表 8-2　PACER 数据概述统计

	立案年份					
	2005	2006	2007	2008	2009	2010
哑变量						
驳回（不可再诉）	0.035	0.041	0.047	0.045	0.056	0.070
驳回（可再诉）	0.009	0	0.008	0.017	0	0.010
即决判决（被告胜诉）	0.180	0.189	0.228	0.168	0.161	0.134
原告败诉	0.215	0.219	0.284	0.224	0.217	0.204
早期和解阶段	0.105	0.041	0.032	0.045	0.112	0.075
连续变量						
驳回动议的平均数量	0.219	0.291	0.228	0.296	0.434	0.378
修改诉状的平均数量	0.219	0.316	0.362	0.486	0.469	0.393
事实段落	23.7	30.8	27.2	26.3	29.3	26.3
法律诉求的数量	3.31	3.47	2.94	3.25	3.71	3.19
详细分数	3.15	3.23	3.17	3.22	3.27	3.30
样本数	228	196	127	179	143	201
计算机编码的变量						
字数统计	2140	2334	1922	2346	2516	2520
样本数	386	376	211	326	175	352

为了在每个采样区域内创建案例的随机样本，我使用 AO 数据，在每个样本区中，针对采样时间范围和采样案例类别生成随机样本，然后在一组研究人员的帮助下，我从 PACER 中找出与这些档案号对应的档案表。出于某些目的，我从很短的时间范围内抽取了案例，因此无须取样，但我在相关范围内提取了所有案例。[1]

四、方法和结果：构建拼图

（一）方法论上的考量

我们如何才能得出托—伊案有显著影响的结论？必须有证据表明这个影

---

〔1〕　审阅按：以下省略数段编码过程的描述。

响是很大的（而不是小的）以及真实的（而不是欺骗性的）。更准确地说，判断是否存在统计学意义上重大影响的证据的黄金标准有三要素：估计的影响必须（1）大到有足够意义；（2）具有统计学意义上的显著性；（3）具有因果关系。

所谓的大到有足够意义，是指引起的变化大到足够使我们认为这种变化是重要的。在经济学术语中，这有时候被称为"经济学意义上的显著性"，而不是"统计学意义上的显著性"。不过我要澄清一下，"经济学意义上的显著性"和"经济"没有必然的联系，它只是代表"现实世界中的显著性"。在这里，简单起见，我有时会用"重大影响"来简化"大到有足够意义的影响"或"经济学意义上的显著影响"。

什么能被称为重大影响，则取决于语境，以及最终取决于读者怎么看。我把大于所有起诉案件（或者一个种类中的全部案件）的2%的影响，称为重大影响。换句话说，如果托姆布雷案或伊克巴尔案改变了每100个案件中的2个案件的结果，那么我就认为这是一个"重大的"变化。鉴于托姆布雷案引起的警惕，我认为这是一个相对宽松的判断"重大"变化的标准——即使有98%的起诉案件没有受到影响，托姆布雷案的影响仍然可能是重大的！

读者当然可以自由决定什么样的影响能算成重大影响。也许一个更好的标准是1%或者5%的提起诉讼的案件受影响，又或者一个更合适的基准不是所有提起诉讼的案件，而是一个其他数字。本章报告的结果，允许读者适用她认为合适的、任何具有现实世界显著性的标准。

除案件结果以外的变化，我没有为"重大影响"设立一个标准，因为之前的文献也没有对诸如诉状的长度或起草风格等的变化作出较强的预测。对这些结果，我只关注统计学意义的显著性。

统计学意义的显著性是下结论的标准，即估计的影响是否反映了两组之间（例如托姆布雷案之前和托姆布雷案之后）基本行为的真实差异，而不仅是由随机机会引起的差异。如果一个估计的影响在统计学意义上不是显著的，那么我们就缺乏信心断定真实的影响并不是0。任何 p 值在0.05或以下的估计都会被我认为在统计学意义上是显著的（也就是在"5%水平"的统计显著性）。粗略而言，这意味着真实差异为0的可能性只有5%，且我们是偶然获得（非0的）估计值。

因果识别是实证检验设计中运用的术语，即实验组和对照组之间的估计差异是源于托姆布雷案和伊克巴尔案的出现,而非其他因素。就本章目的而言,因果识别的意思是,实证检验的设计可说服我们,估计出来的托—伊案"影响"是真正由托—伊案引起的,而不是因为与托姆布雷案或伊克巴尔案无关也未观察到,但在时间点上重合的因素。这是严重的问题,因为有两种对因果识别会造成严重障碍的因素:(1)遗漏变量偏差,和(2)选择效应。

应该考虑遗漏变量偏差,是因为它们影响着我们关注的结果,但是却未被纳入估计中——可能是因为我们没有意识到它的相关性,或者因为我们无法测量这些因素。至少存在两种潜在遗漏变量,可能严重削弱对托—伊案影响的估计有效性。

首先,自世纪之交以来,在联邦法院提起的民事案件数量大幅减少。所以,举个例子,仅仅比较托姆布雷案之前和之后的起诉率,可能会观察到托姆布雷案之后的案件提起数量下降。如果没有控制既有的起诉率变化趋势,就可能错误地得出托姆布雷案导致起诉率下降的结论。但是,若我们关注的是起诉率,这个偏差则很容易修正:因为起诉率的变化趋势是可观测的,所以我们只需要在估计托姆布雷案或伊克巴尔案的影响时,将这一趋势作为控制变量即可。如果关注的结果是像驳回率或者和解率这种既存的趋势,我们也可以使用同样的方法。本章的结果都已经控制了时间趋势。

其次,托姆布雷案之后,"大萧条"开始。就像我们不能据此错误地推测托姆布雷案导致了"大萧条"一样,我们也不能忽视"大萧条"影响诉讼结果的可能性——毕竟在经济繁荣时期提起的诉讼,和在萧条时期提起的诉讼之间,类型和质量是不可能一样的。再者,即使相同的案件也可能有不同的诉讼方案。例如,变化的经济形势可能导致当事人更愿意(或更不愿意)和解。但是在测量伊克巴尔案的影响时,现有文献几乎没有将"大萧条"作为可能的干扰因子。

至少有两种解决这干扰的方法。一种方法是去找个可测量的因素,纳入回归作为控制变量,比如 GDP 或者失业率。因为这些因素会随着"大萧条"涨跌,他们可以作为代理变量,反应更大范围的变化足以影响案件的构成。另一种方法是寻找跨区域(而不是跨时间)的变化。尽管"大萧条"影响了整个美国,而托—伊案适用于所有联邦法院,但托—伊案并不会均等地影响所有州法院。米哈斯基与伍德(2015)就设法降低了"大萧条"带来的潜在偏差效应。

选择性偏差是一种遗漏变量偏差,但值得单独来处理它。假想的世界里,当事人和他们的律师在托—伊案前后表现皆相同,也就是说,那些面对驳回动议的法官，不管在托—伊案前后，都会看到同样的案子和诉状——所以我们可以轻松地透过驳回率的差异发现托—伊案的影响。

但是，在现实世界里，如果托姆布雷案和伊克巴尔案真的改变了案件的判决方式，那么当事人和他们的律师将考虑到这一点，这些对托姆布雷案和伊克巴尔案的内生反应可能会改变"到达驳回动议阶段案件"的性质和构成。诉状可能会变得更加详细，有一些本来会起诉的案件当事人可能不会起诉（反之亦然），有些本来会和解的案件可能由驳回动议决定（反之亦然），如此等等。因此，即便驳回率前后比较并无明显变化，但至少从原则上托姆布雷案和伊克巴尔案也依然可能有很大的影响。

另一种选择效应来源于法官（而非律师或当事人）的内生反应。不是所有联邦地区法院对驳回动议的判决，都会在诸如 Westlaw、Lexis 或 Bloomberg 这类法律数据库中公布。虽然随着时间推移，这些数据库囊括的联邦地区法院判决都更加全面，但并不是所有驳回动议的判决都公开了。原因之一是并非所有驳回动议的判决都有书面版本。即使托姆布雷案和伊克巴尔案对诉讼行为没有重大影响，但它们毫无疑问地都对法律原则产生了重大影响。因此，我们可能会预计联邦地区法院法官会改变他们起草及公布驳回动议的方式。如果我们仅仅依靠已公布的判决，有可能我们发现的影响是托—伊案对公布判决行为的影响，而不是对法庭结果的影响。

解决这种选择效应的方法有两种，本章这两种方法都会用到。第一种控制选择效应的方法，是设计一种实证策略，保持托姆布雷案（以及伊克巴尔案）前后可能被驳回的案件之构成不变。只要我们分离出一部分案件，足够让我们对托姆布雷案前后的驳回率做一对一比较，那么我们就可以通过比较驳回率，来证明托姆布雷案和伊克巴尔案的影响。我把这种方法称为"因果识别"法。本章在第四节的第二小节中，我介绍并运用了这一方法。

虽然这一方法是最直接、最有力的证明托姆布雷案或伊克巴尔案影响的方法，但我用来获得因果识别的实证设计，只能够检测出每个案子发生后不久受到的影响，也就是我所说的"短期的"影响。因此，必须有第二种方法，来检测延迟的影响，或随着时间推移逐渐形成的影响。

第二种方法是寻找选择效应，而不是控制选择效应。举个例子，如果和解率的变化削弱了托—伊案对驳回率的影响，那么在观察驳回率之外，我们也可以观察和解率是否变化。我将这一个过程称作"消除过程"：如果托姆布雷案和伊克巴尔案对驳回率有重大影响，那么这一重大影响有可能没有体现在驳回率上，但体现在其他地方。因此，我不仅会观察驳回率，还会观察和解率、起诉率和诉状的长度与内容，以及其他可能作为托—伊案有重大影响的潜在证据来源。在这方法下，任何单个的对托—伊案影响的估计都只是对于托—伊案是否有重大影响的薄弱证据。相比于第一种方法，此方法不能完全控制混杂因素——如"大萧条"对案件构成的影响。但是，当我们把所有潜在能体现托—伊案延迟影响的估计都串联在一起，我们可以得到更完整的图景，理解托姆布雷案和伊克巴尔案之后诉讼规律变化的程度。在本章第四节的第三小节中，我采用这一方法。

我在这里讨论一下我采用的生成和报告结果的习惯。对于因果识别和消除过程两种方法，我会用标准的统计估计方法。我对像驳回率这样的因变量，以及表示一个案子发生在托姆布雷案或伊克巴尔案之前或之后的自变量，做了线性回归和逻辑回归分析，控制了巡回法院辖区和案件种类性质的固定效应，并以地区为单位聚类稳健标准误差。对于逻辑回归，我只报告了边际效果，所以报告的系数可以直接解释托姆布雷案或伊克巴尔案后被驳回的案件比例的变化。一个数值为 0.01 的系数代表着驳回率上 1% 的变化。

在呈现结果方面，存在一个特殊的挑战，因为我需要区别三种结果：（1）统计意义上显著地拒绝托—伊案无影响的零假设；（2）统计意义上显著地拒绝托—伊案存在重大影响的假设；（3）空结果，也就是说，结果在统计意义上不显著且接近于 0，但并没有精确到足以排除存在重大影响的可能性。

在报告结果的表中，统计意义上显著的差异将标有星号或用加粗字体。我将这样的结果作为托姆布雷案或伊克巴尔案有影响的"证据"。但是，需要注意的是，统计意义上显著的影响并不必然是大到有足够意义的影响的证据。我还会报告回归估计是否拒绝了另一个虚无假设，即存在至少 2% 的变化（"重大影响"）。为此，除了报告估计的系数值和标准误差外，我还在报告回归结果的表中增加了单独的一行"重大影响"。这里是总结回归结果的简要指标：（1）"是"表示系数在统计学意义上是显著的，并且与托—伊案存在重大影响的预计是一致的，但这并不意味着我可以拒绝影响并不"重大"的可能性。这样，我解决了倾向于得出存在重大影响结论的疑问；（2）"否"表示拒绝存在主要影响的假设；（3）"空"表示我既不能拒绝影响为 0 的原假设，也不能拒绝存在重大影响的备择假设。[1]

（二）控制选择效应："因果识别"

1. 建立因果识别证明

正如我已经提到过的，估计托姆布雷案或伊克巴尔案影响的理想方法是找到托姆布雷案或伊克巴尔案判决前后的驳回动议判决的案件，并进行一对一的比较。但正如上所述，这需要一种能够考虑到多种潜在的混杂因素的方法：（1）起诉的时间趋势和/或"大萧条"的影响；（2）选择效应：提起诉状的内生变化；（3）选择效应：和解的内生变化；（4）选择效应：提起驳回动议的内生变化；（5）司法判决的公布并非随机的选择。

迄今为止，尚未有研究考虑上述所有对于因果识别所造成的困难。在表3（参考原文表3，译文因篇幅没有纳入——统稿注）中，我总结了先前研究在多大程度上解决了这些因素。这并不是说先前的研究没有提供有用的信息。毕竟，即便这些研究并未声称解决因果关系识别的困难，依然无法幸免于严格的批评。在本章第四节的第三小节中，我提出了一个框架，整合所有先前研究的贡献。

在这里，我要介绍我用来测量托姆布雷案和伊克巴尔案产生的（短期）效果的方法。这一方法是基于我在早期研究中提出的"跨越分期"方法，但增加了要素，使我能够（尽可能）解决前面列举的全部5个可能的选择效应。这一方法的关键是比较（1）托姆布雷案之前提起；并且要么是在托姆布雷案前已被驳回，要么是在托姆布雷案以前可能被驳回的案件，和（2）托姆布雷案之前提

---

[1] 审阅按：是、否、空，这三种判断，是本章研究的方法论突破之一。为便利读者理解，审阅者与作者讨论后，以另一种等价的方式解释。（1）表格中的"是"，表示有"重大影响"，其条件为：A.拒绝虚无假设"托—伊案变量的系数为0"（一般表格上会标示为统计意义上显著），且B.无法拒绝备选假设"托—伊案变量的系数≥2%"。为何这个重要的判断的条件B要以无法拒绝的形式呈现？也就是，为何不将备选假设设定为"托—伊案变量的系数＜2%"，并以拒绝此被假设作为判断条件？作者表示，原因之一是之前的文献都认为托—伊案有重大影响，将备选假设设定为"托—伊案变量的系数≥2%"，使得推翻先前文献更为困难，因为要拒绝这个备选假设必须 $p<0.05$。若没有这样小的 p 值，结论就会是有重大影响。也就是，此种设定方式对既有文献有利，更使得本章的研究发现能推翻既有文献的重大影响说更有说服力。原因之二则是，回归结果出来后发现，托—伊案变量的系数甚小，显然不会超过 2%。（2）表格中的"否"，就是正文常常使用的"精确的0"，其成立条件是：A.无法拒绝虚无假设"托—伊案变量的系数为0"；且B.拒绝备选假设"托—伊案变量的系数≥2%"。作者表示，若 A.拒绝虚无假设"托—伊案变量的系数为0"，且系数为正；且B.拒绝备选假设"托—伊案变量的系数≥2%"，则应解释为"精确的微小效果"。（3）表格中的"空"，就是正文常常使用的"不精确的0"，其成立条件是：A.无法拒绝虚无假设"托—伊案变量的系数为0"；且B.无法拒绝备选假设"托—伊案变量的系数≥2%"。由于 B 条件是单尾检验，而非双尾检验，其判断方式是：若"系数 +1.645* 标准误 ≥ 2%"，则无法拒绝备选假设。至于 A 条件下，无法拒绝虚无假设的判断方式与一般回归式相同：若"系数 +1.96* 标准误 >0"且"系数 –1.96* 标准误 <0"，则无法拒绝虚无假设。

起；直到托姆布雷案之后才有可能被驳回的案件。同样的方法也适用于伊克巴尔案。通过将我的分析限于托姆布雷案之前提起的案件，我控制了托姆布雷案之后可能潜在案件构成的变化。为清晰起见，我围绕着这一方法如何解决上述5种混杂因素来展开讨论。

一是时间趋势，起诉的内生变化，以及"大萧条"。"跨越分期"方法如何解决这些混杂因素？首先，它用一个相对较短的时间范围，这样估计值就不会受长期趋势影响而引起偏差。其次，这一方法可以抑制起诉中可能的内生变化，因为它只关注托姆布雷案或伊克巴尔案之前提起的案件。因为托姆布雷案使康利案的判决"退休"在很大程度上出乎法律界的意料，托姆布雷案对案件构成的影响都只可能发生在托姆布雷案以后的案件上。因此，由托姆布雷案之前提起但在托姆布雷案之后才被驳回（如果有被驳回的话）的案件组成的实验组，和对照组（既是托姆布雷案之前被提起也是托姆布雷案前被解决的案件）应该在案件的诉讼请求、实体问题、诉状风格等的构成都是一样的。由于在伊克巴尔案之前最高法院是否宣布合理诉求这一新法律也不明了，所以同样的论证也适用于伊克巴尔案。最后，至少对于托姆布雷案来说，整个样本时期都在"大萧条"之前，因此可以避免"大萧条"可能引起的案件构成上的变化。然而，就伊克巴尔案来说，其与"大萧条"在时间上的重叠不可避免，故即使是在我所选取的这一狭窄的样本时期，也可能出现与伊克巴尔案无关的原因而引起的案件构成上的变化。

对于手工编码的PACER数据的分析证实了我的直觉。如同我在（原文）附录D中记录的，托姆布雷案的实验组（2007）和对照组（2006）中案件的诉状长度和语言特征几乎都是相同的。这支持了我们的结论，也就是在托姆布雷案之前起诉的原告没有基于对托姆布雷案判决的预判改变他们的诉状。对于伊克巴尔案的实验组（2009）和对照组（2008）的类似分析也揭示了实质的共性，不过我们并不能有信心断言像"大萧条"这样的因素没有影响在伊克巴尔案即将判决时提起的案件的构成。

二是和解的内生变化。因为在托姆布雷案（或伊克巴尔案）前不久提起的案件可以在该案判决之后和解，这里描述的"跨越分期"方法本身不能排除由和解模式变化引起的选择效应。因此，在驳回动议阶段之前，也就是我所说的"早期和解阶段"，就存在选择效应的可能性。我称之为"早期和解"的意思是和解发生在起诉和驳回动议可以被批准的224天的空档之间。

为了在数据允许的范围内排除这一可能性，我直接检查了托姆布雷案样本和伊克巴尔案样本中早期和解率的变化。在（原文）附录 D 中，我报告了回归的结果，其中因变量是驳回可能发生的时间区间内的和解率。所有相关的系数在统计意义上都是不显著的，并且数值接近于 0。这可以确保和解规律的变化不会影响从驳回率的变化中得出的因果推断[1]。

三是驳回动议的提起的内生变化。第四个可能的混杂因素是被告提起驳回动议的变化。我对于因变量的选择排除了这一混杂因素：因驳回而终止的案件占所有提起案件的比例。一个案子要因此而终结，必须被告提起了驳回动议并且法院也批准了该动议。因此，这两种变量中的任一种升高都会引起被驳回案件的比例升高。

四是司法判决公布的内生变化。最后之所以存在潜在混杂因素，是因为司法判决的公布并非随机的选择，而我对于数据的选择亦排除了这一混杂因素。我收集的所有数据都是基于美国法院行政办公室的法院记录，因此包含了样本期间提起的所有联邦民事诉讼。在确保没有潜在混杂因素以后（但对"大萧条"和伊克巴尔案数据的影响，仍持审慎态度），我现在来估计托姆布雷案和伊克巴尔案对驳回率的短期影响。

2. 结果

表 8-3 报告了结果。A 组是托姆布雷案的结果。在所有的模型中，我们发现了托姆布雷案没有影响的证据（即相当精确的 0 结果）。无法排除的最大影响也小于案件的 2%，且对于原告有律师或无律师代理的案件都是这样的。唯一的例外是对于原告无律师代理的就业歧视案件中，我得出的是空结果（即不精确的 0）。[2]

表 8-3 中 B 组报告的是伊克巴尔案的结果。同样在所有的模型中，除了对于原告有律师的就业歧视案件是空结果以外，我们发现了伊克巴尔案没有造成影响的证据（即我可以排除伊克巴尔案有重大影响）。总而言之，没有证据表明托姆布雷案或伊克巴尔案对联邦地区法院不可再诉的驳回起诉的倾向存在短期影响。无论如何，我所采用的因果识别方法提供了证明托姆布雷案和伊克巴尔案对驳回率没有重大影响的证据。

---

〔1〕 审阅按：这里的意思是，因为和解率没有变化，所以驳回率的变化不是由和解率变化所引起的。

〔2〕 审阅按：精确的零结果，就是表中标示"否"的结果。不精确的零结果，就是表中标示"空"的结果。零指回归系数值为 0。

表 8-3　对案件驳回率产生的立即影响（AO 数据）

	A 组 —— 托姆布雷案			
模型	（1）所有案件	（2）所有案件	（3）就业歧视案件	（4）就业歧视案件
托姆布雷案	−0.0015 （0.0028）	−0.0024 （0.0039）	−0.0003 （0.0064）	0.0005 （0.0099）
是否有重大影响	否	否	否	否
无律师协助		0.0454** （0.0057）		0.0389** （0.098）
托姆布雷案 × 无律师协助		−0.0034 （0.0054）		0.0034 （0.0123）
是否有重大影响		否		空
样本数	12076	13500	1440	2020
B 组 —— 伊克巴尔案				
模型	（1）所有案件	（2）所有案件	（3）就业歧视案件	（4）就业歧视案件
伊克巴尔案	−0.0000 （0.0026）	−0.0002 （0.0042）	0.0075 （0.0059）	0.0124 （0.0093）
是否有重大影响	否	否	否	空
无律师协助		0.0427** （0.0053）		0.0406** （0.0115）
伊克巴尔案 × 无律师协助		0.0001 （0.0056）		−0.0155 （0.0143）
是否有重大影响		否		否
样本数	12146	13545	1528	2089

说明：*表示在0.1统计水平上显著，**表示在0.05统计水平上显著，***表示在0.01统计水平上显著；括号内为回归分析的稳健标准误差。

（三）寻找选择效应："排除过程"

人们可能会怀疑是否可以对托—伊案的影响进行可靠的因果识别测试。此外，可能想要探索托—伊案有延迟影响的证据。案件档案中的既存趋势、伊克巴尔案和"大萧条"的几乎同时发生，选择效应亦可能减弱托—伊案对驳回率的影响，这些因素都对实证研究者构成了严峻挑战。但我们是有可能将研究更推进一步？或是我们必须忽略不作因果识别的研究？

在我看来，还有一些事情可以做，并且我们可以利用那些因果识别并不清晰的研究。我在这里提出的方法可以描述为"排除过程"。如果我们无法控制选择效应,也无法对托姆布雷案或伊克巴尔案之前和之后的案例进行逐一比较,那么我们必须反问自己:"鉴于我们已经尽可能多地控制了许多变量,但无法控制(可能会或可能不会出现的)选择效应,那我们预期会看到什么?"在回答这个问题时,我们将使用一系列假设。拒绝或接受其中任何一个几乎都不是决定性的,因为我们不能确定是选择效应而不是处理效应(即托姆布雷案或伊克巴尔案的影响)没有发挥作用。但透过决定拒绝或接受每个假设,可以使我们在某些选择效应存在或不存在的条件下,决定排除或纳入托—伊案有主要影响的可能性。尽管这种排除过程无法涵盖托—伊案可能产生间接影响的所有方式,也无法涵盖选择效应可能阻止我们观察到影响的所有方式——毕竟,我并没有主张使用这种方法进行因果识别!结果的积累将逐渐展现托—伊案之后的行为变化,并减少其他可能解释的可能性。

1. 假设1:假设没有选择效应

让我们从最简单的情况开始:一个没有(有意义的)选择效应的世界。这可能是我们生活的世界,也可能不是。仅仅因为法律体系中的参与者会对法律规则的变化产生内生的反应,并不意味着选择效应的程度足以使我们无法察觉托—伊案的主要影响。确实,克勒曼与李(Klerman & Lee,2014)[1]指出在一系列合理的假设下,尽管选择效应可以削弱法律变更对案件结果的影响,但仍然可以检测到重大影响。因此,尽管本章在因果识别方面下了很大的功夫,但先假设不存在选择效应可能仍是适当的。

如果选择效应不是问题,那么简单地对比驳回率前后的改变将告诉我们托—伊案的影响。驳回动议的批准率变化可以清楚展现于二者任一:不可再诉的驳回和可再诉的驳回。如果不可再诉的驳回数量增加了,而这正是大多数对托—伊案的担忧所在,那么这种影响将以案件结案的比例体现出来。如果可再诉驳回的数量增加了,这将在案件终结(如果原告不重新起诉)或提出修改诉状中出现。此外,即使法院批准驳回动议的比例没有变化,但如果提起更多的驳回动议,驳回的次数也可能会增加。

另外,如果不可再诉的驳回数量增加,我们可能会看到下游效应。根据定义,更少的案件将进行至证据开示、和解、即决判决或审判。如果和解率不变,这意味着进入即决判决阶段的案件将减少,这些案件的质量可能会发生变化。

---

[1] 审阅按:该文参见本书第7章。

正如盖尔博（2016）所述，如果驳回有效地筛选出较弱的案件，那么被告赢得即决判决的比率可能会下降。如果驳回工作做得不好，则比率可能不会改变或可能会上升。

综上所述，没有选择效应的假设得出以下一组预测：

假设1（a）：托—伊案会导致不可再诉的驳回在所有案件中的比例在统计意义上有显著增加。

假设1（b）：托—伊案会导致可再诉的驳回在所有案件中的比例在统计意义上有显著增加。

假设1（c）：托—伊案将导致提出驳回动议的总数在统计意义上有显著增加。

假设1（d）：在所有案件中，托—伊案将导致对被告人有利的即决判决而终结的案件数量在统计意义上有显著变化。

表5（参考原文表5，译文因篇幅没有纳入——统稿注）收集了使用假设1产生结果的现有研究。A组总结了与所有案件相关的研究发现，而B组则侧重于针对无律师代理的原告提起的案件的特定发现。表5揭示了以下内容：

假设1（a）：对于所有案例，绝大多数结果都是空结果，并且关于假设1（a）的两个统计学上显著的结果指向相反的方向：盖尔博（2012）发现，托姆布雷案和伊克巴尔案的联合影响的下界（0.57%；所有案例）在统计学意义上显著；而我先前发表的研究文章发现，托姆布雷案的影响（0.40%；所有案例）在统计学上意义显著，但实际影响接近为0。[1]

假设1（b）：几项研究研究了关于驳回动议的裁决，所有研究都发现，在托姆布雷案或伊克巴尔案之后，可再诉的驳回在统计学意义上显著上升。

假设1（c）：塞西尔等（2011）发现，在所有案件中，提出驳回动议的案件从2006年到2010年增加了2.2个百分点。

假设1（d）：有两项研究寻找了托—伊案的下游效应，但他们只发现了空结果。

假设1，无律师代理的案例：当先前的研究着眼于无律师代理的原告时，这些研究发现对原告不利的结果在统计学意义上显著上升。

带着这些发现，我现在转向对AO数据和PACER数据的分析结果。我从假设1（a）开始，并在转向回归结果之前采用图像表示。AO数据揭示了起诉

---

[1] 审阅按：也就是"精确的0"或表格中会标示的"否"。

案件驳回率的长期趋势。图 8-1 绘制了在给定年份提起而最终被驳回的案件比例。我利用了托姆布雷案和伊克巴尔案几乎恰好相隔两年的事实，故从每个日历年的 5 月 21 日开始将数据分为一年间隔（托姆布雷案于 2007 年 5 月 21 日作出判决；伊克巴尔案几乎是两年后，即 2009 年 5 月 18 日作出判决）。例如，托姆布雷案之前的一年是标有 2006—2007 年的数据点，而标记为 2009—2010 年的数据点为伊克巴尔案之后的一年。图 8-1 分别列出了所有案件、公民权利案件和劳动争议案件的驳回率。在 AO 数据的所有这三部分中，在整个时间段内，驳回率均持平。

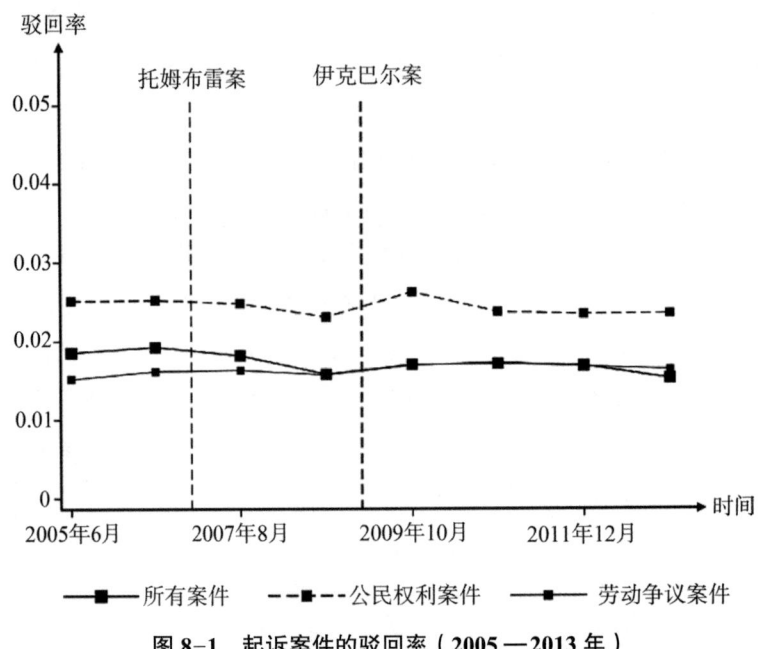

图 8-1　起诉案件的驳回率（2005—2013 年）

表 8-4 和表 8-5 报告了回归结果，控制了地区和案件类型之间的差异，以及各地区内的相关测量误差。（读者可能注意到表 8-4 和表 8-5 检验了与表 8-3 相同的结果，表 8-4 和表 8-5 具有较大的样本量和更长的时限，但以不宣称因果推论为代价）表 8-4 的第 1 栏和第 2 栏报告的结果不包括无律师代理的原告，结果是相当精确的 0，所以我可以轻松地拒绝托姆布雷案或伊克巴尔案有重大影响的假设。

表 8-4 的第 3 栏和第 4 栏则包括无律师代理的原告。在此对有律师代理的原告的估计影响还是精确的 0，且交叉项"托姆布雷案 × 无律师代理"的系数

同样是精确的0。但是，交叉项"伊克巴尔案 × 无律师代理"的系数是正的且显著的。这表明，在伊克巴尔案之后，法院驳回由自诉原告提起的案件的几率在统计上显著地上升。这种明显的影响在统计学意义上显著，并且在规模上接近"重大影响"，即估计值在1—2个百分点。简言之，表8-4显示在伊克巴尔案后有律师代理的原告没有受到影响，但是伊克巴尔案对无律师代理的原告具有统计上显著的影响。

表 8-4 假设 1(a) 下的所有案件驳回率变化（AO 数据）

	案件驳回率			
	（1）线性回归	（2）逻辑回归	（3）线性回归	（4）逻辑回归
托姆布雷案	−0.0014	−0.0010	−0.0009	−0.0010
	（0.0015）	（0.0014）	（0.0016）	（0.0021）
是否有重大影响	无	无	无	无
伊克巴尔案	−0.0043*	−0.0037*	−0.0031	−0.0057**
	（0.0016）	（0.0016）	（0.0020）	（0.0022）
是否有重大影响	无	无	无	无
无律师代理			0.0707**	0.0386**
			（0.0082）	（0.0031）
托姆布雷案 × 无律师代理			0.0045	0.0031
			（0.0056）	（0.0031）
是否有重大影响			无	无
伊克巴尔案 × 无律师代理			0.0187*	0.0132**
			（0.0090）	（0.0027）
是否有重大影响			有	无
样本数	362590	362590	409375	409375

说明：*表示在0.1统计水平上显著，**表示在0.05统计水平上显著，***表示在0.01统计水平上显著；括号内为回归分析的稳健标准误差。

表 8-5 针对就业歧视案件做了同样的研究。此研究中对无律师代理的原告和有律师代理的原告的明显影响都是相当精确的0，这削弱人们常说的托—伊案对就业歧视案件中的原告尤其不利的预测。

表 8-5　假设 1（a)下的就业歧视案件驳回率变化（AO 数据）

	案件驳回率			
	（1）线性回归	（2）逻辑回归	（3）线性回归	（4）逻辑回归
托姆布雷案	−0.0004 （0.0017）	−0.0004 （0.0017）	−0.0003 （0.0019）	0.0001 （0.0029）
是否有重大影响	无	无	无	无
伊克巴尔案	−0.0026 （0.0028）	−0.0027 （0.0029）	−0.0024 （0.0038）	−0.0027 （0.0042）
是否有重大影响	无	无	无	无
无律师代理			0.0483** （0.0071）	0.0326** （0.0031）
托姆布雷案 × 无律师代理			0.0022 （0.0081）	0.0000 （0.0034）
是否有重大影响			无	无
伊克巴尔案 × 无律师代理			0.0047 （0.0082）	0.0019 （0.0029）
是否有重大影响			无	无
样本数	51957	51957	63346	63346

说明：*表示在0.1统计水平上显著，**表示在0.05统计水平上显著，***表示在0.01统计水平上显著；括号内为回归分析的稳健标准误差。

如上所述，使用 AO 数据的一个问题是，它们没有将因未能陈述诉求而提出的驳回动议与针对案情的其他审前判决相区分。PACER 数据因为是使用案卷表以了解案件处理依据的详细信息，从而解决了这一问题。在表 8-6 的 A 组中，我对 PACER 数据复制上对 AO 数据所采用的方法。第 1 栏和第 2 栏估算了托姆布雷案和伊克巴尔案对不可再诉驳回的影响。尽管不能排除系数大小与重大影响一致的可能性，但所有结果均为空，并且系数实质上很小。

此外，尽管我只呈现就业歧视案件的 PACER 数据的回归结果，但关于侵权案件的 PACER 数据却令人震惊：如上所述，在 113 个侵权案件的样本中，仅提出了 2 次驳回动议，第 1 次是在托姆布雷案前，第 2 次在其之后——并且 2 次动议均未授批。

表 8-6 的第 3 栏和第 4 栏则使用不同的因变量。并不是针对不可再诉的驳回，而是针对原告的最初控诉在可再诉的情况下被驳回，而原告未提交修正的诉状后终止的案件（这些情况在 AO 数据中将被视为不可再诉的驳回）。在此，所有结果均为空。

表 8-6　假说 1：驳回率（PACER 数据）

A 组—假说 1（a）：不可再诉的驳回				
模型	（1）线性回归	（2）逻辑回归	（3）线性回归	（4）逻辑回归
托姆布雷案	0.008（0.011）	0.010（0.015）	0.010（0.007）	0.009（0.005）
是否有重大影响	空	空	空	空
伊克巴尔案	0.028（0.019）	0.028（0.022）	0.001（0.001）	0.002（0.007）
是否有重大影响	空	空	空	空
样本数	1074	1074	1074	1074

B 组—假说 1（b）：可再诉的驳回	
模型	（1）线性回归
托姆布雷案	0.008（0.022）
是否有重大影响	空
伊克巴尔案	0.000（0.010）
是否有重大影响	空
样本数	1074

C 组—假说 1（c）：被告提出驳回原告起诉动议	
模型	（1）线性回归
托姆布雷案	−0.022（0.012）
是否有重大影响	空
伊克巴尔案	0.129[**]（0.002）

续表

是否有重大影响		有
样本数		1074

D 组—假说 1（d）：驳回率对诉讼下游效应

模型	（1）线性回归	（2）逻辑回归
托姆布雷案	0.009 （0.021）	0.008 （0.015）
是否有重大影响	空	空
伊克巴尔案	−0.033 （0.034）	−0.039 （0.022）
是否有重大影响	空	空
样本数	1074	1074

说明：*表示在0.1统计水平上显著，**表示在0.05统计水平上显著，***表示在0.01统计水平上显著；括号内为回归分析的稳健标准误差。

PACER 数据中可再诉驳回的信息也让我能够研究假设 1（b）。表 8-6 的 B 组使用了可再诉驳回次数作为因变量（一个案件中可再诉的驳回可能发生多次）。托姆布雷案和伊克巴尔案的估计影响非常小，在统计意义上不显著。

假设 1（c）预测被告提出驳回动议的趋势会增加。鉴于不存在某种预期认为法官在托—伊案之后会更加不愿批准驳回，人们可能预计驳回动议数量大增意味着驳回率也会大幅度提高，而我们已经看到后者并没有发生。也许令人惊讶的是，数据表明至少在伊克巴尔案之后，被告提出驳回动议的比率急剧上升。表 8-6 的 C 组报告了将驳回动议次数作为因变量的回归结果。尽管托姆布雷案的结果为空，但伊克巴尔案影响的估计系数非常显著，且代表在所有案件中将近 13% 提起了新的驳回动议。鉴于 2005 年 PACER 数据中约有 20% 的案件提起了驳回动议，这比在托姆布雷案之前的时期有了巨大的增长！我将继续进行"排除程序"时回到这一问题，即为何如此大的驳回动议数量增长却对驳回率的影响很小。

假设 1（d）考虑驳回率的变化是否对诉讼产生下游效应。由于驳回率变化的估计值很小且在统计意义上不显著，托姆布雷案和伊克巴尔案不太可能对即决判决率等产生任何影响，表 8-6 的 D 组中的结果证实了这一预测。第 7 栏和第 8 栏为对被告有利的即决判决为因变量的回归结果。所有结果均为空，且实际上对伊克巴尔案的估计值为负。

***

在拒绝了 1（a）、1（b）和 1（d）的假设后，我们可以得出什么结论？我们拒绝了以下的联合主张，即（1）托—伊案对驳回有重大影响，（2）没有选择效应。另外，数据似乎支持假设 1（c），提出驳回动议的数量将会增加。

如果我们要找到托—伊案对案件结果的影响（而不是对动议的影响），那么托—伊案仍然可能有重大影响，但是如果是这样，我们必须找到正在发挥作用并可能掩盖托—伊案对驳回的影响的选择效应。要做到这一点，我们可以从驳回动议倒推，在诉讼程序的早期阶段寻找证据。

让我们看一下导致驳回决定的主要行为和诉讼的阶段，并从驳回决定向前回推。我们从以下可能性开始：因为托—伊案，在起诉和驳回动议的判决之间的和解规律已经改变，而由此产生的诉讼案件构成的变化掩盖了托—伊案对驳回率的影响。

2. 假设2：假设早期和解阶段前没有选择效应

有一种可能性是在早期和解阶段，驳回动议阶段之前，可能会有选择效应。即使在托—伊案之前和之后提起了完全相同的案件、有完全相同的诉状，但和解的规律也可能会发生变化，例如，某些原告可能不得不为很小的金额和解，以免被告根据合理诉求标准提出驳回动议。这带来了我们的第二个预测：

假设 2：托—伊案会导致观察到的早期和解占所有案例的比率在统计学意义上显著提高。

表 9（参考原文表 9，译文因篇幅没有纳入——统稿注）列出了一项先前关于假设 2 的研究。现在则开始讨论对 AO 数据和 PACER 数据的分析结果。在开始讨论回归结果之前，我先用图像展示结果。AO 数据揭示了早期和解案件比例的长期趋势。图 8-2 描绘了在给定年份（5 月 21 日开始）提交的所有案件、公民权利案件和劳动争议案件和解案件所占的比例，且如果不和解这些案件可能被驳回。在所有三个数据系列中，在托姆布雷案或伊克巴尔案之后，早期和解率的趋势都没有明显的中断。

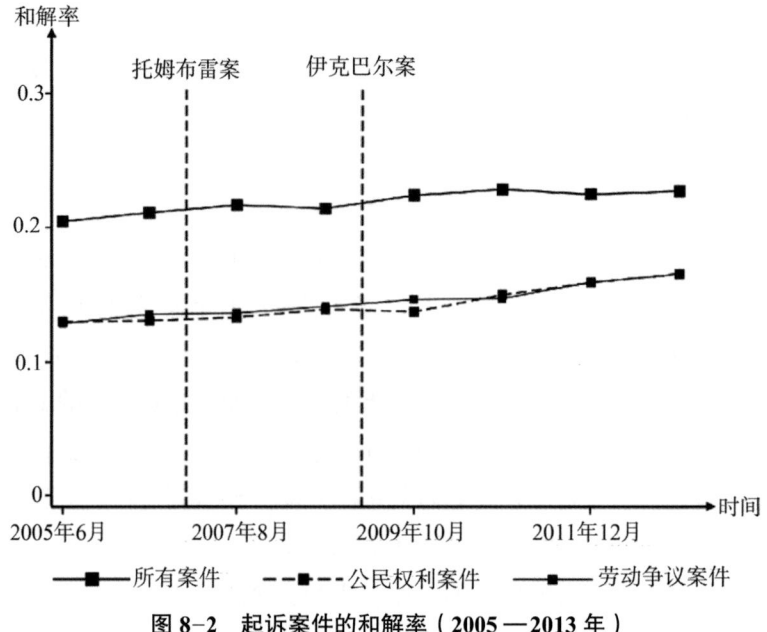

图 8-2　起诉案件的和解率（2005—2013 年）

现在，我将使用与上述相同的参数进行回归分析，只是研究标的是早期和解而不是驳回。表 10（参考原文表 10，译文因篇幅没有纳入——统稿注）的第 1 栏和第 2 栏报告了 AO 数据中所有案例的结果。第 3 栏和第 4 栏报告了劳动争议案件的结果。尽管有证据表明，无律师代理的案件的和解有所减少，但有律师代理的案件的结果没有发生重大变化。值得注意的是，对于伊克巴尔案之后的无律师代理的案件，此处早期和解下降的幅度与表 8-4 中驳回上升的幅度一致。尽管几乎没有确凿的证据，但这暗示性地证明在伊克巴尔案后，一些原本可以和解的无律师代理的案件现在正在被驳回。

PACER 数据中的早期和解数据呈现出略有不同的情况。表 11（参考原文表 11，译文因篇幅没有纳入——统稿注）给出了托姆布雷案和伊克巴尔案对早期和解率影响的线性回归和逻辑回归结果。有趣的是，尽管伊克巴尔案的估计系数非常小，为正值且在统计意义上不显著，但托姆布雷案的估计系数较大、为负值，并且在逻辑回归模型中统计上显著。

两者一并考虑，AO 数据和 PACER 数据表明托—伊案对早期和解规律没有重大影响，尽管数据显示至少对于无律师代理的原告而言，针对诉求的动议可能在某种程度上阻碍了早期和解。这与以下前提是一致的：无律师代理的原告特别可能受到托—伊案的影响；以及法律标准的不确定性抑制了和解，因为这使当事方对其成功几率抱有不同期望的可能性增加了。

***

现在，我们已经排除了托—伊案增加了有律师代理的原告的起诉被驳回或其他对该原告不利的案件终止方式的假设，但结果也与托—伊案对无律师代理的原告的影响一致。我们也开始看到即使诉讼结果未发生变化，诉讼实践也可能发生变化。从上文我们看到，驳回动议的提起率上升了，尽管证据并不统一，但我们看到了早期和解率发生变化的证据。托—伊案仍然可能在其他方面带来重大影响，但是如果是这样，我们现在必须在此过程的早期找到选择效应，这将我们带入第三步。

3. 假设3：假设辩护前没有选择效应

接下来，托—伊案可能会改变诉请方式。即使在托—伊案之前和之后提起相同的案件，原告及其律师也可能改变了他们的诉求方式，以避免在更高的诉求标准下被驳回。这可以体现为在原诉状中包含更多的事实细节，也可以表现为经修改的诉状增加，这既可能是因为原告预测到法院会做出允许修改诉状的驳回，也可能是因为对这种驳回作出了反应。这带来了我们的第三个预测：

假设3（a）：托—伊案将导致原诉状的长度和/或细节在统计意义上显著增加。

假设3（b）：托—伊案将导致经修改的诉状数量在统计意义上显著增加。

表9列出了有关假设3的先前研究。现在我开始讨论对PACER数据的分析结果（AO数据不包含有关诉状的信息）。

表12（参考原文表12，译文因篇幅没有纳入——统稿注）给出了假设3的结果。它给出了PACER数据的手工编码和自动文本分析的结果。A组研究了与假设3（a）有关的诉状的长度和事实细节的几种度量。LIWC软件生成"字数统计"；"事实段落"是编码人员判断为包含事实指控的段落数。"法律诉求的数量"是对诉状提出的单独诉讼原因的统计；即使托—伊案并未从整体上阻止诉讼，但这一数字的下降也可能表明原告已被阻止采用特定的诉讼理由。"详细分数"反映了编码人员对诉状中的事实详细程度的整体判断。这些变量对托姆布雷案或伊克巴尔案都不具有统计学意义上的显著影响。简言之，数据不支持假设3（a）。

表12的B组分析了假设3（b）。它衡量在给定情况下修改诉状的次数变

化。在这我们看到了巨大变化的证据。在 B 组的前两栏中，因变量是该案是否提出了修正诉状的指标；估计系数反映了修改了诉状的案件比例的变化。在第 3 栏中，因变量是在每个案件中提交的经修订诉状的总数。因此，该回归中的估计系数反映了修正频率的变化；即使是在托—伊案之前可以修改诉状的案子（如果当时已提起诉讼），如果在托—伊案之后提起诉讼，也将有更多修正。尽管并非所有系数在统计意义上都是显著的——但大多数系数是，并且各回归之间的系数大小相当一致。看来托姆布雷案和伊克巴尔案与再提起诉讼请求的大幅度增加有关，且提出修正诉状的案件数量增加了大约 10 个百分点。

***

现在，我们已经拒绝了假设 1 和 2 并得到了假设 3 下的这些混合结果，然后呢？正如假设 1 的讨论所表明的，驳回动议数量有很大幅度地提升，但在可再诉或不可再诉的情况下，驳回数量均没有相应增加。现在我们知道为什么会这样了。尽管原告的律师可能并未对初次诉状的起草做出实质性改变，但看来他们始终能够通过更详细地再次提起诉讼请求来应对驳回动议。

数据为这种对结果的解释提供了进一步的支持。在没有提出驳回动议的情况下，仅有 20.2% 的案件提交了经修正的诉状，而在提出驳回动议的情况下，则有 48.5% 的案件提交了经修正的诉状。因此，迄今为止的结果表明，尽管托—伊案对案件结果可能只产生了很小的影响，但在诉求和动议方面似乎以重大不同的方式做出了回应。当然，托—伊案在诉讼过程的早期也可能具有统计学意义上的显著影响。这将我们带入第四步。

4. 假设4：假设在提起诉讼之前没有选择效应

托—伊案可能不会影响已提起的诉讼，因为它已阻止了原告提起那些原本会受到影响的诉讼。它还可能会更改诉讼前和解的规律，这可能导致起诉增加（由于被告拒绝和解）或起诉减少（因为原告愿意接受较少赔偿的和解）。托—伊案还可能增加被告将州法院案件移交联邦法院审理的数量。这带来了我们的第四个预测：

假设 4（a）：托—伊案将导致原始联邦案件提诉的数量发生统计上显著的重大变化。

假设 4（b）：托—伊案将导致从州法院移交给联邦法院的案件数量在统计上显著增加。

表 9 列出了一项先前关于假设 4 的研究。现在，我开始讨论对 AO 数据进行分析的结果（PACER 数据不支持该假设）。

在讨论回归结果之前，我先用图像展示结果。AO 数据揭示了原始案件起诉率和移交率的长期趋势。图 8-3 绘制了所有案件、公民权利案件和劳动争议案件的年起诉数量。在所有这三个数据系列中，唯一可观察到有关起诉的变化是这些数据在伊克巴尔案之后有所上升，这与托—伊案阻止原告提起诉讼的假设不一致。更有可能的解释是，在"大萧条"之后诉讼活动有所增加。

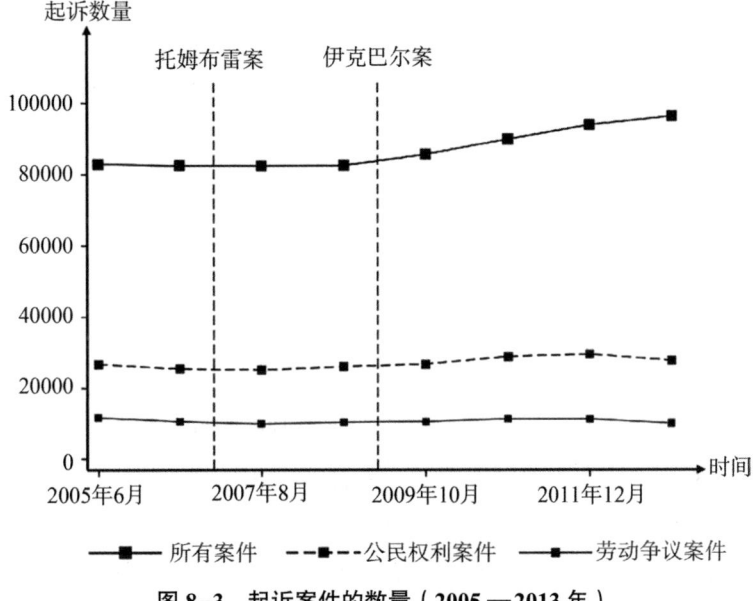

图 8-3　起诉案件的数量（2005 —2013 年）

我现在开始讨论回归分析。在这里，分析单位不是案子，而是地区月份，而感兴趣的结果是该月份该地区的起诉数量。表 13（参考原文表 13，译文因篇幅没有纳入——统稿注）报告了回归的结果，其中因变量是原始的案件起诉数量的自然对数。表 14（参考原文表 14，译文因篇幅没有纳入——统稿注）报告了结果，其中因变量是从州法院移交数量的自然对数。在这些回归中，我尝试以几种不同的方式控制趋势。令人失望的是，结果并无定论。一旦我控制了时间趋势，估计系数大部分就失去了统计学意义上的显著性，对模型高度敏感，而且通常系数的正反与假设相悖。因此，尽管我没有发现支持假设 4 的证据，我不能排除托—伊案如预测的有较大影响的可能性。换句话说，虽然这些结果没有提供托姆布雷案和伊克巴尔案对起诉产生影响的证据，但它们也没有提供证据证明没有这种影响。

现在我们到了哪里？对于原始起诉和移交至其他法院，我们没有定论。因此，我们不能排除这里的重大影响，但我们仍然缺乏肯定重大影响的证据。现在只剩从距诉讼最远的行为处寻找此类肯定证据。我现在谈谈这种可能性。

5. 假设5：对主要行为的影响

最后，诉求标准的变化可能会以很重要的方式影响主要行为。鉴于以前可能发展到证据开示环节的某些案件现在将被驳回，潜在的被告现在可能更愿意违反法律。当然，测量这种影响绝非易事，而且鉴于对诉讼的每个阶段的影响似乎都微不足道，因此，在距直接影响最遥远的一点上，托—伊案是否真的存在重大影响是令人怀疑的。尽管如此，主要行为对于评估任何法律变更的影响至关重要，因此，我在这里讨论这个最终假设：

假设5：托—伊案将统计上显著地增加可能产生民事责任的行为[1]。

五、结论：概览拼图

本章运用了两种方法、两个数据库（每个数据库包含了子数据库），在大量文献的基础上，试图覆盖很多领域。在表15（参考原文表15，译文因篇幅没有纳入——统稿注）中，我汇总了发现。总结如下：

一是因果识别。在细致地解决因果识别的问题后，我使用AO数据，并有信心地拒绝托姆布雷案或伊克巴尔案对有律师代理的原告产生重大、短期的影响的假设。我没有发现这两个案子对无律师代理的原告立即产生影响的证据。由于难以控制"大萧条"的影响，对伊克巴尔案的因果识别的主张比托姆布雷案弱。

二是排除过程。我收集了来自文献的现有结果以及使用AO数据和PACER数据得出的新结果，我试图发现多种托姆布雷案和伊克巴尔案可能存在的直接或间接影响，包括延迟影响。几乎没有证据显示托—伊案对驳回率，和解率或起诉有重大影响。但是，确有证据表明驳回动议的提起率有所增加，而修改后的诉状的提起数量也相应增加。此外，有证据表明伊克巴尔案之后可能对无律

---

[1] 审阅按：经与作者教授讨论，假设5翻译如正文。但作者补充：可能产生民事责任的行为，在托—伊之后较不可能导致民事责任，因为托—伊使原告胜诉变得更困难。

师代理的原告产生重大影响。

我的新结果和现有研究结果的结合，形成了一个连贯图景展现托姆布雷案和伊克巴尔案令人惊讶的后果，至少对于有律师代理的原告而言：驳回率，和解率或起诉都没有变化，但是原告和被告对诉讼请求的关注度有所提高。对于无律师代理的原告，有一些证据表明托—伊案对案件结局具有统计学上的显著影响。

尽管如此，这些结果意味着什么的问题依然存在。这些结论都没有改变托姆布雷案和伊克巴尔案是半个世纪以来关于联邦法院诉讼中诉求标准的最重要的判决这一事实，这些结论也没有改变这两个案例已经成为执业者、法官、学者在民事诉讼辩论中的重要议题这一事实。

但是，越来越多的实证研究结果驳斥了以下观点：托姆布雷案和伊克巴尔案引发了一场法律实践革命，或者托姆布雷案和伊克巴尔案对一般的原告产生了毁灭性影响，特别是在就业歧视案件中的原告。

综上所述，这些发现倾向于佐证我在先前研究中强调的关于民事诉讼过程的观点：诉讼人所面临的经济诱因可能足够强大，以至于法律原则的某些方面不会影响案件结果，因为它们不会对诉讼行为施加强制性约束。更具体地说，鉴于与诉讼相关的巨额费用，潜在的原告将很少提起诉讼，除非他们掌握了充分的事实，足以使他们相信自己有很大机率胜诉，而且无论诉求标准是否要求原告提出事实请求，原告都会遵循这个想法。尽管在托姆布雷案之前，没有提出合理救济诉求的原告确实本有可能赢得驳回动议，但很少有人会首先提出这样的诉求。

换句话说，最高法院在托姆布雷案和伊克巴尔案中关于合理诉求的陈述，可能只是在法律原则上写出一个已经反映现有制度的请求方法。但更重要的是认识到最高法院的判决仍然具有打破稳定局面的效果，至少辩护和动议的实践确实对这一新原则作出了反应。

合理性即使不明显是过去诉讼实践的一部分，至少也隐性地存在于过去实践中。这解释了为什么驳回动议的增加，没有改变不可再诉的驳回起诉的比例：即使原告在最初的诉状中没有提出足够的事实，几乎可以肯定她知晓可以在修改诉状中提出的事实。这类事实至少可以使救济请求变得合理。这也解释了为什么我会发现托—伊案对无律师代理的原告似乎有不同的影响，因为不老练的当事方可能对他们提出的事实是否能使他们获得救济缺乏了解，因此，在合理诉求标准下，在边际上可能存在更多的无律师代理的原告。

最后，我注意到总体上这些结果在规范意义上是模糊的。尽管对原告缺乏强烈且明显有害影响，表明托—伊案在规范上的利害关系低于人们最初的设想，但诉讼活动的增加表明托—伊案对于诉讼人（或法官）而言并非没有代价。另一方面，诉讼活动的增加也可能有一些好处。如果驳回动议促使原告提供更完整的诉求，这可能使进入诉讼的问题更加集中，从而降低诉讼后期的成本。因此，尽管本章确定了托姆布雷案和伊克巴尔案对法院实践的实证影响，本章将评估这些影响的利弊的工作留给日后的研究。

本章参考文献

Christina L. Boyd, David A. Hoffman, Zoran Obradovic & Kosta Ristovski, *Building a Taxonomy of Litigation: Clusters of Causes of Action in Federal Complaints,* Journal of Empirical Legal Studies, Vol.10, p.253–287 (2013).

Raymond H. Brescia, *The Iqbal Effect: The Impact of New Pleading Standards in Employment and Housing Discrimination Litigation*, Kentucky Law Journal, Vol.100, p.235–292 (2011).

Joe S. Cecil, George W. Cort, Margaret S. Williams & Jared J. Bataillon, *Motions to Dismiss for Failure to State a Claim after Iqbal: Report to the Judicial Conference Advisory Committee on Civil Rules*, SSRN Electronic Journal, DOI:10.2139/ssrn.1878646 (2011).

Jill Curry & Matthew Ward, *Are Twombly & Iqbal Affecting Where Plaintiffs File: A Study Comparing Removal Rates by State*, Texas Tech Law Review, Vol.45, p.827–876 (2012).

Scott Dodson, *A New Look: Dismissal Rates in Federal Civil Cases*, Judicature, Vol.96, p.127–135 (2012).

Scott Dodson, *A Closer Look at New Pleading in the Litigation Marketplace*, Judicature, Vol.99, p.11–20 (2015).

Theodore Eisenberg & Kevin M. Clermont, *Plaintiphobia in the Supreme Court*, Cornell Law Review, Vol.100, p.193–212 (2014).

David F. Engstrom, *The Twiqbal Puzzle and Empirical Study of Civil Procedure*, Stanford Law Review, Vol.65, p.1203–1248 (2013).

Jonah B. Gelbach, *Locking the Door to Discovery-Assessing the Effects of Twombly and Iqbal on Access to Discovery,* Yale Law Journal, Vol.121, p.2270–2345 (2012).

Jonah B. Gelbach, *Material Facts in the Debate Over Twombly and Iqbal*, Stanford Law Review, Vol.68, p.369–426 (2016).

Morgan L. W. Hazelton, *Quit Your Complaining? Considering the Impact of Supreme Court Decisions on Strategic Litigants*, Unpublished working paper (2015).

William H. J. Hubbard, *Testing for Change in Procedural Standards, with Application to Bell Atlantic v. Twombly*, The Journal of Legal Studies, Vol.42, p.35–68 (2013).

William H. J. Hubbard, *A Fresh Look at Plausibility Pleading*, University of Chicago Law Review, Vol.83, p.693–758 (2016).

Samuel Issacharoff & Geoffrey Miller, *An Information-Forcing Approach to the Motion to Dismiss*, Journal of Legal Analysis, Vol.5, p.437–465 (2013).

Roger Michalski & Abby K. Wood, *Twombly and Iqbal at the State Level*, Journal of Empirical Legal Studies, Vol.14, p.424–469 (2017).

Patricia H. Moore, *An Updated Quantitative Study of Iqbal's Impact on 12(b)(6) Motions*, University of Richmond Law Review, Vol.46, p.603–658 (2012).

Victor D. Quintanilla, *Critical Race Empirical: A New Means to Measure Civil Procedure*, UC Irvine Law Review, Vol.3, p.187–216 (2013).

Alexander A. Reinert, *Measuring the Impact of Plausibility Pleading*, Virginia Law Review, Vol.101, p.2117–2184 (2015).

第三编
刑事犯罪的实证研究

本编导读

程金华

金庸小说《笑傲江湖》里讲，华山派武功有"气宗"和"剑宗"之别，练法不一样，前者重视内力心法，成就高者可掷叶杀敌，后者重视招式套路，熟练者可招招制人。不过，可惜两派人最后因为利益之争伤了和气，让华山派一蹶不振。在我看来，虽然两者路径不一，但是天下武功都是殊途同归：要么唯快不破，要么唯重难挡。任何武功，无论是气宗还是剑宗，抑或九阳神功，只要使出来又快又重，就一定是好功夫。

我之前曾用"剑宗"来形容法教义学，因为法教义学讲究套路，讲究体系和严谨，就好比剑法的招式，严重依赖好的剑谱。而实证研究好比"气宗"，重在说事理，讲究把法律现象说透了，事理说透了，法理就会自然浮现，同时实证研究就好比练习内力，得依靠"科学的"方法（不是《自然》或者《科学》杂志上的那种"科学的"方法，而是《易筋经》里那种"科学的"方法，或者"欲练神功，挥刀自宫"那样的正当程序）。至今，我还是这么认为。

不过，在这一编的导读中，我要进一步诠释上述类比：在法教义学或者实证研究内部，事实上也有"气宗"和"剑宗"之分——前者强在想象力和理论建构，后者厉害在于程式和技巧。本编选择的 3 篇文章，都是美国社会刑事犯罪方面的经典实证研究论文，但是其厉害之处的表现不一样。

其中，第 1 篇文章《堕胎合法化对犯罪率的影响》是"气宗"大作，充分体现了两位作者约翰·多诺霍三世（John J. Donohue Ⅲ）和斯提芬·莱维特（Steven D. Levitt）"超越时空"的理论想象力，并至今仍有重大现实意义。对于大部分定量研究者而言，能够测量的仅是自变量和因变量之间的关联关系。当需要进一步验证因果关系时，就会遇到很多障碍，因为很难区分变量之间的关系到底是关联关系，还是因果关系。一种简单的——甚至有点机械的——办法是选择时间上发生在前面的变量为自变量，发生在后面的为因变量。从逻辑上看，这样的做法没有什么大问题。不过，在操作上，这种自变量和因变量之间的时间差也最多在 5 年之内，比如看前 1 年的营商环境评分对次年经济绩效的影响。但是，如果两个事实的发生有 10 年以上的时间跨度，就通常很难捕捉其中因果关联——当然，在社会学和人口学研究中，研究者也会把被研究对象在青少年时期（比如 14 岁时）父母亲的社会经济状况与本人当下（成年以后）的社会经济地位做因果分析。总之，在法学研究中，学者比较少测量一个发生在多年以前的事实对当下的影响，因为即便存在关联关系，也很难说明其中的因果机制。

而多诺霍和莱维特针对 20 世纪 90 年代美国社会犯罪率大幅下降这一个"迷思"，不仅开展了丰富的理论想象，认为 1973 年美国最高法院作出"罗诉韦德"案（Roe v. Wade）判决前后全美的堕胎合法化运动是 20 世纪 90 年代（大致 20 年或者一代人之后）犯罪率大幅下降的重要原因。他们提出的理论机制是：因为堕胎合法化了，所以很多不该生的人没有生出来（如果生出来的话，则很有可能因为家庭环境不好而有很大概率走向违法犯罪）。基于这样一个机制假设，他们收集了大量的数据去证实其中因果关系的存在，是一篇令读者"脑洞大开"的杰出实证研究作品。

当然，"脑洞大开"的理论假设也来自两位作者的"厚积薄发"，对之前研究成果与文献的娴熟与善用。一方面，两位学者针对犯罪现象已经作了不少的前期研究。[1] 就该文的第一作者多诺霍教授而言，我自己有幸在耶鲁读书时和他有师生之缘。2004—2010 年，多诺霍教授在耶鲁法学院任教。2007 年的春季学期，我选了他教的《法律经济学》。这门课聚焦利用量化实证方法研究死刑的效果。当时，多诺霍教授已经是美国研究法律经济学和量化法律实证的顶级学者。但是在选课的时候，我处在"不识庐山真面目"的状态，还不知道他是个"大牛人"，并失去了一次——有可能——在他担任主编的《美国法与经济评论》（American Law and Economics Review）上发表文章的机会。

事情是这样的：多诺霍教授和另外一位经济学学者贾斯汀·沃尔弗斯（Justin Wolfers）在《斯坦福法律评论》（Stanford Law Review）的 2005 年卷上发表了一篇关于死刑存废实际影响的文章。[2] 在该文中，他们用 1960—2000 年美国各州的数据，通过统计分析说明，没有证据可以证明死刑的存在可以对谋杀有遏制效果。他们的文章是直指芝加哥学派而去的——芝加哥大学的数名法律经济学大家，诸如诺贝尔经济学奖获得者加里·贝克（Gary Becker）和中国法学界的"老朋友"理查德·波斯纳（Richard A. Posner），都主张死刑对谋杀有遏制效果。在交给多诺霍教授的课程作业里，我用他们收集并公开的数据，

---

[1] 多诺霍教授在该章之前发表的同犯罪研究相关的独著，或者与莱维特以外学者合作的文章，参见 John J. Donohue Ⅲ, *Did Miranda Diminish Police Effectiveness*, Stanford Law Review, Vol.50, p.1147–1180 (1998); John J. Donohue Ⅲ & Peter Siegelman, *Allocating Resources Among Prisons and Social Programs in the Battle Against Crime*, Journal of Legal Studies, Vol.27, p.1–43 (1998); John J. Donohue III, *Understanding the Time Path of Crime*, Journal of Criminal Law and Criminology, Vol.88, p.1423–1452 (1998)。莱维特教授除该文之外发表的文章，参见 Steven D. Levitt, *The Relationship between Crime Reporting and Police: Implications for the Use of Uniform Crime Reports*, Journal of Quantitative Criminlogy, Vol.14, p.61–81 (1998); Steven D. Levitt, *Juevenile Crime and Punishment*, Journal of Political Economy, Vol.106, p.1156–1185 (1998); Steven D. Levitt, *Why Do Increased Arrest Rates Appear to Reduce Crime: Deterrence, Incapacitation, or Measurement Error?*, Economic Inquiry, Vol.36, p.353–372 (1998); Julie Berry Cullen & Steven D. Levitt, *Crime, Urban Flight, and the Consequences for Cities*, Review of Economics and Statistics, Vol.81, p.159–169 (1999); Daniel P. Kessler & Steven D. Levitt, *Using Sentence Enhancements to Distinguish between Income and Crime Victimization*, Federal Reserve Bank of New York Economic Policy Review, Vol.5, p.87–98 (1999); Steven D. Levitt, *The Limited Role of Changing Age Structure in Explaining Aggregate Crime Rates*, Criminology, Vol.37, p.581–598 (1999)。另外，多诺霍和莱维特在该文之前的合作研究有：John J. Donohue III & Steven D. Levitt, *Guns, Violence, and the Efficiency of Illegal Markets*, American Economic Review, Vol.88, p.463–467 (1998). 他们在该文之后的合作研究还有：John J. Donohue Ⅲ & Steven D. Levitt, *The Impact of Race on Policing and Arrests*, Journal of Law and Economics, Vol.44, p.367–394 (2001); John J. Donohue III & Steven D. Levitt, *Further Evidence that Legalized Abortion Lowered Crime: A Reply to Joyce*, Journal of Human Resources, Vol.39, p.29–49 (2004); John J. Donohue Ⅲ & Steven D. Levitt, *Measurement Error, Legalized Abortion, and the Decline in Crime: A Response to Foote and Goetz*, The Quarterly Journal of Economics, Vol.123, p.425–440 (2008); John J. Donohue Ⅲ, Jeffrey Grogger & Steven D. Levitt, *The Impact of the Legalized Abortion on Teen Childbearing*, American Law and Economics Review, Vol.11, p.24–46 (2009); John J. Donohue Ⅲ & Steven D. Levitt, *The Impact of Legalized Abortion on Crime over the Last Two Decades*, American Law and Economics Review, Vol.22, p.241–302 (2020)。

[2] John J. Donohue & Justin Wolfers, *Uses and Abuses of Empirical Evidence in he Death Penalty Debate*, Stanford Law Review, Vol.58, p.791–845 (2005).

然后再加上我自己从美国各州的统计年鉴中摘选增加的死刑执行方式（比如枪击、绞刑、电椅、注射等）数据，在他们用的统计模型基础上加上了"死刑执行方式"这个定类变量，进行回归分析。我自己的回归分析发现，在控制相关变量之后，死刑执行的方式对谋杀率有影响：在保留并执行死刑的州里，越是用残忍方式执行死刑（比如绞刑比枪击更加残忍，后者又甚于注射），在同等条件下，该州的谋杀率越低。这个发现挑战了多诺霍教授在《斯坦福法律评论》上的观点，也引起了他的极大兴趣。我是2007年秋季学期把论文交给他的，并得到了较好的课程成绩。不过，没想到快到圣诞节的时候，我突然收到多诺霍教授的邮件，说他在《美国法与经济评论》上组织一期关于死刑存废效果的专题文章，[1] 问我能否把作业改出来，但是时间有点急，必须赶紧给他。非常不巧，我当时已经买了机票，即将回国办事，所以就胡乱改了一下，发给他了。结果外审反馈回来，批判非常凌厉。当时我已经在上海，因为其他事情，心境非常不好，看到如此颠覆性的外审意见，有点"老子不稀罕"的幼稚心理，我就彻底放弃了。现在回想起来，自己当时的行为可谓是"图样图森破"（too young too simple）。当然，对于本书的读者来说，需要知道多诺霍教授是位非常有影响力的顶级学者就行了，他在和莱维特合作发表堕胎合法化论文时，已经是如日中天的学者了。

而文章的第二作者莱维特出生于1967年，在写作该文时还是一位新秀，只刚从麻省理工学院（MIT）获得经济学博士（1994年）没几年。不过，作为学术新秀的莱维特，在当时已经光芒四射，博士毕业之后发表了一批高水平的成果，在2002年入选美国文艺与科学院，并在2003年获得了在经济学领域有诺贝尔奖风向标之称的"克拉克奖"（John Bates Clark Medal）。事实上，这篇堕胎合法化的合作研究引用了不少莱维特之前发表的学术成果。

除了在自己前期研究成果上继续深化研究外，在另一方面，两位学者也非常巧妙地利用了其他学者的研究。尤其值得指出的是，他们基于已有研究文献估算出，在堕胎合法后出生的世代犯罪率应当下降18.5%左右。读者可以认真阅读并品味两位作者的估算方式，可谓是步步为营、层层推进。简言之，若要成就一篇佳作，除了有敏锐的学术思维和洞察力，还必须对已有研究文献做到了然于胸，这样才能厚积薄发。在这个意义上讲，成大器者，正如欧阳修在

---

［1］ 参考《美国法与经济评论》第11卷第2期（2009年秋季号）发表的"关于死刑影响的研讨"（Symposium on the Impact of the Death Penalty）专题文章。

《卖油翁》里说的:"无他,惟手熟尔。"

如果说《堕胎合法化对犯罪率的影响》是一篇"气宗"杰作,那么本编入选的另外两篇文章《少年监禁、人力资本与再犯罪:来自随机分案的证据》和《监狱人口对犯罪率之影响:监狱拥挤诉讼的证据》则可以认为是"剑宗"佳作。这两篇文章的选题高度重合,都是讨论监禁的社会效果这一相对传统的问题,结论有点相反:少年监禁一文认为监禁会对社会产生不利后果,主要体现在妨碍被监禁人获得良好的教育,并导致更高的再犯率;而监狱人口一文则认为监禁有助于降低犯罪率。当然,由于这两篇文章的论题并不完全一致,也没有使用相同的模型和数据,因此不能说是争锋相对的。反过来,选编该文的主要原因应该是这两篇文章都针对老问题用了新的统计手段:工具变量(instrumental variable)。

在当代(法律)量化研究中,有个长久一直未能有效解决的问题:"内生性"(endogeneity)问题,也就是如果某个潜在的、无法观测的干扰项,既影响"因",又影响"果",那么利用最小二乘法模型进行回归分析所得到的估计量就会是有误差的,而不具有因果推断力——为此,量化分析者推出了工具变量、双重差分模型(difference-in-differences model)倾向值匹配(propensity score matching)、实验以及准实验(experiments and quasi-experiments)等"招式"来破解该难题,其中工具变量在适用面上具有一定的相对优势,甚至被认为是定量分析中因果推断的"圣杯"。[1]

当然,既然工具变量被视为改进因果推断的"圣杯",那么我们也可以自然得知,给一个统计模型找到有效的工具变量并不容易,也同样往往需要研究者厚积薄发基础上的"灵光乍现"。

对于大部分法学背景出身的量化研究学者而言,工具变量至多是个"熟悉的陌生人",能够驾驭的人并不多。大概也正因如此,这两篇利用工具变量对监禁问题进行研究的作者都是经济学者。《监狱人口对犯罪率之影响:监狱拥挤诉讼的证据》一文作者正是前文提到的经济学家莱维特——莱维特已经获得"克拉克奖",尊称其为经济学家并不为过。而《少年监禁、人力资本与再犯罪:来自随机分案的证据》一文也是由两位新生代的经济学者安娜·艾泽尔(Anna Aizer)和约瑟夫·道尔(Joseph J. Doyle)操刀。当然,对于如此方式的

---

[1] 陈云松:《逻辑、想象和诠释:工具变量在社会科学因果推断中的应用》,载《社会学研究》2012年第6期,第192—216页。

"经济学帝国主义",我们法学者也不妨多多包容和拥抱。事实上,不能小看工具变量的巧妙使用,就像不能小觑剑谱的招式改进。毕竟,"倚天剑"也可以"屠龙"。2021年的诺贝尔经济学奖就颁给了工具变量的顶级高手。对于想探究法律现象因果关系的所有读者,如果对这种方法不熟悉,就虚心学习吧!

第九章　堕胎合法化对犯罪率的影响[*]

The Impact of Legalized Abortion on Crime

作者：　约翰·多诺霍三世（John J. Donohue Ⅲ）
　　　　斯提芬·莱维特（Steven D. Levitt）
译者：　宋颐阳
校定：　蔡劢伟
审阅：　张永健
统稿：　程金华

一、引言

自 1991 年以来，美国经历了自 1933 年禁酒令结束后凶杀犯罪率最大幅的下降。整体上，凶杀犯罪率下降了 40% 以上，暴力犯罪与财产类犯罪率分别下降了 30% 以上。众多学术文献及大众媒体试图以下述原因解释此现象的发生，例如广泛监禁、警队规模扩大、警务策略改进（譬如，纽约市采取了新的警务策略）、毒品交易下降、经济强势增长，以及由受害人安保经费增加（譬如，保安与警报设施）。

然而，上述因素并不能完全解释 20 世纪 90 年代犯罪

---

[*] John J. Donohue Ⅲ and Steven D. Levitt, The Impact of Legalized Abortion on Crime, 116 *The Quarterly Journal of Economics* 379 (2001). ©2001 Oxford University Press.

率为何会大幅、普遍且持续的下降。实际上，以上列举的部分趋势（譬如，广泛监禁、警队规模扩大及安保经费增加）已存在超过 20 年之久。因此，似乎难以合理解释近期犯罪率的骤然改善。此外，犯罪率普遍下降与警务技术的改善存在矛盾：即便是在警力匮乏问题未获改善的城市（如洛杉矶市），其犯罪率同样显著下降。部分解释试图将可卡因等毒品的滥用与犯罪率联系起来，但在美国的许多从不存在毒品交易泛滥情形的地区（诸如市郊及农村地区），犯罪率也出现了显著下降。最后，尽管强劲的经济增长在表面上与 1991 年以来的犯罪率下降看似一致，但先前的研究仅证明了经济表现与暴力犯罪之间存在弱相关。甚至有研究显示凶杀犯罪率与经济景气循环同向变化。

尽管上述因素均可能起到抑制犯罪的作用，但本章试图为 20 世纪 90 年代犯罪率的骤然下降提出新的解释，即 25 年前堕胎合法化的判决影响了美国的犯罪率。美国联邦最高法院在"罗诉韦德案"（*Roe v. Wade*）中合法化全国的堕胎，导致犯罪率大幅、骤然且持续下降。在该案作出判决的 7 年后，美国每年进行超过 160 万例的合法堕胎手术。换言之，在美国每出生 2 个婴儿，就对应着 1 例合法堕胎手术。堕胎于 1970 年率先在美国 5 个州合法化，之后于 1973 年在美国全境合法化。这突然的法律进展似乎可以解释，为何在堕胎合法化 15—20 年之后，当堕胎合法化后出生的世代开始步入易犯罪年纪时，社会中会出现如此剧烈的变化。最后，由于受影响的群体逐渐进入犯罪率较高的青少年后期，堕胎对犯罪产生累进的影响，这也解释了为什么犯罪率逐年持续下降。

堕胎合法化可以通过降低特定群体的规模或人均犯罪率进而减少社会的总体犯罪率。堕胎合法化减少了特定群体的规模指的是，特定群体进入青少年后期时，处于犯罪高发期的年轻男性数量减少，犯罪率因此降低。更加重要的是，在堕胎合法化后出生的儿童，其成年后的犯罪率因以下两个因素降低：其一，堕胎女性的孩子犯罪概率更高。青少年、未婚及经济状况欠佳的女性更有可能选择堕胎。有研究显示，此类母亲的孩子在步入青春期后犯罪的概率更高。格鲁伯等（Gruber et al., 1999）在一篇文章中详细记录了险遭堕胎儿童的早年生活，揭示了其遭遇的诸多困境，包括较高的童年死亡率、在单亲家庭成长以及伴随其成长的贫困。其二，女性可以通过堕胎优化其生育时间。女性为孩子提供养育环境的能力会随时间起伏，其取决于女性的年龄、受教育程度和收入、父亲对孩子的陪伴和教育、女性的怀孕意愿以及是否在胎儿出生前后有药物滥用或酗酒的情形。因此，堕胎合法化为妇女提供了条件欠佳时延迟生育的宝贵机会。纵使所有女性的终生生育人数不变，孩子若是在较佳的环境出生，其未来犯罪的概率也会较低。

一些有趣的数据也可以佐证堕胎合法化对于犯罪率下降的影响及其程度。首先，堕胎合法化的实施时间与随之而来的犯罪率下降存在广泛的一致性。譬如，暴力犯罪的高发年龄为 18—24 岁，而历史上犯罪率的大幅下降始于 1992 年，恰好是罗诉韦德案后第一批新生儿达到犯罪高发年龄的时间节点。其次，1970 年就将堕胎合法化的 5 个州的犯罪率下降早于其他 45 个州和哥伦比亚特区（其在 1973 年的最高法院判决后才宣布堕胎合法化）。最后，本章进一步的分析发现如果一州在 20 世纪 70 年代及 80 年代早期的堕胎率更高，则其在 1985—1997 年的犯罪率较低，二者存在强相关。在控制了监禁率、经济指标（诸如失业率、人均收入及贫困率）等影响犯罪率的相关变量后，上述发现依然成立。如下文所示，自 1985 年以来，堕胎率较高的地区的犯罪率较其他州下降超过 30%。尽管应当对本章样本所得结论的推广保持审慎，但本章估计，堕胎合法化对美国 1991—1997 年的犯罪率下降贡献将近 50%。

诸多因素使笔者认为堕胎和犯罪率之间存在因果关系。首先，20 世纪 70 年代中期的堕胎率与 1972—1985 年（堕胎所影响的群体达到其犯罪高发期之前）的犯罪率不存在关联性。其次，几乎所有与堕胎有关的犯罪率下降均可以归因于堕胎合法化后所出生世代的犯罪率下降，而在更高龄的人们中，犯罪率几乎没有变化。

需要强调的是，本章旨在合理地解释美国犯罪率 20 世纪 90 年代后的骤然下降，并探讨 20 世纪 70 年代堕胎合法化在其中发挥的作用。在试图证明堕胎合法化与犯罪率之间的相关性时，本章并不主观上判断该等相关性是否"良善"或"正义"，而仅论证该等相关性客观上存在。简言之，本章意识到现有诸多堕胎所引发的道德与伦理争议，但本章纯粹属于实然分析，而非应然分析。

本章结构如下：第二节将回顾相关文献并简要概述堕胎合法化的历史。第三节将论述堕胎合法化如何通过改变可能成为易犯罪青少年的高风险儿童比例影响社会整体的犯罪率。第四节将呈现实证数据，证明堕胎合法化与犯罪率之间存在负相关。第五节将呈现证据，证明犯罪率的下降主要源自堕胎合法化后所出生世代的较低犯罪率。第六节将对全文进行总结。

二、堕胎合法化的历史概述

根据英国普通法的原则，在"胎动"（即感受到胎儿第一次活动，通常是在怀孕的第16—第18周）之前堕胎并不违法。美国纽约州于1828年通过了第一部限制堕胎的法律，之后上述普通法原则逐渐失去了约束力。在随后的60年时间里，越来越多的州跟随纽约州限制堕胎的脚步。到了1900年，堕胎在全美国均属非法。

1967—1970年，第一波堕胎合法化浪潮兴起。在此期间，美国部分州开始逐渐在有限的情形下允许堕胎手术。1970年，纽约州、华盛顿州、阿拉斯加州以及夏威夷州废除了各自的反堕胎法，而加利福尼亚州最高法院于1969年末判决该州禁止堕胎的法律违宪。1973年1月22日，美国联邦最高法院在罗诉韦德案中作出了具有划时代意义的裁决，顿时使得堕胎合法化的浪潮延伸至整个美国。联邦最高法院在此案中指出：

"国家通过完全禁止妇女的自主堕胎选择而对孕妇本人造成的损害是显而易见的。即使是在怀孕早期，禁止堕胎也可能导致具体、直接且可以检测出的医学损害。妊娠还可能会导致妇女的现在和未来的生活痛苦，并带来显著的心理伤害。被拒绝堕胎的母亲可能会因难以承担照顾孩子的压力而患上精神和其他疾病。这对于一个并不被其父母所渴望得到的孩子而言，也是巨大的伤害。无法堕胎的法律将幼童带到了一个无法或是不愿照顾他的家庭。"

现有数据显示，尽管缺少20世纪60年代非法堕胎的数据，但合法化后堕胎的案例激增是显而易见的。在罗诉韦德一案宣判后，堕胎案例的数量快速上升，从1973年的不到75万例（当年新生儿总数为310万例）上升到1980年的160余万例（当年新生儿总数为360万例）。若是非法执行堕胎的手术数量与前述数字相同，不应该经过7年的时间才达到稳定状态。此外，堕胎的金钱及其他成本也在合法化后大幅下降：在罗诉韦德一案宣判前，非法堕胎的费用通常在400—500美元，而在判决作出13年后，合法堕胎仅需花费80美元。寻找、就诊于非法堕胎医师的费用，以及相伴的非法、更高风险的社会负面行为的成本，随着堕胎合法化而降低。

迈克尔（Michael，1999）的研究也许是堕胎合法化导致堕胎率上升最直接的证据，其通过分析妊娠记录中的自报数据发现合法化后堕胎率显著上升。堕胎合法化对犯罪率产生影响的首要前提是堕胎率在合法化后升高。同样值得关注的事实是，被收养儿童的数量在堕胎合法化后骤降。根据斯托利（Stolley，1993）的研究，在1973年之前，非婚生新生儿中有9%被领养；而在1973—1981年，这个数字降到了4%。在新生儿总数上升的同时，被收养的人数从1957年的9万人上升到1970年的17万人，而到了1975年，又下降到13万人。

三、堕胎合法化降低犯罪率的机制

本节将详细探讨20世纪70年代初的堕胎合法化与之后15—20年犯罪率下降的理论相关性。本章确定了一些堕胎合法化可能影响犯罪率的不同路径，并根据先前的研究成果，对不同路径的影响因子进行了粗略计算。

堕胎合法化导致犯罪率降低的最直接路径是其导致高风险群体规模的缩小。当高犯罪风险的青少年群体规模缩小时，犯罪人数自然会随之减少。莱文等（Levine et al., 1996）的研究发现，与堕胎合法化相伴随的是大约幅度为5%的生育率下降。假设生育率的下降导致所有出生人口的随机减少，则该群体所从事的犯罪总数将成比例下降。

从本章的角度来看，堕胎更可能对那些高犯罪风险的群体的生育率产生更高比例的影响。越来越多的证据表明，那些最不愿意或最难以提供良好家庭环境的父母更频繁地堕胎。因此，堕胎合法化对犯罪率的影响可能远大于其对生育率的影响。考虑到部分研究显示有约莫一半的犯罪是由其中6%出生人口所为，上述结论极有可能成立。

在堕胎合法化之前的1965—1970年，非自愿生育群体与低教育水平间存在显著的相关性。莱文等（1996）通过调查发现，与堕胎合法化相关的出生率下降趋势在不同生育群体中有显著差异。未成年和非白人孕妇的生育率下降幅度是白人成年女性的两倍有余。在罗诉韦德案宣判后的几年中，美国疾控中心的相关数据显示，近1/3的堕胎手术是在未成年人身上进行的。而安格里斯特与埃文斯（Angrist & Evans, 1996）的研究进一步发现，未成年非洲裔美国女性的生育率在堕胎合法化后显著下降，而对成年白人女性的生育决策影响并不显著。

另有许多研究结果表明，堕胎合法化通过降低早产数量与出生死亡率改善了新生儿的整体质量。格鲁伯等（1999）就此得出结论："堕胎合法化后立即出生的群体的平均生活环境明显优于堕胎合法化前的群体，并且对于那些如果没有终止妊娠就会出生的儿童，相较于同时期的新生儿，其生活在单亲家庭中的概率将提升60%，生活在贫困线以下的概率将提升50%，生活在依靠政府福利家庭的概率提升45%，于出生后1年内死亡的概率也将升高40%。"

先前的研究表明，幼年时期的不良家庭环境与个人未来的犯罪倾向紧密相关。根据洛伯（Loeber，1986）等的研究，父母的不良行为（譬如母亲的排斥反应、父母古怪行径及父母的缺乏管教）是预测青少年未来是否会实施犯罪的重要因素。雷恩等（Raine et al.，1996）认为，生育并发症外加母亲的排斥反应会令男性在18岁时更有可能实施暴力犯罪。拉萨宁等（Rasanen et al.，1999）的研究发现，1966年出生的芬兰男性实施暴力犯罪的风险是下列5个因子构成的函数：（1）母亲的受教育程度；（2）母亲在青少年时妊娠；（3）是否生活在单亲家庭；（4）母亲是否想要妊娠；（5）母亲在妊娠期间是否吸烟。堕胎更有可能减少在上述情形下出生的孩子数量。选择堕胎的青少年可以在实际生育前获得更多的教育，并可能将生育推迟至其婚后或真正想抚养后代的年龄。此外，非计划怀孕女性吸烟、饮酒乃至吸毒的可能性都更高，而这些行为将增加其后代实施犯罪的概率。

另有研究人员通过调查发现，生活在需要政府批准才能堕胎地区的女性，在被否准堕胎后，绝大多数会亲自抚养后代，而不是将其交由他人收养，但他们通常会憎恨自己的小孩，且相较于其他母亲，他们养育及喂食小孩母乳的机率较低。达格（Dagg，1991）在东欧和斯堪的纳维亚半岛的一系列研究表明，因母亲被拒绝堕胎而生育的后代更有可能参与犯罪活动，且生活前景普遍更差；即使控制其母亲的收入、受教育水平以及健康状况，研究结果亦是如此。此研究为堕胎与犯罪率之间的因果关系提供了强而有力的证据。

对囚犯的调查结果进一步说明了童年艰苦的家庭环境与其成年后实施犯罪存在相关性：1991年，14%的囚犯宣称其成长过程中完全缺乏父母的陪伴，43%的囚犯宣称其缺乏父母中一方的陪伴（相较于全体人口之前两项数据分别为3%与24%），38%的囚犯宣称其父母或监护人存在酗酒或吸毒的恶习，近1/3的女性囚犯在18岁前遭受过性暴力。

在呈现实证估计前，本章将首先粗略评估堕胎合法化对犯罪率的影响程度。如前文所述，先前的研究考察了：（1）堕胎合法化如何影响各群体的出生率；（2）各群体的犯罪率。结合上述两组估计，可以大致预测堕胎合法化对犯罪率的影响。

本章的分析主要考虑了母亲的以下 4 个因素：种族、生育时是否成年、生育时是否已婚、是否无生育意愿。对于前 3 个因素，本章使用了 1990 年人口普查的结果，以推估 8 类人口（例如单亲未成年母亲所生的白人孩子、成年已婚母亲所生的非洲裔孩子等）中的新生儿比例。随后，本章借鉴了莱文等（1996）的估计，从而推估若堕胎并未合法化，各类人口的新生儿比例。之后，本章将利用拉萨宁等（1999）的数据，与美国各种族犯罪率，算出 8 类人口的犯罪率。结合 8 类人口的犯罪率及堕胎合法化导致的新生儿数量变化，可以估计"母亲无生育意愿的新生儿"（unwanted births）数量减少对犯罪率减少的影响。最后，本章假设，母亲无生育意愿而怀孕时，在堕胎合法化后，有 75% 会堕胎（75% 这个比例与产妇自报的怀孕相关数据所显示者一致）；并在此假设上估算"母亲无生育意愿的新生儿"数量下降，对犯罪率下降的影响。值得注意的是，本章的估算萃取（isolate）了种族、未成年怀孕、未婚怀孕、无生育意愿的边际贡献率。因此，在计算种族对犯罪率的影响时，为避免重复计算，本章排除其他特征中受种族影响的部分。

本章利用上述方法探究堕胎合法化影响谋杀罪犯罪率的主要发现如下所述。本章所报告的数值均是特定世代成员（members of a given cohort）谋杀行为的假设减量。莱文等（1996）的研究发现，堕胎合法化使新生世代人数缩减 5.4%。通过纯机械性的关系，5.4% 的世代规模缩减，转化为堕胎合法化后减少了 5.4% 的谋杀犯罪。[1]

堕胎合法化后，非洲裔女性的生育率下降幅度是白人女性的 3 倍（前者为 12%，而后者为 4%）。根据调查数据，非洲裔美国青年的谋杀率大约为白人美国青年的 9 倍。鉴于堕胎合法化对不同种族的生育率影响存在差异，谋杀率呈现更大幅度的下降趋势。换言之，如果被引产的美国白人与非洲裔人口具备各自人口类别平均的犯罪倾向，则美国社会的整体谋杀率将下降约 8.9%。也就是说，考虑到不同种族间选择堕胎比例上的差异，堕胎合法化对谋杀率的预期影响将从 5.4% 提升至 8.9%。

堕胎合法化后，未成年以及未婚女性的生育率分别下降了 13% 和 7%，远高于成年及已婚女性生育率的下降幅度。拉萨宁等（1999）通过研究发现，在

---

[1] 审阅按：本章此处应该先假定了谋杀罪是由一个世代的成员随机犯下，所以一个世代的人口越少，谋杀的人就等比例缩减。本章后续将逐一纳入种族等要素，调整人口缩减对谋杀数量的影响。

严格控制研究对象的其他特征后，未成年母亲的后代的犯罪倾向约是成年母亲的后代的 2 倍。单亲家庭的小孩（相对于双亲家庭）的犯罪倾向程度类同。考虑到上述两个因素的影响，堕胎合法化对谋杀罪的影响从 8.9% 提升至 12.5%。

根据拉萨宁等（1999）的调查结果，母亲无生育意愿但仍被生下的孩子，犯罪可能性超过社会平均水平的 2 倍。因此，考量母亲的无生育意愿后，堕胎合法化对谋杀罪的影响从 12.5% 提升至 18.5%。显然，母亲无生育意愿对谋杀罪的影响巨大，因为堕胎合法化后，妇女在无生育意愿但仍怀孕时的堕胎率非常高（有生育意愿的妇女根据定义就不会堕胎）。

因此，在以往调查研究的基础之上，本章粗略估计，在堕胎合法后出生的世代犯罪率应当下降 18.5% 左右。在 1997 年，堕胎合法化后出生者犯了大约 60% 的犯罪。这意味着（截至当时）堕胎对犯罪率的影响只限于整体犯罪的 60%，故其对总体犯罪率的影响应当在 11% 左右。[1] 如果还有其他因素（经济水平、教育程度、宗教信仰）与犯罪倾向以及堕胎倾向具有相关性，则本章的粗略估计有可能低估了堕胎对犯罪率的实际影响程度。考虑到美国的犯罪率于 20 世纪 90 年代下降了 30%—40%，堕胎可能是导致犯罪率下降的重要因素。本章将在下一节就堕胎合法化对犯罪率的影响提出实证估计，其与本节假设性的计算大体一致。

四、堕胎合法化影响犯罪率的实证检验

通过在 20 世纪 90 年代的犯罪率变化与 70 年代早期的堕胎合法化之间建立了粗略的相关关系之后，笔者将对此展开细致的实证分析。笔者考虑了三种不同的变量：（1）以全国数据为基准的犯罪率和堕胎数量的时间序列；（2）堕胎合法化较早的州与其他州之间的差异化犯罪模式；以及（3）州内堕胎率（适当滞后）对州内犯罪率的影响。笔者将在第五节侧重讨论逮捕率，这可以让我们以犯罪者年龄分解堕胎对犯罪的影响。

---

[1] 审阅按：18.5% × 60% = 11%。

（一）全国的时间序列

图 9-1 展示了 1973—1999 年美国实施暴力犯罪、财产犯罪和谋杀犯罪的人均犯罪率。该等数据是以美国联邦调查局编制的《全国犯罪报告》为基础计算得出。在 1973—1991 年，暴力犯罪几乎翻倍，财产犯罪几乎增加了 40%，谋杀犯罪却几乎没有变化（尽管在这 18 年间数据有显著波动）。以上 3 类犯罪均在 1991 年达到峰值。自那时起，各类犯罪均开始稳步下降：谋杀犯罪下降了 40%，而其他两类犯罪也分别下降了超过 30%。

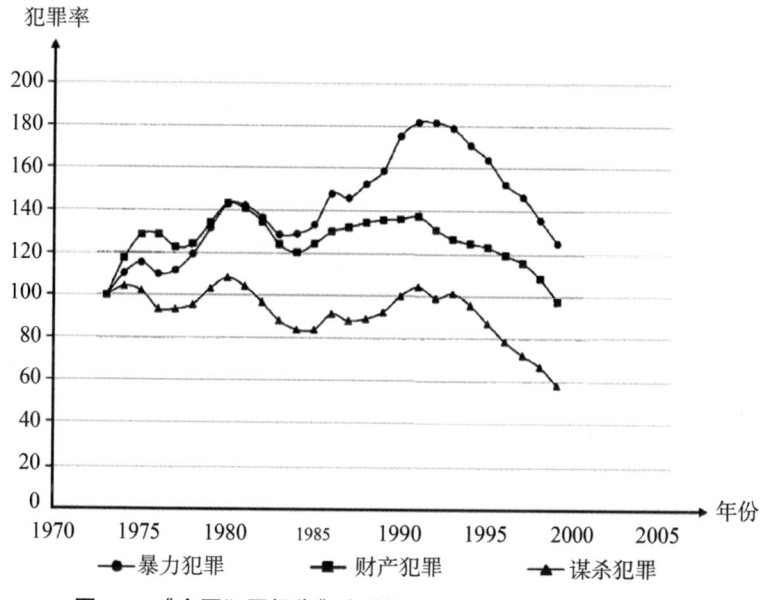

图 9-1 《全国犯罪报告》中的犯罪率情况（1973—1999 年）

《全国犯罪受害人调查》（NCVS）收集的受害人资料在图 9-2 中提供了另一种观察全国犯罪模式的视角。根据受害人调查数据，暴力犯罪在 20 世纪 80 年代初期开始下降，并在 20 世纪 80 年代末至 1993 年迅速反弹，随后又急剧下降。财产犯罪在 1973—1991 年呈下降趋势，并在此之后更为快速地下降。在 20 世纪 90 年代，受害人调查数据反映的犯罪率下降幅度甚至比《全国犯罪报告》数据所体现的下降幅度更大。值得注意的是，尽管《全国犯罪报告》中所列的时间序列更长，其与受害者数据并不完全吻合，但在 20 世纪 90 年代犯罪率下降的趋势上呈现一致。

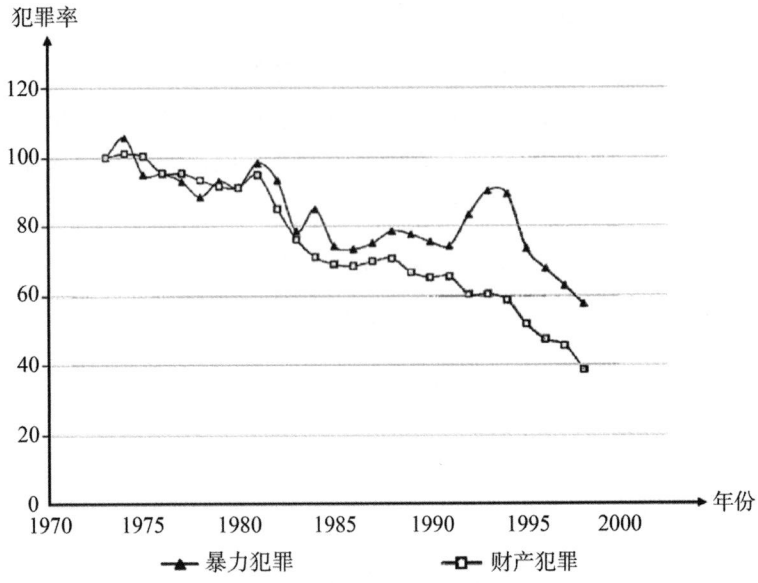

图 9-2 《全国犯罪受害人调查》中的犯罪率情况（1973—1998 年）

美国境内犯罪率下降的时间序列与堕胎合法化的时间相符。在 1991 年，受罗诉韦德案影响的首批世代约 17 岁，刚刚步入犯罪率最高的青少年时期。在更早合法化的州里（美国 20% 的人口居住在这些州），首批受堕胎合法化影响的世代此时约 20 岁，大致处于最容易犯罪的年龄。

犯罪率在 1991—1999 年的持续下降符合上文关于堕胎合法化影响犯罪率的假设。随着时间的推进，在堕胎合法化后出生的犯罪人口占比递增。因此，我们只能感觉到堕胎合法化的影响逐步积累。为了将此影响模型化，笔者定义了一个指数来反映过去所有堕胎对于某一特定年份 t 犯罪率的影响。显然，由于婴儿不会犯罪，新近的堕胎活动不会对当前的犯罪产生任何直接影响。然而，随着堕胎合法化后出生世代的年龄增长，可以通过观察特定世代的犯罪率来估算堕胎合法化所产生的影响（表现为该等年龄被逮捕人数的比例）。因此，我们将 t 年犯罪相关的"有效合法堕胎率"定义为所有被逮捕者所属世代的加权平均合法堕胎率，即

$$\text{有效合法堕胎率}_t = \sum_a \text{堕胎率}_{t-a} \times (\text{逮捕数}_a \div \text{逮捕数}_{\text{合计}})$$

（公式 9-1）

其中 t 表示年份，a 表示年龄。"堕胎率$_{t-a}$"指每个新生儿所对应的平均堕

胎数量。[1]而括号内的逮捕比率（逮捕数 $_a$ ÷ 逮捕数 $_{合计}$）指涉及特定犯罪类型中，a 岁这个世代的成员被逮捕数量，占总逮捕数量的百分比。[2]所有世代的堕胎率相同时，有效堕胎率与实际堕胎率相同。在堕胎合法化后的许多年后，有效堕胎率将低于实际堕胎率，这是因为许多活跃的犯罪世代年龄过大，不曾受到堕胎合法化的影响。例如，在罗诉韦德案之后，每 1000 个新生儿的实际堕胎率，就上升至约 400 的稳定态势。然而，笔者估计，1991 年的有效堕胎率，对于谋杀犯罪仅约 33，对于暴力犯罪约 63，对于财产犯罪是 126。因财产犯罪不成比例地由年轻人实施，堕胎合法化的影响在此更早展现。到 1997 年，上述有效堕胎率分别上升至 142、180 及 252。如果说堕胎合法化有效减少了犯罪率，那么在其他变量不变的情况下，只要有效堕胎率在上升，犯罪率就应当持续下降，这一趋势获得了图 9-1 和图 9-2 的佐证。

（二）较早堕胎合法化的州与其他地区犯罪率走势之对比

正如上文所述，在 1970 年前后，美国共有 5 个州（阿拉斯加州、加利福尼亚州、夏威夷州、纽约州和华盛顿州）实施了堕胎合法化或半合法化的政策，而美国的其他地区直到 1973 年才推行堕胎合法化。堕胎合法化的时间差异也为其对犯罪率的影响提供了检验途径。

就其对犯罪的影响而言，较早实施堕胎合法化的州与其他州相比的效果不甚理想。首先，犯罪参与度不会随着个体年龄的增长而骤然上升或下降，而是在进入青春期后开始稳定上升，并在到达一定年龄后最终稳定下降。较早实施堕胎合法化的州仅提早 3 年开始实施。即便在犯罪最高发的年龄，三个连续年岁段[3]的逮捕人数也仅构成不超过 20% 的总逮捕人数，因此我们难以从数据上就堕胎合法化对整体犯罪率的影响做出判断。其次，1970 年较早合法化堕胎的州在罗诉韦德案后依旧维持高于其他州的堕胎率。例如，在该案作出判决三年后的 1976 年，较早推行合法化的州的人口加权堕胎率为 593，而其他所有州仅 308。鉴于堕胎对犯罪率的影响有着渐进的特点，因此很难区分堕胎合法化的早

---

[1] 审阅按：如果平均每一名新生儿诞生，会伴随 0.5 次堕胎，堕胎率就是 0.5，因此是比值。下文改用每 1000 名新生儿诞生的堕胎数，所以"堕胎率 $_a$"会在数十或数百。
[2] 审阅按：在原文脚注中，作者说明了逮捕百分比作为加权的权重，是依据 1985 年美国各犯罪类型中的被逮捕者的年龄分布算出。因此，（实际）堕胎率的数据，各年、各州均不同，但逮捕百分比是各年、各州都用同样的数值。
[3] 审阅按：例如 17—19 岁。

期影响与稳定状态下更高的堕胎率的影响。

表 9-1　早期堕胎合法化州与其他州的犯罪率走势对比

犯罪类型	周期内犯罪率变化				
	1976—1982 年	1982—1988 年	1988—1994 年	1994—1997 年	1982—1997 年合计
暴力犯罪					
早期合法化的州	16.6	11.1	1.9	−25.8	−12.8
美国其他州	20.9	13.2	15.4	−11.0	17.6
差异	−4.3（5.5）	−2.1（5.4）	−13.4（4.4）	−14.8（3.3）	−30.4（8.1）
财产犯罪					
早期合法化的州	1.7	−8.3	−14.3	−21.5	−44.1
美国其他州	6.0	1.5	−5.9	−4.3	−8.8
差异	−4.3（2.9）	−9.8（4.0）	−8.4（4.2）	−17.2（2.4）	−35.3（5.8）
谋杀					
早期合法化的州	6.3	0.5	2.7	−44.0	−40.8
美国其他州	1.7	−8.8	5.2	−21.1	−24.6
差异	4.6（7.4）	9.3（6.8）	−2.5（8.6）	−22.9（6.8）	−16.2（10.7）
周期结束时的有效堕胎率					
早期合法化的州	0.0	64.0	238.6	327.0	327.0
美国其他州	0.0	10.4	87.7	141.0	141.0
差异	0.0	53.6	150.9	186.0	186.0

说明：美国共有5个州（阿拉斯加州、加利福尼亚州、夏威夷州、纽约州和华盛顿州）在1970年前后实施了堕胎合法化或半合法化的政策，而美国的其他地区直到1973年 Roe v. Wade 案后方才推行堕胎合法化。犯罪率百分比的变化（格内数值）=时段末期犯罪率 − 时段初期犯罪率。犯罪率均由1985年人口加权平均后取自然对数计算而得。标记为"差异"的一行是较早合法化堕胎的州与美国其他州的差异（括号内数据为标准误差）。表格底部呈现以公式9-1与根据1985年全国暴力犯罪被逮捕者年龄分布计算而得的暴力犯罪有效堕胎率。表中呈现经由1985年人口加权的州平均数据。由于缺少1976年的犯罪资料，1976—1982年的计算排除了华盛顿特区。

鉴于上述重要事项，表 9-1 对比了早期合法化的州与其他所有州的犯罪率走势以及两者之间的差异。对于3类犯罪（暴力、财产以及谋杀），本章以6年为一周期呈现了1976—1994年以及1994—1997年的犯罪率趋势。该表格的底部也展示了运用上述公式9-1计算的两类地区在各时间段末暴力犯罪的有效堕胎率。

在1982年之前，堕胎合法化对犯罪率的下降不应当具有影响，因为当时堕胎合法化后出生的首批世代尚未年满12岁。纳入这些年份是为了检查在两类地区中犯罪率是否已有已经存在的趋势。如表9-1所示，犯罪率的走势在较早合法化的州与其他州之间并不存在统计上的显著差异，3类犯罪的犯罪率也并非稳定不变。在1976—1982年，财产犯罪与暴力犯罪的犯罪率在较早合法化堕胎的州中上升较慢，但谋杀犯罪在这些州中却上升得相对较快。

如表9-1的最下面数行所示，到了1988年，早期合法化的州暴力犯罪的有效堕胎率为64.0，而美国其他各州为10.4。为了探究犯罪率是否在1982—1988年开始受到较早合法化堕胎的影响，可以关注1982—1988年标记为"差异"那行的数据。若差异数据为负值，表示较早合法化的州的犯罪率相比较其他州下降得更快（这与本章提出的理论一致），反之则更慢。根据图表可以看出，1982—1988年的堕胎合法化所带来的影响较为混杂。较早合法化堕胎的州的与其他州相比，财产犯罪率下降明显（相差9.8%），该差异是首栏所示既有趋势的2倍之多。在1988年，暴力犯罪与谋杀罪的犯罪率并未受到明显影响。尽管如此，堕胎合法化较早影响财产犯罪，此与青少年人犯罪集中于财产类犯罪的事实一致。例如，根据1995年的数据，由18岁以下未成年实施的财产类犯罪占该类犯罪总数的1/3以上，但由该群体实施的暴力犯罪与谋杀犯罪仅占不到20%。

到了1994年，早期合法化堕胎的州与其他州相比，"有效堕胎率"的差距已经扩大至150.9。相较美国其他州，较早合法化堕胎的州3类犯罪的犯罪率均下降。这一趋势在1994—1997年更为加速，各类犯罪之间的差异均达到了两位数（统计上高度显著）。表9-1的最后一栏显示，在1982—1997年，早期堕胎合法化州较其他州的犯罪率累计下降了16.2%，暴力犯罪下降30.4%，财产犯罪下降35.3%。实际上，这些犯罪率的下降幅度过大，以至于难以全部归因于这些州较早地推行了堕胎合法化。换言之，表格中记录的"有效堕胎率"间的差异，不仅反映了堕胎在某些州较早地合法化，也反映了更高且稳定的堕胎率。因此，表9-1中使用的变异来源，与下文回归模型使用的变量来源，并非完全相异（not entirely distinct）[1]。

（三）州犯罪率的变化与堕胎合法化后堕胎率之间的函数关系

上述讨论为堕胎合法化对于犯罪率的影响提供了一些具有启发性的数据。在接下来的分析中，本章通过面板数据分析，将罗诉韦德案后各州的堕胎率与1985—1997年各州犯罪率的变化联系起来，进而更为系统地探讨此两者间的相关关系。

在展现回归结果之前，图Ⅳa-Ⅳc（译文删减，请参考原文——译者注）展示了1985—1997年犯罪率的变化（取对数）与同期各州有效堕胎率差异。三组数字分别对应暴力犯罪率、财产犯罪率以及谋杀犯罪率。在每类犯罪当中，1985—1997年的犯罪率变化与罗诉韦德案堕胎合法化后的堕胎率变化存在明显的负相关。图中还标记了拟合的人口加权回归线。这些简单回归的决定系数（R^2）在 0.12（谋杀犯罪）到 0.45（财产犯罪）之间浮动，并在财产类犯罪的回归线的相对紧密型拟合度上反映。

表 9-2 更加清晰地显示了20世纪70年代堕胎率与20世纪90年代犯罪率下降之间的相关关系。本章根据1997年的有效堕胎率对各州进行了排名，并将其分为了低、中、高三类。低、中、高州的有效堕胎率平均值与1973—1985 年及 1985—1997 年的暴力犯罪、财产犯罪以及谋杀犯罪的犯罪率变化如该表所示。为检验数据结果的有效性，本章引入了 1973—1985 年的犯罪数据。根据本章的观点，堕胎合法化对 1973—1985 年的犯罪率不应当存在任何影响。由于较高的堕胎率与较低的堕胎率在堕胎合法化早期存在系统性差异，因此有必要讨论关于堕胎率的外生性问题。可以肯定的是，数据中未显示出在 1973—1985 年各州的犯罪率与堕胎率之间存在明显差异。在某些堕胎率更高的州犯罪率甚至上升地更快。然而，在 1985—1997 年，事情发生了剧烈变化：在较高堕胎率的州内各类犯罪的犯罪率，相对于低堕胎率的州下降至少 30%。在各种情形中，堕胎率被归类在中等的州的犯罪率也呈现中等程度的下降。

---

[1] 审阅按：表 9-1 呈现了较早合法化堕胎的州与其他地区犯罪率的对比，由于这些州本身就有较高的堕胎率，因此某程度上也可以视为不同地区之间堕胎率高低对犯罪率的影响。而本章后续的回归模型，旨在呈现"罗诉韦德案"后，不同时间堕胎率之高低对犯罪率的影响。故作者才在此处称二者并非完全相异。

表 9-2　1973—1976 年堕胎率与 1985—1997 年犯罪率变化的关系

堕胎率分类	1997 年活产儿的有效堕胎率（‰）	1973—1985 年犯罪率变化（%）			1985—1997 年犯罪率变化（%）		
		暴力犯罪	财产犯罪	谋杀	暴力犯罪	财产犯罪	谋杀
低	67.5	+31.8	+29.8	−21.1	+29.2	+9.3	+4.1
中等	135.0	+28.8	+31.1	−19.7	+18.0	+2.2	−12.6
高	257.1	+32.2	+15.2	−9.7	−2.4	−23.1	−25.9

说明：根据1997年暴力犯罪的有效堕胎率对各州排序，17个堕胎率最低的州被分类为低，次17个州被分类为中等，最高的17个州（包含华盛顿特区）为高。由于青少年时期前，犯罪率极低，本章预期堕胎合法化对于1973—1985年的犯罪率并不会产生实质影响，而会对于1985—1997年的犯罪率产生影响。

本章展示的面板数据回归在本质上与上文图标信息基本相似，但本章的数据不仅利用了样本的端点信息，还利用了中间年份的数据，且引入了一系列的控制：

$$\ln(\text{犯罪率}_{st}) = \beta_1 \text{有效堕胎率}_{st} + X_{st}\Theta + \gamma_s + \lambda_t + \varepsilon_{st} \quad (公式 9-2)^{[1]}$$

在公式 9-2 中，s 为州，t 为年份。左边的变量为相应的人均犯罪率取自然对数。本章计算了各州、各年份、各犯罪类型的有效堕胎率，作为自变量。X是州层级的控制变量，包括人均囚犯数量与警察数、反映州经济发展状况的一系列变量、具有滞后性（lagged）的州福利指数、有关私藏枪支的州立法以及人均啤酒消费量。γ_s 和 λ_t 分别代表州和年的固定效果。所有回归都是使用加权最小二乘法（基于州人口而加权）。本章提出的所有估算结果均使用了巴尔加瓦等（Bhargava et al., 1982）的方法对面板数据中的序列相关性进行了调整。

表 9-3 提供了样本的描述统计。堕胎率的描述统计与有效堕胎率相对应，可以看出有效堕胎率远低于整个样本的实际堕胎率，这是因为很多犯罪人口在堕胎合法化之前就已出生。在罗诉韦德案宣判之后的几年时间里，美国境内实际堕胎率为每 1000 个新生儿对应 300 例堕胎，但各州之间差异甚大。例如，在 1973—1976 年，西弗吉尼亚州的堕胎率全美国最低（每 1000 名新生儿对应 10 例堕胎），而纽约（每 1000 名新生儿对应 763 例堕胎）和华盛顿特区（每 1000 名新生儿对应 1793 例）的堕胎率最高。各州之间及州内不同时间每 1000 个居民的犯罪数量存在显著差异。对于逮捕率同样成立。

---

[1]　审阅按：公式中的"ln"代表自然对数。全书同。

表 9-3　数据统计概览

变量	平均数	标准差（全体）	标准差（州内）
每千名居民的暴力犯罪数	6.73	2.81	0.88
每千名居民的财产犯罪数	48.04	11.46	4.60
每千名居民的谋杀数	0.09	0.04	0.02
每千名活产儿中有效堕胎率（按犯罪类型分类）			
暴力犯罪	77.11	83.18	66.13
财产犯罪	132.26	116.46	86.89
谋杀	51.00	66.57	55.39
每千名居民的囚犯人数	2.83	1.26	0.86
每千名居民的警察人数	2.85	0.64	0.27
州人均收入（按照 1997 年美元价格）	23207	3408	1361
福利机构的慷慨程度（$t-15$）	7242	2905	1364
州失业率（百分比）	6.15	1.55	1.21
人均啤酒消费（加仑）	23.03	3.32	1.24
贫困率（贫困线以下人口百分比）	13.80	3.51	1.64
每千名未满 25 岁人口暴力犯罪被捕数	3.18	1.46	0.49
每千名未满 25 岁人口财产犯罪被捕数	12.36	3.76	1.44
每千名未满 25 岁人口谋杀犯罪被捕数	0.11	0.06	0.03
每千名已满 25 岁人口暴力犯罪被捕数	2.04	1.06	0.34
每千名已满 25 岁人口财产犯罪被捕数	4.82	1.58	0.65
每千名已满 25 岁人口谋杀犯罪被捕数	0.06	0.03	0.01

说明：所有数据除了下列例外，皆为1985—1997年度、州层级的观察值：逮捕资料时间为1985—1996年；贫困率、福利机构的慷慨程度的资料时间则为1985—1998年。警察及监狱资料经过一期滞后，对应时间为1984—1996年。表中数值为人口加权平均值，有效堕胎率的计算是以全国各年龄特定犯罪在1985年的占比为权重，以公式9-1得到在各州内出每个出生世代的加权平均堕胎率。所有描述统计都是由663个观察值数量所得，除了下列例外：由于数据缺漏，与理论上最大值612相比，逮捕统计观察值数量为574；贫困率、福利机构的慷慨程度资料，观察值数量为714。

该系列数据有一个重要的限制：州堕胎率存在高度序列相关。各州在第 t 年和第 $t+1$ 年堕胎率的相关系数为 0.98。5 年和 10 年的相关性则分别是 0.95 和 0.91。高相关性的一个结果是，仅使用数据将很难区分下列两种影响：20 世纪 70 年代堕胎率对当前犯罪率的影响，与 20 世纪 90 年代堕胎率对当前犯罪率的影响。如果在同一回归模型中使用滞后和当前的堕胎率，则标准误差会因多重共线性而激增。因此，必须承认的是，本章对于结果的解释依赖于以下的假设：堕胎对犯罪产生实质性影响需要经过 15—20 年的时间。堕胎行为与其对犯罪率的影响之间的非同步性，使堕胎不同于离婚与贫困等其他社会现象（后者可能具有的即时与滞后的双重影响），故难以确定堕胎的滞后效果。

表 9-4 展示了回归结果。对于三类犯罪项下的各种犯罪，表格均展示了两个不同的模型设定。其中，奇数列展示的结果不包含控制变量——但每种模型设定都包括州与年份的固定效果——而偶数列则引入了完整的控制变量。

表 9-4 中的首行展示了各种模型设定下的堕胎变量系数。在 6 种情形下，该系数均为负数，显示较高的堕胎率与犯罪率的下降存在相关关系。堕胎率的效果在统计学上具有高度显著性，较诸分析中包含的其他变量更显著。有效堕胎率不只是统计上显著，现实世界的影响也很巨大。有效堕胎率在每 1000 个存活新生儿中增加 100 个（1997 年暴力犯罪的有效堕胎率为 180，各州间的标准差为 96），谋杀犯罪率减少 12%，暴力犯罪率减少 13%，财产犯罪率减少 9%。表 9-2 比较了堕胎率排名在前 1/3 的州与后 1/3 的州。在 1997 年，参数估计的结果显示处于前 1/3 州的犯罪率因为堕胎率的提高额外下降了 16%—25%。当世代处于犯罪高峰期时，每新增 1 例堕胎与每年减少 0.23 例财产犯罪、0.04 例的暴力犯罪及 0.004 例的谋杀犯罪相关。本章将这些估计值与 18—24 岁青少年的平均犯罪倾向进行了比较，发现在堕胎边缘出生的青少年的犯罪倾向是其他人的 4 倍。这些估计数值与本章上述第三节的粗略预估大致相符，甚至略高于本章的预估数据。

模型中其他系数的估计结果看起来也是可信的。监狱中囚犯以及警察人数对犯罪率的弹性方向均符合预期，囚犯数量与财产犯罪率和谋杀犯罪率的显著减少相关，警察数量则与谋杀犯罪率的显著减少相关。有着较高失业率的州有显著较高财产犯罪率，但没有显著较高的暴力犯罪率。但数据并不能确定其他衡量州经济状况的常用指标（譬如，人均收入、贫困率与福利机构的慷慨程度）是否对犯罪率产生系统性的影响。允许人民持有手枪的法律，明显增加了财产犯罪的数量，但其对暴力犯罪与谋杀犯罪却没有影响。最后，啤酒消费与高犯罪率间存在弱相关，但并未统计上显著。

表 9-4 以面板数据估计堕胎率及犯罪率之间的关系

变量	ln（人均暴力犯罪）		ln（人均财产犯罪）		ln（人均谋杀）	
	（1）	（2）	（3）	（4）	（5）	（6）
有效堕胎率（×100）	-0.137（0.023）	-0.129（0.024）	-0.095（0.018）	-0.091（0.018）	-0.108（0.036）	-0.121（0.047）
ln（人均囚犯数）（t-1）	—	-0.027（0.044）	—	-0.159（0.036）	—	-0.231（0.080）
ln（人均警察数）（t-1）	—	-0.028（0.045）	—	-0.049（0.045）	—	-0.300（0.109）
州失业率（%）	—	0.069（0.505）	—	1.310（0.389）	—	0.968（0.794）
ln（州人均收入）	—	0.049（0.213）	—	0.084（0.162）	—	-0.098（0.465）
贫困率（贫困线以下人口百分比）	—	-0.000（0.002）	—	-0.001（0.001）	—	-0.005（0.004）
福利机构的慷慨程度（t-15）（×1000）	—	0.008（0.005）	—	0.002（0.004）	—	-0.000（0.000）
允许人民持有手枪的法律	—	-0.004（0.012）	—	0.039（0.011）	—	-0.150（0.032）
人均啤酒消费（加仑）	—	0.004（0.003）	—	0.004（0.003）	—	0.006（0.008）
R^2	0.938	0.942	0.990	0.992	0.914	0.918

说明：因变量为人均犯罪率取自然对数。奇数列呈现仅额外纳入州与年份固定效果的估计结果；而偶数列则引入了完整的控制变量。资料由1985—1997年度州层级（含华盛顿特区）的观察值组成，所有列的观察值数量皆为663且都有引入州与年份固定效果。为了极小化内生性的问题，警察与监狱变量经过一次的滞后期间。标准误差的数据位于括号内。

表 9-5 研究了堕胎系数对一系列替代性模型设定的敏感程度。本章以表 9-4 中完整控制集的模型设定为基准。表 9-5 的首行展示了该等回归的堕胎系数。表格的每一行均展示不同的模型设定。本章首先检验了数据结果对于人口较多的州和堕胎率最高以及最低的州的敏感度。在去除纽约州后，堕胎对于暴力犯罪以及谋杀犯罪的估计值降低；而在去除加利福尼亚州后，此两类犯罪率的估计值升高。华盛顿特区堕胎率高于全国平均水平的4倍，去除此离群值，会增加堕胎的估计效果。排除掉上述三个堕胎率最高地区的数据会导致更高的

估计值，而这则表明堕胎对犯罪率的减少可能具有递减性[1]。

表 9-5　堕胎系数对替代性模型设定的敏感程度

模型设定	当以下为因变量时有效堕胎率自变量的系数		
	ln（人均暴力犯罪）	ln（人均财产犯罪）	ln（人均谋杀）
基准模型	−0.129（0.024）	−0.091（0.018）	−0.121（0.047）
去除纽约州后	−0.097（0.030）	−0.097（0.021）	−0.063（0.045）
去除加利福尼亚州后	−0.145（0.025）	−0.080（0.018）	−0.151（0.054）
去除华盛顿特区后	−0.149（0.025）	−0.112（0.019）	−0.159（0.053）
去除纽约州、加利福尼亚州及华盛顿特区后	−0.175（0.035）	−0.125（0.017）	−0.273（0.052）
为人口的跨州流动问题调整有效堕胎率	−0.148（0.027）	−0.099（0.020）	−0.140（0.055）
纳入控制移民流动	−0.115（0.024）	−0.063（0.018）	−0.103（0.047）
纳入特定州趋势	−0.078（0.080）	0.143（0.033）	−0.379（0.105）
纳入区域年为交乘项	−0.142（0.033）	−0.084（0.023）	−0.123（0.053）
未加权	−0.046（0.029）	−0.022（0.023）	0.040（0.054）
未加权，并去除华盛顿特区后	−0.149（0.029）	−0.107（0.015）	−0.140（0.055）
未加权，并去除华盛顿特区、加利福尼亚州及纽约州后	−0.157（0.037）	−0.110（0.017）	−0.166（0.075）
纳入控制整体生育率	−0.127（0.025）	−0.093（0.019）	−0.123（0.047）
仅使用样本中1985和1997年底数据的长期差异回归	−0.109（0.054）	−0.077（0.034）	−0.089（0.077）

说明：本表呈现的结果为表9-4中第2、4、6列模型设定的变化。本表第1行为表9-4中呈现的基准模型，除非特别注明，本表估计皆使用1985—1997年度州层级的面板数据。

由于可用的协变量相对有限，遗漏变量就成为回归中不能忽视的一个隐患。解决这一问题最为简单的办法是加入区域年的交乘项，试图吸收堕胎与地理上相关冲击。采用这种方法，不会对堕胎系数产生实质影响。

因为本章整体上试图研究一个州实施堕胎合法化对25年后犯罪率的影响，所以人口的跨州流动问题也应当予以考虑。理论上讲，跨州运动的趋势会使得

---

[1]　审阅按：例如，第1—100个堕胎可以减少10个犯罪，第101—200个堕胎只能减少7个犯罪。

堕胎系数趋向于 0，因为有效堕胎率的计算是在忽略流动性的代理变量前提下求得的。为了对跨州流动因素进行调整，本章对 1990 年的 5% 样本中年龄为 15 岁的青少年的出生地与居所地进行了调查。利用这一信息，我们根据居住在一个州的 15 岁少年的实际出生地重新计算了有效堕胎率并将其作为加权平均堕胎率。虽然调整的基量对于 3 类犯罪并不大，但估计的堕胎影响增加了。

本章还进行了一系列其他的敏感性检测。控制移民进入一个州的流动在某种程度上减少了堕胎对犯罪率（特别是财产类犯罪）的估计影响，但并不因此改变其显著性。将各州特定的[1]时间趋势加入计算后，估计结果会产生一定偏差，其中谋杀犯罪和财产犯罪的标准差为原先的 2 倍，而暴力犯罪的标准差为原先的 3 倍。相较而言，未加权的面板数据回归所产生的系数要小得多（相较于先前以人口加权），但这完全是因为华盛顿特区此一离群值的影响。单独排除华盛顿特区，或者将华盛顿特区、加利福尼亚州和纽约州均排除后，未加权的回归系数大于基准模型的估计值。

以同一时期的总体出生率的滞后变化，量度堕胎，并加入回归模型中，几乎不影响本章的测量系数。仅使用样本中 1985 年与 1997 年底数据进行的回归（"长期差异"），尽管其数值略小，产生的系数与整体面板数据的基准系数相似。

五、堕胎对不同年龄层罪犯逮捕率的影响

前文凸显了罗诉韦德案后的堕胎率与近年来犯罪数量变化之间的实证相关。本节将探讨逮捕模式证明该等结果可能的原因解释的程度。尤其，如果堕胎合法化是犯罪下降的原因，则可以预期犯罪的下降应当集中于堕胎合法化后出生的世代。

犯罪人的年龄无法直接观察使得验证上述假设变得更为复杂。但是，被逮捕人的年龄是有据可考的。因此，我们可以分析不同世代的被逮捕人是否受到堕胎率的影响。

用以解释各州各年龄类别逮捕率的基本模型设定，与前文中犯罪回归中的

---

[1] 审阅按：这里是指州的哑变量与年的哑变量的交乘项。

基本模型设定基本一致,但不同的是,此处回归中的因变量是未满 25 岁人均逮捕率(的自然对数),而不是所有年龄层的总体犯罪率。样本不包括 1997 年的数据,因为必要的逮捕数据不存在。表 9-6 的第 1—3 栏呈现了估计的结果。本章呈现了各犯罪类别的两组模型设定:顶部一行仅包括有效的堕胎变量以及控制年与州固定效果后的影响,而底部一行则增加了上述表 9-4 中使用的其余的变量。由于因变量是除以未满 25 岁人口后的结果,堕胎系数仅反映人均被逮捕率的变化。如果堕胎的影响仅在于缩减人口规模,则人均模型中的堕胎变量系数会是 0。在所有 6 个案例中,延后的堕胎率与未满 25 岁人均被逮捕率的下降相关,其估计区于 -0.044 与 -0.214 之间。堕胎系数在 6 组数据中的 5 组有统计上显著。

如果逮捕数据测量准确,且青年与老年的犯罪之间不会相互影响,则不应预期堕胎合法化影响在此之前出生的人们的犯罪率。第 4—6 栏将较老世代的逮捕率与堕胎率联系起来,而为本章的假设提供了测试。堕胎率变量在各犯罪类别中对年龄更大世代的被逮捕率均不具统计学上的显著影响。在 3 种情形中,系数为正,而在另外 3 种情形中,系数为负。所有估计在规模上均显著未满 25 岁人口的被逮捕率。表格的最后 3 栏呈现了堕胎合法化对合法化后世代相较于之前世代的"双重差分"的估计。在所有情形中,系数与表格前 3 栏的数据相似。该结果强化了堕胎系数对年轻世代逮捕模式的因果关系解释。

此处,堕胎影响逮捕率的规模,小于前一节分析堕胎影响犯罪率的规模,但是处于同一量级。平均而言,约半数被逮捕者的年龄未满 25 岁。因此,产生表 9-4 中的犯罪减少,需要年轻被逮捕率的系数是总体犯罪系数的 2 倍。谋杀罪以外的犯罪类型中,逮捕系数事实上小于犯罪系数。该等差异的部分原因是被逮捕率回归仅反映青年世代(而不是更年轻、数量较少的世代)人均犯罪数量的下降,但这仅能解释上述差异的一部分。仍需回答的问题是,上述差异是否反映出:犯罪回归中发现的部分关系实为虚假、逮捕数据有测量错误、犯罪与逮捕之间不成比例的关系。但是,需要强调的是,尽管犯罪回归与逮捕回归之间的影响规模有差异,但两者都反映了堕胎影响犯罪。

作为本章假设的进一步验证,本章分析了单一年龄中各州的逮捕率。该等数据涵盖了 1985—1996 年范围内 15—24 岁的被逮捕者。如果合法化堕胎降低了犯罪,则合法化 16 年之后的 15 岁世代应当首先数显下降,并在 1 年后拓展到 16 岁的世代,依此类推。由于本章观察特定年份特定州许多世代,所以本章能够控制州和年的变异。前述表格中，州和年在堕胎率和犯罪率的变异是本章识别因果关系的来源；相异地，下述分析则是基于特定州、特定年份中不同世代间堕胎率与犯罪率的变化。本章以下列公式进行回归分析：

$$\ln(\text{逮捕数}_{stb}) = \beta_1 \text{堕胎率}_{sb} + \gamma_s + \lambda_{tb} + \theta_{st} + \varepsilon_{stb} \qquad (\text{公式 9-3})$$

在公式 9-3 中，s、t 及 b 分别代表州、年及出生世代。逮捕数指特定犯罪的原始逮捕人数。不同于先前的表格，由于缺乏州内各年龄人口的可靠数据，下文并不通过将逮捕人数除以人口数量以得出人均数据。作为特定世代堕胎率的衡量模型，本章使用了被逮捕人目前居住的州，在其最可能出生日的前 1 个历年的堕胎率。[1] 跨州的人口流动不会被该方法捕捉到，但前面章节中的结果显示，人口流动对估计结果的影响甚小，并且任何人流动的修正（如有）均会强化本章的结论。由于分析中的单位是特定州的特定年龄的世代，且该世代在一段时间内被每年反复考察，本章回归模型将控制：年龄、全国层面的年份 × 世代交乘项、州 × 年份交乘项、（在部分情况中）州 × 年龄交乘项。不过，回归模型无法纳入州 × 年龄世代的交乘项，因为此种交乘项将吸纳各州各世代的全部堕胎变异。

---

〔1〕 若有人在 1996 年被逮捕时为 15 岁，则本研究会使用 1980 年堕胎率。

表 9–6 以年龄区分堕胎率对人均被逮捕率的影响

[表中的数值皆为有效堕胎率自变量系数（×100），其余系数并未呈现在表上]

模型设定	ln（未满25岁人口人均被逮捕率）			ln（已满25岁人口人均被逮捕率）			ln（未满25岁人口人均被逮捕率）减去 ln（已满25岁人口人均被逮捕率）		
	暴力犯罪	财产犯罪	谋杀	暴力犯罪	财产犯罪	谋杀	暴力犯罪	财产犯罪	谋杀
有效堕胎率（×100）（没有纳入其他共变量）	-0.095 (0.029)	-0.085 (0.023)	-0.214 (0.051)	-0.022 (0.054)	-0.019 (0.037)	-0.034 (0.037)	-0.116 (0.042)	-0.066 (0.023)	-0.180 (0.034)
有效堕胎率（×100）（纳入所有其他共变量）	-0.044 (0.030)	-0.054 (0.023)	-0.180 (0.062)	0.033 (0.046)	0.008 (0.031)	-0.036 (0.050)	-0.062 (0.034)	-0.063 (0.019)	-0.137 (0.046)

说明：回归与表9-4相同，除了本处使用被逮捕率而非整体逮捕率。表中第一行呈现只增加州和年固定效果的结果，底部一行则呈现使用所有变量的结果，其中包含了滞后一期的人均警察及犯人数量（取对数）、失业率、取对数后的人均所得、贫困率、滞后数年的福利机构的慷慨程度、允许持有手枪法、人均啤酒消费量。回归使用了1985—1996年度州层级的资料（1997年各年龄的逮捕资料尚无法取得）。由于数据的缺失，利理论上最大值612相比，各列的观察值数量在555—557，在所有模型设定中皆引入了州和年固定效果。使用滞后的警察及因犯罪资料是为了极小化内生性的问题。标准误差呈现在括号中。

表 9-7　堕胎率及逮捕率之间的关系（以单一年龄区分）

	ln（因暴力犯罪被逮捕）				ln（因财产犯罪被逮捕）			
堕胎率（×100）	−0.015 （0.003）	—	−0.028 （0.004）	—	−0.040 （0.004）	—	−0.025 （0.003）	—
堕胎率（×100）随着以下年龄改变								
15 岁	—	0.018 （0.008）	—	−0.008 （0.010）	—	−0.037 （0.007）	—	−0.005 （0.008）
16 岁	—	0.008 （0.007）	—	−0.007 （0.008）	—	−0.043 （0.006）	—	−0.011 （0.006）
17 岁	—	−0.010 （0.006）	—	−0.021 （0.007）	—	−0.042 （0.006）	—	−0.013 （0.005）
18 岁	—	−0.035 （0.004）	—	−0.039 （0.007）	—	−0.053 （0.005）	—	−0.023 （0.005）
19 岁	—	−0.040 （0.005）	—	−0.043 （0.007）	—	−0.050 （0.005）	—	−0.036 （0.006）
20 岁	—	−0.043 （0.006）	—	−0.043 （0.007）	—	−0.038 （0.006）	—	−0.035 （0.006）
21 岁	—	−0.039 （0.009）	—	−0.039 （0.008）	—	−0.028 （0.007）	—	−0.037 （0.006）
22 岁	—	−0.028 （0.013）	—	−0.024 （0.009）	—	−0.020 （0.008）	—	−0.032 （0.009）
23 岁	—	−0.031 （0.023）	—	−0.026 （0.013）	—	−0.015 （0.011）	—	−0.030 （0.013）
24 岁	—	−0.027 （0.040）	—	−0.160 （0.020）	—	−0.024 （0.019）	—	−0.047 （0.018）
R^2	0.972	0.972	0.985	0.985	0.967	0.968	0.984	0.984
样本数	5737	5737	5737	5737	5740	5740	5740	5740
纳入州的固定效果或州与年龄的交乘项	州的固定效果	州的固定效果	州与年龄的交乘项	州与年龄的交乘项	州的固定效果	州的固定效果	州与年龄的交乘项	州与年龄的交乘项

说明：表中结果为使用公式9-3所得到的估计系数，回归中样本单位为单一年龄的人口在各州每一年的逮捕数量。样本涵盖了在1985—1996年年龄为15—24岁的人口在 y 州、s 州年龄为 a 的世代堕胎率为每1000名活产儿中，s 州在 $y-a-1$ 年度的堕胎数量，此处使用了真实堕胎率而非前面表格所使用的有效堕胎率。因此，本表中的系数并无法和其他表格中的系数直接比较。如果所有州、年份及年龄资料皆可取得，则样本数会是6120。由于缺少了逮捕资料及偶尔会发生逮捕数量为零的情形，真实的观测值数量会较小。为了捕捉全国年龄-犯罪图谱的变化，所有模型设定都引入了完整的年度出生世代交乘项。州年份的交乘项也被引入，某些模型设定纳入了州的固定效果，其他模型设定则完整纳入了州与年龄的交乘项。本表使用了以各州总人口为权重的加权最小二乘法。标准误差已经经过了特定州中特定世代时序相关性的修正。此一修正是有其必要性的，其原因在于特定世代的堕胎率并不随时间变动，但回归中引入了特定世代中不同年纪重复的观测值。谋杀犯罪因为其频率较不频繁，使得许多特定州中单一年龄的观测值为零，故谋杀犯罪的结果并未呈现在表中。

表 9-7 呈现了暴力犯罪与财产犯罪的分析结果。由于各州各年龄因谋杀被逮捕人数过少，本章无法就谋杀进行类似的估计。本章呈现的估计分为将堕胎的影响限制为在整个年龄段中恒定（奇数栏）及允许堕胎的影响随着年龄而改变（偶数栏）。部分回归分析包含州年龄交乘项，其他分析仅包括州固定效果。所有的数据均包括年份年龄交乘项，以控制国家层面年龄与犯罪图谱的波动。在所有情形中，标准差均已修正，以反映在特定出生世代中的相关性。

表 9-7 的首行呈现的估计将堕胎系数在 15—24 岁限制为恒定。在所有情形中，该系数显著为负，表示特定世代出生时间附近的高堕胎率与该群体在他们青年及 20 多岁时的低逮捕率相关。当堕胎系数随着年龄变化时，40 个参数估计中的 38 个为负数；该等估计中超过 2/3 统计上显著（系数水平为 0.05）。堕胎最大的影响发生在 18—22 岁这一年龄段。样本中最小年龄的影响通常最弱。

表 9-7 中的系数无法直接与前述表格中的系数比较。由于在表 9-7 中分析了单一年份特定年龄的逮捕人数，本章能够使用实际的堕胎率，而不是在许多群体中的平均有效堕胎率。以堕胎频率而言，前 1/3 的州与后 1/3 的州在实际堕胎率方面的差距约为每 1000 个新生儿 350 例。表 9-7 首行的估计推论高堕胎率州 15—24 岁的被逮捕率较低堕胎率州下降 5%—14%。

六、结论

众所周知，青年人、未婚妇女及贫困妇女怀孕最有可能被视为时机不佳或非自愿的，且这些非计划的怀孕中有很大比例或通过堕胎的方式终止。非计划的怀孕与较差的孕期护理、在孕期更频繁地吸烟与饮酒行为以及更低的出生体重相关。因此，相较于有计划受孕的婴儿，那些仅是因为母亲无法进行堕胎手术而出生的婴儿的生存概率显著下降。更为普遍的堕胎手术使得 20 世纪 70 年代至 80 年代初非计划出生婴儿比例的下降。

本章呈现的证据与堕胎合法化滞后 20 年降低犯罪率的推测一致。本章的结果显示，每 1000 个新生儿中对应增加 100 例堕胎手术大约降低特定世代 10% 的犯罪率。将本章的样本推及堕胎仍为非法并且非法堕胎手术数量维持在 20 世纪 60 年代的数量的反事实情境，本章估计，较堕胎没有合法化而言，1997

年的犯罪下降了近15%—25%（1997年全国三类犯罪的平均有效堕胎率居于142—252的范围内）。

该等估计显示，堕胎合法化是美国谋杀罪、财产犯罪以及暴力犯罪在过去10年显著下降的主要原因。实际上，堕胎合法化导致了至多犯罪总数减少中的半数以上。假设上述论断正确，根据米勒等（Miller et al., 1993）有关犯罪成本的估计显示，堕胎导致的犯罪数量减少的社会效益每年大约有300亿美元。基于 -0.20 的弹性，1991—1997年监禁人数的上升（这段时期内监禁人数上升了约50%）减少了10%的犯罪。因此，堕胎与监禁人数上升很大程度上共同解释（如果不是完全解释）了犯罪的下降。

堕胎合法化之前出生的人们从事了美国约一半的犯罪。随着这些更年长的世代逐渐丧失犯罪能力并被堕胎合法化后出生的更年轻犯罪世代所替代，本章预测犯罪率将继续下降。约20年后到达稳定的状态，堕胎的影响大约将是我们目前感受到影响的2倍。本章的结果显示，当其他条件不变时，在未来的20年内，堕胎合法化将持续导致每年的犯罪下降1%。但是，考虑到《海德修正案》有效地限制了堕胎，上述预测有可能过于乐观。

尽管犯罪率下降无疑是正向的社会发展，但是本章在犯罪率下降与堕胎合法化之间建立联系不应当被曲解为支持堕胎或呼吁国家干预妇女的生育决定。此外，堕胎的替代手段（诸如更有效的节育以及为未来存在最高风险从事犯罪的儿童提供更好的环境）原则上也可以获得类似的犯罪下降结果。

本章参考文献

Joshua Angrist & William N. Evans, *Schooling and Labor Market Consequences of the 1970 State Abortion Reforms*, Unpublished working paper (1996).

Alok Bhargava, Luisa Franzini & Wiji Narendranathan, *Serial Correlation and the Fixed Effects Model*, The Review of Economic Studies, Vol.49, p.533–549 (1982).

Paul K. Dagg, *The Psychological Sequelae of Therapeutic Abortion—Denied and Completed*, The American Journal of Psychiatry, Vol.148, p.578–585 (1991).

Jonathan Gruber, Phillip Levine & Douglas Staiger, *Abortion Legalization and Child Living Circumstances: Who is the "Marginal Child"?*, The Quarterly Journal of Economics, Vol.114, p.263–291 (1999).

Phillip B. Levine, Douglas Staiger, Thomas J. Kane & David J. Zimmerman, *Roe v Wade and American Fertility*, American Journal of Public Health, Vol.89, p.199–203 (1999).

Rolf Loeber & Magda Stouthamer-Loeber, *Family Factors as Correlates and Predictors of Juvenile Conduct Problems and Delinquency*, Crime and Justice, Vol.7, p.29–149 (1986).

Robert T. Michael, *Abortion Decisions in the US*, Unpublished working paper (1999).

Ted R. Miller, Mark A. Cohen & Shelli B. Rossman, *Victim Costs of Violent Crime and Resulting Injuries*, Health Affairs, Vol.12, p.186–197 (1993).

Adrian Raine, Patricia Brennan, Birgitte Mednick & Sarnoff A. Mednick, *High Rates of Violence, Crime, Academic Problems, and Behavioral Problems in Males with Both Early Neuromotor Deficits and Unstable Family Environments*, Archives of General Psychiatry, Vol.53, p.544–549 (1996).

Adrian Raine, Patricia Brennan & Sarnoff A. Mednick, *Birth Complications*

Combined with Early Maternal Rejection at Age 1 Year Predispose to Violent Crime at Age 18 Years, Archives of General Psychiatry, Vol.51, p.984–988 (1994).

Pirkko Räsänen, Helinä Hakko, Matti Isohanni, Sheilagh Hodgins, Marjo-Riitta Järvelin & Jari Tiihonen, *Maternal Smoking During Pregnancy and Risk of Criminal Behavior among Adult Male Offspring in the Northern Finland 1966 Birth Cohort,* American Journal of Psychiatry, Vol.156, p.857–862 (1999).

Kathy S. Stolley, *Statistics on Adoption in the United States*, The Future of Children, Vol.3, p.26–42 (1993).

第十章 少年监禁、人力资本与再犯罪：来自随机分案的证据[*]

Juvenile Incarceration, Human Capital and Future Crime:
Evidence from Randomly Assigned Judges

作者： 安娜·艾泽尔（Anna Aizer）
　　　 约瑟夫·道尔（Joseph J. Doyle, Jr）
译者： 彭雅丽
校定： 许菁芳、张凯评
审阅： 张永健
统稿： 程金华

一、引言

美国的监禁率是所有经济合作与发展组织（OECD）国家中最高的——而且其监禁率是第二高国家的3倍。但美国的犯罪率却没办法解释其高监禁率。实际上，自1990年以来，美国的犯罪率逐年下降，但其监禁率却翻了一番。在2011年，超过220万的成年人受监禁，另外还有480万人受矫正系统监管。美国之严刑峻法鹤立鸡群：监禁者之于定罪者的比例，比第二高的国家高出70%。这种

---

[*] Anna Aizer and Joseph J. Doyle Jr., Juvenile Incarceration, Human Capital, and Future Crime: Evidence from Randomly Assigned Judges, 130 *The Quarterly Journal of Economics* 759 (2015). ©2015 Oxford University Press.

惩罚性政策的成本相当高：目前，联邦、州和地方性的矫正支出每年超过820亿美元，整个司法系统的总支出超过2500亿美元。

在美国，高监禁率也延伸到青少年人口。2010年，被拘留的青少年数字为70792人，即平均每1000名年龄为10—19岁的人口中有2.3人被拘留。在包含矫正监管数字的情况下，美国青少年的惩戒率比排名第2的国家——南非——高出5倍。尽管美国的少年监禁率很高，其影响却不为人所知。从人的生命发展周期来看，青春期监禁可能会在关键时期中断其人力和社会资本的积累，从而降低未来的合法收入，并增加犯罪活动。这种监禁产生的干预，一般说来，干预如果发生在童年，会有传播效应（propagation effects），因而引发比青少年更大的影响，由于犯罪活动伴随的负面外部性，在此种语境中考虑此种传播效应尤其重要。本章旨在评估青少年监禁对于其未来人力资本积累的影响，其衡量标准为高中毕业率，以及成年后的累犯率。

关于监禁影响的现有研究，主要集中于成人，且针对就业、收入和累犯。监禁成年人和未成年人的因果推论研究，面临的最大挑战是控制、考虑其他个人特征的影响，因为个人特征同时影响监禁与未来人力资本积累、犯罪活动以及在劳动市场上的表现。个人特征含括了社会经济劣势、认知水平成就以及自我控制水平。

监禁的影响众说纷纭。监禁是否会影响累犯，犯罪学家看法不一致。另外关于劳动力影响的文献，发现监禁对成年男性的就业与收入有轻微的影响。这些研究试图通过以下方法解决监禁的潜在内生性：控制一组有限的可观察特征，或使用面板数据以比较监禁前后一段时间的收入。但是，固定效果法无法用来研究少年监禁的影响，因为少年人尚未进入劳动力市场。更何况，这种方法假定发生监禁的时点是外生的，也假设其与生活环境变化无关，但生活环境变化也可能影响劳动力市场结果。例如，若劳动力受到突如其来的冲击，可能导致犯罪行为。但反之则不然。

另外一种研究取径，由克林（Kling，2006）首先采用，是使用法官的判刑严重程度指数作为工具变量，以量度刑期长短的影响。该研究发现，监禁对就业有微小的正面影响，但随着时间的流逝而逐渐消失。迪特拉与夏格罗德斯基（Di Tella & Schargrodsky，2013），以及格林与威尼克（Green & Winik，2010）两组人马，也使用了这种策略来估计监禁如何影响累犯，他们得到了不同的结果。这个方法暗中控制了所有看不到的、可能影响估计值的变项（不管是固定还是变动的），因为案件是随机分配给法官的。这种方法也是本章所采用的方法。

我们对于青少年监禁的影响知之甚少。为数不多的研究青少年犯罪活动如何影响教育及劳动力表现——通常是负面的。大多数研究会控制观察到的个体特征，来辨别因果关系。有些更复杂的研究，还控制了青少年与刑事司法系统的互动，以及看不见的家庭特征。

另一构成挑战的原因是，边际[1]少年犯和平均少年犯所受监禁影响可能不一致，前者更容易受到政策变更的影响。迄今为止，最令人信服的证据是一份华盛顿州的研究，利用量刑规则的回归不连续性设计，找出少年监禁对累犯的影响。其发现：在边际上，当判刑变得更重时，刚好超过阈值的少年不太可能在青少年时期成为累犯。

我们利用了案件随机分配给法官的这一特点，解决了这些复杂因素。法官量刑模式不同，会造成少年监禁的外生性变化。例如，假设有两个少年，他们被分配给有不同监禁倾向的法官。由于随机分配，两个少年刑期差别及监禁后的不同发展，源于法官的影响，而非少年个体特征或案件特征的作用。通过这种策略，我们解决了少年监禁的逆向选择误差（negative selection）问题，并估计了在监禁边际的那些人（此时案件落到哪个法官手上，对是否被监禁至关重要）的监禁效果。但是，与以前的研究不同，我们在把这个方法用在青少年犯罪。在这个阶段，青少年的人力资本积累仍处于形成阶段，因此监禁的长期影响可能最为深远影响。

我们使用一个独特的数据，是一批互相串联的行政数据。这些数据纪录了10年多来超过35000名的未成年人，他们曾在伊利诺伊州芝加哥市的一个少年法院接受过审判。这些数据与同一城市的公立学校数据以及同一州的成人监禁数据相串联，以便我们研究少年监禁对高中毕业和成人后受监的影响。

我们发现，青少年犯罪指派给具有高监禁率的法官，会使高中毕业的可能性显著降低，并且，成年后被监禁的可能性也显著增加，这也包括暴力犯罪所导致的监禁。在更强的必要假设下，可以使用法官监禁率作为工具变量（Instrument Variable，IV）；据此，回归模型预估青少年监禁将使高中毕业率约

---

〔1〕 审阅按：此处边际（margin）是经济学边际分析下的专有名词。如果我是边际上的土豆爱好者，就表示只要土豆涨价1毛钱，我就不会购买任何土豆吃。如果我是平均的土豆爱好者，则可以忍受一定程度的土豆涨幅。在此，作者的意思是，边际上的青少年犯罪者，是甲法官会判有罪入狱，乙法官会判无罪开释。平均的青少年犯罪者，则是无论谁审理都会有罪。

降低 13 个百分点，且其成年后监禁概率增加 23 个百分点。相比之下，使用最少量的控制变量的普通最小二乘法（Ordinary Least Square，OLS）回归中，相较于 25 岁以上、来自同一街区的其他公立学校学生，被监禁的青少年从高中毕业的可能性要低 39 个百分点，到 25 岁进入成人监狱的可能性要高 41 个百分点。尽管采用工具变量的结果比采用最小控制量的 OLS 结果要小得多，但仍表明青少年监禁对长期结果具有重大负面影响。

主要的 IV 估计和亚组分析表明，监禁使边际案件的高中毕业（成人监禁）的比率特别低（高）。[1] 确实，可量度的特征显示不太会入监的青少年，其监禁效应更大。这个结果也与"监禁时机点很重要"的这个想法相吻合：监禁对 15 岁或 16 岁的青少年效果最强——在青春期的关键时期，监禁最有可能终止高中教育。

最后，我们还研究了负面影响里头的潜在机制。我们发现，尽管少年监禁的刑期很短（1—2 个月），但仍然会造成很大的破坏。一旦被监禁，少年就不太可能重返学校。不过，如果他们回到学校，他们也不太会被转学到其他学校（转学可能是到比较差的学校），也不太会被归类为特殊教育学生。有意思的是，如果被归类为特殊学生，原因比较可能是行为/情感失调，而非认知障碍。

我们的研究结果有重大的政策意义。例如，于少年法院中采用监禁以外的其他方式。或者对应于教育政策近来的变化：于学校中安插更多警力。这个变化增加了被捕少年的人数，而且，其触法罪行也较轻。本研究指出，我们需要更多的研究来评估此政策，是否、如何增加少年入狱，以决定是不是该扩大这类政策。

本章安排如下：第二节提供少年司法系统的背景信息，以及法官如何被指派到案件中；第三节描述数据；第四节是我们的实证研究策略；第五节呈现分析结果；第六节则为解释和结论。

二、背景

（一）少年司法系统和指派法官

在芝加哥，经常由警察直接处理未成年人触法的轻罪。只有在多次轻犯或

---

〔1〕 审阅按：这里保留直译的原文，可以理解为：边际青少年犯罪者，若不被监禁，很可能会完成高中学业；但若被监禁，很可能在成年后又因罪被监禁。

重大违法行为发生后，这些孩子才会进入少年法院系统。到少年法庭受审的时候，未成年人会被放到一个日程表上，该日程表对应于该青少年的居住地。通常有固定的一或两名法官来主持这个日程表上的案件。此外，如果主要法官没空主持案件的话，大约有 1/5 的听证会由其他法官主持。这些法官被称为"摇摆法官"。

在日程表中，哪个法官审理哪个案件，取决于案件进入系统的顺序，以及法官是否有空。特别要注意的是，似乎没有因素会影响谁会成为初审法官。例如，少年是在第一次开庭的时候才遇到他们的公设辩护人（也是根据聆讯日分配的），也才知道谁是审理案件的法官。我们问了法院行政人员，确知这些分配实际上是随机的，并且没有任何方法可以影响法官分配到的案件。为了部分检验这一重要假设——随机分配——我们也测试了案件、当事人可观察特征与法官的关系。

上述的日程表分配有一个例外：若青少年被控持有武器的相关犯罪，他们可能被分配到另一个独立的日程表中，以监督此类犯罪。不过，"武器"日程表的分配方法也主要基于案件进入法院的顺序。如实证研究策略部分所述，我们在分析中也计入了武器相关指控的差异。

在量刑方面，96% 的法院审理的案件都被判有罪（通常是通过辩诉交易）。因此法官对案件的主要影响在于，少年犯是被判缓刑，还是在拘留之后缓刑。在第一种情况，羁押地几乎总是在库克县青少年临时拘留中心，该中心供 10—16 岁（伊利诺伊州法律中少年犯的年龄）的孩子使用。这些刑期不定，但通常持续 1—2 个月（包括审前拘留）。我们没有监禁长短的数据。因此，我们就用典型的监期长度（在我们的数据中大约为 42 天）来观察其效果，但是没有分析监禁时间长短如何重要。稍后我们会用监禁时间的代理变量处理这个问题。

在样本中，被判监禁之后缓刑的未成年人只有一个替代方案可选择，就是直接缓刑。成功缓刑的条件都一样，包括上学（我们有直接的分析）、不与已知的罪犯有联系以及不可以使用非法毒品。一旦少年缓刑，法官就不再联系该少年。值得一提的是，伊利诺伊州的少年监禁率相似于整个美国的平均比率。与异常比率的州相比，本研究结果可以有更广泛的应用。

（二）机制：少年监禁如何影响结果

少年监禁可能会通过以下两个潜在渠道，影响高中毕业和未来的犯罪活动：

改变个别少年的技能或行为（行为渠道），或改变机构对待少年的方式（异常标签渠道）。就前者而言，监禁会对孩子的心理健康产生负面影响，从而导致在学校和家庭的行为问题。监禁还会让"犯罪资本"堆叠，并阻碍累积社会资本。中断就学，即使只是1个月，也可能增加上学的成本（假设"追上"落后功课的成本很高），导致辍学。不过，监禁可能可以在两方面——累积人力资本积累与未来犯罪——带来正面的影响。一方面，被拘留的少年依据其亲身经验，调高了对监禁成本的评估；另一方面，逃学的可能也降低，因为拘留院所里也有一间由芝加哥公立学校管理的学校。

第二个机制是异常标签渠道。例如，学校可能不愿意让少年在出狱后重新入学，从而迫使少年入读另一所或许比较差的学校。即使重新入学，学校也可有区别待遇，例如将其分类为特殊教育学生。刑事司法系统也可能对他们有不同的看法——警察更容易怀疑逮捕他们，而且，如果定罪，法官更可能会施以严厉的惩罚，前提是他们的少年记录没有被删除。最后，雇主不太可能雇用他们，从而增加了未来犯罪活动的可能性。

在我们的实证研究中，我们首先估算少年监禁对高中毕业和成人监禁的总体影响。然后，我们研究潜在影响机制。为此，我们首先检验被监禁的少年是否不太可能重返学校。就那些确实重返学校的人，我们检验了他们是否更有可能在出狱后转学（与学校不愿重新招收被监禁的少年的情况相符）。在此之后，我们追踪那些受监后重返学校（任何学校）的学生，是否更可能被归类为特殊教育学生，以及其教育之特殊性质为何。最后，我们检验少年监禁对不同类型犯罪的影响。如果是无论犯罪者特征为何都会导致犯罪的成人被监禁的犯罪类型（例如杀人），而少年监禁的影响仍在，这与下列推断一致：监禁会改变该少年出狱后的犯罪活动，而不单单是刑事司法系统处置该少年的方式改变了。

三、数据说明

（一）数据来源

数据来自以下三个主要来源：芝加哥公立学校学生数据库（Chicago Public Schools Student Database，CPS）、库克县少年法院犯罪数据库（the Juvenile Court of Cook County Delinquency Database）和伊利诺伊州矫正厅成人出入数据

库（the Illinois Department of Corrections Adult Admissions and Exits Database）。这些数据是由查宾霍尔儿童中心（Chapin Hall Center for Children）——一个位于芝加哥大学的儿童福利研究机构，它在连接行政数据方面首屈一指——用识别码链接在一起，所用的识别码包括姓名、出生日期和地址信息等。

CPS 数据系统会用每个孩子的年龄、种族、性别、出生年份、特殊教育需求，以及美国人口普查居住区来标识他们。我们将居住区信息串连到 2000 年美国人口普查数据，其中有记录贫困家庭的比率。我们将每个学生的住所汇总到了芝加哥 76 个历史悠久的邻里，其中 67 个邻里包含在我们的分析数据集中。控制区域本身的结果将在稳健性测试中报告。

少年法院的原始数据记录的是聆讯阶段。这些数据包括日期、法官代码、触法罪名，以及处分，包括缓刑或拘留后缓刑。不幸的是，我们不知道少年在教养所待了多久（时间长度并未包含在处分中），因为刑期要在之后的审讯中才会决定。伊利诺伊州矫正厅的数据描述了每个成年囚犯的监禁时间段，使我们可得知这些少年后来是否会在伊利诺伊州的成年人监狱里出现。此外，数据列出了个人被监禁的犯行，我们针对不同类型的罪行测试了青少年监禁对成人监禁的影响。

（二）样本构造

表 10-1 描述了样本的构成。我们从 CPS 系统中 8 年级的学生样本开始。我们最主要想知道的后果之一是，满 25 岁之前是否进入成人监狱，所以我们将样本限缩到所有在 2008 年前就已满 25 岁的人（监禁数据的最后 1 年，对应于 1971—1983 年出生的群体）。这也可以让我们不用担心无法观察到部分人是否高中毕业。由于缺少美国人口普查信息，且少数记录跟芝加哥社区连不起来，有 2% 的数据被排除在外，因而样本量为 440797 名少年。

在这些学生中，有 41764 名（9.5%）是在我们研究期间（1990—2006 年）进入少年法院系统的。我们在数据中重点关注青少年的初犯案件。我们排除了将案件转移到成年法院、记录年龄编码错误（即不在 10—16 岁），也排除了那些指派给审理很少量案件法官（小于 10 件）的案件。最后，作为比较基准的回归模型，采用了在社区年度武器犯罪上定义的固定效果（原因容后解释；见实证研究策略）；此外，我们删除了这些排列组合中观察记录少于 10 个的情况。于是，最后这个少年法院的数据里剩下了 37692 个观察记录。

表 10-1 样本平均

	CPS 全样本	少年法庭样本	
		未监禁的少年	被监禁的少年
少年自身特征			
少年时被监禁	0.021	0.00	1.00
男性	0.51	0.81	0.93
非裔美国人	0.55	0.75	0.77
西班牙裔	0.27	0.17	0.15
白人	0.14	0.07	0.07
其他种族	0.04	0.01	0.01
在 8 年级成为特殊教育学生	0.12	0.22	0.31
出生年份	1977	1978	1978
美国人口普查区中的贫困率	0.22	0.28	0.29
初犯时年龄	N/A	14.81	14.27
指控的罪名			
加重伤害	N/A	0.13	0.11
入室盗窃		0.11	0.13
违反药物法		0.20	0.20
窃盗		0.05	0.03
汽车窃盗		0.11	0.11
抢劫		0.06	0.07
伤害		0.10	0.06
破坏		0.05	0.04
武器犯罪		0.11	0.17
其他犯罪		0.09	0.08
结果			
高中毕业	0.40	0.12	0.03
在 25 岁之前被监禁	0.06	0.28	0.49
样本数	440797	29141	8551

（三）样本描述

表 10-1 列出了整个芝加哥公立学校样本和少年法庭样本的样本均值。少

年法庭样本里，我们进一步将样本分为被监禁和未监禁的少年。所有这 3 个群体看起来相似的唯一特征是出生年份，大多数人群在 1974—1982 年出生。样本在所有其他维度上都存在很大差异。少年法庭样本更有可能是男性和非裔美国人，更有可能在 8 年级成为特殊教育学生，并且生活在更贫困的社区。他们也不太可能从高中毕业，且更有可能在 25 岁之前被监禁。整体样本的毕业比例仅为 40%（转学不被定义为高中毕业）。这显示，将分析样本限缩在少年法庭样本，然后比较入监与有罪但未入监的少年，或许可以减少跟入监少年自身特征相关的负面选择偏差。不过，这个偏差不会完全消除——样本在关键的个人特征上还是有差异。入监者较可能是男性，是非裔美国人的可能性比较大（西班牙裔则较少），并且更可能是 8 年级的特殊教育学生。初犯时被监禁者的年龄也稍小——这是成人监禁的预测指标。该分析样本的平均出生年份为 1978 年，首次犯罪的平均年龄为 14—15 岁，典型案件发生在 1992—1993 年。

这数据有个缺点，它们仅包含与少年法院所在城市相同的学校结业结果，也只有同一州的监禁资料。如果人们移居，我们无法观察到他们的高中毕业或累犯情况。就能否高中毕业而言，在被指控犯罪的青少年中，有 3.4% 转到私立学校，另有 10% 移出本地区，这显示我们可以准确地衡量绝大多数青少年的高中毕业可能性。在主要模型中，我们将这 13.4% 的样本编码为非毕业生。另有 18% 的样本在未完成高中时从芝加哥公立学校转移到成人教养所。这些人也被编码为非高中毕业生。在稳健性部分，我们会直接讨论这些转移。就成人累犯来说，2000 年人口普查的数据显示，在 1970—1982 年出生于伊利诺伊州的人口中，到 2000 年（此时他们的年龄在 18—30 岁）有 3/4 还在州内，且受教育程度较低的人迁移率较低。我们认为这样的样本选择应该偏差不大。

四、实证研究框架

（一）设定

假设有一少年 i，设定一模型，将各种未来结果（例如，成人累犯 Y_i）与少年的监禁指标 JI_i 联系起来：

$$Y_i = \beta_0 + \beta_1 JI_i + \beta_2 X_i + \varepsilon_i \qquad \text{（公式 10-1）}$$

其中，X_i是控制变量的向量，而ε_i是误差项。

任何针对少年监禁如何影响高中毕业，以及如何影响将来成人监禁的评估，都必须解决下述正相关性问题：少年监禁与犯罪的严重程度、犯罪历史和少年个人特征之间都是正相关。

在我们的分析中，我们采取了几个步骤来解决此问题。具体来说，我们提出了几种不同的模型，这些模型逐步控制干扰因子，让我们可以观察到遗漏变量在多大程度上影响了青少年监禁与未来结果之间的相关性。最初，我们比较来自同一社区的公立学校系统中，被监禁的少年与其他少年。然后，我们（1）进一步控制多种人口特征，包括种族、性别、出生年份、居住人口普查区中的贫困比例，以及8年级的特殊教育状况指标；（2）运用同样这些地理和人口特征于"倾向分数"（propensity score）方法，[1]进一步控制遗漏的变量；并且（3）将分析范围限于所有被控有罪，而且有被带到少年法院审理的少年，尽管他们后来不一定会入监。我们并进一步控制少年触法的年龄（而非出生年份）、犯罪类型（分成10种类型）和风险评估指数，即缓刑部门用来评定少年犯的拘留风险。

尽管控制变量越来越多，仍可能存在一些观测不到的犯罪特征与少年特征，会影响少年监禁的可能性及其未来结果。以高中毕业来说，观察不到的特征很可能与少年监禁负相关，使最小二乘回归对监禁指标影响的估计偏小。在成人监禁的情况下，不可观察项很可能与监禁指标正相关，这会使最小二乘回归对监禁指标影响的估计值偏大。

此外，少年监禁的影响可能是异质的，所以我们加上一个少年监禁的随机系数，允许影响在每个少年身上有所不同。这种模型的估计，有个担忧是相关的随机系数，即羁押可能与成年监禁的影响有关。也就是说，在法官决定刑期时，如果他们想着要用量刑来阻止未来犯罪活动，那么选择偏见可能会低估未成年人监禁在边际案件——最有可能受到政策影响的案件——的因果关系。

我们的策略是以随机分配的法官羁押少年的倾向，作为工具变量（记为Z）。基本上，未成年人被分配给具有不同监禁倾向的法官，我们会对照他们的高中毕业率和成人监禁率，并将其差异归因于法官倾向所导致的监禁差别。法官可能不同意监禁决定的案件，可作为边际案件，这在政策上具有特殊意义。

---

[1] 审阅按："倾向分数"（propensity score）是一种"配对"（matching）方法。

在下一小节中,我们会详细介绍如何计算该工具变量。

(二)工具变量的计算

每个少年都被分配一个工具变量,对应到少年初犯时初审法官的监禁倾向。这个工具变量被简单定义为对每个被分配给法官 $j(i)$ 的少年 i 的监禁"移除"(leave-out)均值:[1]

$$Z_{j(i)} = \left(\frac{1}{n_{j(i)}-1}\right)\left(\sum_{k \neq i}^{n_{j(i)}-1} \tilde{J}I_k\right) \quad (公式\ 10\text{-}2)$$

这里,$n_{j(i)}$ 是法官 j 审理的所有案件数;k 代表法官 j 所审理的每个少年案件,且如果该少年在其初犯案件中被监禁,则 JI 等于 1。因而,该工具变量是法官在初犯案件中的监禁率。代数上,这是在监禁回归模型中使用的法官固定效果,而此固定效果的值逐年调整。[2] 这种方法将法官在初犯案件中的决策,与我们研究的初犯案件更直接地连在一起。由此产生的两阶段最小二乘估计是 Jackknife 工具变量估计(Jackknife Instrumental Variables Estimator,JIVE),在模型中,当工具变量(法官固定效果)的数量随样本数量增加而增加时,推荐使用该估计。

在本节的第 1 和第 2 阶段回归分析中,我们还加上一个向量:社区武器犯罪年份固定效果。如前所述,法官的任命跟所在的社区,研究时间区间,以及指控是否跟武器类犯罪有关。因此,有了这组固定效果,我们可以有效限缩比较结果在那些被分配给同一组法官的青少年之间。纳入这些控制变量后,工具变量的单元内变化,可以解释为在同一社区、同年发生的武器(或非武器)犯罪上,随机指派的法官——相较其他少年案件——监禁倾向的变化。请注意,工具变量的计算并非以少年或犯罪的特征为条件,所以我们可以直接检验敏感性,无论有或没有控制变量。

---

〔1〕 审阅按:"移除"(leave-out)均值的意思是,该案本身不纳入平均计算。例如 A 少年初犯时,由 X 法官审理,而 X 法官之前审理了 BCDEFG 少年的初犯案件。X 法官的监禁倾向就是 BCDEFG 案件的平均(不计入 A 案结果)。而 B 少年犯的观察纪录中的工具变量值,则是 ACDEFG 案件的平均(不计入 B 案结果)。

〔2〕 审阅按:承上注,若 ABCDEFG 是 X 法官在 2020 年的初犯案件,HJK 是 X 法官在 2021 年的初犯案件,计算 K 少年的工具变量时,就使用 ABCDEFGHJ 案件的平均(不计入 K 案结果)。

(三)法官的差别

我们的分析数据集包括 62 名法官。每位法官的平均初审案件数量为 607 件。在案件的整个过程中,每个少年案件可能由不止 1 名法官审理,而工具变量则是来自少年初犯的首位法官的监禁倾向。如果在数据中缺少最初的法官记录(在 17.8% 的案件中),我们将其分配给记录上的第 2 位法官。虽然之后加入的另一位法官作出的监禁决定,可能会减弱第 1 位法官的监禁倾向(工具变量)与单个少年的监禁状况之间的估计关系,但专注于第 1 位法官的优势是不会捕捉法官的任何(潜在的)非随机变化。

初始案件的监禁倾向平均值为 0.097,标准差为 0.039。结果也将显示为工具变量的替代方法以检察其稳健性。工具变量的变化也显示在图 1(参考原文图 1,译文因篇幅没有纳入——统稿注)中,我们在这里给出了两种方法定义的工具变量分布。首先,是作为每个法官监禁概率的平均值(在图中以"原始值"表示)。其次,是作为回归的残差,回归包含表 10-1 所表示的自变量,含犯罪发生时的年龄指标(而不是出生年份),以及"社区武器犯罪年份指标"。残差度量表示我们用于识别的工具变量的变化,且其即使在控制完整自变量下也存在实质变化。特别的,原始值的范围从在 4%—21%,而残差值也仍然显示出很大的差异:范围为 6%—18%。

这种差异来自两个方面:分配给同一日程表的"常规"(即非摇摆式)法官之间的差异(大约 80% 的案件由常规法官审理)及摇摆式法官的差异,后者负责审理剩余 20% 的案件。

五、结果

(一)工具变量有效性

尽管我们无法直接对排除约束(exclusion restriction)进行测试,但我们能够证明此条件已经被满足了。首先,我们已经与法院人员确认,法官的分配方式会让法官对案件的审理"自然随机化",亦即法院是根据少年的住所分配案件的日程表,且在日程表内,法官无法选择他们将审理的案件。其次,我们可以在一定程度上通过检查未成年人的特征及其案件是否因承审的法官而有所不同来检验这种说法。我们检验的是未成年人是否因为其特征的不同而被分配到具有较高，中等或较低监禁倾向的法官，而所采用的方法则是与其他相类的（同一社区 × 武器犯罪 × 年份）的法官比较。

结果（表10-2）表明，无论是高、中、低监禁倾向法官，其所分配到的被监禁少年在性别、种族和特殊教育需求、普查地区的贫困率及犯罪时年龄皆极为相似，尽管当监禁率的定义改变时则存在显着差异。我们还根据上述可观察到的少年特征，计算了一个单独的衡量标准——其被监禁的倾向，并报告了宽容、中度和严格法官所分配到的少年的平均被监禁倾向。不管法官的类型如何，青少年被监禁的倾向都是相同的（0.22）。

表 10-2　工具变量与少年自身特征的关系

	Z 分布			中等 vs. 低监禁倾向 p 值	高 vs. 低监禁倾向 p 值
	高监禁倾向	中等监禁倾向	低监禁倾向		
Z：少年初犯时初审法官的"移除"平均监禁率	0.062	0.094	0.147	（0.000）	（0.000）
少年自身特征					
男性	0.827	0.830	0.833	（0.561）	（0.311）
非裔美国人	0.724	0.737	0.742	（0.096）	（0.249）
西班牙裔	0.189	0.176	0.172	（0.061）	（0.272）
白人	0.078	0.079	0.078	（0.833）	（0.957）
其他种族	0.009	0.008	0.007	（0.352）	（0.345）
特殊教育学生	0.241	0.237	0.252	（0.549）	（0.130）
美国普查区的贫困率	0.264	0.265	0.265	（0.572）	（0.696）
初犯时年龄	14.8	14.8	14.8	（0.437）	（0.434）
P（少年监禁$|X$）	0.219	0.221	0.220	（0.251）	（0.516）
样本数	37692				

说明：P（少年监禁$|X$）是以probit模型预测少年是否会遭遇监禁的倾向；probit模型使用上列少年自身特征，再加上每个年纪的哑变量。Z值的更多说明请见正文。

表 10-2 报告了外生变量的结果，而下面则将显示有控制和没有控制由法院确定的潜在内生控制变量（即指控）的结果。尽管未发现可观察的青少年特征与法官的监禁倾向之间的关系，我们提供了最后的证据去呈现及比较我们控制及不控制案件特征的模型结果。

我们将本章第四节回归的结果解释为局部平均干预效果，即法官的分配对于监禁案件所造成的平均效果。这需要单调性（monotonicity）假设：将案件分配给一个严格的法官并不一定会增加每种类型罪犯被监禁的可能性，例如某位法官可能会比较严厉地处理涉及毒品的案件，而相对宽松地处理盗窃案件。我们在稳健性检查中会更全面地考虑这个问题。

（二）第一阶段：法官分派和少年监禁

为了考虑初审法官的分配与少年是否曾被监禁之间的第一阶段关系，我们估计少年 i 在社区 × 武器犯罪 × 监禁年份 $c_{(i)}$ 中被分配给法官 $j_{(i)}$，并使用线性概率模型：

$$JI_i = \alpha_0 + \alpha_1 Z_{j(i)} + \alpha_2 X_i + \delta_{c(i)} + v_i \quad （公式10\text{-}3）$$

向量 X_i 代表了上述的（1）人口统计学的控制变量，（2）法院相关的变量，以及（3）一个虚拟变量（第一次听审中的法官身份缺失时记为1）。当使用概率模型时，在第一阶段和工具变量结果中都发现了相似的结果，这并不奇怪，因为结果变量与0较远。$Z_{j(i)}$ 是指少年案件中法官的监禁率。初审法官的平均监护率为0.09，而在第一阶段模型中因变量的平均值（即表明少年被监禁的指标）为0.23。所有标准差都聚集在社区级别。

第一阶段的结果（参考原文表Ⅲ，译文因篇幅没有纳入——统稿注）表明，法官的监禁率可以高度预测少年是否会被当作少年犯而监禁。又即使在第2栏和第3栏中有额外的控制变量，仍不会改变在首次出庭时分配给严格法官的估计效果，这个结果与法官分配的随机性相一致。包含全套控制变量的第3栏的系数为1.06。该系数在统计学上与1并没有显著差异，这意味着当某位少年被分配到某位法官，其相对于其他法官，对初犯案件有高10%的监禁率，则该名少年被监禁的可能性也要高10%。特别是估计数表明，当法官的监禁率增加两个标准差值，将意味着少年监禁的可能性增加8.5%，即少年监禁平均率的37%。所有的第一阶段估计都是精确的，t 值约为11。

（三）少年监禁和高中毕业

我们根据以下与上面的（1）相同的方程式，估计青少年在任何时点被监禁对高中毕业的可能性的影响：

$$Y_i = \beta_0 + \beta_1 JI_i + \beta_2 X_i + \eta_{c(i)} + \varepsilon_i \qquad （公式10-4）$$

其中 Y_i 代表在特定社区 × 武器犯罪 × 监禁年份 $c(i)$ 中的少年 i 是否高中毕业，JI_i 代表少年 i 是否曾经被当作少年犯而拘留。我们同时提出 OLS 回归结果，以及使用法官监禁率 $Z_{j(i)}$ 作为工具变量，为 JI_i 进行测量。与第一阶段一样，我们报告了有和没有控制变量（X）的结果。当我们报告整个芝加哥公立学校样本的结果时，犯罪年份及武器犯罪的固定效果不适用于那些不属于少年司法系统的人群。因此，那些模型使用了社区固定效果及出生世代（birth cohort）作为指标。

表 10-3 为分析结果。该表的组织方式让我们可以在每一栏中进一步控制潜在的遗漏变量，以便我们可以了解任何偏差的来源和大小。在前 3 栏中，样本包括芝加哥公立学校的所有孩子。因此，在前 3 个模型设定中，我们将被监禁少年的高中毕业率与来自同一社区的对照组进行比较，该对照组包括两个组：那些没有参与过任何少年法庭的少年，和那些有参与过少年法庭但没有被监禁的少年。在仅包括社区固定效果作为对照的第 1 栏中，我们观察到一种强烈的负相关关系：被监禁的孩子比其他孩子的高中毕业率要低 39%。在第 2 栏中，涵盖了以下人口统计学的控制因素：性别、种族/民族、人口普查地区的贫困率、出生年份的固定影响，以及 8 年级特殊教育状况的指标。当我们这样做时，系数估计值从约 -0.39 提升到 -0.29，提升了将近 1/4，考虑到本样本中 43% 的平均高中毕业率，这一数字仍然很大。

我们还提出了倾向分数（propensity score）估计，以确定此方法是否可以进一步限制遗漏变量偏差（omitted variable bias）。我们使用具有上面列出的人口统计学特征以及社区指标的概率回归来预测青少年监禁的可能性，并使用倾向分数之倒数[1]加权来估计青少年监禁与高中毕业之间的关系。结果（第 3 栏）是监禁对高中毕业率的影响的估计值，与我们排除大多数控制变量时所获得的结果相同，这表明该方法无法在本情况下有效减少遗漏变量偏差。

---

[1] 审阅按：加权的权重 $w = 1/P(\text{treated}|X)$，而 $P(\text{treated}|X)$ 代表"倾向分数"。

表 10-3　少年监禁对高中毕业的影响

	高中毕业（CPS 全样本）			高中毕业（少年法庭样本）			
	（1）	（2）	（3）	（4）	（5）	（6）	（7）
	OLS	OLS	倾向分数倒数之加权	OLS	OLS	2SLS	2SLS
少年监禁	−0.389 (0.0066)	−0.292 (0.0065)	−0.391 (0.0055)	−0.088 (0.0043)	−0.073 (0.0041)	−0.108 (0.044)	−.0125 (0.043)
控制人口特征	否	是	是	否	是	否	是
控制法院	N/A	N/A	N/A	否	是	否	是
样本数	440797	440797	420033	37692			
因变量之平均	0.428	0.428	0.433	0.099			

说明：括号内为回归分析的稳健标准误差。

在接下来的两栏（第 4 栏和第 5 栏）中，我们将样本限制为在少年法庭上有刑事案件的孩子。借此子样本，我们将比较组（或对照组）限制为在法庭上被指控犯罪但未被监禁的青少年。我们认为，这种样本限制可能会进一步减少潜在的遗漏变量偏差，因为该子样本比普通 CPS 样本更不利，因此与被监禁的少年样本更相似（请参见表 10-1）。此外，这将对照组限缩在有被监禁风险的人群中。我们在第 4 栏中的 OLS 估算仅包含社区 × 武器犯罪 × 犯罪年份的固定效果，并证实：当我们以这种方式限制样本时，少年监禁的系数降至 −0.088，然而因为本样本中的平均毕业率为 9.9%，因此这个数字仍然很大。在第 5 栏中添加上面列出的人口统计特征和案件特征（指控类型等）的其他控制变量，会使 OLS 估计值仅稍微降低到 −0.073。这表明，要么我们已经借由样本选择和控制变量充分解决潜在的遗漏变量偏差；要么，要改善估计数的唯一方法就是采用一种识别策略，该策略可以利用少年监禁中可能的外源性差异。

最后一组估算值是将随机分配的法官偏好作为少年监禁的工具变量。Ⅳ 的估计值，−0.108（第 6 栏）（不包括对照）和 −0.125（第 7 栏）（包括对照），比基于整个孩童样本的 OLS 估计值（第 1—2 栏）小得多，但大于根据少年法庭案件孩童的子样本得出的（第 4—5 栏）OLS 估计值。其标准误差也更大。但是，这些估计值与基于少年法庭样本的 OLS 估计值在统计上没有显著差异。

简化形式的估计与 Ⅳ 估计非常相似，这与第一阶段系数为 1.06 一致，即法官的监禁倾向与监禁结果之间的有密切关系。这些结果表明，在图 1（参考原文图 1，译文因篇幅没有纳入——统稿注）所示数据的监禁率范围内，从最不严格的法官到最为严格的法官——监禁率增加了 12%——使高中辍学的可能性增加 1.6%，或可以说是平均值的 16%。

因为案件是随机分配的，而法官对未成年人的主要影响为是否监禁他们，我们可以解释 IV 估计值，以表明在监禁边际的少年——分配的法官所导致监禁决定的改变——高中毕业的可能性要低 12.5%；基本上所有处于此边际的少年，一旦被监禁都无法毕业。从表面上看，OLS 和 IV 点估计值表明，与一般的被监禁少年相比，处于这一边际的孩子，入监对他们高中是否能毕业的影响可能更大。也就是说，许多少年的监禁经历对他们的高中毕业率几乎没有因果关系——轻犯往往能从高中毕业；同时，重犯需监禁的少年可能本来就在学校处于十分不利地位，因而其高中毕业本就极其不可能。故此，夹在二者之间，在监禁边际的少年犯高中毕业率可能会特别受到监禁的影响。我们探讨了不同类型案件在干预效果上的异质性，以在下文探索这个问题。

值得注意的是，本章关注的处理变量（treatment）是二元的，即少年是否曾被监禁。IV 的估计值将被监禁倾向的变化，外推为监禁与否的虚拟变量。这种外推可能导致了更大的点估计值以及更大的标准误差。值得重申的是，工具变量的变化范围（以及随后被监禁的倾向）仅为 12 个百分点，因此，工具变量与未观察到的从高中毕业的倾向之间的任何关系都将被放大。最后，我们认为该点估计值，是边际案例中青少年监禁对高中毕业率有巨大影响的证据。但是我们认识到仍有较大的标准差，尤其是与 OLS 估计值的大小相比时，这显示在解释时需要特别谨慎。

我们发现少年监禁对这种人力资本积累有强烈的负面影响，这表明我们也可能发现对成人累犯的负面影响，我们将在下一小节探讨。

（四）从少年监禁到成人监禁

我们使用与上述相同的经验模型分析了伊利诺伊州青少年监禁对成人后监禁可能性的影响。我们定义成人监禁的方式为：在 25 岁前进入该州任一处成人教养所。此外，由于我们的数据也包括在成人监禁的犯罪类型，我们可以据犯罪类型或其严重程度来定义成人累犯。

表 10-4 呈现了所有成人监禁（不论其犯罪类型）的结果。以上述方式定义的成人监禁率在较大的 CPS 样本中为 6.7%。OLS 结果表明，青少年监禁与

成人监禁之间有很强的关系：到25岁时，青少年时期曾受拘留的人，相较于住在同一小区的其他儿童出现在成人教养所，提高了41%的可能性（第1栏）。增加人口统计控制变量，则将数字降低到35%（第2栏），而以倾向分数之倒数加权后，估计值进一步降低到22%（第3栏）。

表 10-4 少年监禁对成人监禁的影响

	成人监禁（CPS 全样本）			成人监禁（少年法庭样本）			
	（1）	（2）	（3）	（4）	（5）	（6）	（7）
	OLS	OLS	倾向分数倒数之加权	OLS	OLS	2SLS	2SLS
少年监禁	0.407 (0.0082)	0.350 (0.0064)	0.219 (0.013)	0.200 (0.0072)	0.155 (0.0073)	0.260 (0.073)	0.234 (0.076)
控制人口特征	否	是	是	否	是	否	是
控制法院	N/A	N/A	N/A	否	是	否	是
样本数	440797	440797	420033	37692			
因变量之平均	0.067	0.067	0.057	0.327			

说明：括号内为回归分析的稳健标准误差。

如果我们将对照组限制在那些来到少年法庭但未被定罪的人，并且控制人口统计学特征、以及少年犯罪的类型和严重程度（第5栏），则估计值下降到16%。请注意，该组的成年人平均入狱率要高得多（32.7%），这表示少年监禁使成年人累犯率比平均水平增加了49%。

第6栏和第7栏（有和没有控制变量）下的工具变量估计值彼此相似，但略大于成年累犯最严格的OLS估计值。但是，IV估计中精度有所下降，意味着它们与这些OLS估计值在统计上没有显着差异，并且两者都可以被认为是很大的值。此外，简化形式的估计也显示，在实务中，法官的分派比较不会有直接的影响。被分配到最宽宥的法官到最严格的法官，成年监禁的可能性增加了3%，即平均值的9%（参见原文在线附表AⅡ）。

总体而言，这些估计表明，青少年监禁对未来犯罪活动的两种潜在影响（威慑未来犯罪活动 vs 减少人力资本与社会资本和人脉网络积累或其他影响，如异常标签）中，后者占主导地位。

鉴于某些类型的犯罪产生了较大的社会成本，我们还按犯罪类型估算了青少年监禁对成年累犯的影响。具体而言，我们估计了青少年监禁对4种犯罪类型的成年累犯的影响：凶杀、暴力犯罪、财产犯罪和毒品犯罪。这些类别不是排他性的，人在 25 岁前可能因 1 种以上类型的犯罪被监禁。对于每种犯罪类型，我们提供 3 组结果：基于完整 CPS 的 OLS、有少年法庭样本的 OLS 和有少年法庭子样本的 IV。结果（参考原文表 VI，译文因篇幅没有纳入——统稿注）显示，在整个 CPS 样本的 OLS 中，少年时期被监禁的人在所有 4 种犯罪类型中都更有可能再次犯罪。若将样本限制在有少年案件的人群中，估算值则大幅降低，虽然数字仍然很大：被监禁过的少年成年后因杀人被监禁的可能性提高 2.1%（平均值 =4%），因暴力犯罪被监禁的可能性提高 6.1%（平均值 =12%），因财产犯罪被监禁的可能性提高 4.7%（平均值 =6%），因毒品犯罪被监禁的可能性提高 7.8%（平均值 =18%）。

IV 模型的估计值更大，凶杀增加到 3.5%（尽管在统计学上不显著），暴力犯罪上升到 15%，财产犯罪上升到 14%，毒品相关犯罪上升到 10%。但也要注意，虽然在某些情况下该点估计值增加了 1 倍以上，但是准误差也较 OLS 标准误差大幅度增加了。按类型细分的结果表明，在少年时期被关押的孩童不仅成年后更容易再犯，而且再犯的是既严重且社会成本高昂的犯罪类型。

一个可能的解释是，法官可能更倾向于监禁在少年时被监禁过的成年人，因为库克县没有定期清除少年监禁记录。但是，成年人累犯在杀人和暴力犯罪——这些无论是否被少年监禁过都几乎会被监禁的犯罪类型——的高估计值表明这个解释可能并非真正的原因。此外，几乎所有提交到少年法庭的案件都会被定罪，这可能会影响以后在成年法院的判刑。我们将考虑少年监禁的其他影响。

这些结果远超过了普遍预期少年监禁对成年后所产生的效果，但并不意外：少年监禁发生在生命周期的敏感阶段，该时期是人类和社会资本形成的重要时刻。它们与哈马尔松（Hjalmarsson，2008）透过调查数据（其中包括少年犯详细特征，以及少年犯与刑事司法系统的互动）的估计值一致。但这些结果与哈马尔松（2009）的研究不一致，其在回归不连续性设计中使用标志了监禁界限的量刑指数，以确定少年监禁对少年再犯的影响，并发现少年监禁会降低少年再犯。对于不同结果的一种可能解释是，我们考虑了不同的案件范围（法官可能不同意监禁决定的案件与临近监禁界点的案件）。另一个是哈马尔松（2009）考虑了少年累犯，其中不包括少年犯犯下严重罪行并转移到成人法院的情形，而本章考虑成年累犯，我们在下面展现了许多少年犯从高中转出至成年人教养所的情形。

（五）可观察特征之间的异质干预效果

在本节中，我们探讨了干预效果潜在的异质性（heterogeneity）。我们提出了根据可观察的孩童特征分层的 OLS 和 2SLS 估计值（见表 10-5）。IV 结果中的差异表明监禁对完成高中学业和成人累犯的不同影响。然而，鉴于该方法的数据要求，各亚组之间的差异在统计学上很少有显着差异，因而该结果仅供参考。

当我们根据初犯的类型（暴力与非暴力）对青少年进行特征描述时，OLS 对这两种情况的少年监禁对高中毕业率的影响的估算值相似，但是当我们引入工具变量衡量时，监禁对于非暴力犯的负面影响会增加，其 IV 估算值大约是基于整个样本的估算值的两倍（见表 10-5 第 1、2 栏）。相比之下，被指控犯有暴力罪行的少年对高中毕业的 IV 估计值较小且不显著。这些结果的一种解释是，与几乎一定会被监禁的人相比，少年监禁对处于监禁边际的少年高中毕业可能性的影响更大。这与我们根据青少年监禁的预测概率对样本进行划分的结果相符。在 OLS 和 IV 模型下，监禁对有着较低监禁倾向的少年在完成高中学业上，有更大的负面影响（见表 10-5 的第 3、4 栏）。

表 10-5　少年监禁对高中毕业与成人监禁的影响分类

	高中毕业		25 岁之前进入成人监禁（所有犯罪）		25 岁之前进入成人监禁（暴力犯罪）	
	（1）	（2）	（3）	（4）	（5）	（6）
	OLS	2SLS	OLS	2SLS	OLS	2SLS
少年暴力犯罪						
少年监禁	-0.080（0.006）	-0.046（0.071）	0.140（0.010）	0.276（0.109）	0.055（0.008）	0.219（0.080）
因变量之平均	0.118	0.118	0.295	0.295	0.121	0.121
样本数	15561					
少年非暴力犯罪						
少年监禁	-0.067（0.005）	-0.155（0.042）	0.165（0.010）	0.200（0.108）	0.065（0.006）	0.109（0.058）
因变量之平均	0.085	0.085	0.349	0.349	0.122	0.122
样本数	22131					
少年监禁倾向分数≤中位数						
少年监禁	-0.080（0.075）	-0.206（0.075）	0.116（0.013）	0.410（0.092）	0.053（0.0079）	0.211（0.063）

续表

	高中毕业		25岁之前进入成人监禁（所有犯罪）		25岁之前进入成人监禁（暴力犯罪）	
	（1）	（2）	（3）	（4）	（5）	（6）
	OLS	2SLS	OLS	2SLS	OLS	2SLS
因变量之平均	0.125	0.125	0.246	0.246	0.090	0.090
样本数	18846					
少年监禁倾向分数＞中位数						
少年监禁	−0.068（0.005）	−0.051（0.054）	0.172（0.008）	0.056（0.114）	0.064（0.0062）	0.081（0.058）
因变量之平均	0.073	0.073	0.407	0.407	0.152	0.152
样本数	18846					
13—14岁						
少年监禁	−0.070（0.006）	−0.096（0.075）	0.174（0.012）	−0.189（0.140）	0.066（0.009）	0.015（0.079）
因变量之平均	0.082	0.082	0.343	0.343	0.134	0.134
样本数	11404					
15—16岁						
少年监禁	−0.072（0.005）	−0.150（0.056）	0.132（0.010）	0.435（0.098）	0.050（0.006）	0.224（0.064）
因变量之平均	0.109	0.109	0.314	0.314	0.112	0.112
样本数	23734					
受特殊教育						
少年监禁	−0.055（0.005）	−0.090（0.055）	0.181（0.012）	0.170（0.125）	0.081（0.009）	0.169（0.098）
因变量之平均	0.072	0.072	0.400	0.400	0.159	0.159
样本数	8999					
未受特殊教育						
少年监禁	−0.079（0.005）	−0.114（0.055）	0.146（0.008）	0.229（0.103）	0.053（0.005）	0.129（0.061）
因变量之平均	0.108	0.108	0.303	0.303	0.110	0.110
样本数	28693					

说明：括号内为回归分析的稳健标准误差。

就对成人监禁的影响而言，我们还发现青少年监禁对累犯倾向较小的人（对于任何犯罪及对暴力犯罪而言）的影响更大，这类似于高中毕业可能性的结果。但是，与高中毕业可能性的结果相反的是，与被控犯有非暴力初犯的未成年人相比，被指控犯有暴力初犯的未成年人更容易在各类犯罪上累犯，也更容易在暴力犯罪上累犯。

监禁对高中毕业率和成年累犯的影响也随年龄等少年特征而异（见表10-5的第5、6栏）。总体影响主要来自15—16岁的青少年，这可能是因为监禁发生在生命周期中的一个青少年有可能辍学的时间点上。同时，对于有或没有特殊教育需要的人，监禁的影响在质性上是相似的。

某些群体中青少年监禁对高中毕业的估计影响较高，但对成人监禁的影响并不一定较强，这表明青少年监禁对成人监禁的影响，与青少年监禁是否对高中毕业率有负面，并不相关。这不足为奇，因为我们预计监禁会以多种方式影响青少年，除了高中毕业之外，还包括对社会资本和人脉网络的影响，或被贴上"异常标签"。尽管如此，为了评估高中毕业的潜在影响，我们考虑洛克纳与莫雷蒂（Lochner & Moretti，2004）的研究，他们发现在非裔美国人中，高中毕业会让成年入狱的可能性下降8%（白人的点估计值低一些且不那么精确，但与黑人的点估计值没有显著差异）据此，我们计算出成人监禁所增加的20%中，只有5%源于下降了13%的高中毕业率。

需要注意的是，洛克纳与莫雷蒂（2004）的分析基于1960年、1970年和1980年的人口普查。从那时起，劳动力市场对高中毕业者的回报显著增加。在1980—2000年，德舍内斯（Deschenes，2006）估计，1学年的劳动力市场结果性回报增加了40%。因此，在这段时期内，教育对犯罪的因果影响可能同样有所增加，这将导致高中毕业在解释青少年监禁对成人犯罪的影响方面发挥更大的作用。无论如何，结果表明，对于处于监禁边际的少年，拘留对人力和社会资本的形成有负面的影响，且似乎并不能完全以高中毕业或成人监禁所能衡量。

总而言之，在不同的孩童群体中，少年监禁与高中毕业率较低和成人再犯率较高有关。一般而言，少年监禁对高中毕业的影响在不同类型的人群之间表现了很大差异，其中对那些不太可能被监禁的人所产生的影响更大。对成人累犯的影响来说，并未显示相同的模式，但在不同犯罪类型之间均呈现了较大的影响。

（六）探索潜在机制

为了进一步检讨结果背后的潜在机制（行为变化或异常标签），我们进行了许多其他的分析。首先，我们检查了即使在较短的时间内被监禁（1—2个月）的少年重返校园的可能。我们发现，所有在拘留所的学校中待过一小段时间的孩童中有62%未返回CPS学校。表Ⅷ（参考原文表Ⅷ，译文因篇幅没有纳入——统稿注）给出了更正式的OLS和Ⅳ分析的结果，这些分析表明，青少年监禁会显着减少初次庭审后1年该学生在学校出现的可能性（−0.215，而平均值为0.67）。这或者可被解释为青少年因难以赶上学校进度，而构成返校的重大障碍，抑或学校方面的行为积极地阻止了先前被监禁的学生返回。

为了进一步探讨这一问题，我们研究了重返CPS学校的学生是否更有可能转学到另一所学校，亦即确认这些学校对被监禁过的少年处理方式是否有差别待遇。在我们的数据中，只有28%的离开拘留所学校的少年，返回了他们在被监禁之前就读的同一所CPS学校，而10%的孩子被转移到了CPS内的另一所学校。我们还考虑了监禁是否会增加在初次聆讯后转移到另一所CPS学校（位于拘留所或库克县监狱中的学校之外）的可能性。此分析要求我们将样本限制为在少年监禁之前就在高中观察到的18195名少年，这大大降低了我们的统计检验力（power）。当我们这样做时，在具有全套控制变量的OLS回归中，我们发现，少年监禁与初次聆讯后几年中的高中转学成正相关（0.055相对于0.242的平均值），但是引进工具变量后，效果却是负面的，虽然很不精确（参考原文表Ⅷ，译文因篇幅没有纳入——统稿注）。鉴于这种不精确性，我们很难提出强有力的证据显示少年监禁会导致高中转学。此外，我们发现少年监禁会让成人教养所的转移显著增加。

其次，我们考察了被关押过的少年在被释放后是否更有可能被归类为特殊教育学生。对此，我们必须将样本限制为在初次聆讯后的第2年中可以观察到特殊教育状态的样本（样本的79%，$n=29794$）。结果显示，少年监禁与是否被归类为特殊教育之间没有关系（参考原文表Ⅸ，译文因篇幅没有纳入——统稿注），但有趣的是，监禁与障碍来源的改变有关。那些被监禁的人更有可能被定性为患有情绪或行为障碍，同样也不太可能被定性为患有学习障碍。在Ⅳ回归中估计的效果会更大（绝对值），尽管标准误差也会增加（估计值在常规水平上仍然显著），故将被关押过的少年重新分类可能是由于少年行为改变，或学校系统给被监禁学生加的异常标签。

另一项测试考察少年监禁是否影响其日后犯下凶杀或其他暴力犯罪。我们可以合理假设，被标记为在少年时被监禁过，应该不会造成他们因为凶杀或其他暴力犯罪而被逮捕或监禁。我们发现（参考原文表Ⅵ），少年监禁确实增加成年后因这些严重罪行而被监禁的可能性，这与下列推断一致：少年获释后犯罪行为改变。

总而言之，这些结果与下列推断一致：青少年行为的变化和机构对青少年处置（是否归类为特殊教育学生）的变化，解释了青少年监禁对是否高中毕业和再犯的巨大影响。

（七）稳健性的其他测试

当使用法官固定效果作为工具时，有个问题是不符合单调性假设。例如，有些法官可能只对部分犯罪特别严格（诸如暴力犯罪），而对于财产犯罪比较宽容。为了调查这种可能性，我们将青少年犯罪分为暴力、财产、毒品和其他这四个相异的类别。我们发现，对暴力犯罪严格的法官往往对其他犯罪类型也严格。但是，我们仍然针对每种法官 × 犯罪类型重新计算工具变量，从而回应了单调性假设的问题。结果（参考原文在线附表AⅣ）显示了对高中毕业和成人监禁的类似影响。我们认为这是一个有力的证据，证明即使不符合单调性假设，也不会影响主要结果。就法官对非裔和非非裔美国人被告的案件监禁率不同的情形，我们也发现了类似的结果。

在第二次稳健性检查中，我们变化了固定效果，以便调整未成年人的比较对象。具体来说，包括社区、社区 × 年、社区 × 武器、人口普查区、人口普查区 × 年、人口普查区 × 武器，以及人口普查区 × 武器 × 年所定义的固定效果（参考原文在线附表AⅤ）。在这些不同类型的固定效果中，结果非常稳定。

在第3次稳健性检查中，我们更改了我们在高中毕业分析中对待转学的方式。之前，只有在公立学校数据中的记录显示毕业，才被我们认为是毕业，转学的人（样本的16%）被认为是非大学毕业生。在在线附表AⅥ（第A栏）中，我们从样本中删除了所有未知高中毕业率的转学样本。其结果相似，但略大于估算值。在第B栏中，我们保留了完整的样本，但如果学生属于这16%的转学生，则将指标定义为等于1（毕业）。估计值是正数但并不显著。最后，我们探讨青少年监禁是否会导致转学到私立学校或芝加哥以外的学校，这可能会导致更好的教育成果。我们发现，少年犯监禁会降低这种转学的可能性，尽管估计值在统计上并不显著。

我们还考虑了工具变量计算方法的改变是否会影响结果的稳健性。我们舍弃了缺乏第一次聆讯中法官信息的案件，裁掉了极值，并使用概率模型来估计工具变量（参考原文在线附表 AⅦ），结果保持不变。我们还测试了"摇摆法官"（这些法官主持 1/5 案件）在多大程度上导致了这种影响。当我们排除摇摆法官后，结果不变。

（八）停留时间

最后，我们没有观察到少年犯在拘留所中的停留时间（因而无法估算其影响），但是我们观察到了一个代理变量（proxy）：在拘留所中的高中所花费的时间。这之所以只是一个代理变量，是因为学生可能会高中辍学，并且他们也不会在夏季放假时出现在我们的数据中。表 AⅧ 显示，停留时间与我们的工具变量无关：在进入拘留所后，在监禁率上倾向"严格"的法官与少年的停留时间无关。估计值表明，指派给"严格"法官的少年犯停留时间较短（但差异幅度不大），这一致于这些法官监禁更多较轻的罪犯。此外，当法官的监禁率被控制后，法官审理案件中的少年的平均停留时间，无法预测具体个案中的少年的停留时间。因此，毫不意外的是，当我们估算停留时间（包括 0）对结果的影响时，如将法官在初次聆讯后 1 年所判定停留时间的均值作为工具变量，停留时间从 0 到该拘留所平均的拘留天数都是类似的（参考原文在线附表 AⅧ）。

我们考虑了一个最终的模型——将案件分为短期与长期停留（由样本中位数确定），然后估算短期或长期停留（相比于无停留）对这些结果的影响。就此模型，我们的工具变量是法官判定短期或长期停留的均值。虽然累犯结果的点估计值表明更长的停留时间会产生更大的影响，但因为标准差较大，统计上而言，这两种停留时间所造成的影响是相同的。我们得出的结论是，我们无法检测这些数据中的停留时间是否重要，因而我们将主要结果解释为典型的监禁时间（根据我们的代理变量，平均为 42 天）对未来结果的影响。未来的研究需要开展进一步的工作，以探讨少年的监禁时间对未来的影响。

六、结论

少年监禁的费用昂贵,在美国,少年监禁的年支出总计 60 亿美元,一个少年被监禁产生的年均(直接)费用超过 88000 美元。如果少年监禁增加了人力资本积累或遏制了未来的犯罪和监禁,那么可以考虑权衡取舍。但是我们发现,对于处于监禁边际的少年,这种拘留既降低高中毕业可能性,也增加成人监禁可能性。在探究这些影响背后的机制时,我们发现,一旦被监禁,少年就不太可能重返校园,这表明即使相对较短的监禁时间也可能造成很大的破坏性,并对该类人造成长期的严重后果。此外,对于那些重返学校的人,由于社会或行为障碍,他们更有可能被归类为某种无能,因而即使重返学校也有可能降低其毕业的可能性,并有可能增加未来犯罪行为的可能性。

我们的结果表明,使用青少年监禁的替代措施可能会增加社会福利。伊利诺伊州最近采取了一系列此类政策,包括电子监视和严格执行的宵禁,以替代少年监禁。这些替代措施在美国各地越来越受欢迎。我们的研究结果表明,这些替代措施的持续扩张有可能提升高中毕业率并减少成人犯罪的可能性。除了降低少年监禁,为这些处于危险中的少年提供额外的支持和资源来解决少年释放后返校率低的政策,也可能有效减少监禁在人力资本积累和其他方面的负面影响。

与越来越多地采用替代措施减少监禁的方法相比,许多州都采取了在学校中增加警力的政策,这增加了轻度违规的少年逮捕率。如果这可能导致少年拘留的增加(看来很有可能),那么不断扩张这项政策,会降低受拘留青少年高中毕业的可能性。

要考虑影响逮捕少年和监禁政策的全部成本和收益,我们还必须考虑监禁造成的失能作用所减少的犯罪,以及严格惩罚其他青年犯罪产生的威慑作用。关于失能,在某种程度上,如严格的宵禁或电子监控等替代措施也可能使人丧失犯罪能力,因而这项作用无须过多担心。关于威慑,证据表明,青少年的犯罪倾向,尤其是对比惩罚后果而言,缺乏弹性。这意味着与本章发现的高中毕业率的大幅下降和成人监禁的增加相比,威慑可能仅有次要的重要性。如果是这种情况,那么本章的结果显示,继续朝着更为宽宥的少年量刑的方向,将增加人力资本积累,并降低这些少年成年后入狱的可能性,而不会增加少年犯罪。

本章参考文献

Olivier Deschênes, *Unobserved Ability, Comparative Advantage, and the Rising Return to Education in the United States, 1979-2002*, Unpublished working paper (2006).

Rafael Di Tella & Ernesto Schargrodsky, *Criminal Recidivism After Prison and Electronic Monitoring*, Journal of Political Economy, Vol.121, p.28–73 (2013).

Donald P. Green & Daniel Winik, *Using Random Judge Assignments to Estimate the Effects of Incarceration and Probation on Recidivism among Drug Offenders*, Criminology, Vol.48, p.357–387 (2010).

Randi Hjalmarsson, *Criminal Justice Involvement and High School Completion*, Journal of Urban Economics, Vol.63, p.613–630 (2008).

Randi Hjalmarsson, *Juvenile Jails: A Path to the Straight and Narrow or to Hardened Criminality?*, The Journal of Law and Economics, Vol.52, p.779–809 (2009).

Jeffrey R. Kling, *Incarceration Length, Employment, and Earnings*, American Economic Review, Vol.96, p.863–876 (2006).

Lance Lochner & Enrico Moretti, *The Effect of Education on Crime: Evidence from Prison Inmates, Arrests, and Self-Reports*, American Economic Review, Vol.94, p.155–189 (2004).

第十一章　监狱人口对犯罪率之影响：监狱拥挤诉讼的证据[*]

The Effect of Prison Population Size on Crime Rates:
Evidence from Prison Overcrowding Litigation

　　作者：　斯提芬·莱维特（Steven D. Levitt）
　　译者：　黄种甲
　　校定：　许菁芳、张凯评
　　审阅：　张永健
　　统稿：　程金华

　　过去20年来，美国的监禁率翻了3倍。美国的监狱人口在1994年底突破100万人大关。政府在监狱的年度支出大约是100亿美元。相较于欧洲国家，美国的监禁率是其3—4倍之多。

　　尽管犯罪率趋势的证据并不单纯，但从图1（参考原文图1，译文因篇幅没有纳入——统稿注）来看，监禁的状况并没有随着犯罪大幅减少而变化。同期间内，监禁率翻了3倍，人均暴力犯罪通报数则翻了2倍，但财产犯罪仅增加30%。暴力犯罪遇害率维持平稳，而财产犯罪遇害率则下降30个百分点。前述犯罪率的指标，并未随着监

---

[*] Steven D. Levitt, The Effect of Prison Population Size on Crime Rates: Evidence from Prison Overcrowding Litigation, 111 *The Quarterly Journal of Economics* 319 (1996). ©1996 Oxford University Press.

禁人口大幅增加而降低。因此，论者以此事实为基础，认为依赖监禁作为降低犯罪率的手段，是失败的。故转而建议暂缓兴建新监狱、其他矫治措施、毒品犯罪除罪化。

很清楚，我们很难仅凭借时间序列的趋势就断言：扩大监禁是失败的政策。诸如加入帮派、单亲家庭、青少年正当经济管道减缩等犯罪成因日益恶化，监狱利用率的增加反而可能掩盖了本来可能有更多犯罪活动的事实。增加监狱人口[1]可能透过两个途径来减少犯罪：吓阻（例如对犯罪人增加监禁的威胁），或隔绝（使服刑之犯罪人无法犯罪）。尽管前者效果难以估量，后者隔绝效果的估计值可以从囚犯调查中的自述犯罪活动获得。多个调查都得出了类似的结果，其中最惊人的是分布的偏态。举例来说，在威斯康星州，未被监禁时，每年参与非毒品犯罪的中位数是12件，但平均数却是141件。以囚犯自述数据为基础的成本效益分析指出，监禁那些位处中位数或平均数的囚犯，产生的社会利益是超过社会成本的；但是囚禁位处后1/4的犯人，其成本则高于社会利益。

使用囚犯自述难免有以下风险：首先，问卷数据本身的信度问题，尤其应答者是被判刑的罪犯。其次，囚犯的自述只掌握到隔绝效果，因而系统性地低估了吓阻效果的存在。另外，当犯罪由集团共同为之时，由于其他罪犯可以填补该名填答问卷的受刑人的空缺，因此，自述中所得监禁的犯罪预防效果其实是夸大了。最后，我们很难确知单一囚犯位于分布的何处。尽管计量方法已有长足的进步，预测累犯仍然无法取得成功。由于无法得知假释审查官如何分辨囚犯本身的风险，研究也无法选择最适的监禁规模，因为释放后25%的囚犯，和释放中位数或平均数的囚犯，其结果天差地远。

估量监禁对于犯罪有何效果的另一个方案则是估计总合弹性（aggregate elasticities）。以此方法的研究中，以马弗尔与穆迪（Marvel & Moody，1994）的最为重要，他们使用了以州为单位的面板数据，得出犯罪对于监狱人口的弹性[2]为-0.16，此数据和先前研究的估计值一致。多诺霍与西格尔曼（Donohue & Siegelman，1994）进而根据这些估计值主张：从成本效益分析来看，目前的监禁规模大致上仍是最适规模。

尽管总和数据的运用避开了使用囚犯自述所产生的前述风险，但却产生了

---

[1] 译者注：可能把有期徒刑的门槛降低，或把单一罪犯的刑期加长。
[2] 译者注：弹性系数指自变量每1%的变动，和因变量x%的变动有关。以本句为例，即指其他变量控制不变的情况下，每增加1%的监狱人口，和0.16%的犯罪率减少有关。

另一个严重的问题：同时性偏误。增加监禁虽然可能减少犯罪数量，但是犯罪的增加也可能导致更多的监狱人口。举例而言，如果每件犯罪的处罚不变，那么监狱人口和犯罪率的变化会呈现 1：1 的关系。因此，透过普通最小二乘法（Ordinary Least Square，OLS）所估计出的监狱对犯罪的效果，将可能严重低估。

本章的目的在于：获取监狱人口对犯罪效果的估计值，同时避免同时性偏误所造成的影响。为了达到此目的，我们必须找到一个和监狱人口变动相关，但却与犯罪率无关的工具变量。本章所使用的工具变量即为各州的监狱拥挤诉讼（overcrowding litigation）。过去 30 年来，受刑人人权团体提出多起民事诉讼指控监狱的情形违反宪法。其中有 12 州的监狱系统，曾经或现正受制于法院基于过度拥挤诉讼所下的命令。

不意外地，如同本章第一节所示，监狱拥挤诉讼减少了监狱人口的成长率。举例来说，在首起诉讼提起的前 3 年，前述 12 州每年监狱人口成长率超过全国平均 2.3 个百分点；然而在诉讼提起后 3 年，每年成长率则落后全国平均 2.5 个百分点。在法院作出终局命令后 3 年，成长率更是低于全国平均 4.8 个百分点。

监狱拥挤诉讼只能通过其对监狱人口的影响，而与犯罪率相关。因此，犯罪方程式可以排除考虑诉讼状态，有两点证据支持此论点：第一，过度识别限制（overidentifying restrictions）检验，在各种回归模型中都显示了工具变量的外生性；第二，诉讼状态的改变看起来影响了犯罪率，但反之却不然。早前的犯罪率无法预测监狱拥挤诉讼的提起与否。如果状况并非如上述两点证据所示，则工具变量的外生性容有疑虑。

本章发现，监狱人口对犯罪率的效果是先前估计值的 2—3 倍大。在使用工具变量前所得出的估计值，约略小于先前研究得出的数值：犯罪率对于监狱人口的弹性约为 -0.10。使用工具变量后的估计值在规模上则大得多。暴力犯罪（对于监狱人口，下同）的弹性是 -0.40，而财产犯罪是 -0.30。本章估计指出因监狱拥挤诉讼所释放的每名囚犯（marginal prisoner）与每年增加 15 件犯罪有关，这个数据大概是囚犯自述报告中的中位数值。

基于科恩（Cohen，1988）和米勒等（Miller et al.，1993）研究犯罪对于被害人所生成本之估计，每增加 1 名囚犯的 1 年刑期，因此而减少的犯罪，能产生约 5 万美元的边际社会效益。而因禁 1 名犯人 1 年的边际成本则约为 3 万美元。尽管前述数字仅仅是推测而得，但是这样的结果显示出目前的监禁规模大体上还是有效率的。不过，从前面的边际社会效益大于边际成本来看，延长在监人口的刑期，或许还是有一些效益的。

本章的结构如下：第一节说明监狱拥挤诉讼的背景信息；第二节说明数据，并提出拥挤诉讼和监狱人口的负向关系，同时也会说明拥挤诉讼和犯罪率之间简化版的正向关系；第三节以监狱拥挤诉讼的进程作为工具变量，估计监狱人口与犯罪的关系；第四节则以估计值为基础说明政策意涵；第五节提供简要结论。

一、监狱拥挤诉讼

首件以禁止酷刑为基础的监狱拥挤诉讼于 1965 年提出。从那时起，美国已有 47 州，加上首都哥伦比亚特区，有过类似诉讼。在拥挤诉讼中，原告方的胜率相当可观：在将近 70 件诉讼中，除了 6 件外，都取得了部分的胜利。而截至 1993 年 1 月 1 日，有 12 州诉讼仍在进行中。

法院针对拥挤状态的裁判有所不同。法院在少部分情况会命令释放囚犯以缓解拥挤情形。更多情况下，法院则是设置人数上限，或者是以"双重天花板"禁止，并给予监狱管理者或州政府空间，决定如何因应以合于规定（例如建造新监狱设施、缩短刑期、早期释放、在各机构中重新分配囚犯）。法院也经常认为因应措施并不完全合于规定，进而判处监狱藐视法庭，或者由法院指派接管者/监督者。

有 12 州因为过度拥挤诉讼的缘故，导致全州的监狱系统（而非仅是个别的几座监狱）都受限于法院的裁判。其他州则只有一部分的监狱受影响。监狱系统是否全部受制于法院裁判拘束，决定了此等诉讼对于监狱人口的影响。如果只有一部分的监狱被认定为过份拥挤，那么州政府可以透过移转囚犯来满足法院要求，而不需要调整整体囚犯人数。

各州监狱诉讼的状态，依时间进程，可以分为以下 6 个阶段：（1）未提起监狱拥挤诉讼，（2）提起诉讼但未有裁判，（3）初步结果已作出，但仍在上诉中，（4）终局决定，（5）法院接管，以及（6）结束法院接（监）管。初步看来，我们可以预期第 2 类到第 5 类在短期内会和较低的监狱人口成长率有关。因为在终局决定作出前，监狱仍有诱因改善监狱状况以策略性地赢得有利判决。至于第 6 类，结束法院监管，则可能和监狱人口成长率增加有关。

表 1（参考原文表 1，译文因篇幅没有纳入——统稿注）列出整体监狱系统被法院控制的 12 个州及其相应年份。各州监狱拥挤诉讼状态的时间点有所不同。法院终局决定的下达日期从最早的 1971 年到最晚的 1991 年。由法院控制监狱系统的州也不成比例地集中在南方州。南方州素有高监禁率的习惯。1970 年，在南方各州每 10 万人就有 125 人身陷囹圄，西部各州则有 105 人，中北部有 86 人，而东北部只有 70 人。当这 12 州首次提起拥挤诉讼时，监禁率平均高于全国平均 34 个百分点。

考虑到这 12 个州和美国其他州有着系统性的差异，在此使用跨州变异可能有误导之嫌。是以，本章采取了几个步骤来因应系统性差异所生的偏误。首先，本章分析着重在百分比变化，因此排除了犯罪率或监禁人口本身的基数差异。其次，透过部分特定分组（specification），我们也将各州的特定效果纳入，以控制模型自变量以外的各州系统性差异以及成长率。最后，南方州和非南方州的相关系数也再一次地被检验。

二、原始资料中的相关性：监狱拥挤诉讼、监狱人口和犯罪率

本研究的资料为 1971—1993 年各州的面板数据。监禁率及犯罪率皆以人均为单位。州监狱人口数则为在该州监狱服刑至少一年的因犯人数，因此包含了州监狱的因犯以及因拥挤而移送看守所的因犯，还有因为州内缺乏适当设施而安置在他州的因犯。监狱人口数据是每年 12 月 31 日的存量。

各州犯罪率则基于该年度向警方报案的犯罪数量，资料来自每年汇整于联邦调查局的统一犯罪报告。虽然从理论上而言，遇害率可能是个更好的指针，但是这个数据目前并没有各地理分区的资料，因而必须借助犯罪报案数据。7 项指标—犯罪（Index I crime）的犯罪报案数据是可取得的，包含谋杀及过失致死、强制性交、伤害和抢夺（前 4 项为暴力犯罪），以及夜盗、窃盗和机动车窃盗（后 3 项为财产犯罪）。使用报案而非真实数据，导致误差的产生。然而，既然犯罪率是因变量，除非此等误差和自变量相关，否则这样的误差并不会导致参数估计值的偏误。本章采取成长率而非基数，加上排除了各州成长率的固定效果后，仍得出相似的结果，足征本章所得的结果应无系统性估计偏误的影响。

对于监狱系统并未"全部"受到法院监管的州而言，由于只有一部分监狱系统被法院命令影响，州政府进而可以通过在各监狱间调度囚犯以满足法院的诚命。以及，本章并没有发现有任何实证证据支持，仅影响单一监狱机构的法院命令，对于州监狱人口有整体影响。因此，在考虑监狱拥挤诉讼的效果时，本章将仅着眼在法院监管全体监狱系统的12个州，因为这些州无法通过在各监狱重新分配囚犯来满足法院要求。

本章用一系列指标变量来对应监狱拥挤诉讼的6个状态。由于监狱拥挤诉讼对于监狱人口成长率的影响可能集中在短期，因此大部分的分析仅着眼在最近的诉讼状态改变。表2（参考原文表2，译文因篇幅没有纳入——统稿注）提供了50个州的概略统计以及其他分析所需的变量（警员人数、经济指标、人口变量控制）。表11-1呈现了12个州中，各州对于监狱人口成长率及监狱拥挤诉讼状态的数据。

表 11-1 监狱拥挤诉讼对监狱人口成长率的影响

（该年度监狱人口成长率和全国监狱人口成长率的差值）

	提起诉讼前	提起诉讼后	初步决定	最终裁判作成后	进一步行动	结束法院监管后
亚拉巴马州	−2.1%	−1.1%	7.0%	−14.5%	3.2%	−0.3%
阿拉斯加州	5.1%	−2.1%	—	1.5%	—	—
阿肯色州	—	—	—	−0.7%	0.1%	0.4%
特拉华州	8.6%	—	—	−5.2%	0.2%	—
佛罗里达州	—	−1.3%	10.4%	−4.4%	−2.2%	—
密西西比州	—	−3.9%	—	1.3%	—	—
新墨西哥州	5.4%	−1.0%	−1.4%	−8.8%	−3.5%	—
俄克拉荷马州	—	−6.5%	—	0.7%	—	3.4%
罗得岛州	3.4%	−1.4%	—	0.7%	0.9%	—
南卡罗来纳州	2.3%	−3.3%	1.3%	−2.7%	—	—
田纳西州	1.7%	−0.2%	—	−4.1%	−2.9%	—
得克萨斯州	−1.5%	1.0%	−4.0%	−2.9%	9.0%	—
12个州平均	4.2%	−2.4%	0.3%	−0.8%	−0.5%	0.8%

为了控制监狱人口的全国趋势，表中所呈现的数值是该年度监狱人口成长

率和全国监狱人口成长率的差值。表 11-1 并不区分诉讼状态对于囚犯成长率短期和长期的影响,然而,尽管效果不大,从表 11-1 中仍能看出系数的预期模式。在 3/4 的样本中,监狱人口成长率在提起诉讼前超过全国成长率。在所有的样本中,在提起诉讼前,监狱人口年成长率高于全国平均 4.2 个百分点。相反地,在提起诉讼后,10 个州中有 9 个州的囚犯年成长率低于全国平均 2.4 个百分点。相比于诉讼状态,法院实际所采取的行动,对于监狱人口的影响则显得不清晰。囚犯年成长率在法院作成初步决定后,微幅高于全国平均,但在最终裁判作成后及法院采取行动后则略低于全国平均。虽然此阶段中只有 3 个州的样本,而一如预期地,仍可观察出监狱人口在法院解除控制后成长得更加快速。

认为监狱拥挤诉讼对于监狱人口成长率有长期效果,是不合理的期待。监狱拥挤诉讼毋宁对于监狱人口成长率仅有短期效果,即便之后的成长率可能会受到前期较低的监狱人口数影响而较高,但长期而言仍会恢复正常的成长率。

表 4(参考原文表 4,译文因篇幅没有纳入——统稿注)将拥挤诉讼变化对于监狱人口成长率的短期效果独立出来。数据根据诉讼状态的改变而拆解成状态改变当年以及状态改变后的 2—3 年。第 1 栏显示了特定分类观测值的数目,第 2 栏呈现了相对于全国平均的囚犯年增率。第 2 栏的相关系数呈现和表 11-1 的类似的模式,但从规模而言,短期效果远大于长期效果,进一步地证实了拥挤诉讼在短期发生效果的观点。和先前一样,监狱人口在诉讼提起前增加的比全国平均还快。囚犯数量在提起诉讼的第 1 年持续增长(高于全国平均 2.7 个百分点),但旋即在提起诉讼后 2 年内急剧下降(低于全国平均 5.1 个百分点)。不管是在一开始或者是在那之后,法院的初步决定看起来效果不大。然而,法院终局决定则在一开始(-5.1%)和之后 2 年(-4.6%)都有着显著效果。在法院终局决定后的 3 年间,监狱人口的成长率因此比起全国其他地方几乎低了 15 个百分点。由于监禁率在该期间是以每年 6% 的速度成长,法院终局决定使得这些州的监狱人口几乎维持平稳。法院的具体监管行动则效果有限,可能因为此改变大部分在 2 年内都尚未完成。解除法院监管导致了囚犯人数的立即跃升,但没有延迟效果。

如果拥挤诉讼的状态改变是监狱人口的外生变项,那么在各个诉讼阶段下,囚犯人数的成长模式和犯罪率变化的比较,应该能测量出监狱人数对于犯罪的效果表 4 的第 3 栏和第 4 栏提供了暴力和财产犯罪率相对于全国的变化率。如果监狱人口的减少对于犯罪率有显著影响，那么我们可以预期第3栏及第4栏的值和第2栏是异号的/负向的。这个负向的模式在暴力及财产犯罪中的所有11个分类都成立。考虑到表4的观测值不多，前述结果某程度是相当惊人的。虽然仅供参考，但这个结果也预示着使用拥挤诉讼的状态作为工具变量后，所得到的弹性的估计值是很大的。

表11-2重制了表4的分析，并加入包含了年度虚拟变量、经济指标、警员人数变化百分率及人口因子（族裔组成、年龄分布）变化等共变量。我略去提起诉讼3年前和诉讼状态改变后3年后的分类，以确保所有系数都和此等分类有关。表5（参考原文表5，译文因篇幅没有纳入——统稿注）的回归值都是使用普通最小二乘法来估计，括号中则揭示怀特标准误差（White-heteroskedasticity consistent standard error）[1]。偶数栏则包含了各州固定效果，以使各关键变量的成长率（表5）得以包含各州的系统性差距。在某些情况下，即便因变量已经采取变化百分率的表现方式，纳入各州固定效果仍然合适。举例来说，如果各州长期的监禁率最终会趋于一致，但南方州在样本期间初期有着较高的成长率，那么南方州在样本后期中势必有着较低的成长率。

表11-2　拥挤诉讼状态改变的短期效果

	Δln（监狱人口）		Δln（暴力犯罪）		Δln（财产犯罪）	
	（1）	（2）	（3）	（4）	（5）	（6）
提起诉讼3年前	0.016 （0.016）	-0.002 （0.018）	0.001 （0.016）	0.002 （0.020）	-0.007 （0.010）	-0.008 （0.011）
诉讼状态改变当年						
提起诉讼	0.021 （0.019）	0.004 （0.021）	-0.031 （0.022）	-0.032 （0.025）	0.002 （0.025）	-0.001 （0.025）
初步决定	0.016 （0.069）	0.011 （0.071）	0.018 （0.021）	0.013 （0.022）	-0.012 （0.024）	-0.012 （0.024）
最终裁判作成后	-0.047 （0.022）	-0.065 （0.022）	0.035 （0.030）	0.035 （0.029）	-0.004 （0.012）	-0.007 （0.013）
进一步行动	-0.014 （0.031）	-0.250 （0.030）	0.039 （0.015）	0.036 （0.016）	0.001 （0.020）	-0.001 （0.021）
结束法院监管后	0.047 （0.019）	0.041 （0.022）	-0.000 （0.019）	-0.005 （0.020）	-0.016 （0.006）	-0.032 （0.009）

---

[1] 译者注：一种因应各观察值间残差的变异数可能不相同，而导致统计检验失效所为的调整。

续表

	Δln（监狱人口）		Δln（暴力犯罪）		Δln（财产犯罪）	
	（1）	（2）	（3）	（4）	（5）	（6）
诉讼状态改变后2—3年						
提起诉讼	−0.047 （0.018）	−0.064 （0.019）	−0.006 （0.011）	−0.008 （0.013）	0.002 （0.011）	−0.000 （0.011）
初步决定	−0.005 （0.018）	−0.013 （0.019）	0.005 （0.025）	−0.001 （0.026）	0.030 （0.014）	0.030 （0.016）
最终裁判作成后	−0.045 （0.018）	−0.066 （0.020）	0.022 （0.013）	0.024 （0.014）	0.033 （0.011）	0.032 （0.012）
进一步行动	0.014 （0.015）	−0.000 （0.018）	−0.023 （0.017）	−0.025 （0.018）	−0.019 （0.006）	−0.024 （0.009）
结束法院监管后	−0.002 （0.013）	−0.010 （0.016）	0.058 （0.017）	0.053 （0.019）	−0.011 （0.016）	−0.026 （0.015）
Δln（人均收入）	−0.452 （0.180）	−0.440 （0.179）	0.510 （0.175）	0.515 （0.176）	−0.006 （0.076）	−0.027 （0.074）
Δ 失业率	0.003 （0.325）	0.057 （0.324）	0.458 （0.334）	0.514 （0.335）	0.934 （0.184）	0.872 （0.179）
Δ 警员数量	0.083 （0.041）	0.093 （0.040）	0.075 （0.060）	0.075 （0.061）	0.020 （0.036）	0.008 （0.036）
Δ 非裔人口百分比	−0.009 （0.024）	−0.104 （0.053）	−0.007 （0.027）	0.034 （0.068）	−0.044 （0.017）	0.010 （0.034）
Δ 都市人口百分比	−0.013 （0.009）	−0.001 （0.020）	0.016 （0.014）	0.024 （0.032）	0.009 （0.003）	0.011 （0.012）
州控制	否	是	否	是	否	是
R^2	0.182	0.223	0.232	0.244	0.597	0.618
p 值（所有状态改变时）	<0.001	<0.001	<0.001	0.003	<0.001	0.001
p 值（当年状态改变≠状态改变后2—3年）	0.023	0.038	0.013	0.018	0.157	0.105

说明：括号内为回归分析的稳健标准误差。

相类似的模式在加入共变量后持续显现。第1栏和第2栏中只有一个相关系数和表4的结果呈现异号。监狱人口的影响依然和法院最终决定以及提起诉讼（1年后的状态）相关。有将近一半的状态变化指标，不仅各自具有统计上显著性，更重要的是，这些指标综合起来，显著水平达到 0.001。而且我们得以 0.05 的水平，拒绝状态变化在当年度以及后 2 年效果相同的虚无假设。拒绝虚无假设意味着前述以时间进行分类，对于数据的刻画相当有用。

第 3 栏到第 6 栏展现了诉讼进程和犯罪率的简化版相关性。除了少数例外，犯罪率持续地和监狱人口呈现负向变动。举例来说，在法院作出终局决定后的 3 年内，监狱人口成长率比起没有诉讼被提起的情况下，其增速估计将减少 13.7—19.7 个百分点，而暴力犯罪率将高出 7.9—8.3 个百分点，而财产犯罪则将高出 5.7—6.2 个百分点。

如果监狱拥挤诉讼提供了一个监狱人口变化的外生来源，那么犯罪率的变动不该改变诉讼状态。换句话说，是否提起监狱拥挤诉讼和当下的犯罪率无关。我们可以用表 11-2 首行的诉讼状态指标"是否在 3 年内被提起"的相关系数来验证此预测。第 3 栏到第 6 栏的相关系数明显地小，统计上不显著，而且在暴力犯罪和财产犯罪中有变号情形等现象，与前文主张监狱拥挤诉讼的提起时间和犯罪率相独立的想法相符。

三、基于囚犯人口的犯罪弹性估计

前一节说明了监狱拥挤诉讼和监狱成长率的关系以及该诉讼与犯罪率的简化版关系，本节运用工具变量的技巧来估计犯罪与囚犯人口的弹性。假设犯罪率的变动百分率和监狱人口呈现如下关系：

$$\Delta \ln(CRIME_{st}) = \beta \Delta \ln(PRISON_{st-1}) + X'_{st}\theta + \gamma_t + \varepsilon_{st} \quad （公式11\text{-}1）$$

其中下标 s 表示州，t 表示年份，而 l 表示监狱诉讼之状态类型[1]。$CRIME_{st}$ 和 $PRISON_{st-1}$ 是相应的人均犯罪数和监禁率。因为监狱人口数据是 12 月 31 日时的存量，因此我们使用前 1 年的值被用来解释对应该年度的犯罪率。X_{st} 是共变量的向量，而 γ_t 则是年度虚拟变量的向量。在某些情况下，各州固定效果也

---

[1] 译者注：原文中找不到此变量。

被纳入。因为犯罪率和监狱人口都是取对数后的变化值，因此 β 就是弹性。因为囚犯人数可能会和残差有正相关，因此可能导致 β 的估计值有正向偏误。然而，如果自犯罪方程式中排除监狱拥挤诉讼是正确的，则使用诉讼状态作为工具变量的二阶段最小二乘法将会得出一致的估计值。

表 11-3 使用同样的数据及前一节的共变量，分别呈现了暴力犯罪和财产犯罪的估计值。在第 1 栏和第 4 栏，提供了没有控制监狱人口内生性的普通最小二乘法相关系数。其他字段则使用了相对应于诉讼状态改变的指针变量，作为 ln(PRISON) 的工具变量。针对 5 个诉讼进程的每一个阶段，都有状态改变当年以及改变后 2 年的指标，共计 10 个工具变量。第 3 栏和第 6 栏则纳入了各州固定效果。我使用可行的一般化最小二乘法（Feasible generalized least square，feasible GLS）对工具变量进行回归，来处理各州之间，残差变异数可能不齐一的情形。

当监狱人口中被当作外生的情况下（如第 1 栏和第 4 栏），犯罪对于囚犯的弹性估计值分别为 –0.099（暴力犯罪）及 –0.071（财产犯罪）。对两种犯罪类型而言，估计值相当精确。这些弹性估计值大致上和先前文献所估计（在 –0.10 到 –0.20 的区间附近）一致，但是某程度上小了一点。

以工具变量估计犯罪对于监狱人口的弹性具有深远效果。以暴力犯罪而言，其估计弹性在第 2 栏和第 3 栏分别为 –0.424 及 –0.379，比起未使用工具变量前的估计值多了 4 倍。固然，使用工具变量使得这些估计值变得更不精确，然而统计上来说，这些估计值并不等于 0。弹性估计值在财产犯罪（第 5 栏及第 6 栏）的增加也非常明显。在使用工具变量后，估计值达到 –0.321 和 –0.261，同样达到了未使用工具变量时的 4 倍左右。虽然标准误差也同步增加，但估计值仍然达到 0.05 水平的统计显著，而具备足够的精确度。1971—1993 年，美国的人均囚犯数增加了 272 个百分点。假设使用工具变量后的弹性可推广至全国范围，那么监狱人数没有增加的情况下，暴力犯罪将会比现在还要多出 70 个百分点，而财产犯罪将会比现在多出 50 个百分点。

模型中的其他参数，虽然有其意义，但是其系数大体上既不精确，也难以确定。人均收入的增加与暴力犯罪成正相关，但与财产犯罪并无强烈关系；失业率的变化则相反。州失业率每增加 1 个百分点，增加了不到 0.5 个百分点的暴力犯罪，以及 1 个百分点的财产犯罪。

表 11-3　犯罪类型对犯罪人口成长的影响

	Δln（暴力犯罪）			Δln（财产犯罪）		
	OLS	IV	IV	OLS	IV	IV
变量	（1）	（2）	（3）	（4）	（5）	（6）
Δln（监狱人口）($t-1$)	−0.099 (0.033)	−0.424 (0.201)	−0.379 (0.180)	−0.071 (0.019)	−0.321 (0.138)	−0.261 (0.117)
Δln（人均收入）	0.485 (0.117)	0.384 (0.127)	0.410 (0.127)	0.014 (0.066)	0.076 (0.072)	0.055 (0.070)
Δ失业率	0.564 (0.333)	0.411 (0.301)	0.451 (0.302)	1.032 (0.186)	1.138 (0.188)	1.063 (0.181)
Δ警员数量	0.026 (0.059)	0.054 (0.048)	0.063 (0.048)	−0.004 (0.033)	0.012 (0.030)	0.002 (0.029)
Δ非裔人口百分比	−0.015 (0.029)	−0.018 (0.025)	0.007 (0.058)	−0.043 (0.016)	−0.038 (0.016)	0.000 (0.035)
Δ都市人口百分比	0.013 (0.011)	0.006 (0.012)	0.027 (0.021)	0.006 (0.006)	−0.000 (0.006)	0.005 (0.011)
Δ0—14岁人口百分比	−0.287 (0.412)	−0.075 (0.393)	−0.127 (0.447)	0.220 (0.230)	0.121 (0.234)	0.399 (0.257)
Δ15—17岁人口百分比	−0.041 (0.213)	0.169 (0.205)	0.180 (0.226)	0.351 (0.119)	0.320 (0.121)	0.390 (0.127)
Δ18—24岁人口百分比	0.320 (0.253)	0.282 (0.235)	0.286 (0.253)	0.277 (0.141)	0.079 (0.139)	0.126 (0.144)
Δ25—34岁人口百分比	0.648 (0.335)	0.748 (0.329)	0.828 (0.350)	0.384 (0.187)	0.354 (0.195)	0.436 (0.202)
年份控制	是	是	是	是	是	是
州控制	否	否	是	否	否	是
工具变量	否	是	是	否	是	是
R^2	0.247	—	—	0.606	—	—
p值（过度认定限制）		0.369	0.424		0.416	0.164

说明：OLS表示普通最小二乘法下的回归模型，IV表示工具变量法下的回归模型；括号内为回归分析的稳健标准误差。

和先前的研究发现一样，警员数量变动与犯罪率变化有微弱的正相关。最可能的解释是雇用警员和犯罪恶化的内生性：当犯罪状况恶化时，警方会雇用更多警察。非裔人口和都市人口的百分率则与不具有统计上显著性，且在各特定分组中的方向不固定。在所有情况下，15—34 岁人口比例的增加与更高的犯罪率有关。令人惊讶的是，最大的影响来自 25—34 岁此一年龄层。不过，年龄相关系数的估算并不精确，以至于我们很难从中得出强而有力的结论。

使用工具变量后，我所得到的监禁率对犯罪率的估计效果，有着剧烈的变化；其估计值甚至达到以往研究的 2—3 倍。有鉴于此，我对结果做了更多检查。我在以下段落将讨论三个议题，分别是：工具变量的有效性、结果的稳健性以及研究结果的可推广性。因为工具变量的数目超过了内生变量的数目，我们对被排除的工具变量进行过度认定限制的测试。测试的统计值是 $N \times R^2$，其中 N 是观测值的数目，而 R^2 是犯罪方程式中所有外生变量（包含工具变量）残差的回归式的 R^2。测试的统计值服从卡方分配（自由度为 9，即过度辨识限制式下的数目）。此测试统计值的 p 值呈现在表 11-3 的最末行。在所有情况下，测试统计值都在原先的界线内，此结果支持了工具变量的外生性。

此处所呈现的结果对于一系列的特定分组显得稳健。当人口、经济及年龄变量被移除后，点估计仅微幅上升（暴力犯罪对监狱人口的弹性由 –0.50 到 –0.42，财产犯罪则由 –0.40 到 –0.26）。本章同时也尝试以数量的对数而非对数的变化值来作估计，同样得出类似的结果。而分解个别犯罪类型后的结果，则提供了最强的证据。表 7（参考原文表 7，译文因篇幅没有纳入——统稿注）呈现了对应于表 11-3 第 3 栏到第 6 栏的各个犯罪对确定值的估计值。同时，基于比较目的，表 7 最末行也呈现了未使用工具变量下，监狱人口变量的系数。这些估计值在 7 个犯罪类型下，与先前结果一致。估计的弹性从 –0.147 到 –0.703。由于标准误差偏大，7 个估计值中只有 2 个达到 0.05 水平下的统计显著，另外有 2 个则达到了 0.10 水平下的显著。在所有 7 个犯罪类型中，使用工具变量导致了更负的估计值。7 个犯罪类型中的每个类型，其过度认定限制的测试所得的统计值，处于可接受的范围。其中，伤害、抢夺和夜盗罪乃是对监禁率增加最为敏感的犯罪类型。

在解读使用工具变量后的系数时，最后的考虑是，这些估计值是否可推广至数据库中的其他州，或者是应用在监禁政策的其他可能改变。当本章使用工具变量时，我们只锁定那些整体监狱系统被法院监管的州，并观察该州的监狱人口变化，据此挑出参数。这些州大多位在南方，而且本来就有较高的初始监禁率。有人可能会以为是这些南方州的边际罪犯罪刑比较不严重，并据此推知其他州的监禁效果有着更大的弹性。然而，另一方面则很有可能是因为这些高监禁率的州是"自我选择"的：正是因为在这些州，监禁有着更强的打击犯罪的效果，所以他们才选择监禁更多罪犯。为了验证这两种说法何者更贴近实际情况，在未使用工具变量的回归式中，本章加入是否为南方州的变量，使得囚犯的系数可以根据是否为南方州而变动。结果是，南方州得出的估计弹性，相对较低。暴力犯罪的弹性在南方州为 -0.016（标准误差为 0.063），而在非南方州为 -0.118（标准误差为 0.035）。至于财产犯罪则分别为 -0.034（标准误差为 0.035）及 -0.081（标准误差为 0.020）。在此二者情况下，我们可以在 0.05 的信心水平下，拒绝南方州和非南方州并无差别的虚无假设。然而，假设南方州在增加监禁的边际效果上确实较低，那么本章的估计可能会因此低估了增加监禁在全国范围下的实际利益。

也许更耐人寻味的问题是这些估计的可适用性，也就是究竟因法院要求下的监狱人口改变是不是和其他监狱人口变动的原因相似。针对这个议题，一个重要的观察是所有因监狱拥挤诉讼而导致的监狱人口减少都是因为提前释放囚犯所致。基本上，诉讼指针变量无法解释前端监狱人数。因此，此处呈现的估计值很有可能更适用于刑期政策的改变，例如假释政策。不过，法院鲜少命令释放囚犯，毋宁采取诸如禁止上下铺或者关闭部分监狱等需要由州监狱措施处理的行动。因此，法院命令所导致的囚犯人数波动实际上和其他监狱人口变动的原因是类似的。

四、估计值所导出的政策含义

为了能将前一节得出的估计值应用在形成公共政策上，我们需要犯罪的社会成本的估计值。是以，本章将会使用科恩（1988）及米勒等（1993）的成果。这些文章试图捕捉犯罪的金钱成本（例如医药费、财产损失和丧失劳动力）以及因身心痛苦而导致降低生活质量。为了测度生活质量如何降低，他们使用了民事诉讼中陪审团所判定的金额（排除惩罚性赔偿金）。这些赔偿金背后的损害并对应到了犯罪的类型。这些估计的成本不包含被害人所采取的额外的预防措施、与边际犯罪有关的生活方式改变、雇主的成本、诉讼成本，因此可能使得犯罪的真实成本被低估了。另外，这些成本的估计值其实对应到的是平均犯罪，因而是相较于边际犯罪而言更严重的犯罪，而有可能高估犯罪所生的成本。

另外，有个解读前节估计值的考虑：在政策脉络下，使用报案犯罪的结果有多大程度能推测未报案犯罪？这个问题在受害者调查中指出各指标犯罪的报案率只有 38% 的情况下显得份外重要。即便是如抢夺这样的严重犯罪，其通报率也不过一半多一点。在下文中，本章将假设未报案犯罪对囚犯的弹性和报案犯罪的弹性是一样的。这个假设应该还算合理，尤其是罪犯事先并不知道犯罪是否会被报案的情况下。

表 11-4 首先将各变量固定在 1993 年的全国平均水平，然后估算出各州每增加 1 名囚犯，其对于预估犯罪率的影响。该表上的值系基于表 7 呈现的逐项犯罪的点估计。第 1 栏是每多 1 名囚犯每年所减少的报告犯罪数。第 2 栏则是以国家犯罪调查的通报率，计算出"已通报"与"未报告犯罪"减少的总数。

表 11-4　各州每增加一名囚犯其对于犯罪率的预估影响

（将各变量固定在 1993 年的全国平均水平）

	报告犯罪数的变化	犯罪减少总数（假设"未报告犯罪"曲线弹性相同）	每件犯罪的成本		犯罪减少的社会效益（美元）
			金钱损失（美元）	生活质量损失（美元）	
谋杀	−0.004	−0.004	17000	2700000	10800
强制性交	−0.031	−0.053	9800	40800	2700
伤害罪	−0.55	−1.2	1800	10200	14000
抢劫	−0.55	−1.1	2900	14900	17800
入室盗窃	−1.3	−2.6	1200	400	4300
盗窃	−2.6	−9.2	200	0	1800
汽车盗窃	−0.5	−0.7	4000	0	2500
所有犯罪类型总和	−5.54	−14.86	—	—	53900

根据第 1 栏，每一位增加的囚犯导致 5—6 件报告犯罪的减低。如果加上未报告犯罪，那么数量可达 15 件。每一位增加的囚犯减少了 0.004 件谋杀，1/12 件强制性交，还有 2—3 件其他暴力犯罪。真正犯罪减少的大宗，则是在社会成本较低的财产犯罪。

每年每位囚犯所减少的 15 件犯罪的估计值，和先前囚犯自述报告中的中位数（12—15件）惊人地吻合。这样的吻合并不当然可以推论出边际的囚犯就是中位数囚犯，因为囚犯自述报告只考虑了监狱的隔绝效果，而没有考虑到某一罪犯被逮捕后的替代效果。相反地，本章的估计值则涵括隔绝、替代以及吓阻效果。

第3栏和第4栏是科恩（1988）及米勒等（1993）对于犯罪所生的金钱及生活质量减损的估计值。暴力犯罪的成本很大一块是生活质量的减损。财产犯罪的成本则是几乎是金钱性的。第5栏结合了第2栏到第4栏的信息，提供了犯罪减少的社会效益。最大的社会效益与减少的谋杀、伤害及抢夺有关，每年每名囚犯所产生的社会效益总计超过4万美元。其他犯罪的减少所产生的社会效益则不超过5000美元。盗窃案的减少，虽然数目最多，但其社会效益是所有犯罪类型中最小的。总和所有犯罪类型来看，每监禁1名囚犯，每年可产生社会效益53900美元。犯罪减少的实际利益可能超过这个数字，因为这数字只反映出本章挑选出的7项犯罪类型，而省略了其他诸如毒品犯罪、纵火、诈欺、醉态驾驶等非法行为的减少。

研究同样提供了平均纳税人所付出的监禁成本的估计值。弗里曼（Freeman，1996）计算了平均每位囚犯的年度成本约为23500美元。迪尤里奥与皮尔（Di Iulio & Peihl，1991）的研究以25000美元作为广泛声称的标准。沃德福格（Waldfogel，1993）的研究计算关押一名囚犯的年度成本是28500美元。多诺霍与西格尔曼（1994）则修正了卡瓦诺与克莱曼（Cavanaugh & Kleiman，1990）的缺点，并估计成本约为35000美元。与这些估计值相呼应，密苏里州在出租其多余监狱空间时，以年租金27000美元定价。

上述监狱成本的估计值并没有把握住监禁的真实社会成本。上述估计并没有把征税对纳税人的行为扭曲（也就是以多于1元的成本来征1元的税）、因监禁所导致的人力资源浪费、出狱的薪资降低以及囚犯及其家属的身心痛苦纳入考虑。忽略这些成本导致低估了实际社会成本。另外，这些估计值反映的是监狱营运的平均成本，而不是实际上更低的边际成本。

鉴于社会效益及成本的估计值受制于实际限制以及概念上的问题，使得两者的比较无法得出确定的结论。然而，有趣的是，两者的估计值在规模上是差不多的，因此暗示着刑事司法系统大致上在决定监禁规模上是有效率的。如果本章要作出什么建议的话，针对目前在监囚犯延长刑期可能有益社会。

关于适用这些结果到公共政策，有个重要提醒，那就是透过监禁未成年罪犯来剧烈扩张监狱人口所产生的社会效益，可能比此处估计的低得多。考虑到犯罪行为分布明显偏移，比起稍有接触刑事司法系统但未被监禁的个人，目前在监的囚犯更有可能出现犯罪活动。只是，如果要增加监禁数量，让在监囚犯的刑期更长，可能是个更好的方向。

五、结论

本章通过使用监狱拥挤诉讼作为监狱人口变动的工具变量，评估增加监禁对降低犯罪的边际生产力，所得出的估计值是过往文献的 2—3 倍，在检验的各个犯罪类型中都得到稳健结果。每多监禁 1 名囚犯，每年减少约 15 件犯罪，这个数据和囚犯自述报告中中位数囚犯所回报的犯罪活动数量相近。尽管成本效益分析仰赖着许多可疑的前提假设，本章所提出的估计值暗示着监禁的边际成本大致上相等或小于随之而生减少犯罪的社会效益。

增加监狱人口看似能显著减少犯罪的发现，并不因此降低找出和矫治犯罪行为成因的重要性。如果全然可行的话，那么预防或者改造可能在人道或成本效益分析上，比长期监禁来得更好。为了达到这样的目的，多诺霍与西格尔曼（1994）调查了一些在小样本取得成功结果的早期童年及家庭介入方案，但尚未大规模地尝试。尽管劳动市场的介入在此领域总的来说并不成功，但就业工作团看起来似乎是可能的例外。最后，晚近关于传统监狱替代方案的实验，包含小区刑和"训练营"，也揭示了一个重要的研究方向。然而，在没有有效的监狱替代措施的此时，更加依赖监禁看来可能是减少犯罪的有效途径——过去是，未来也继续如此。

本章参考文献

David P. Cavanagh & Mark Kleiman, *A Cost Benefit Analysis of Prison Cell Construction and Alternative Sanctions*, BOTEC Analysis Corporation, 1990.

Mark A. Cohen, *Pain, Suffering, and Jury Awards: A Study of the Cost of Crime to Victims,* Law and Society Review, Vol.22, p.537–556 (1988).

John J. Di Iulio & Anne M. Piehl, *Does Prison Pay? The Stormy National Debate Over the Cost-Effectiveness of Imprisonment,* The Brookings Review, Vol.9, p.28–35 (1991).

John J. Donohue Ⅲ, *Is the United States at the Optimal Rate of Crime?*, American Bar Foundation, 1994.

Richard B. Freeman, *Why Do so Many Young American Men Commit Crimes and What Might We Do about it?*, Journal of Economic Perspectives, Vol.10, p.25–42 (1996).

Thomas B. Marvell & Carlisle E. Moody, *Prison Population Growth and Crime Reduction*, Journal of Quantitative Criminology, Vol.10, p.109–140 (1994).

Ted R. Miller, Mark A. Cohen & Shelli B. Rossman, *Victim Costs of Violent Crime and Resulting Injuries*, Health Affairs, Vol.12, p.186–197 (1993).

Joel Waldfogel, *Criminal Sentences as Endogenous Taxes: Are They "Just" or "Efficient"?*, The Journal of Law and Economics, Vol.36, p.139–151 (1993).

第四编
宪制司法的实证研究

本编导读

程金华

在这一编中,我们编译了两篇与美国宪法实施及司法运作研究相关的文章。熟悉法律量化实证研究的朋友都知道,司法运作是量化实证的重点领域。在当前中国日益兴盛的法律实证研究中,利用司法(大)数据对司法运作进行实证分析更是占据了首席地位。其部分原因在于,相比较其他法律领域,司法运作的过程留下了大量可量化、可视化的材料,为量化编码和统计分析提供了可能。尤其是,大量的裁判文书就是一个天然的数据库。事实上,在本书入选的所有文章中,有一半以上都是与司法运作相关。

不过,本编入选的两篇文章也有独特的视角,它们不仅仅事关宪法制度,还更关乎"司法中的人":真实的或者虚拟的裁判者。在法律程序的规范研究中,虽然不同的人群(法官、陪审团成员、检察官、律师、当事人和证人等)承担不同的角色,但是一旦确定程序角色之后,就会假定这些人会根据自己的程序角色来行动。比如,法官就应该不偏不倚地聆听事实并作出最公正的裁判,律师就应该最大程度地在职业伦理的规范下为自己的委托人争取利益。在法律程序的规范世界中，人群虽然被分类，但是分类之后的人群是高度同质化的——或者说，有一样的"脸谱"。而针对司法运作的事实研究，正是要揭开给这些人群所贴上的法律脸谱，把他们还原为"活生生的人"。如果说针对法律规范的研究，实证研究更加关注"活法"（而不是"书本中的法"），那么针对司法过程的研究中，实证研究更加关注"活人"（而不是"脸谱化的人"）。正如理查德·波斯纳（Richard A. Posner）法官等人的书名所说的，实证研究关注"法官如何思考"以及"法官如何行为"。[1]

一旦我们同时关注不同人群的程序角色和实际作为，我们就会发现法官也好，陪审团成员也罢，就是一群有血有肉的人。他们有着七情六欲，有着法律程序所假定之外的——事实上的——利益偏好。在程序法的课堂上，老师总是要让学生区分"法律上的厉害关系人"和"事实上的厉害关系人"，并告诉学生重点关注前者。而实证研究反过来问：法律上的厉害关系人真的在乎案件吗，事实上的利害关系人又会怎样真切地渗透到司法的运作之中，并产生了哪些具有实质影响的法律后果？聚焦到本编的两篇文章，其核心问题是：裁判者的认知和价值偏好，是否以及如何让他们在司法过程中"戴上有色眼镜"？

第一篇文章《拯救9位大法官的及时转变？》针对的是美国宪制史和司法史上的一个公案：1937年，富兰克林·罗斯福（Franklin D. Roosevelt）总统因为不满保守的美国联邦最高法院对其新政的妨碍，裹挟超高美国选民民意，威胁对联邦最高法院"动手"，通过增加6个大法官的职数来改造该院。在这个威胁下，联邦最高法院的部分大法官（反对派和中间摇摆人）选择了妥协，使罗斯福新政得以实施，并保存了原有的法院组织架构。针对该法院重组计划的当代和后来研究很多，不过如何在经验上证明当时有名的摇摆人欧文·罗伯茨（Owen Roberts）大法官是否发生过转向，以及如何转向，是个非常有趣、有意义的难题。假如罗伯茨大法官还在世，一个最有效的研究方法就是约其喝咖啡，当面求证他的想法和做法。很可惜，不知何故，罗伯茨大法官在世之时并没有给后人留下明确的答案。

在这个研究中，两位中生代的法政治学者丹尼尔·何（Daniel E. Ho）和凯文·奎因（Kevin M. Quinn），基于美国联邦最高法院在法院重组计划前后几

---

[1] [美]理查德·A.波斯纳：《法官如何思考》，苏力译，北京大学出版社2008年版；[美]李·爱泼斯坦、威廉·M.兰德斯、理查德·A.波斯纳：《法官如何行为：理性选择的理论和经验研究》，黄韬译，法律出版社2016年版。

年的判决与大法官投票立场,研发了一套非常精妙(也略显复杂)的方法去测试罗伯茨大法官的投票倾向与转向。在整个研究中,没有我们常见的回归模型,但处处充满着对数据背后事实的想象力和创新应用。在这个意义上讲,数据是死的,如何应用数据是活的——对于刚入门的新手而言,固然要从中学习统计分析的技巧,但是灵活应用数据的实证思维也是值得深入学习的。

后面一篇文章则是由莎米娜·安华(Shamena Anwar)等三人合作完成的《陪审团种族构成对于刑事审判之影响》。该文聚焦宪法权利实施的"有色眼镜"问题,利用回归分析方法来证明人们的"前见"是如何影响公正裁判的。

第十二章 拯救9位大法官的及时转变？*

Did A Switch in Time Save Nine?

作者： 丹尼尔·何（Daniel E. Ho）
凯文·奎因（Kevin M. Quinn）

译者： 张翔宇

校定： 许菁芳、张凯评

审阅： 张永健

统稿： 程金华

一、背景

如果说1936年的选举对法院而言是一个"宪法时刻"，那么对统计测量而言它亦是一个重要的时间点。这一年，《文学文摘》（*The Literary Digest*）通过从汽车登记簿和电话簿中抽取了240万名受访者——一个史无前例的调查样本，预测艾尔弗·兰登（Alf Landon）将会以高达14%的选票优势击败富兰克林·罗斯福（Franklin D. Roosevelt）。同一年，当时鲜为人知的乔治·盖洛普（George Gallup）使用的样本"仅"有5万人，但由于预测罗斯福会获胜而被嘲笑。当结果出来后，罗斯福以63%的

---

* Daniel E. Ho and Kevin M. Quinn, Did a Switch in Time Save Nine?, 2 *Journal of Legal Analysis* 69 (2010). ©2010 Oxford University Press.

压倒性的选票优势获胜,为盖洛普正名。

在那之前,政治民意调查并未遵循某种测量规则。彼时尚未出现对目标人群的随机抽样,对未答复情形的解释非常少,并且,也很少关注不投票的人。因为统计学领域也才刚开始演变为一门现代学科,欠缺合规的测量,以及《文学文摘》对罗斯福当选的预测失败,并不令人惊讶。但1936年的事件对统计测量方法而言,毋宁是一记警钟。

与此同时,总统选举已经预告了罗斯福将会与最高法院相对抗,进而激起宪法、法律和政治间的辩论。所谓"拯救9人的及时转变",始于最高法院内4名坚定的保守派与3名自由派"火枪手"之间的斗争,关乎罗斯福新政存续与否。在法院内维系各方平衡的是首席大法官查尔斯·修斯(Charles E. Hughes)和大法官欧文·罗伯茨(Owen Roberts),他们在1934—1935年,与4名保守派大法官联合,接二连三地推翻新政的基石。而故事是这样的:在罗斯福公布其法院重整计划后,最高法院——或更具体地说罗伯茨大法官——屈服了。在"西海岸酒店诉帕利什案"(*West Coast Hotel v. Parrish*,简称"帕利什案")中,[1]大法官罗伯茨与修斯以及"三个火枪手"一起投票裁判华盛顿州的女性最低工资法合宪,(或许可以说是)推翻了判决先例。彼时,罗伯茨处于宪法史的转折点,而其及时的转变挽救了新政,并使最高法院免于被重组。尽管这段故事在宪法史上占据着重要位置,但它仍存在争议。时任教职的费利克斯·法兰克福格(Felix Frankfurter)一开始指责罗伯茨的投票行为前后矛盾,但他后来撤回了对最高法院的看法,辩护称罗伯茨的司法理念是前后一致的。事实上,几乎所有的历史学者都同意,帕利什一案在罗斯福公布法院重整计划以前就已经作出判决。此外,在帕利什一案之前,民众以及国会对法院重整计划的抵制都十分激烈,这让人怀疑,重组计划究竟是否真的对法院造成实质威胁。

几十年来,学者一直在争论法官的角色为何,并且这一争论在过去数年间日益激烈。"外在论者"(externalist)强调外部因素的影响作用,例如罗斯福1936年选举的压倒性胜利(其之所以出乎意料,部分是因为《文学文摘》预

---

[1] 译者注:在罗斯福新政时期,华盛顿州出台了《妇女最低工资法》,将雇佣妇女或未成年人在有损健康或道义条件下工作的行为视为违法,同时包括以低于不足以维持生计的工资雇佣妇女或未成年人。帕利什是本案的原告,原为西海岸酒店的一名妇女雇佣。她认为自己的实际工资不足以维持生计,随向法院提起诉讼,认为被告违反了本州《妇女最低工资法》。这一案件经上诉告到最高法院,后者以5:4的微弱优势认定华盛顿州《妇女最低工资法》合宪,并且推翻了此前相反的判例。本案也被学界视为洛克纳时代(法院反对政府商业管制行为的时代)的终结。

测的失败），以及国会对法院日益增加的威胁。他们认为，政治因素造成了罗伯茨司法理念戏剧性的逆转，并且稍微地影响了首席大法官修斯。"内在论者"（internalist）强调内在法学理论的发展，以及1937年前后法律、诉讼策略和案件的不同。他们认为法律教义的演变是渐进的，而非戏剧性的突然转变。就在2005年，《美国历史评论》就"1937年的宪法革命"的论战——特别是有关宪法理论是渐进还是突然转变的命题——召开了一次座谈会。理解这一转变之存否，"是过去60年法律思想变迁的核心议题"，且对许多法律解释来说，也都至关重要。

本章对于1937年法院的演变以及罗斯福对法院的重塑进行首次的定量分析，对现有的学术工作作出贡献。我们利用新收集的判决资料——在1931—1940年美国最高法院所作出的非一致（nonunanimous）判决[1]——以及现代测量方法，研究投票模式是否有助于我们理解法院的转变。这一做法使我们可以终结这场论战中的核心问题之一：罗伯茨的司法理念是否有转变？如果有的话，是何时发生的？

我们的研究结论为这场论战提供了两个主要的发现。其一，我们证明罗伯茨在1936年开庭期[2]内急剧倒向左翼阵营（且统计上显著）；其二，我们发现这一转变是暂时的，从长期来看显得无关紧要。我们从统计上描述了一个被急剧重塑的法院，它快速将罗伯茨边缘化——事实上，罗伯茨在未来三个开庭期内被视为院内唯一一名保守派大法官。我们的统计分析提供了别有意义的信息，并有助于完善现有的学术研究，加深我们对这一重要宪法事件的理解。

二、研究进路

我们的方式是研究帕利什案发生前后大法官的投票阵营（voting blocs），[3]从而观察罗伯茨的投票行为是否实质改变，且在统计学上可以检验。这种方法

---

〔1〕 译者注：非一致判决，或者非一致裁判，是指在最高法院存在分歧的判决。也就是说，9名大法官里，至少有1人反对其余大法官的裁判理由以及裁判结果。

〔2〕 译者注：美国联邦最高法院的开庭期与公历年并不一致。以2019年开庭期为例，始于2019年10月，结束于来年（2020年）9月底。

〔3〕 译者注：投票阵营（voting blocs）指的是，由于普遍的立场或其他一些考量，一组投票者倾向于就某一或数组议题投出相同的票（或作出相同的决策）。也因此，我们可以通过统计大法官之间投票行为的相同程度，来研究大法官意识形态、司法哲学或其他特征的相似程度。

在本质上与检测信用卡欺诈的方法类似，后者可以评估特定的购买行为是否系统性地偏离了持卡人的购买历史。同样地，现代测量方法可以检验罗伯茨投票行为中的系统性偏差。这种"计量史学的"（cliometric）进路绝不试图取代主流的历史分析，而是对其进行补充。正如盖洛普的民意调查无法捕捉到目标总体（population）所有细微的差别一样，我们的研究也无法涵盖司法理论发展的所有细微差别。我们研究方法提供的是根据投票阵营，分析罗伯茨行为如何演进。

首先，虽然许多学者研究了法院重组计划公布前后关键开庭期的投票分组（voting alignments），但尚未有研究使用现代测量方法来量化检验 1937 年的问题。例如，内在论者强调，罗伯茨和修斯早在 1936 年以前就曾与自由派共同投票，诸如"内比亚诉纽约州案"（*Nebbia v. New York*，简称"内比亚案"）和"房屋建筑与贷款协会诉布莱斯代尔案"（*Home Building & Loan Association v. Blaisdell*，简称"布莱斯代尔案"）等案件，且投票行为并不总是遵循以往一般认为的阵营分野。当然，罗伯茨与修斯在某些案件中与自由派共同投票这一事实，可能只能表明他们在帕利什案之前就已经是摇摆票，而（具争议性地）罗伯茨在 1937 年不过是扮演了同样的角色。那么，关键的问题就变成了，1936 年开庭期内的判决到底是令人震惊的偏离，还是延续先前的趋势？我们比较投票阵营得出推论，从而得以检验投票行为的急剧裂变。

其次，现有研究的差异部分源于相关案件选择的分歧。内在论者特别关注法官在类似案件中的不同立场。但是，哪些案件先验地具有相关性，存在着巨大争议。例如，内比亚案和布莱斯代尔案之间，何者具有实质重要性，这一关键争议仍然存在。我们并不旨在搞清楚案件选择的模糊标准（虽然我们会在后文中提供一些说明建议）。我们提供一种透明的案件选择和加权方式：涵盖文献中所有非一致判决，并使用基于模型的权重（model-based weights）。我们的研究，实际上是对这段历史时期内所有有争议案件中，法官观点演化的（贝叶斯）学习。我们的研究方法易于拓展，为其他理论领域的学者提供了如何确定条件效应（conditional effect）的思路，不过由于案件数量较少（1937 年以前年均 20 件左右），会大幅降低统计的准确度。

有三个与此相关——但又相互独立——的宪法史问题需要厘清：（1）是否有突然的转变发生？（2）如果有的话，原因为何？（3）转变本身是否导致法院重组计划的流产？我们的研究仅限于第一个问题。

我们的分析和证据列举的顺序如下。第三节介绍我们新搜集的新政时期法院投票数据。第四节以直观的方式介绍计量史学的方法论直觉（methodological intuition），[1]该方法根据投票纪录提出推论，找出法官的相对位置及其行为演化。为了说明这一点，我们在"法官的观点不会改变"这一强假设的基础上，为1931—1940年任职的法官建立了模型的基准有效性（baseline validity）。[2]第五节分两部分介绍了我们主要的研究成果。第一，借助承审帕利什案的所有9名法官在1931—1936年开庭期间的投票数据，我们发现，有明显的证据显示罗伯茨在1936年转向（后验 p 值为0）。我们用直观的方式说明了如何发现罗伯茨的立场变化。即使将案件特征的整体变化纳入考量，仍然显示罗伯茨的投票立场向左倾斜。第二，我们使用1931—1940年开庭期间的数据建立模型，以说明更长时期内的动态趋势，该模型亦证明罗伯茨转变这一结果的稳健性。我们的研究结果指出，罗伯茨的转变是暂时的。但是，证明罗伯茨转变暂时性的证据稍弱，这是由我们定义为"桥接敏感性"（bridging sensitivity）的问题引起的：因为罗斯福在1937—1940年共任命了5名新的大法官，因此罗伯茨1937年后的行为变化轨迹很容易受我们的模型假设影响。也就是说，鉴于最高法院人员的急速变更，桥接1937年前后的法院会受到研究者选择的模型影响。许多其他研究尝试耦合不同机构或时间中同一行为者，也同样面临上述的方法论挑战。然而，罗伯茨转变的持续性在许多方面都是无关紧要的：无论罗伯茨是否比1936年开庭期更保守，他很快成为了罗斯福法院里最保守的一名大法官，即便比起大法官詹姆斯·麦克雷诺兹（James C. McReynolds）亦是如此。第六节记录了在1936年开庭期之初，甚至在帕利什案审判之前，以及紧随罗斯福压倒性的选举成功之后，最有可能发生的转变。我们进一步作了一系列敏感性分析（sensitivity analysis），[3]包括某种形式的随机化推论（randomization inference）、[4]改变贝叶斯模型的起始条件、抑或是调整我们的研究样本，但仍然证明我们的发现是稳健的。本章亦提供具有启发性（尽管较弱）的证据，显

---

〔1〕 译者注：所谓"方法论直觉"，可以理解为作者希望通过一些并非特别数理性的、更加直观的、且具有启发性的方式，来解释他的定量方法。

〔2〕 审阅按：原文附录提供了统计方法的正式细节。

〔3〕 译者注：敏感性分析是指从定量分析的角度研究：变量发生某种变化对某一个或某一组关键变量影响程度的一种分析技术。简言之，即使我们的研究结论（某种相关性）对哪个参数的变化较为敏感。

〔4〕 译者注：亦可理解为置换检验（permutation test），是指利用样本数据来统计推论总体分布的研究方法。

示首席大法官修斯的立场同时也发生了转变。第七节是本章总结。

三、数据

为了评估罗伯茨的转变，我们研究了 1931—1940 年开庭期间所有的非一致判决。先厘清一些术语，我们指的最高法院的"开庭期"，不一定与判决日期相对应。例如，帕利什案是法院 1936 年开庭期的一部分，但判决书是在 1937 年 3 月 29 日公布的。搜集的数据涵盖从 1921 年到现在所有的案件，[1]但因为对罗伯茨转变的认识主要源于 1936 年开庭期前后发生的事，并且也是为了最大限度地减少"桥接敏感性"，故我们收录的案件仅始于本杰明·卡多佐（Benjamin N. Cardozo）被任命为大法官的 1924 年 2 月 24 日，并终于首席大法官修斯结束任期的 1941 年 6 月 20 日。我们所说的"帕利什案法院"，指的是判决帕利什案件的所有 9 名大法官任职的开庭期（即 1931—1936 年开庭期）。我们的结果与开庭期的选择无关，这会在以下内容中予以充分说明。观测到的主要结果是判决中的投票情况，以多数票或少数票衡量。

我们使用 1937 年 3 月 29 日作为我们关心的时间分割点，即帕利什案判决公布的日期。我们将当天或其后判决的案件称为"帕利什案之后"，将之前判决的案件称为"帕利什案之前"。关于帕利什案的内部会议投票，发生在 1936 年 12 月 19 日，结果是 4 比 4，大法官哈伦·斯通（Harlan F. Stone）的投票预计将会在他结束病假后进行。而在斯通回归数日之后的 1937 年 2 月 5 日，罗斯福公布了他的法院重整计划。紧接着大法官将帕利什案判决公开的日期向后推迟，以避免显得最高法院是在向罗斯福作出妥协。在后文中，我们会研究时序的性质，以证明我们时间分割选择的稳健性。

图 12-1 显示了我们的数据，x 轴指代按时序排列的 334 起案件，y 轴指代按就职先后排列的 14 名大法官。总计 2813 个观察值中，每一个观察值均代表大法官投出的多数票或少数票，分别以灰或黑计。当法官没有任职或未参与投票时，小格子显示为白色。黑色的竖线代表我们感兴趣的时间分割点，将帕利什案之前与之后的期间分开。因此，右侧最靠近黑线的竖状格指的是帕利什一

---

[1] 审阅按：该研究为作者系列相关研究的一部分，本章数据也只利用了作者采集的更长时间范围数据库的一部分。

案中的投票，4 个黑格代表麦克雷诺兹、皮尔斯·巴特勒（Pierce Butler）、乔治·萨瑟兰（George Sutherland）以及威利斯·范德万特（Willis Van Devanter）4 名大法官的反对票。

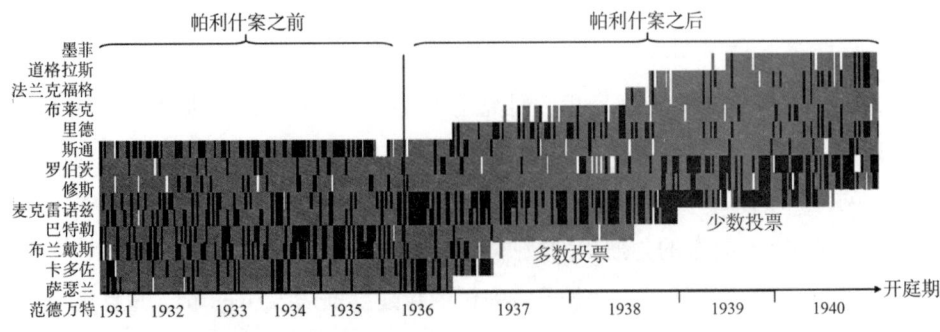

图 12-1　美国最高法院开庭期内所有非一致判决中的投票（1931—1940 年）

注：大法官在 y 轴上按就职时间排列，案件在 x 轴按时序排列。灰色（黑色）格子指代多数（少数）票。竖线代表帕利什案件，该案在 1936 年开庭期内被决定，正式判决书公布于 1937 年 3 月 29 日。该图显示了案件发生前后投票行为的明显裂变。

在帕利什一案后，投票行为发生了很大的变化。虽然斯通大法官在帕利什案之前常常与多数意见不同，如在竖线左侧对应于斯通的那一行中的黑格所示，他在帕利什案之后基本投的都是多数票。但是，图 12-1 还说明了在衡量罗伯茨观点随时间变化时面临的关键挑战：从 1936 年开庭期内范德万特退休开始，罗斯福在 3 个任期内任命了 5 名大法官，使得 1937 年前后情况的可比性变弱。

尽管在我们观测的时间范围内有 6 名大法官退休，我们只能统计 5 名新任大法官的数据，因为麦克雷诺兹于 1941 年 1 月 31 日退休，但詹姆斯·伯恩斯（James F. Byrnes）推迟至 1941 年 7 月 8 日才被任命。我们利用了 1936 年开庭期内，帕利什案结果的发布和下个开庭期新法官任命之间的时间空隙，用以掌握罗伯茨的转变。

图 12-1 中出现了两种特定的模式。首先，3 名被广泛认为是自由派的大法官——除了斯通与卡多佐之外，还有路易斯·布兰戴斯（Louis Brandeis）——从 1936 年开庭期开始与多数派一起投票的可能性显著提高。在 1934—1935 年，这 3 位在少于一半的案件中是处在多数派，但这一比例分别跃升至 0.79（卡多佐）、0.84（布兰戴斯）以及 0.88（斯通）。4 位保守派大法官——范德万特、萨瑟兰、巴特勒、麦克雷诺兹——则表现出完全相反的投票模式，处于

多数派的总体比例从 1932 — 1935 年的 0.78 下降到 1936 年开庭期的 0.52。其次，修斯和罗伯茨在 1936 — 1937 年开庭期中继续扮演摇摆票的关键角色，在 1936 年大约 90% 的案件中是多数票。图 12-1 虽具有启发性，但是这些原始数据未能很好地说明法官之间以及法院的相对观点或演变，也没有说明投票的随机误差（chance variation）。为此，以下将采用现代的测量方法。

四、方法论直觉

现在，我们以非技术性、直觉的方式，介绍本章的统计测量方法。熟悉此类方法的读者可以直接跳过本节。

（一）投票表决与空间位置

我们主要的数据包括各个判决中，每个法官的投票立场是多数派抑或少数派。虽然这种二分法的投票行为不能够等同于法官做的绝大部分实质性工作，但它提供了一个关键信息：大法官之间投相同票的程度（"成对同意率"，pairwise agreement rates）。

同意率提供了 2 名大法官投票行为相似的程度。从这些相似性的成对测量中，我们可以用一个单维空间位置（spatial position）来描述大法官间的差异。例如，假设我们只是想比较每一位大法官与麦克雷诺兹投票行为的相似程度。图 12-2 的灰色圆圈绘出了麦克雷诺兹与帕利什案法院其余 8 名法官的成对同意率、圆圈面积与同意率成比例。大法官斯通与麦克雷诺兹在 23% 的案件中投票一致，而大法官罗伯茨与麦克雷诺兹在 55% 的案件中投票一致。灰色圆圈的面积从左到右几乎一直在增加。类似地，空心圆圈描绘了其余法官与大法官斯通的同意率。例如，大法官卡多佐在 91% 的案件中与大法官斯通投票一致，但范德万特仅在 36% 的案件中与斯通投票一致。有趣的是，上下圆圈面积增减的顺序几乎是完全相反的：随着与麦克罗诺兹一致投票的情况增加，与斯通一致投票的情形在减少。的确，如果我们将大法官斯通设置在大法官麦克雷诺兹的左侧，那这一比例使得我们可以按照投票的相似度来给其他大法官确定位置。我们将这绘制在了图 12-2 灰色长条中，也就是潜在的（即未观测到的）维度

（latent dimension）。[1]深色的竖状条代表每一位法官在该空间中的位置，这一空间粗略地概括了所有35对独特的成对同意率。因此，图12-2说明了关键的方法论直觉，即投票的区别可以概括成一维空间中的位置（灰色长条），该一维空间提供了一种模型化大法官差异的方式。

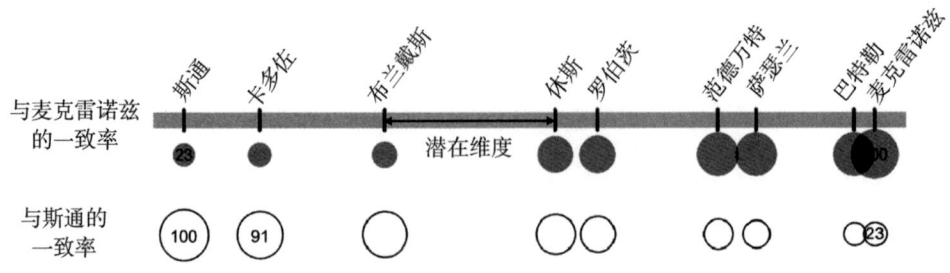

图 12-2　帕利什案法院大法官投票差异图示

注：x轴表示排列法官的潜在一维空间，大法官的位置用黑色竖线标记。例如，大法官斯通、卡多佐、布兰戴斯均位于首席大法官休斯的左侧。大法官间的距离与他们彼此间的认同程度成正比。底部的圆圈绘制了帕利什案法院每位大法官与大法官麦克雷诺兹及大法官斯通之间的成对同意率，圆圈面积与同意率成正比。与大法官麦克雷诺兹的同意率基本上从左向右增加，而与大法官斯通的同意率基本上从左向右减少。

正如我们接下来要解释的，虽然实际模型包含了更多细微的差异，模型本质上用了投票行为中的关键信息来估算一维空间中大法官的位置。在该横轴中，若大法官彼此的距离较近，则代表其投票立场较为一致；反之亦然。在政治科学中，这些位置通常被称为"理想点"（ideal points），指决策者在某一维空间中其意识形态的理想位置。

（二）解释案件差别

我们的研究方法如何解释案件之间的差异？对于每一起案件，我们估算两个参数。这些参数说明了（1）法官间抱持不同看法的程度，以及（2）法官在一维空间中的位置与投票的相关程度。为了方便起见，我们将前者称为"异议"参数（"dissent" parameter），因为它大致量化了案件中不同意见书的数量。相似地，我们将后一参数称为"向性"参数（"valence" parameter），[2]因为它大

---

〔1〕译者注：作者称图12-3x轴为"潜在的维度"（latent dimension），是因为横坐标代表的是意识形态的差异，而意识形态本身是无法观测得到，只能通过一些统计方法来近似测量。

〔2〕译者注："价值"参数类似于传统的项目反应理论（IRT）中的区分度参数（discrimination parameter）。例如在教育领域，研究人员希望用不同的题目来测量学生的潜在能力，区分度参数表示的是某一道题目在多大程度上能够区分不同水平的学生，通常以IRT曲线位于x轴（指潜在能力）中间值所在点的斜率表示。

致量化了是否异议及何种程度上受案件特征的向性影响。[1]实际投票行为被模型建构为上述案件参数和法官位置的概率函数。

我们用图12-3（案件相关的模型）来说明这一点，（a）—（c）分别表示斯奈德诉马萨诸塞州案（*Synder v. Massachusetts*，简称"斯奈德案"）、海尔福林诉福尔克案（*Helvering v. Falk*，简称"福尔克案"）与内比亚案，每张图中的坐标均绘制了所观测到的法官投票情况，如果是多数票则在y轴上表示为1，少数票则在y轴上表示为0。此外，每张坐标绘制了基于法官理想点，且由模型估算投票概率的函数曲线（灰色带表示误差范围）。例如，在最左侧的斯奈德案的图中，我们预测范德万特大法官有50%的概率投多数票，因此白色曲线与范德万特所在的位置大致相交于0.5。这也使我们对"异议"和"向性"两个参数有更正式的理解。"异议"参数会影响曲线的整体高度。如果它是一条平行线，那么"异议"参数值为4/9则意味着我们预测4名大法官会投反对票。"向性"参数近似于曲线的斜率。如果它是一条平行线，则意味着反对票与横坐标完全无关，后者是测量大法官意识形态差异的主要维度；而正斜率表示横坐标右侧的法官更倾向于投多数票。

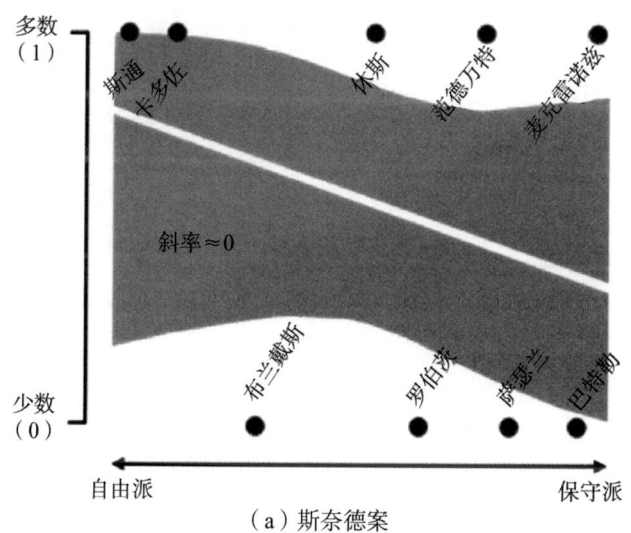

（a）斯奈德案

---

〔1〕 审阅按：在原文脚注中，作者说明在使用"因素分析法"（factor analysis）时，向性是"负载因素"（loading factor）。一般文献似乎比较常使用"factor loading"。例如若认为一个学生的法实证研究能力是4份法学能力与6份统计学能力，此处的4份与6份就是"factor loading"。

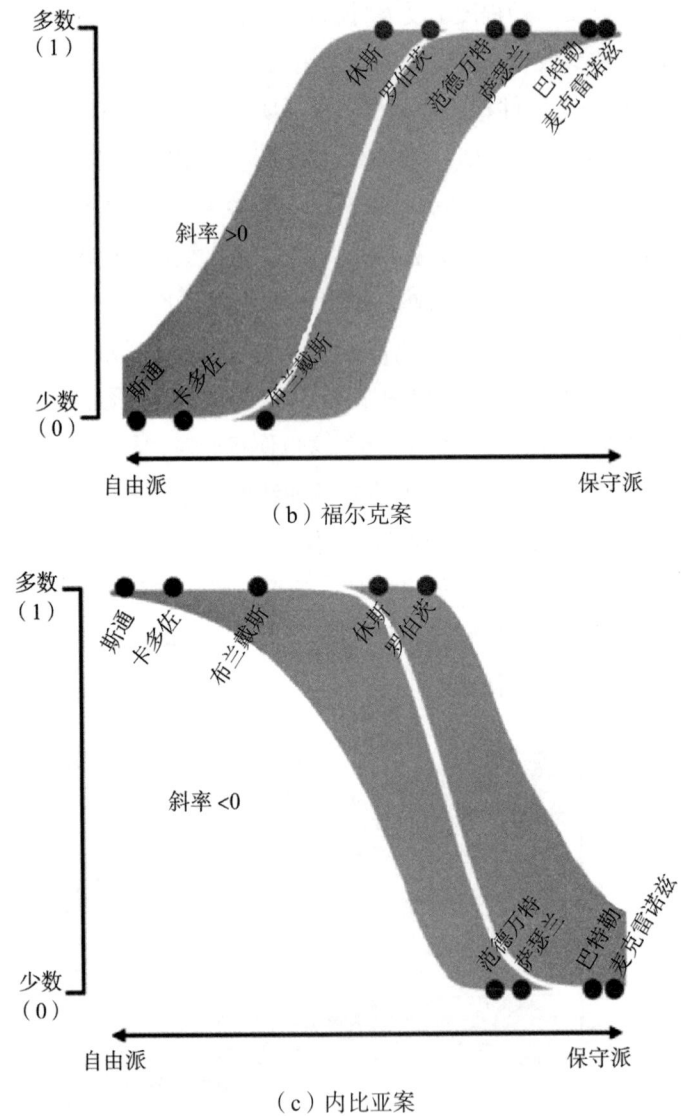

图 12-3　模型化司法投票概率与潜在维度之间的关系

注：x 轴指代潜在维度。y 轴指代投多数票的概率，范围从 0 到 1。灰色圆点是观测到的每一位大法官的投票情况。白色曲线表示潜在维度与投票估计概率间的函数关系（具有 95% 的置信带）。正斜率意味着多数派预计为"保守派"，负斜率则意味着多数派预计为"自由派"。斜率的陡峭程度反映了我们对大法官理想点差异的了解程度。因为不同案件的斜率并不相等，因此不同案件对理想点的贡献也不尽相同。左侧坐标的斯奈德案具有非典型的多数派法官集团，因此其斜率在统计上与 0 无差异。该案也因此无法为法官的理想点提供有用的信息。另一方面，福尔克案具有很陡峭的正斜率，反映了该案为我们的估算策略提供了较多的信息。当然，内比亚案也贡献了类似的信息量。不过因为此处多数是自由派，因此斜率为负。

投票结盟的相对频率（relative frequency of voting coalitions）可以让人们辨别哪些案件比较典型，而典型案件的"向性"参数（斜率）也更倾斜。并非所有案件都是相同的。图12-3左侧坐标中的斯奈德案，本案中一名谋杀犯对其谋杀指控提出异议，理由是法庭驳回被告要求出席陪审团视察犯罪现场的申请，违反了正当程序。斯奈德案代表了其所属之洛克纳法院的非典型投票结盟情形，大法官斯通和卡多佐加入了大法官麦克雷诺兹判决确认指控的多数派，而布兰戴斯和萨瑟勒、巴特勒一起提出反对。如果投票为我们提供信息以区分大法官在一维空间中的位置，那么平行线意味着斯奈德案可能无法有效区分法官在一维空间中的位置。因此，由于斯奈德案非典型投票结盟的特征，"向性"参数（斜率）也相对较平（如灰色带所示，与0无显著差异）。"向性"参数因此可以理解为我们给予的基于模型的权重，用以了解大法官在横坐标上的差异。

另外，图12-3中另两起案件中的投票分野情况更具代表性。福尔克案是典型保守派占多数的判决（支持信托受益人享受的所得税减免），而内比亚案是典型的自由派占多数的判决（支持价格管制）。我们的模型通过"向性"参数反映这些事实——比如福尔克案的正斜率以及内比亚案的负斜率——而无须手动判断特定案件的结果是自由向的还是保守向的。例如在福尔克案中，我们估计处于横坐标右侧的大法官巴特勒和麦克雷诺兹会加入多数派的概率接近1，而处于横坐标左侧的大法官斯通和卡多佐加入多数派的概率接近0。

这种解释案件差异的方法有三个特点。第一，在某些情况下，该方法能够容忍投票行为横坐标（代表法官的潜在投票倾向）无关，例如斯奈德案。而比如，具有陡峭斜率或高"向性"参数的内比亚案，在这一具有代表性案件中，法官的共识有力地证明了一致投票的法官在一维空间中的位置是相近的。在另外某些案件中的共识，比如像斯奈德案中不太寻常的投票阵营（斜率或"向性参数"与0无显著差异），可能无法提供系统性区分法官的信息。第二，由于我们采用的是概率模型，我们可以直接估算兴趣指标（例如法官的相对位置）的误差范围（uncertainty）。我们可以借此解释一个关键问题：特定案件是否代表更广泛的行为模式，还是仅为随机误差（chance variation）。第三，我们没有对任何特定案件的投票方向（例如是自由向还是保守向）作出强假设，"向性"参数是在投票结盟频率的基础上估算出来的。

需要强调的是，我们估算的大法官位置与司法审判行为间，没有直接明显的因果关系。我们量化的维度只是一种最直观的方法，描述法官投票行为的差异，就像 SAT 分数是测量学生能否答对问题的最优方法一样。我们假设有 2 名大法官处于同一维度的两端，借此固定住该一维空间，但空间本身不具有任何内在含义。例如，在我们的初步分析中，我们将大法官布兰戴斯（通常被认为是洛克纳法院 3 名自由派法官之一）放置在大法官巴特勒（通常被认为是保守派）相反的一侧。为方便起见，且根据文献，我们使用"自由"和"保守"两个标签来简单地确定潜在一维空间的方向。但我们并不保证，亦不想借此暗示，这些标签视法官为政策制定者而提供某种"态度主义"的解释。一维空间的方向可能仅仅代表大法官司法理论上的差异。

（三）贝叶斯学习

在上述图 12-3 中，我们提供了直观理解案件模型的一些基本内容。此外，我们的统计方法亦基于所观测到的投票情况，同时估算了特定案件和特定法官的参数。如果我们能获得大法官的投票位置，就能轻而易举地利用标准统计技术估算"异议"和"向性"两个参数。但如果要同时估算两个参数外加法官投票位置，这就比较困难了。而相对于数据而言，需要估算的参数数量巨大（334 起案件 × 每案 2 个参数 +14 名法官投票位置 =682 个参数，相对于 2813 个投票），这又进一步提高了统计估算的难度。不过我们的方法论直觉是非常清晰明了的：每当法院判决了一起案件，投票行为能够提供大法官彼此间潜在的主要差异。我们将这些数据合并，来推算出大法官的相对位置。

图 12-4 有助于我们直观理解如何使用这种学习形式，也就是"贝叶斯更新"（Bayesian updating）。顶部的图表显示了 1933 年开庭期中所有 27 件非一致判决的投票情况，法官按行排列，案件则按时序显示在每一栏中。和图 12-1 一样，浅灰色和深灰色的单元格分别表示法官为多数或少数。例如，在首起案件"克劳斯兄弟木材公司诉戴蒙轮船公司案"（Krauss Bros. Lumber v. Dimon）中，4 名大法官麦克雷诺兹、萨瑟兰、巴特勒和罗伯茨投反对票。图 12-4 底部的图展示了我们对每起案件公布后法官相对位置（理想点）的估算。每个单元格的阴影对应的是每位大法官的相对位置。在观察任何案件前，我们的"起始猜想"（prior）是大法官的位置相同，对应于第 1 栏中统一的中灰色。第 2 栏

强加了一个"确定方向的"起始条件,即大法官巴特勒和布兰戴斯处于该空间的相反两侧,对应于布兰戴斯的深灰色、巴特勒的浅灰色以及其余法官的中灰色单元格。我们可以借此将一维空间的不同部分解释为"自由派"或者"保守派"。不过再次申明,我们使用这些术语作为简称,是为了与研究"修斯法院"(Hughes Court)的文献保持文义上的一致性,并非暗示法官的投票立场与罗斯福的政策或法官的司法理论有何因果关系。

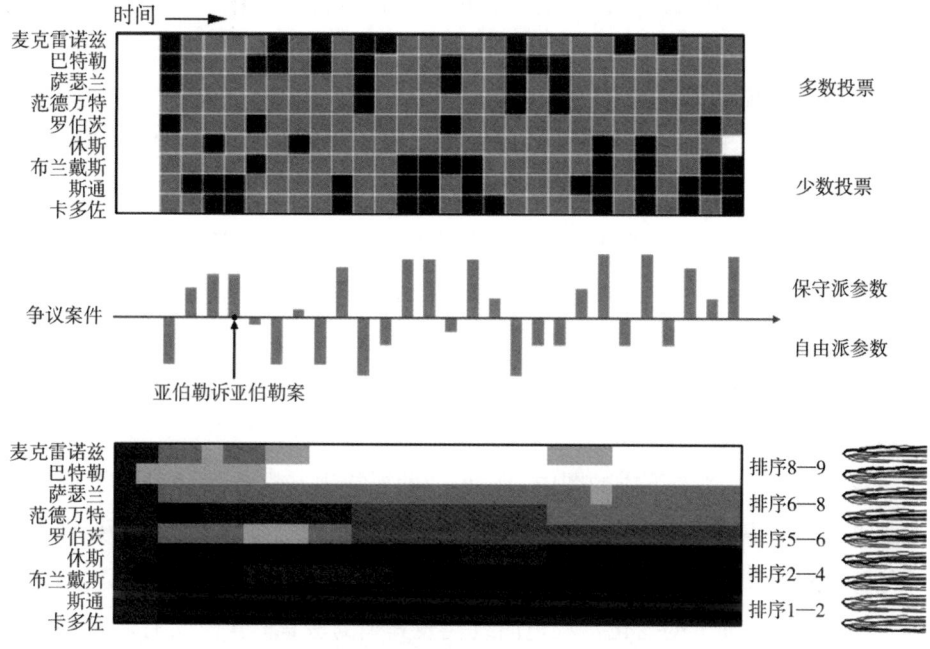

图12-4 估算大法官理想点的贝叶斯学习方法

注:根据自1933年其按时序公布的非一致案件,该图说明了我们调整大法官"信念"排序的方法。顶部的图表按时间展现了判决中的投票情况。每栏代表1起案件,灰色和黑色的单元格,分别代表每位大法官(按行排序)在多数派或少数派中的投票情况。底部的图表展示了大法官在每一个时间节点的估算排序。为了便于解释方向,我们假设法官布兰戴斯与巴特勒处于法官意识形态排序的相对两端。我们假设大法官的投票倾向在最初是完全没有差异的,以第1栏中统一的灰色来指代,对应于顶部图标中的左侧空白(即无投票产生)。第2栏则代表某个"方向的起始猜想"。我们再次假设,布兰戴斯和巴特勒两位大法官处于排序的两端。而随着每项判决的公布,我们对大法官投票倾向的认识亦随之更新。在中间的图标中,每起案件背后的竖状灰色条,则代表我们给予每起案件的权重及判决隐含的意识形态(即各案件模型中的斜率)。权重较低的案件则代表某种非典型的投票阵营(相对法官理想点排列而言),例如法克特诉劳本海默案(Factor v. Laubenheimer)中,布兰戴斯、罗伯茨及巴特勒投反对票。右下方的图标则展示了每名大法官在潜在维度中的理想点演化过程,以深灰色表示;浅灰色则是其他大法官的变化曲线,方便即时比较。

从第3栏开始,我们根据最新公布的案件更新数据。在克劳斯案判决后,虽然估计不能说完全准确,我们实际上已经看到两个投票阵营:大法官麦克雷诺兹、巴特勒、萨瑟兰、罗伯茨处于浅灰色，而首席大法官修斯、大法官范德万特、布兰戴斯、斯通和卡多佐处于深灰色。每新增一起案件，我们对相对位置的看法就更加精确。例如，在亚伯勒（女儿）诉亚伯勒（父）案（Yarborough v. Yarborough）中——这也是该开庭期第 4 起分歧巨大的案件——大法官斯通和卡多佐投出反对票，这将他们推到了排名的边缘处。

另外，一些案件中出现了非典型的投票阵营。比如在斯奈德案中，也就是该开庭期内第 14 起案件，其权重非常低。图 12-4 中间的图绘制了每起案件的估算斜率。该斜率就是案件的"向性"参数，是推断法官位置的每起案件的权重。图表中的灰色条越长，权重越高。条状向上预计具有"保守派倾向的价值参数"，条状向下则预计具有"自由派倾向的价值参数"。对于斯奈德案，斜率实际上为 0。我们可以发现，法官的预计排名在案件发生后，并未发生改变。不过在接下来的福尔克案中，大法官布兰戴斯、斯通和卡多佐投下了反对票，故我们推断布兰戴斯比起修斯更接近斯通和卡多佐。在观察了该开庭期内所有案件后，最后一栏中基本上就可以分类为 5 类法官：排名 1—2 的斯通和卡多佐；排名 2—4 的修斯首席和布兰戴斯；排名 5—6 的罗伯茨；排名 6—7 的萨瑟兰和范德万特；排名 8—9 的麦克雷诺兹和巴特勒。

我们在图 12-4 右下方的图中，用另一种视觉化方式展现 1933 年开庭期内大法官"理想点"的演变。我们并不是直接展现预测的排名顺序，而是将估算的位置绘制在一维空间中。深色曲线代表 1933 年开庭期内，法官估算位置（y 轴）随时间（x 轴）的变化，灰色曲线代表其余的法官。虽然所有法官在开始时都处于同一位置（基于不带任何信息的起始条件），随着案件判决的公布，保守派向上移动而自由派向下移动。

到目前为止，我们的分析仅限于 1933 年开庭期。在图 12-5 中，我们展示了基本模型的统计结果。该模型汇集了 1931—1940 年所有意见具有分歧的案件。像图 12-4 右下方的图一样，短竖线代表我们对法官位置——而非排名——的最佳估计，水平线则代表给予位置的误差范围（95% 的置信区间）。法官从左向右排序。在 1936 年任职的法官，其短竖线为黑色。罗斯福新任命的法官，其短竖线为灰色。结果看上去是合理的：该图展示帕利什案法院内立场主要的分野情况，也显示在罗斯福任命的法官上任后，法院的左倾。我们估计 4 名保守派大法官（"四骑士"）在潜在维度的右侧，3 名自由派法官（"三个火枪手")则在帕利什案法院其余大法官的左侧,而休斯和罗伯茨则占据中间相当大的空间。此外,罗斯福任命的法官将法院显著拉向左侧,以至于连帕利什案中的自由派法官,看起来都明显处于休戈·布莱克（Hugo L. Black）和威廉·道格拉斯（William O. Douglas）等类似自由派的右侧。尽管除了罗伯茨似乎处于帕利什案法院的中间位置以外,我们无法推断出其他的信息。但这些基准估计值与定性评估一致,表明了我们可以通过量化研究案件投票,来估算大法官的观点。最后,图 12-5 底部的长条图提供了对案件参数的概括总结。长条图中绘制了垂直的"分界线",也就是预计在任意案件中区分多数派和少数派的位置。这对应于图 12-3 中白色曲线与 50% 概率（投多数票）的相交点。分界线有助于我们理解法官的绝大多数投票行为。其中,布兰戴斯和休斯之间的粗状分界线展现了 1937 年之前典型的"6—3"分野情况,这也诱发了法院重整计划。

我们现在转向如何应用此种具有一般性的方法来研究最高法院在 1937 年的及时改变。

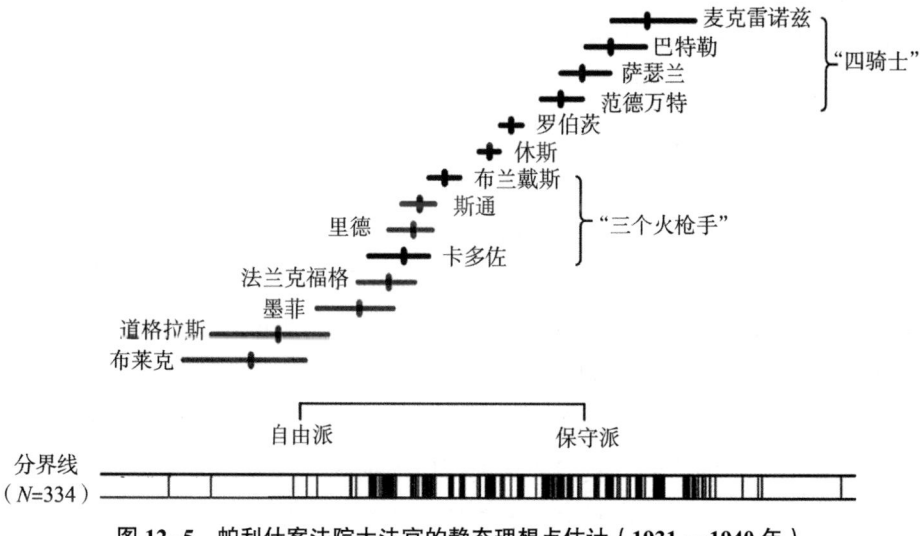

图 12-5　帕利什案法院大法官的静态理想点估计（1931—1940 年）

注：大法官按照理想点的中位数从左向右排列。在帕利什案判决的开庭期内或之前任职的法官,其理想点绘制为黑色,其余法官为灰色。底部长条图显示了 334 起案件中多数派与少数派间的预计分界线。静态理想点反映了对大法官司法理念的重要常规理解：（1）"四骑士"和"三个火枪手"在帕利什案法院内的主要分野；（2）罗伯茨和休斯位于中间位置（摇摆票）；（3）罗斯福任命的法官皆左倾。

五、研究发现

我们分两小节介绍我们的研究发现。下文第一小节将聚焦于帕利什案法院，我们的数据揭示了在 1936 年开庭期内，罗伯茨在帕利什案后投票行为出现转变。在第二小节中，我们放宽了"法官观点恒定且不随时间变化"的强假设。我们指出，不论是对帕利什案法院，还是对 1931—1940 年的区间而言，罗伯茨立场的转变（在统计意义上）都是稳健的，但其变化为其似乎相当短暂。

（一）静态估计

虽然我们证明了本章的研究方法能够反映洛克纳法院的关键性差异，但为了得出图 12-5 中的基准估计值，我们假设法官的司法立场并不会随时间发生改变。不过我们感兴趣的问题是，罗伯茨的观点是否随时间发生改变。由于罗斯福新任命的法官加剧了依据时间对法官排序的复杂性（我们会在下文更充分说明"桥接敏感性"的问题），我们在此着重讨论 1931—1936 年这一帕利什案法院的关键时期，尤其是罗伯茨在帕利什案之前和之后的行为。为此，我们采用前文第四节第三小节中的模型，在帕利什案之前和之后的设置不同的理想点，来放宽联结罗伯茨（理想点）的假设。

图 12-6 显示了研究结果。我们用灰色代表其余的大法官，图中明显指出帕利什案法院的分野，其中一边是斯通、卡多佐和布兰戴斯，另一边是范德万特、萨瑟兰、巴特勒及麦克雷诺兹。此处的关键证据是，罗伯茨的理想点在帕利什案之后急速左倾。虽然在帕利什案之前，他的位置处于首席大法官修斯和大法官范德万特的之间，在帕利什案之后，他的投票行为与布兰戴斯的没有统计意义上的显著区别。由于在此期间仅有 21 起非一致案件，而帕利什案之前有 131 件案件，改变后的置信区间也变得更宽。置信区间的改变也体现了我们方法的优势：我们的模型可以根据样本大小而确定误差范围。更重要的是，帕利什案之前和之后的置信区间并不重叠。也就是说，罗伯茨在帕利什案之后的理想点，处于帕利什案之前理想点右侧的可能性，实际上就是 0（后验 p 值 ≈ 0.000）。这一证据有力证明了罗伯茨在 1936 年开庭期内的转变。

说明如何发现这一效应，我们可以回过头去参考图 12-1，并且重点关注帕利什案之前和之后的行为趋势（由于斯通在帕利什案决定前正处于病假，因此在某些帕利什案之前的案件中，没有他的投票记录）。帕利什案之前的案件显示出布兰戴斯和罗伯茨之间巨大的分歧，而这种分歧在帕利什案之后消失了。在帕利什案之后，除了少数的两起案件两人投票不一致外，在其余所有的案件中，他们投票行为都是一样的。而在帕利什案之前，仅有一半的案件两人的立场相互一致。同样地，罗伯茨在势均力敌的案件中与范德万特一致投票之可能性也大幅降低。

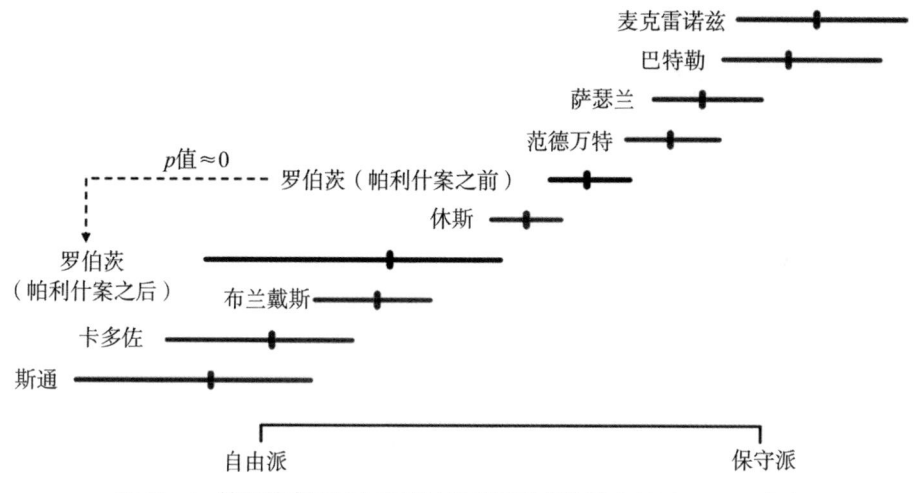

图 12-6 帕利什案法院大法官的静态理想点估计（1931—1936 年）

注：其中罗伯茨拥有帕利什案之前和之后两个独立的理想点。该图显示了大法官罗伯茨的重大改变，从帕利什案之前尚处于修斯右侧，至帕利什案之后接近布兰戴斯。罗伯茨移动的后验（单边）检验 p 值约等于 0。

我们在图 12-7 中绘制了罗伯茨和其余 8 名大法官的成对同意率，以总结原始的投票数据。左侧坐标绘制了 1931—1936 年帕利什案之前，所有非一致案件的同意率；右侧坐标显示的是在 1936 年帕利什案之后的同意率。如图 12-7 所示，罗伯茨的投票非常关键，只不过在 1936 年前，他更经常地与"四骑士"一致投票。例如，在帕利什案之前，他在 74% 的案件中与范德万特一致投票，但这一比例在帕利什案之后下降到略高于 40%。罗伯茨与所有保守派大法官一致投票的比例也在帕利什案之后暴跌，而与 3 位自由派大法官一致投票的比例从 45% 增加到 81%—90%。平滑曲线提供了每个模型中罗伯茨最有可能出现的位置的粗略估计。帕利什案之前尚处于中间的坡峰，在帕利什案之后移向左侧。

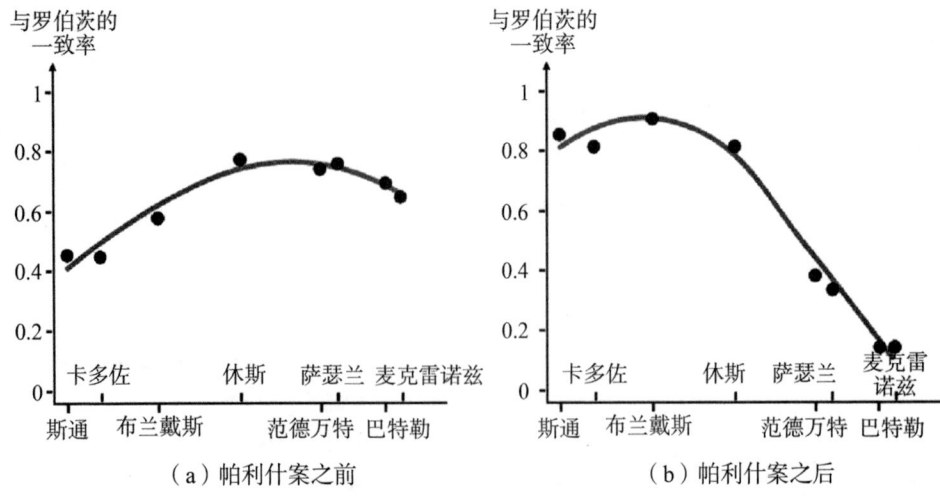

（a）帕利什案之前　　　　　　　　　（b）帕利什案之后

图 12-7　罗伯茨与帕利什案法院其余大法官的投票一致率

注：左侧坐标绘制了 1931—1936 年帕利什案之前案件中的同意率，右侧坐标显示的是在 1936 年帕利什案之后的同意率。平滑的灰色曲线是对同意率的拟合，呈现出罗伯茨在帕利什案之后与保守派的尖锐分歧。

表 12-1　帕利什法院期间罗伯茨大法官与"三个火枪手"及"四骑士"的投票一致率

开庭期	庭期内非一致判决数量	罗伯茨与"三个火枪手"一致投票的比例		罗伯茨与"四骑士"一致投票的比例	
		比例	p 值	比例	p 值
1931 年	12	0.75		0.25	
1932 年	29	0.48	0.171	0.41	0.480
1933 年	27	0.37	0.430	0.52	0.592
1934 年	22	0.23	0.358	0.64	0.563
1935 年	28	0.18	0.732	0.68	0.773
1936 年	33	0.73	0.000	0.18	0.000

说明：第1栏显示的是开庭期。第2栏我们观测的期间内（在大法官卡多佐上任后）各开庭期内非一致判决数量。第3栏（比例）列出罗伯茨、布兰戴斯、斯通和卡多佐一致投票的比例。请注意，如果罗伯茨仅与"三个火枪手"中的一人一致投票，不包含其余大法官，这并不是我们定义的"同意"。不过任意法官的投票缺失（诸如回避或生病）并不视为反对该投票阵营。第4栏（p值）是利用费舍尔精确检验（Fisher's exact test），来比较当前开庭期与上一开庭期同意率差异的p值。例如0.171的p值，这是比较1932年开庭期内（和"三个火枪手"）0.48（=14/29）的同意率与1931年开庭期0.75（=9/12）的同意率的检验结果，即一个2×2列联表，表示罗伯茨是否与"三个火枪手"（栏）在1931年和1932年（列）中投票的情况相一致。第5栏（比例）和第6栏（p值）则提供了与大法官麦克雷诺兹、范德万特、萨瑟兰和巴特勒间的相似计算结果。请注意，由于在某些案件中，法院的分野不一定完全等同于"三个火枪手"与"四骑士"间的法官分歧，上述比例加总不一定为1。1936年开庭期被证明是罗伯茨大法官投票情况明显转变的一年，分别与两大主要投票阵营一致。

表 12-1 提供了另一种方式来理解我们的研究结果。表中展现了罗伯茨在不同的开庭期内，分别与"三个火枪手"集团或"四骑士"集团一致投票的概率。例如，罗伯茨与"三个火枪手"集团在 1933 年开庭期内一致投票的比例是 37%（27 件案件中的 10 件），而在 1936 年开庭期内这一比例为 73%。表格中的第 4 栏和第 6 栏列出用简单的显著性测试来检验相邻开庭期同意率差别的 p 值。1932—1935 年，我们没有发现任何统计意义上的显著差别，但当我们比较 1935 年和 1936 年两个开庭期的时候，p 值接近于 0。简言之，就帕利什案法院的投票行为而言，大法官罗伯茨在 1936 年开庭期内的立场倾左。

（二）动态估计

静态理想点分析是非常简洁明了的。但上述分析有一关键假设：罗伯茨的司法理念在 20 世纪 30 年代都整体恒定。为了解决这一假设带来的问题，我们借助更复杂的测量模型，让大法官的理想点能够随时间迁移。这一方法的优势在于，它不仅使我们能够估算罗伯茨投票行为在 1936 年开庭期内的改变（如静态模型估计的那样），还可以了解罗伯茨理想点在帕利什案之前和之后的演变轨迹。该建模方法结合了"随机游走的法官立场"（judicial movement as a random walk）这一理念。[1]

1. 帕利什法院

我们首先将目光锁定在帕利什法院上。只观察这 9 名大法官的好处是，法官间的相对理想点位置非常容易测量，因为他们一起在大量的案件中均有投票。图 12-8 展现了估算出的每位大法官的理想点（后验中位数）及误差范围带（逐点沿中心的 95% 置信带）。该模型假设斯通和范德万特的理想点随时间恒定，且麦克雷诺兹和卡多佐的理想点分别在 0 之上和之下。结果与法院的现有特征完全吻合，院内 3 名最自由的成员（斯通、卡多佐和布兰戴斯）与 4 名最保守的成员（范德万特、萨瑟兰、巴特勒和麦克雷诺兹）是明显分裂的。更有趣的

---

〔1〕译者注："随机游走"是统计学上一个重要概念，在此简单解释。首先，我们需要先了解一个成为"白噪声过程"的概念。若一个随机过程（即一系列具有顺序性和内在联系的随机变量的集合）$\{\varepsilon_t, t \in (-\infty, +\infty)\}$ 满足：（1）$E(\varepsilon_t) = 0$；（2）$Var(\varepsilon_t) = \sigma^2$；（3）$Cov(\varepsilon_t, \varepsilon_{t-1}) = 0$。那么这个随机过程称为一个"白噪声过程"。

若一个随机过程 $\{Y_t, t=0, \pm 1, \pm 2, \cdots\}$ 满足：$Y_t = Y_{t-1} + \varepsilon_t$。其中，$\varepsilon_t$ 是白噪声序列，那么将该随机过程称为随机游走过程。参见谢识予：《计量经济学》，高等教育出版社 2010 年版，第 2 章。

是，该图在一定程度上证明了，在 1931—1935 年开庭期内，法院两极分化日益加剧，证据显示麦克雷诺兹、巴特勒、萨瑟兰和罗伯茨都逐渐右倾，而布兰戴斯——或许还有卡多佐和修斯——可能正在左倾。

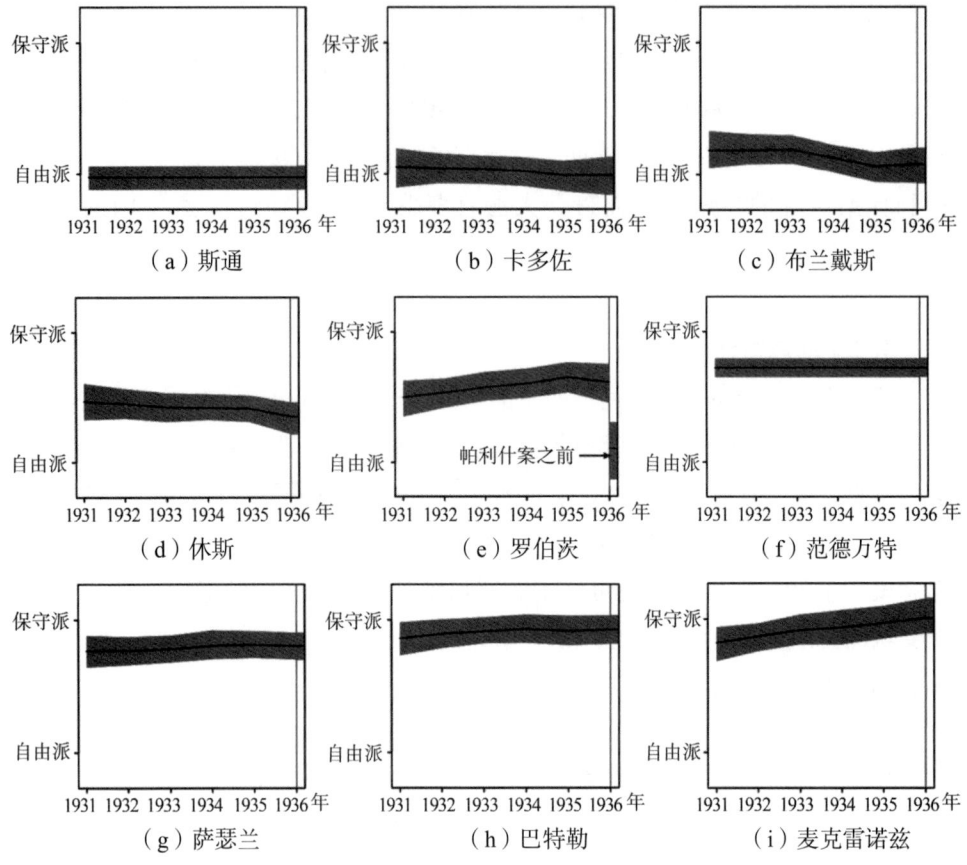

图 12-8　帕利什案法院大法官的动态理想点估计

注：实线代表后验中位数，阴影区域是逐点沿中心的 95% 置信带。请注意，帕利什案之后，大法官罗伯茨急剧转变为自由派立场。

就我们当前的研究而言，最有趣的是我们预测到，罗伯茨的理想点在帕利什案判决后发生实质性改变。就像上述的静态分析一样，罗伯茨在帕利什案之后的理想点处于帕利什案之前理想点左侧的概率基本上为 1。这一转变的幅度实际上是非常惊人的，因为罗伯茨的理想点变得与斯通、卡多佐和布兰戴斯的理想点非常接近。

2. 1931—1940年开庭期

尽管对帕利什案法院的分析，帮助我们理解了罗伯茨在 1936 年任内行为的裂变，但无法反映罗伯茨在后续开庭期中的行为变化。为此，我们提供更全面的分析，理解罗伯茨以及由罗斯福重新调整后的法院（透过新任大法官）。现在，我们将分析范围扩展，从卡多佐首次加入最高法院，到首席大法官修斯离开最高法院之间，所有的非一致判决（即 1931—1940 年开庭期间的案件）。

第一，按照开庭期逐一进行的分析。我们首先将一系列的独立静态模型与每个开庭期的数据进行拟合。由于每个开庭期都由一个单独模型进行拟合，各开庭期间没有一个共同的参照点，因此无法直接比较各开庭期间的模型。我们在事后选择一个参照点来处理这一问题，并且调整不同拟合模型中理想点估计的位置，来保证参照点的恒定。

在进行了两次不同的标准化处理后，我们在图 12-9 展示各开庭期的静态模型。在上方的图中，我们假设大法官斯通的理想点随时间恒定。有关 1937 年开庭期以前的结果与之前所述的研究成果均吻合。特别需要指出的是，罗伯茨理想点在 1936 年开庭期内急速向左倾斜。基于此标准化处理，罗伯茨这一段偏向自由派的平滑线似乎多维持了两个开庭期，直到 1939 年和 1940 年开庭期又迅速右倾。

另一个可能的参照点就是大法官罗伯茨本人的理想点。通过将其理想点标准化为随时间恒定，我们可以了解其他大法官随时间推移的相对立场。结果显示在图 12-9 下方的图表中，其中描述了两类重要的行为模式。首先，如果罗伯茨的投票行为在此期间的确是恒定的，那么法院其余所有大法官的行为在 1936 年开庭期内均表现出显著且幅度巨大的右倾。这实际上并不符合逻辑，因此提供了更多的证据证明罗伯茨的行为在此期间发生改变。此外，如果罗伯茨保持不变，那么在 1940 年开庭期内，其余所有大法官的都像自由派倾斜，有些变化幅度较为夸张。但这似乎与我们对 1940 年法院的认识不太一样。

这些分析结果突出了一个问题：我们对个别大法官行为走势的推论，在很大程度上取决于对基准线的假设。当法院成员并不随时间发生改变时，我们可以合理地假设一些法官的理想点随时间恒定。或者我们可以假设，至少平均而言，法官的立场在连续开庭期间最有可能是相同的。这样的假设使我们可以对个体变化做出推论。若法院只有一名大法官被替换，其余 8 位继续任职的大法官立场的恒定（或假定其观点平滑变化）是够好的基准线，可借此作跨时比较。可是，如果法院成员的组成发生了变化，且我们只对其中一位任职横跨所有开庭期的法官之立场变化感兴趣——除非我们作出更强而有力的假设，否则几乎不可能区分法官个人的变化与其他成员替换产生的影响。我们将这一问题称之为"桥接敏感性"。意即，对跨时间桥接法官的假设会影响研究结果。

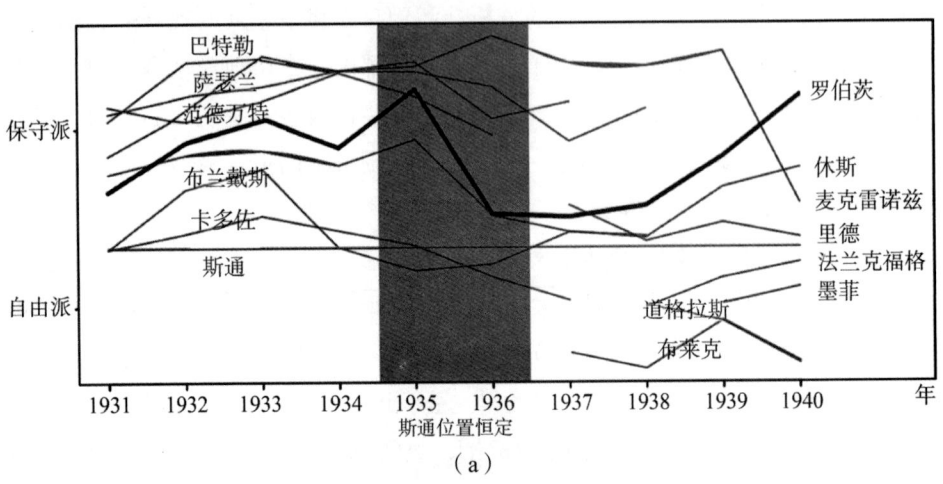

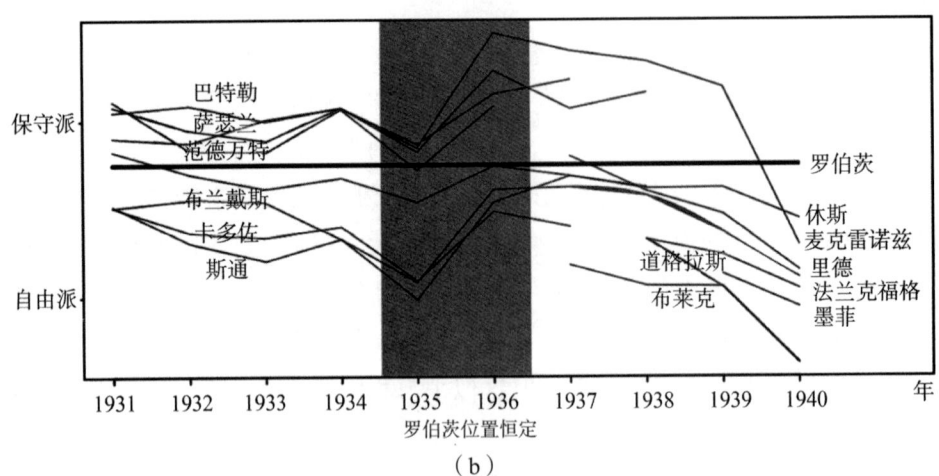

图 12-9　不同锚定方式与不同开庭期下的大法官位置估计

注：每一个开庭期均由独立的模型进行拟合。为了固定这些未汇总的估算值，上图假设大法官斯通的位置保持不变，而下图假设大法官罗伯茨的位置保持不变。上图假设斯通的位置恒定，显示了罗伯茨在 1936 年开庭期内急速左倾。下图假设罗伯茨的位置恒定，描绘了其余法官在 1936 年开庭期内的急速上移。

由于这段时期内法院成员出现巨大的变化（5 名由罗斯福任命的左派大法官取代了 5 名更右派的大法官），很难将个体变化与人员组成带来的变化区分开来。例如，图 12-9 中指出，假如我们将斯通的立场置于更偏保守派的位置，那么麦克雷诺兹的位置会更稳定，但罗斯福新任命的法官则会移向（图表）的中央。虽然我们不应该将罗伯茨 1937 年后每一年的变化视为完全确定的结果，但我们的确可以合理推测罗伯茨在 1937 年之后最终又移向右派。否则的话，其余所有大法官都会变得更加自由派，这似乎不太可能发生。

按照开庭期来进行分析是具有指导意义的。这一方法是基于简单明白的假设，解决了"桥接敏感性"的问题，并提供了有力证据证明罗伯茨的行为在 1936 年的改变及 1937 年后的右倾。然而，这一方法并非完美无瑕。最值得注意的是，因为我们假设每一个开庭期的理想点是独立于其他开庭期的，因此估计值的误差范围不太合理。

第二，合并不同开庭期的数据。为了更准确地统计罗伯茨的投票行为，我们将上面讨论的动态理想点模型与 1931—1940 年的数据进行拟合。为此，我们将罗伯茨的投票分为帕利什案之前和之后两部分，并区别对待这两部分的投票行为。我们能够借此检验罗伯茨的行为在判决帕利什案时是否有所转变。由于该模型合并了不同开庭期的投票信息，因此其提供一个中间路径，可以平衡理想点模型的严格恒定，以及逐年（开庭期）估计的高度变异——后两个方法均是前者此种一般性取径的特例。

图 12-10 是根据 1931—1940 年开庭期的数据，经动态模型拟合后，所获得的理想点估计，其结果与传统认知吻合。"三个火枪手"（布兰戴斯、卡多佐和斯通）和罗斯福新任命的大法官占据着左派的空间，而"四骑士"（巴特勒、麦克雷诺兹、萨瑟兰和范德万特）则占据着右派的位置。最后，首席大法官修斯和大法官罗伯茨处于中间。

更重要的是，与先前的分析结果一致，罗伯茨在帕利什案决定后迅速左倾，且变化幅度巨大。他不仅比以往更有可能与布兰戴斯、卡多佐和斯通一致投票，而且也移居到比首席大法官修斯更左侧的位置。

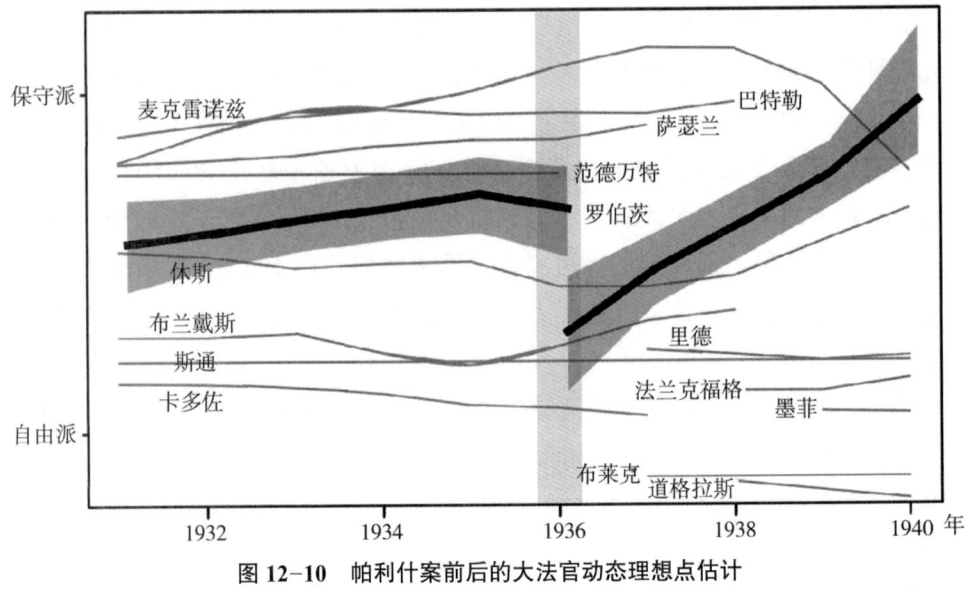

图 12-10　帕利什案前后的大法官动态理想点估计

注：实线表示逐点估计的后验理想点中位数，灰色条状带表示大法官罗伯茨的逐点 95% 的置信区间。罗伯茨在 1936 年开庭期急剧左倾。

最后，图 12-10 表明大法官罗伯茨的转变是暂时的。在 1936 年开庭期内大幅度左倾之后，罗伯茨迅速右倾。在图 12-10 中，这表现为深色线向上移动。有趣的是，首席大法官修斯在 20 世纪 30 年代后期似乎也在右倾。当然，由于"桥接敏感性"的问题，我们在为 1937 年以后的位置移动作出推论时，必须更加谨慎。实际上我们知道，在 1938 年开庭期结束后，首席大法官修斯、麦克雷诺兹和罗伯茨开始更频繁地一致投票。这可能是因为麦克雷诺兹移向中间派、修斯和罗伯茨移向右派、法院接受的案件性质的改变，或以上所有因素的某种混合作用。我们无法通过观测到的投票数据来决定哪些因素更加重要。尽管如此，即便允许麦克雷诺兹移向中间，我们也有理由相信罗伯茨愈渐保守。正如我们在第六节第二小节中指出的，罗伯茨这一转变的为期短暂，这个结论在之前不同的模型设定下均是稳定的。简言之，虽然我们的推论并非无懈可击，但最好的推论仍是：罗伯茨的转变迅速且短暂。

六、稳健性检验

本节将研究罗伯茨转变的稳健性。第一小节将证明，在不同的假设下，转变点的各项结论是不变的。我们也检验所有可能的转变发生点，进而阐明罗伯茨改变的准确时间。我们证明，这一改变最有可能发生在罗斯福连任后的1936年开庭期的开端（也就是帕利什案之前的数个案件以前）。第二小节调查我们的结论对起始信念（prior belief）的敏感性。据我们所知，这是第一篇指出动态理想点模型中"桥接敏感性"的论文——尤其当该模型中的大部分法官在短期内替换。尽管存在"桥接敏感性"的问题，我们的发现表明，罗伯茨在左倾之后紧接着的是一段时期的右倾。在第三小节中，我们会解决案件选择（case selection）的问题。最后，第四小节研究首席大法官修斯的左倾现象，这是相关文献中常常出现的第二个命题。

（一）转变点分析

综观整章，我们选择研究帕利什案作为转变点，因为这起案件格外引人关注，也引发针对罗伯茨转变的研究。由于历史证据表明，其实在判决公布数月之前内部就已经举行会议表决，我们在此研究时间点的性质及其影响。

为此，我们将帕利什案判决前3年内的61起案件作为可能的转变点。我们用这种敏感性分析来评估第一类错误（Type I error），[1]研究最急剧的变化可能于何时出现。假如罗伯茨持续不断地向自由派的方向移动，我们可能会错误地推论，以为其立场的转变是对1936年情势所作的回应。我们于是反复采用前文的模型进行拟合，仅改变罗伯茨可能发生转变的案件节点。在我们的模型中，一次分析包含1936年开庭期，一次不包含1936年开庭期。后者提供了天然的"安慰剂"检验，因为鲜有学者相信罗伯茨早在1936年开庭期之前就已经发生了改变。为了检验差异，我们列出帕利什案之前和之后理想点之间的差别。

图12-11给出了转变点分析的结果。y轴代表转变点之后和之前的差异。如果为正，则模型估计罗伯茨向右移动；如果位于0值水平虚线附近，则模型预测没有偏移；如果为负，则模型估计罗伯茨向左移动。途中的黑色圆点代表每个模型的估计值（中位数的差值），垂直线代表误差范围。估计值根据案件断点（case break-point）依时间顺序在x轴上排列。左侧坐标显示了不包括

---

[1] 译者注：第一类错误是指拒绝了实际上成立的、正确的假设，通常也被称为拒真错误、弃真错误。

1936 年开庭期的统计结果,右侧坐标则显示了包含 1936 年开庭期的相同统计结果。另外,右侧坐标的最后一个断点指代帕利什一案。统计结果很明显地证明,转变点发生在 1936 年,我们的推论并不属于第一类错误。

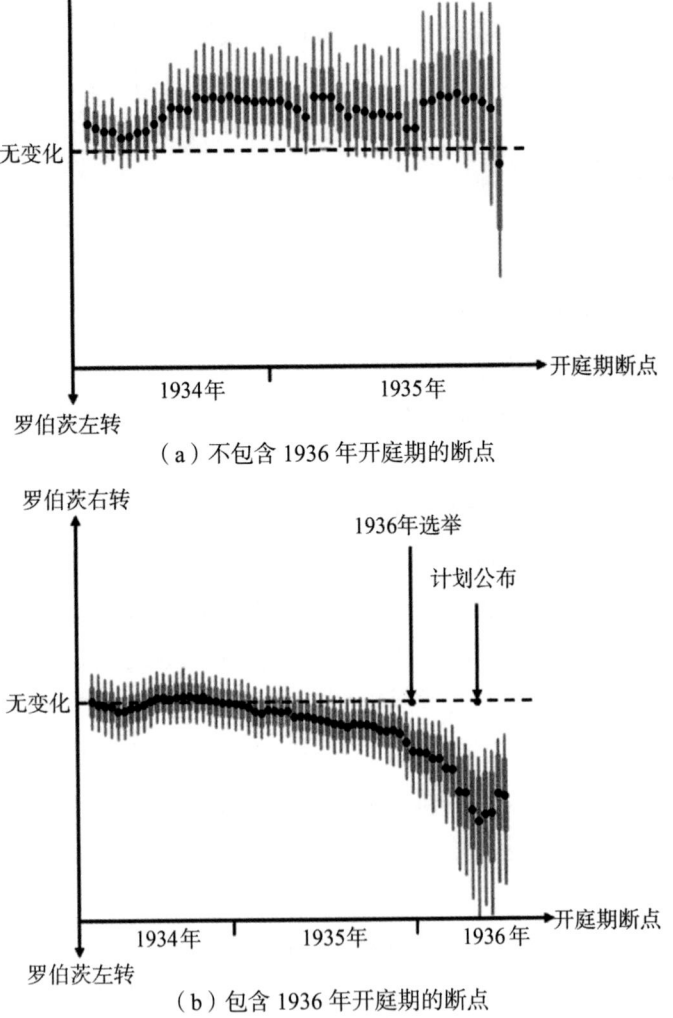

图 12-11 转变点分析及其安慰剂效应检验

注:y 轴表示罗伯茨转变的估计值(转变点前后观点之差)。x 轴按时间顺序将每起案件当作转变点。我们假设转变点可能是 1934—1936 年开庭期间的任意案件,那么每段(相对虚线的)间隙(interval)代表在拟合静态模型后得出的变化程度。粗线代表中位数加减一个标准差的范围,细线代表 95% 的置信区间。右图显示了 1936 年开庭期内的重大变化。左图表示,在排除 1936 年后,罗伯茨并无显著改变。

在左侧坐标中，几乎所有的估计值都在 0 以上，并且大多数误差范围都包含 0。换句话说，摘除 1936 年开庭期后，并没有任何证据显示罗伯茨有发生向左的转变。就算是有变化，1934 年底前的案件表明罗伯茨似乎是变得更加保守，这也与我们的动态模型略（在此期间）有上升的趋势是一致的（见图 12-10）。

右侧坐标中的趋势是截然不同的。在 1936 年之前的误差范围包含 0，但在 1936 年开庭期内，转变点前后比较的差值急速下沉。（对虚线的）偏离在 1936 年前就开始下沉并不意味着罗伯茨的转变发生于这一时期，因为转变点之后的数据是包含 1936 年内的案件。对比左右两张坐标，我们明显发现，罗伯茨的观点直到 1936 年才开始转向自由派，并且这一转变非常剧烈。

此一对于转变点选择的验证，证实了我们的研究结果具稳健性。除此以外，上述分析也能回应历史辩论，因为许多辩论都与时间点有关。一些学者认为，罗伯茨在 1936 年及以后案件中的投票行为，可以归因于联邦副总检察长的能力、"第二波新政"（the "Second New Deal"）中更好的法律起草水平，以及行政机构对宪法的广泛理解。罗伯茨在 1936 年急剧（但短暂）的变化必须以某种方式和这些因素相调和。例如，史丹利·里德（Stanley Reed）于 1935 年 3 月取代詹姆斯·比格斯（James C. Biggs）担任副总检察长，他也自然而然地成为了 1936 年以前许多案件中的律师，但没有证据表明罗伯茨的行为在这些案件中发生转变。当然，其中部分原因可能是里德接手诉讼案件前，政府方已经作的诉讼策略选择，带来的持久影响。若行政部门在此期间懂得如何抓紧罗伯茨这一票（例如，提出更恰当的案件、[1]论点或起草的文书），则难以解释为何罗伯茨在 1936 年开庭期结束后又掉头移向右派。或许有人会将其重新右倾，归因于罗斯福总统新任命的大法官，使罗伯兹又调整其立场。需要强调的是，我们的研究结论并不能终结外在论者与内在论者间的论战，但本章的发现——亦即罗伯茨的立场确实有急速而短暂转变，有助于完善各种解释。

（二）起始猜想的影响

现在，我们分析上述结果是否受起始假设的影响。从概念上区分，动态

---

〔1〕 审阅按：意思是，相同的法律争点，可以有不同的当事人或事实态样。挑选恰当的当事人（例如高龄的寡妇）可能改变某些大法官的投票。

模型中的模型参数可分为关于各案件的参数和关于各法官的参数（也就是理想点）。虽然可以针对各案件的参数提出更复杂的起始假设，我们在此不展开相关研究。只要各案件参数是独立的，且由同一分布中抽取出，则起始假设中选择何种分布主要是影响理想点的尺度。[1]

相反地，我们将重心放在起始假设条件。这些假设条件会直接影响每位大法官理想点曲线的平滑度。由于假设条件会影响理想点的位置和变异性（variability），因此会直接影响我们对罗伯茨立场改变的推论。我们用参数 τ 来表示每位大法官随时间而变的变异性。当 τ 接近于 0，每位大法官的位置随时间基本保持不变，也就等同于图 12-5 中展示的估计值。当 τ 逐渐增大，大法官逐年的位置变化会更加迅速。当 τ 趋近于无穷大时，模型实际上与图 12-9 所示的模型是相同的，并且每位大法官各开庭期上的理想点是相互独立的。以上所说的两个极端假设都是特例，而我们在图 12-10 中展示的是更具一般性的方法，在两个特例之间达成一种平衡。

接下来，我们在这个动态模型中，试图改变若干观点变化平滑度的假设，进行呈现不同的结果。假设的平滑度，从基本恒定、中等变异性，再到高等变异性。每一个假设都提供了不同的基准线，来评估观点的运动轨迹。为了清楚起见，我们集中关注 6 个模型设定，这些条件代表了各种场景（主要结果证明是稳健的）。据此，我们可以评估本章以上对于罗伯茨立场改变的推论，是否受到起始猜想的影响。

图 12-12 展示了这一分析结果。无论基于 6 个模型设定中的任何一个，罗伯茨行为在帕利什案前后的变化皆是显著的。若允许理想点变化［即如图 12-12（b）所示，当 τ 适度大于 0 时］，罗伯茨最剧烈的改变发生在 1936 年（向左转变的后验概率为 89%）。此外，在所有允许观点移动的假设条件下，我们均可以看到罗伯茨在 1937 年后右倾的证据。虽然数据结构难以使每位大法官的立场摆脱法院组成的影响，我们的推论在各种假设条件下仍然保持稳健。

---

[1] 审阅按：此句的意思是：理想点的尺度（具体数值）强烈受到起始假设中的分布选择的影响；因此，读者毋须对某位大法官的理想点数值是 –1 还是 –2 斤斤计较。真正重要且比较不会受起始假设影响的，是大法官的理想点排序（如谁在谁左方）。经询问本章作者，其建议读者可阅读相关文献以理解此句的说明，参见 Daniel E. Ho & Kevin M. Quinn, *How Not to Lie with Judicial Votes: Misconceptions, Measurement, and Models*, California Law Review, Vol.98, p.846–847（2010）。

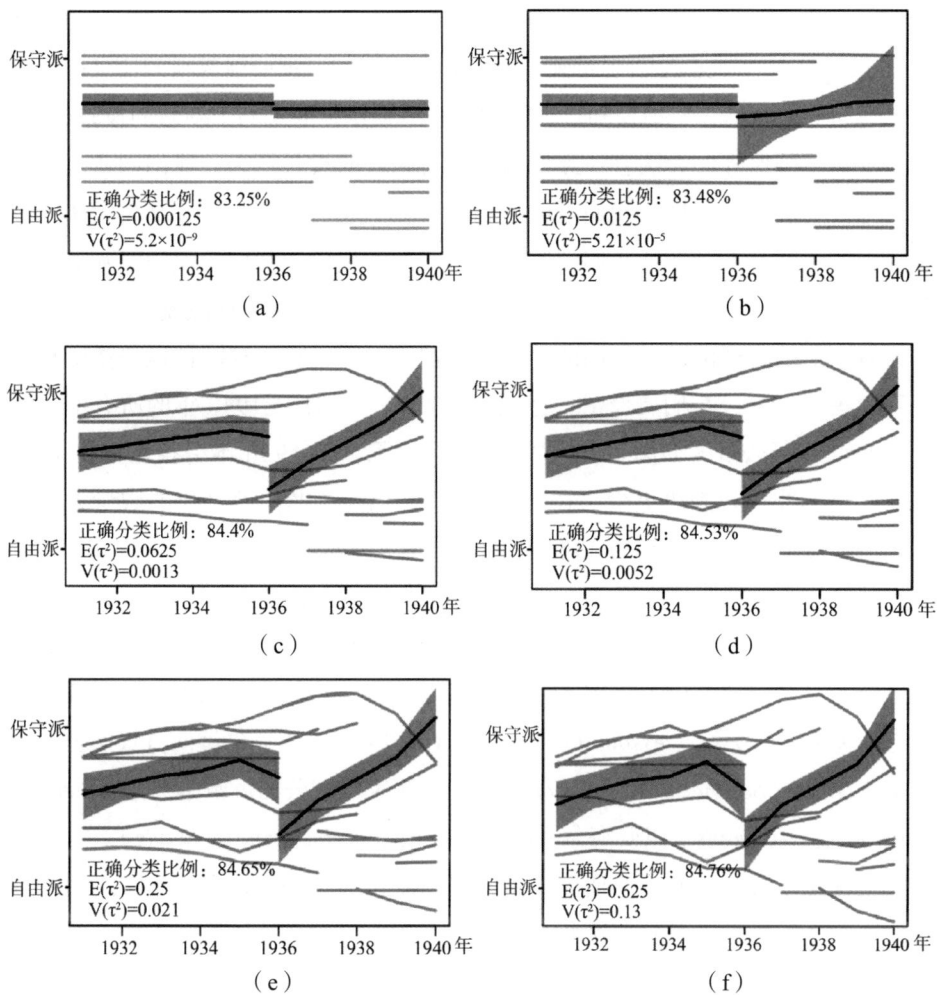

图 12-12 帕利什案法院大法官的理想点估计（1931—1940 年）

注：在每张小图的左下角提供模型预估结果正确分类了实际投票的样本内比例、平滑度参数（τ_2）的起始均值和方差。随着 6 张小图从（a）到（f），起始均值和方差也在增加。这意味着我们允许理想点逐年变化得更快。在分析结果中，我们假设大法官布莱克、斯通和范德万特的观点是恒定的。坐标 (c) 中确定的起始条件与本章第五节第二小节中使用的相一致。即使假设观点是几乎不变的，我们的研究也指出了罗伯茨转变的证据（也就是说，我们要求 τ_2 的值根据起始假设接近于 0，这等效于将所有期限内的数据进行合并）。在图中所有的起始条件下，我们也在不同程度上发现罗伯茨于 1937 年后右倾的证据。

审阅按：作者有大法官实际投票的纪录，并以模型来预测大法官的投票意向。正确分类的百分比，告诉我们模型有多么有用。

（三）案件选择

可能会有与我们分析相左的意见，认为我们的研究侧重于非一致案件。反对理由可能有两个：第一，我们的分析可能忽略了 9 名大法官一致决定的案件（unanimously decided cases）带来的重大影响。比如，这些被忽视的信息可能包含个别法官的意见、罗伯茨和自由派大法官一致作出的不利于新政的投票行为，或是罗伯茨与保守派大法官一致作出的支持新政的投票行为。我们同意，如果认真分析大法官的意见，我们可以学到很多。但我们强调，所有 9 名大法官一致决定的案件并不能帮助我们了解罗伯茨行为的变化。我们的模型实际上也强调，即使将一致判决含括在内，大法官的投票立场仍不会有所改变。

另一个反对理由是，我们的分析涵盖过广，因为它一视同仁地关注所有非一致判决。这里，我们要澄清一些问题。首先，1931—1940 年的所有不一致案件并没有那么多。如图 12-1 的 x 轴坐标所示，与 1936 年后相比，在 1937年前决定的非一致判决更少。在 1937 年开庭期前，非一致判决的数量大概在 1934 年的 22 件和 1936 年的 33 件之间。

其次，非一致案件恰好包括在文献中广受瞩目的案件。例如，仅就 1936 年开庭期而言，我们的分析就包含学界感兴趣的帕利什案、美国劳动关系委员会诉琼斯劳克林钢铁公司案（NLRB v. Jones & Laughlin Steel Co.）、美联社诉美国劳动关系委员会案（Associated Press v. NLRB）、卡迈克尔诉南方煤焦公司案（Carmichael v. Southern Coal & Coke Co.）、管家机械公司诉戴维斯案（Steward Machine Co. v. Davis）以及海尔福林诉戴维斯案（Helvering v. Davis）。这里每一起案件都在文献中有广泛研究。这不足为奇：不管是罗斯福与法院之间的分歧，还是法院内部的分歧，都将最高法院在 1936—1937 年推向了政治的风口浪尖。

最后，我们的方法实际上并没有给予所有案件相同权重。相反的，我们的方法估计每起案件的权重，借此量化每起案件给予的信息，评估大法官观点的差异。如上所述，非典型投票结盟的案件，其权重在模型中会降低，因此也提供较少信息以判断法官的相对位置。此外，我们的概率模型允许特定案件和投票行为的随机性，所以不会掉入决定性推论（deterministic inference）的陷阱。[1]

话虽如此，我们的分析也包含了一些并不必然是学界现在主要关心的案件。

---

[1] 审阅按：经询问作者，此处的意思是：本研究的取径是机率模型，而被批评的决定性推论（deterministic inference）则是单纯以叙述统计作推论的取径（例如罗伯茨大法官 10 次中有 8 次与自由派的意见一致）。

可惜的是，明确的（外生的）案件选择标准并不存在。既然如此，现有争议或许并不源于如何正确地理解被选择案件的历史意义；反之，学界更可能是因为某些案件选择与权重所隐含的假设或明确主张，而产生学术分歧。诸如"汉弗莱遗嘱执行人诉美国政府案"（Humphrey's Executor v. United States）之类的案件，是否应被纳入考虑？那么外交事务和言论自由的案件呢？我们如何确定什么构成"政治经济"决定？案件是否必须涉及新政的行政机构呢？或者涉及立法机构？案件是否一定要有关宪法争议？那如果感兴趣的本就是法定解释和宪法解释之间的选择呢？

为了评估我们的分析在不同案件选择标准下的稳健性，我们检验了5类处理1936年开庭期内案件来源的方式。从这5类来源中，我们搜集了所有援引1936年案件的文献。在该开庭期33起案件中，仅有12起案件完全没有被援引。我们重新进行上文的分析，所有的结果都保持不变，"罗伯茨在帕利什案之后的理想点位于帕利什案之前理想点的右侧"的后验 p 值为0。我们的研究结果似乎并没有受到与新政无关案件的影响。

尽管我们的结果在案件选择的分析中也是稳健的，但这种对分析有效性的潜在威胁突出了现有工作的主要挑战之一：如果无法明确说明案件选择标准，我们仍难以了解统计推论是否受案件选择的影响。从这个意义上讲，我们的方法指出，更明确的案件选择标准是一个丰富的研究命题，并且这一命题有助于我们解决分歧。

（四）修斯的转变点

除了罗伯茨的行为外，学者也在不同程度上指出首席大法官修斯在帕利什案前后的行为转变。基于这一原因，会有人争论说，我们到目前为止采用的方法都是错误的，因为我们的方法并不允许修斯的理想点曲线发生突然的改变。

为了研究这种可能性，我们拟合了另一个模型。新的模型就是生成图12-10的动态模型，除了我们将修斯的投票行为（在罗伯茨的行为以外）分成帕利什案之前和之后两部分。图12-13给出了新的模型设定下，罗伯茨和修斯理想点的估计值及误差带（95%的置信度）。该图的确提供了证据证明修斯的左倾，虽然其倾斜程度不如罗伯茨那样明显。重要的是，我们对罗伯茨的推论实际上并没有改变。

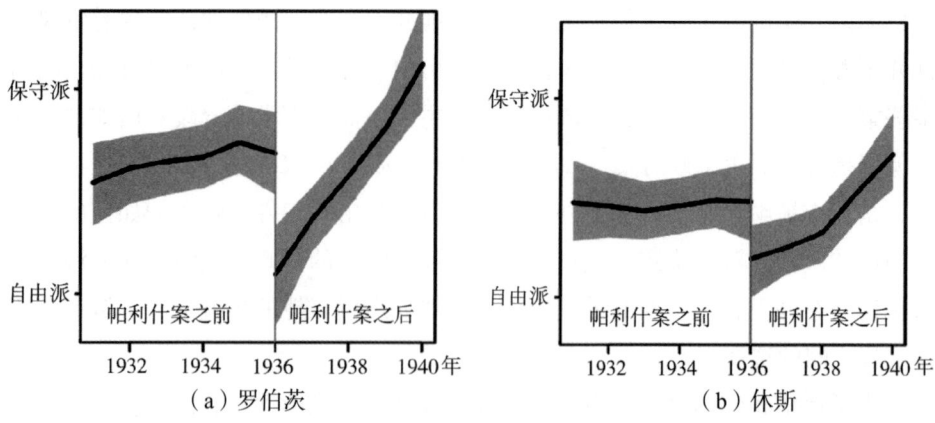

图 12-13　罗伯茨与修斯的动态理想点估计

注：实线代表后验理想点的逐点中位数估计，灰色带提供逐点 95% 置信区域。大法官罗伯茨和首席大法官修斯均在 1936 年开庭期内经历了向左倾的急剧变化，其中修斯的变化幅度较小。作为参考，右侧的箭头提供了罗伯茨和修斯以外其余法官在 1936 年开庭期内的理想点中位数。

七、结论

在本章中，我们为罗伯茨立场的转变提供了第一份系统性的定量研究证据。正如兰登推动了公众舆论的科学研究一样，大法官罗伯茨也促使我们将统计学见解纳入法院历史研究中。我们的证据有力地表明，罗伯茨在 1936 年开庭期内急速且短暂地倒向左翼阵营。

我们对这一时间点的研究证据有助于完善历史解释。对于内在论者而言，对案件和诉讼策略差异的解释必须要切合我们的发现（突然且短暂的转变）。除非 1936 年期间的案件出现很大的变化，否则案件或诉讼策略的差异无法与我们的证据相吻合。除此之外，案件差异必须是客观存在的，不受我们对个案建模的影响。对于外在论者而言，我们的解释似乎与 1936 年罗斯福压倒性的选举胜利最为吻合。时间上的一致也反驳了某个幼稚的说法，即罗伯茨在帕利什案中（倒戈性质）的投票立场是法院重整计划直接导致的结果。

从方法论上说，我们提供了更系统地研究投票行为的进路，并找出"桥接敏感性"这个关键的研究挑战。在用计量史学研究投票阵营时，很重要的一点，是关注桥接的假设。因为在类似的研究中，受关注的时间跨度可以很长，但不同决策者间的任期重叠或许极其有限。同时，我们的研究还澄清了部分隐含在文献中的差异。有些人认为，共和党在1938年（国会选举）的获胜加上法院在1938年对新政的持续性支持，与法院受大选影响这一观点相冲突。在这一论点中，关于法院的部分可能是正确的（不过当然，最高法院在1938年已经发生了根本性的变化）。但该论点中有关罗伯茨的部分却具有误导性，因为他在1938年的选举后实际上又回到了右翼阵营。更广泛地说，我们希望我们的研究能突出定量和定性研究之间的协同作用。通过关注核心的识别假设（identification assumptions），我们能够搞清楚哪些问题需要进一步的定性研究。而测量方法（measurement methods）可以使学者发现感兴趣的重要案件和假设，就像匹配法（matching method）一样，后者能够明确假设条件并且提出观测结果以供进一步研究。像盖洛普的民意测试一样，计量史学拥有巨大的潜力，来重振人们对长期存在的宪法史问题的兴趣。

第十三章　陪审团种族构成对于刑事审判之影响[*]

The Impact of Jury Race in Criminal Trials

作者：　莎米娜·安华（Shamena Anwar）
　　　　帕特里克·巴耶尔（Patrick Bayer）
　　　　兰迪·亚尔马松（Randi Hjalmarsson）
译者：　黄种甲
校定：　许菁芳
审阅：　张永健
统稿：　程金华

一、引言

美国宪法第六修正案赋予刑事被告有权利得到不偏不倚的陪审团审判。然而，美国刑事司法史上充满着各种案例，使人对前述陪审团不偏不倚诫命产生怀疑。尤其是，当身为当地少数群体的被告，在一个陪审团仅由极少数该少数群体成员组成的地区受审的情形，特别引发关注。在种族的脉络下，对此议题的关注尤甚，因为在大部分的州

---

[*] Shamena Anwar, Patrick Bayer and Randi Hjalmarsson, The Impact of Jury Race in Criminal Trials, 127 *The Quarterly Journal of Economics* 1017 (2012). ©2012 Oxford University Press.

和县中,黑人往往只占总人口以及实际听审的陪审团成员的少数。普遍不平等的结果——在监黑人人口占比几乎是黑人占全国总人口比例的 4 倍——以及源自多个案件的轶事证据使许多观察者对于刑事司法制度是否公平对待黑人被告有了疑问。

要实证评估陪审团对审判结果之效果,并不容易。以模拟审判得出实验性证据之研究,囿于实验简化以及和真实刑事审判相比下显然较小的损害,颇受限制。此外,一些检验陪审团组成与审判结果相关性的研究,也因为陪审员是经非随机的选取过程产出,而有问题。尤其是美国大部分刑事审判中,检辩双方均得透过强制剔除(peremptory)不附理由地排除一定数量的备选陪审员进入最后陪审团。因此,即便最初的备选陪审员是随机抽出,实际进入最终陪审团的成员,可能和案件的本质、证据以及被告的特质有关。

在既有文献的限制下,本章的主要目标在于以真实刑事审判数据及陪审团组成之准随机变异为基础,提供第一个陪审团组成对于审判结果效果之实证证据。我们透过每次审判中,备选陪审员的组成及最后选出之陪审团的信息,并辅以将陪审团变化的随机源头独立出来的研究设计,来达成上述目标。我们的数据库包含了佛罗里达州萨拉索塔县和莱克县在 21 世纪初所有的重罪审判,前者横跨 5.5 年,后者横跨 10 年。数据蕴含了约 27 位备选陪审员以及最终遴选出的 6—7 位陪审员的背景信息,包含其年龄、种族及性别。数据也包含了案件信息,如被告的种族及性别、指控罪名及最终陪审团给出的判决。

我们的研究设计利用了各该审判备选陪审员组成的变化,该变化主要是由于特定日期随机点呼符合资格的陪审员到场的结果。大体而言,我们检视白人和黑人被告之定罪率如何随着备选陪审员而非最终陪审团的组成而变化。备选陪审员的逐日变化事实上是随机的:其组成和被告特征及刑事指控无关。由于在该两县中,具有陪审员资格之黑人人口少于 5%,因此在备选陪审员的组成样本上,其差异在于毫无黑人备选陪审员(占 36%)以及至少 1 名黑人陪审员(占 64%)。

前述关于备选陪审团组成对于定罪率之影响是非常直观且惊人的:当备选陪审员中有一名或两名黑人成员时,(相比于没有黑人成员)白人被告的定罪率显著地较高,而黑人被告的定罪率较低。具体来说,在备选陪审员中毫无黑人成员时,黑人被告定罪率为 81%,而白人被告定罪率在 66%。当备选陪审员含有至少 1 名黑人成员时,两群被告的定罪率几乎一样:黑人被告定罪率为

71%，而白人被告的定罪率为 73%。备选陪审员的种族组成对于审判结果的估计影响具有统计上显著性且能推导出 3 项结论：（1）当备选陪审员中无黑人成员时，黑人被告和白人被告之定罪率有者显著差异；（2）当备选陪审员中含有黑人成员时，此等差异不复存在；以及（3）当备选陪审员中含有至少 1 名黑人成员时，相比于全白人组成的备选陪审员，白人被告的定罪率显著提升。即使回归模型改放其他变量，这些估计值仍很稳健，例如纳入其他案件类型、被告特征。并且，相同的模式也在两个县中各自成立。

在确立备选陪审员种族组成对于定罪率的显著影响后，我们考虑了几个使得该备选陪审员组成的随机变异对于审判结果的可能传导机制。最明显也最直接的是，至少 1 名黑人成员的存在，使得该黑人成员最终坐上陪审员席、听审并参与裁决成为可能。该黑人陪审员的参与审判，不仅可能透过陪审团评议及决策流程，更透过左右检辩双方呈现事证及主张的方式，来改变审判结果。

即便黑人成员最终并未坐上陪审员席，将黑人成员加入备选陪审员中，仍然可能影响审判结果。此等间接效果来自最终陪审员的遴选过程，在此过程中检辩双方运用强制剔除的权力来排除对其不利的陪审员。举例来说，我们可以预期辩护人根据和备选陪审员的应答和可观察的特质，来系统性地剔除那些从事前来看极可能将被告定罪的陪审员（亦即分布的右尾）。而每次辩护人借此剔除黑人的备选陪审员时，他们就损失了剔除另一个同样可能定罪的陪审员的机会。这使得最终陪审团定罪的可能性，往该被剔除的备选陪审员的定罪率移动，即便该被剔除者最后未入选听审。

这样的观点除了解释未被遴选的备选陪审员为何能在未参与审判时还能影响审判结果，同时也解释了数据中展现的另一个惊人事实：黑人和白人备选陪审员，其获选并参与审判的机率是相等的。纵使辩护人有其他动机选择黑人备选陪审员进入审判（特别注意，强制剔除程序考虑种族是不合法的），在种族内部具有高度异质性时，黑人备选陪审员和白人备选陪审员，其定罪率的分布很可能高度重叠。在此内部异质性下，辩护人可能选择让一位定罪率和白人备选陪审员差不多的黑人备选陪审员进入审判程序。

即便黑人成员仅出现在备选陪审员中却未获选参与审判，仍可能对审判结果有显著效果；这和最终陪审团的种族组成和审判结果的相关性，有一致性。令人惊讶的是，借由最小二乘法估计至少 1 名黑人成员在最终陪审团中时，其黑人和白人的定罪率差距，和至少 1 名黑人成员在备选陪审员中的因果效果，几乎一样。至少 1 名黑人成员在备选陪审员的案件中，仅有 40% 有黑人备选陪审员最终获选参与审判。即令如此，普通最小二乘法和本章的因果推论方法所估计出的点估计值，大小相近——这可以推论出陪审员种族组成的效果，比起简单的普通最小二乘法（naive OLS）只分析最终陪审团组成所得出的结果，还要来得广泛。也就是说，在备选陪审员中至少有 1 名黑人成员的情况下，黑人与白人的定罪率差距平均而言下降了 16%，但简单的普通最小二乘法因为只分析了黑人成员实际参与审判的那 40% 案件，会误以为定罪率差距下降的效果，只来自那 40% 案件。

我们最后以讨论研究结果对于公平及平等适用法律的政策引申作结。研究发现正义的实践程度不同，只要备选陪审员组成的微小改变，就足以对黑人与白人被告间的定罪率差距产生大影响。这些结果也说明了在陪审团有越多和被告同种族的成员时，被告的处境会更好，进而使人产生了黑人被告在黑人备选陪审员比例极低的区域中是否公平受审的疑问。受制于个案中提出的证据并未体现在数据中，我们的分析对于审判结果公平性所能给出的结论有限。因此，我们很难断言白人和黑人的相对定罪率"应该"是多少。如果个案中的黑人被告和白人被告的证据强度事实上是可比的，那么我们的结果便隐含着全白人组成的陪审团对于认定黑人被告有罪的证据门坎是比白人被告低的；然而从至少含有 1 名黑人成员的备选陪审员中遴选出来的陪审团，则适用相当的证据门坎。

本章后续段落如下。第二节说明美国的陪审团遴选程序及佛罗里达州陪审团制度。第三节描述数据。第四节呈现我们对于陪审团种族组成对于黑人和白人被告定罪率的分析，以及在回归模型加入一些不同变量，以确立我们的实证发现够稳健。第五节在一些额外的实证规律（empirical regularities）的脉络下解读我们的发现，并探讨备选陪审员影响审判结果的可能机制。第六节以讨论本章发现对于公平及平等适用法律的政策含义作总结。

二、陪审团审判制度

（一）陪审员遴选流程概览

陪审团审判是美国司法制度的重要部分。汉纳福德－阿戈尔等（Hannaford-Agor et al., 2007）估计在美国每年有 154000 件陪审团审判程序，其中 66% 是刑事案件。他们同时估计了每年有 3200 万人宣誓提供陪审，且有 150 万人最后参与审判。虽然各州有细致的规范，但各州对于陪审员遴选流程的内核是一样的。各法院会有一个主要名单，包含了可能被考虑为潜在陪审员的个人，其主要依据是驾照登录信息。各州对于提供陪审服务的要求标准也相当一致：美国公民、该法院辖区的居民、能说并理解英语且无法律上障碍（排除重罪犯或无能力人）。在名单上的个人会被随机抽取并给予通知，要求在指定期日应到场至法院以被遴选。

为说明便利，假设有 100 位个人收取到场通知（且该 100 位均确实到场），并假设只须遴选 1 个案件的陪审团。从 100 位潜在陪审员中，假设只有 30 位被通知至法庭备选，那么这 30 个人就是"备选陪审员"。检察官以及辩护人双方（在部分州，法官亦可）询问备选陪审员一系列问题，以资判断其等是否不偏不倚而适任。有些因为医疗问题而自请离席，其他则可能因为无法公正或服从法律审判而被法官排除，例如和被告具有个人关系或者不愿施加某些刑罚（如死刑）等。检辩双方均得有理由要求排除，且人数不受限制。

最终，检辩双方有权使用强制剔除手段来排除备选陪审员。强制剔除和有理由排除不同，前者不需要陈述理由，但有一定人数限制。虽然不需提供理由，但依法不得仅以种族或性别为理由加以剔除。然而，许多研究指出强制剔除并非种族中立：黑人备选陪审员毋宁更容易被检方剔除，而白人备选陪审员则是被辩方剔除。尽管种族仍在强制剔除扮演了一定角色，亦有研究指出有相反的非种族因素的抵消力量存在。重要的是，即便不影响最终陪审团的数量或种族，强制剔除程序仍可能透过改变量据中无法捕捉到的因素，而影响审判结果。

因此，陪审团遴选流程从最初的 30 位潜在陪审员，经过询问、自请离席、有理由排除或强制剔除等程序，通过层层关卡后而由获选者组成最终参与审判的陪审团，其数量取决于各法院规定及案件类型。从历史上来说，陪审团一般有 12 个人，此等安排，尤其是重大刑事审判，至今仍被多州采用。有许多州，某层面为了减少法庭开支，使用较小型的陪审团（6—8 人）来进行民事审判或者较轻微的刑事案件。此外，遴选流程还会选取一到两名候补陪审员。

（二）萨拉索塔县及莱克县的陪审团审判

在佛罗里达州，巡回法院对于重罪、家事事件、标的额在 15000 美元以上的民事案件、遗产 / 监护人 / 心智健康案件以及少年案件具有管辖权。县法院则对于轻罪、小额请求（不高于 5000 美元）、小额民事事件（15000 美元以下）及交通违规事件有管辖权。我们研究了萨拉索塔及莱克两县的重罪陪审团审判案件，并使用两个巡回法院的数据。2009 年《佛罗里达法典》第 913 章对于该州的陪审团审判定有明文。首先，非死刑案件应有 6 名陪审员辅以 0—2 名候补陪审员；死刑案件则应有 12 名陪审员。其次，州政府与辩护人各被分配相等数量的强制剔除额度，其额度依所犯罪名而定。如为死刑或终身监禁之罪，则有 10 次强制剔除额度；如果是监禁或 12 个月以上有期徒刑，则有 6 次额度；其他罪名则有 3 次额度。

我们从法院的网站以及管理部门取得了关于陪审团审判的具体资料。两县都只用驾照资料作为潜在陪审员的来源名单。两县也都使用陪审团管理软件，自来源名单中随机选取个人寄发通知，命其于特定期日莅临法庭。部分符合自动豁免条件者，不用到场。前述条件（载网站中）与前节概述描述相符。

未经豁免且能报到之个人，在报到时会被登录在陪审团管理软件中。从报到的人中，软件再随机选取个人组成特定群组。需要特别注意的是，陪审团管理软件只使用了陪审团的信息，而不包含被告或案件特征等信息。被点呼的人进入法庭，参与遴选程序，接受检辩双方及法官的询问。

三、数据

（一）萨拉索塔县及莱克县陪审团资料的介绍

我们的分析使用了萨拉索塔和莱克两县的重罪陪审团审判数据。由于每个县巡回法院有自己的陪审团审判记录，这些数据系经分别请求而得。根据我们认知，此两县为佛罗里达州唯二记录了陪审员和备选陪审员种族信息的巡回法院。除陪审团外，备选陪审员种族的相关记录，使得这些数据非常稀有。由于佛罗里达州并未使用标准化记录系统，所以可取得的信息及其格式随各县而有不同。因此，我们的大部分分析是建立在两县审判的单一且合并的数据库。以下简要描述各县及合并之后的数据。

萨拉索塔县巡回法院的书记处提供给我们自 2004 年 1 月 1 日起至 2009 年 6 月 1 日止，所有重罪审判陪审团遴选过程的信息。请注意，由于起诉到宣判中间的过程很长，我们的数据库中含有最早在 1999 年犯下的罪。针对每件审判，我们有关于被告及陪审团的资料。报告数据报含姓名、种族、性别以及检控罪名，包含具体犯罪代码、起诉日期、宣判日期、各罪之宣判刑度。针对我们的主要分析，我们把样本限缩在那些至少有 1 项检控罪名被陪审团宣判有罪或无罪的案件。陪审团数据报含姓名、出生日期、性别以及各备选陪审员之种族及是否获选参与审判。然而，我们并不能分辨何者是陪审团的正式成员，何者只是候补；他们在数据中均呈现为参与审判。

同样地，莱克县巡回法院书记处也提供我们自 2000 年 3 月 1 日起至 2010 年 4 月 2 日止，所有重罪陪审团审判程序的数据。如同萨拉索塔县，我们知道每位备选陪审员的姓名、种族、性别、出生日期以及是否获选为陪审团成员或候补成员。至于被告信息，莱克县法院助理则只提供了案件号码及被告姓名。我们利用这些信息手动收集法院在线数据，并进一步得到居住地、性别、种族、辩护人、承审法官、指控罪名数、指控类型、各指控之判决。如同萨拉索塔县的数据处理方式，我们将样本限缩在那些至少有 1 项检控罪名经陪审团审判有罪或无罪的案件。

因为佛罗里达州所有除死刑以外的重罪案件均有 6 名陪审员组成陪审团，我们的分析排除了死刑程序。因为每个陪审团都至少有 6 名加至多 2 名候补陪审员，我们也舍弃了那些不到 6 名陪审员和超过 8 名陪审员的案件。我们一样舍弃了多名被告及被告名称和在线纪录不符的情形。剩下的数据包含 785 件重罪陪审团审判程序，其中 401 件是来自萨拉索塔县，而 384 件来自莱克县。我们的分析聚焦在 712 件审判，其中主要因变量可被定义且被告被分类为黑人（$n=333$）或白人（$n=379$）。

（二）概要统计

表 13-1 针对全部 785 件重罪审判总体以及黑白族裔，呈现了被告及陪审团等变量的叙述统计。总的来说，44% 的被告为黑人，且平均被指控犯罪数为 2.99。我们区分每位被告被控诉的罪名类型（不分判决结果），分别为：（1）非死刑谋杀，（2）抢夺，（3）其他暴力犯罪，（4）财产犯罪，（5）毒品犯罪，（6）性犯罪，（7）武器犯罪以及（8）其他犯罪。总体而言，最普遍的犯罪类型依序是其他犯罪（33%），其他暴力犯罪（31%）以及毒品犯罪（25%）。被告种族间的犯罪类型分布有些不同，其中有 37% 的黑人被告至少有一项毒品犯罪指控，而白人被告则为 14%。相反地，8% 的黑人被告被控有性犯罪，相

比于白人被告的 18%。

表 13-1　数据统计概览

	全部审判总体		黑人被告		白人被告	
	平均数	标准差	平均数	标准差	平均数	标准差
被告特征						
黑人被告	0.44	0.50	1	0	0	0
西班牙裔被告	0.04	0.20	0	0	0	0
白人被告	0.51	0.50	0	0	1	0
男性被告	0.92	0.27	0.95	0.21	0.89	0.32
案件特征						
犯罪指控总数	2.99	3.57	2.79	2.33	3.26	4.55
毒品犯罪	0.25	0.44	0.37	0.49	0.14	0.35
谋杀	0.05	0.22	0.06	0.25	0.05	0.21
抢夺	0.09	0.29	0.15	0.36	0.05	0.21
其他暴力犯罪	0.31	0.46	0.31	0.46	0.30	0.46
财产犯罪	0.23	0.42	0.21	0.41	0.25	0.43
性犯罪	0.13	0.34	0.08	0.27	0.18	0.38
武器犯罪	0.12	0.33	0.18	0.39	0.08	0.27
其他犯罪	0.33	0.47	0.26	0.44	0.37	0.48
因变量						
有罪判决占比	0.670	0.439	0.686	0.432	0.641	0.450
至少针对 1 项罪名被判有罪	0.728	0.445	0.745	0.437	0.702	0.458
备选和参与审判陪审员特征						
审判陪审员数量	7.11	0.483	7.12	0.476	7.11	0.496
备选陪审员数量	27.3	7.3	26.9	7.0	27.6	7.6
黑人备选陪审员数量	0.64	0.48	0.63	0.48	0.65	0.48
黑人审判陪审员数量	0.28	0.45	0.29	0.45	0.26	0.44
黑人审判陪审员比例	0.046	0.080	0.051	0.089	0.040	0.069
黑人备选陪审员比例	0.039	0.040	0.040	0.043	0.038	0.038
样本数	785		333		379	

我们考虑判决的两种可能结果：被告是否至少针对1项检控罪名被判有罪，以及针对前述（1）到（5）的5项罪名，被告被判有罪的百分比。针对第1项指标，有74.5%的黑人被告以及70.2%的白人被告至少有1项罪名被判有罪。平均而言，备选陪审员则有27位，而从中选取参与审判的陪审员计有7席（包含候补者）。约有64%的案件至少有1名黑人备选陪审员供选取，然而仅有28%的审判有至少1名黑人陪审员参与审判。

这个百分比数字主要是源于备选陪审员群体中黑人的比例（3.9%）过低所致。事实上，比起初始的比例，黑人更常见于审判中的陪审团中（4.6%），意味着黑人备选陪审员比白人备选陪审员更容易被选取进入审判程序。鉴于在莱克及萨拉索塔两县中的黑人人口比例极低，本研究的变异主要源自毫无或极少位的备选黑人陪审员的差异。全美国的黑人人口约占总人口的12%，因此12%这样的比例可能更具有代表性。换言之，我们必须强调，此处的研究发现可能不足以代表在其他黑人人口比例较高的区域中陪审团种族的效果。这样的情形基本上属于"样本外"（out of sample），而种族的态度和陪审员间的互动在该等法域可能会有所不同。

表13-2审视了陪审团人口组成的变动是否和被告或案件性质无关，进而和备选陪审团和审判间属于"准随机变化"的概念相符。精确来说，我们就特定陪审团组成，也就是是否有黑人成员在备选陪审员中，以及可观察的被告及案件特征进行回归分析。假设备选陪审员果真是随机分配至案件中，那么回归的系数应该接近0，且未达统计上显著。此与本研究发现相符，48个系数中，仅有2个达到了5%水平的统计上显著，且所有系数的规模都相当小。尽管这些回归无法排除备选陪审员和被告或案件中不可观察的特征有所关，该结果仍然指出该相关性不应成为主要顾虑。

这些结果与下列情形相符：（1）陪审员管理软件随机地自列表中选取潜在陪审员，寄发通知，以及（2）陪审员管理软件随机地自被通知且到场的潜在陪审员中，选取参与备选程序之人。

表 13-2　备选陪审员种族组成与被告/案件特征的关系

	（1）黑人备选陪审员指标变量	（2）黑人备选陪审员比例	（3）白人备选陪审员比例	（4）其他种族备选陪审员比例
被告特征				
黑人被告	−0.008 （0.039）	0.003 （0.003）	−0.004 （0.005）	0.001 （0.003）
西班牙裔被告	0.005 （0.088）	0.004 （0.008）	−0.003 （0.011）	−0.001 （0.006）
男性被告	0.043 （0.067）	0.006 （0.005）	−0.009 （0.007）	0.002 （0.004）
案件特征				
毒品犯罪指控	−0.029 （0.051）	−0.0003 （0.004）	0.004 （0.006）	−0.003 （0.004）
谋杀指控	0.093 （0.076）	−0.002 （0.006）	−0.006 （0.008）	0.006 （0.005）
其他犯罪指控	0.007 （0.040）	0.002 （0.004）	−0.004 （0.005）	−0.0005 （0.003）
其他暴力犯罪指控	0.0001 （0.042）	0.004 （0.004）	−0.004 （0.005）	−0.0003 （0.003）
财产犯罪指控	0.078 （0.047）	0.013*** （0.005）	−0.006 （0.006）	−0.008** （0.003）
抢夺指控	−0.026 （0.065）	−0.005 （0.005）	0.004 （0.008）	0.0001 （0.005）
性犯罪指控	0.07 （0.058）	0.002 （0.005）	0.001 （0.006）	−0.004 （0.004）
武器犯罪指控	0.075 （0.054）	−0.001 （0.004）	0.001 （0.006）	0.0002 （0.004）
犯罪指控总数	0.008* （0.003）	5×10^{-5} （0.000）	0.0002 （0.000）	−0.0003 （0.000）
常数	0.541*** （0.074）	0.028*** （0.006）	0.942*** （0.007）	0.029*** （0.005）
样本数	771	771	771	771
F 统计	1.40	1.13	0.68	1.07
R^2	0.02	0.02	0.01	0.01

说明：*表示在0.1统计水平上显著，**表示在0.05统计水平上显著，***表示在0.01统计水平上显著；括号内为回归分析的稳健标准误差。

四、备选陪审员之种族组成对定罪率之影响

下文中,我们将检视备选陪审员种族组成对于黑人及白人被告定罪率的影响。表 3(参考原文表 3,译文因篇幅没有纳入——统稿注)左半部呈现了定罪率如何随着备选陪审员中是否含有黑人成员而变动。当备选陪审员中无黑人时,黑人被告比白人被告明显地更容易被定罪(黑人 81%,白人 66%)。然而,当备选陪审员中的黑人成员数量上升时,差异旋即消失。事实上,当备选陪审员中至少有 1 名黑人成员时,定罪率几乎相同(黑人 71%,白人 73%)。表 3 右半部则呈现了定罪率随着备选陪审员中黑人成员的数量的变动关系。考虑到样本大小,一旦有备选陪审员有多个黑人成员时,数据即有相当的噪声。因此,下文我们将专注在有黑人备选陪审员与至少 1 名黑人备选陪审员的案件间的不同。

表 13-3 的第 1 栏以回归形式呈现了结果:因变量为被告是否至少有 1 项被控罪名被定罪,而自变量则包含了下列指标:(1)被告是否为黑人,(2)备选陪审员中是否有黑人成员,(3)两变量的互动关系。第 2 栏则汇报了虚拟变量的系数,包含备选陪审员的性别、年纪、县以及登录年份等控制变量。同时纳入备选陪审员的其他特征,以探讨陪审团种族、性别以及年龄的潜在关联,而加入年份的虚设变量则处理了犯罪模式与定罪率随着时间有系统性趋势的可能性。上述增加的控制变量,在所有案件中,都和被告种族有完整的交互分析。这使得这些控制变量对于黑人和白人被告间的差异效果成为可能,如同我们对于备选陪审员种族组成的处理一般。

三个关键系数的点估计都非常稳健,而且在包含控制变量的分组中达到统计上显著。为了表述方便,我们使用第 2 栏的分组作为我们于下文分析的基准。作为基准的第 2 栏分组,其系数的点估计值,支持了 3 项结论。第一,当备选陪审员中无黑人成员时,黑人被告的定罪率和白人被告的定罪率有大的落差(16 个百分点)。第二,前述定罪率的落差,在备选陪审员中至少含有 1 名黑人成员时,显著降低。事实上,点估计(the point estimate)指出前述落差,在此情形下完全被消除。第三,当备选陪审员中含有至少 1 名黑人成员时,比起全为白人成员的情况下,白人被告的定罪率急剧上升(10.5 个百分点)。表 13-3 的第 3、4 栏,以 5 种被定罪的犯罪类型作为变量进行分类,并重复了前两栏的结构。结果在规模上类似,并具有统计上显著性。

表 13-3 定罪率的基础回归模型

	至少1项罪名被判有罪		被告被判有罪的百分比	
	（1）	（2）	（3）	（4）
黑人被告	0.150*** (0.056)	0.164*** (0.058)	0.156*** (0.055)	0.160*** (0.057)
备选陪审员有无黑人	0.069 (0.048)	0.105** (0.051)	0.063 (0.047)	0.090* (0.050)
黑人被告 × 备选陪审员有无黑人	−0.168** (0.070)	−0.166** (0.074)	−0.174** (0.069)	−0.155** (0.072)
常数	0.656*** (0.039)	0.627*** (0.041)	0.600*** (0.038)	0.576*** (0.040)
控制项				
备选陪审员的性别/年龄	否	是	否	是
郡	否	是	否	是
提告年份	否	是	否	是
样本数	712	712	712	712
R^2	0.01	0.07	0.01	0.08

说明：*表示在0.1统计水平上显著，**表示在0.05统计水平上显著，***表示在0.01统计水平上显著；括号内为回归分析的稳健标准误差。

在考虑这些结果的稳健性之前，必须强调的是，这些表13-3呈现的系数估计值不仅在统计上显著，其规模也相当大。考虑到极少数备选陪审员中含有2名以上的黑人成员的情形，上述所呈现的结果揭示了，在全为白人的备选陪审员中加入1—2名黑人成员后，定罪率会有很大的改变。更有甚者，我们必须留意到效果的规模反映的是，不论黑人备选陪审员是否确实参与审判时平均影响。事实上，每位备选陪审员中的黑人成员有1/3的机率被选出参与审判。在下一段中，我们将讨论备选陪审员中的成员可能影响诉讼结果的方式，包含他们实际被选出参与审判，以及他们在强制剔除程序中被剔除的情形。

表 13-4 稳健性/敏感性检验

	因变量 = 至少 1 项罪名被判有罪					
	（1）	（2）	（3）	（4）	（5）	（6）
黑人被告	0.164*** （0.058）	0.149** （0.063）	0.126** （0.060）	0.134*** （0.051）	0.163*** （0.058）	0.142** （0.055）
备选陪审员有无黑人	0.105** （0.051）	0.092* （0.053）	0.098* （0.052）	0.075* （0.045）	0.086* （0.050）	0.07 （0.048）
黑人被告 × 备选陪审员有无黑人	-0.166** （0.074）	-0.139* （0.080）	-0.130* （0.076）	-0.135** （0.065）	-0.156** （0.073）	-0.160** （0.070）
常数	0.627*** （0.041）	0.635*** （0.042）	0.636*** （0.042）	0.697*** （0.036）	0.613*** （0.040）	0.667*** （0.039）
样本附注	基准分组	基准分组	基准分组	包含莱克县中认罪并经陪审团判为有罪之案件	包含萨拉索塔县中非判决案件，并纳为陪审团宣判之无罪判决	包含萨拉索塔县中之非判决案件，并纳为陪审团宣判之有罪判决
基准控制	是	是	是	是	是	是
被告特征和案件特征	否	是	否	否	否	否
控制法官变量	否	否	是	否	否	否
样本数	712	710	709	845	737	737
R^2	0.07	0.11	0.13	0.04	0.05	0.05

说明：*表示在0.1统计水平上显著，**表示在0.05统计水平上显著，***表示在0.01统计水平上显著；括号内为回归分析的稳健标准误差。

表 13-4 以被告是否有 1 项被控罪名定罪为变量，呈现了一些其他分组的估计值。第 1 栏重复了基准分组（即表 13-3 第 2 栏）。第 2 栏则呈现了其他被

告及案件特征（性别、犯罪类型、犯罪数）的控制变量与备选陪审员组成交互作用后，各分组的估计值。透过控制被告及案件特征，我们处理了陪审团种族，非属直接受到被告种族影响，而是因为其他案件间与被告种族有关的差异（例如犯罪类型）而影响定罪率的可能性。从效果来看，第 2 栏的分组比较了在同样犯罪类型中，陪审团及被告种族的结果。尽管增加了额外的 20 个控制变量到有 712 个观测值的回归式中，三个关键系数的点估计仍然和基准分组的结果近似，且在标准信心水平下具有统计上显著性。第 3 栏把一整组控制法官变量的效果，及该效果与被告种族的交互关系（共 50 个变量），加入基准分组中，再次得到质与量上相同的结论。

第 4—6 栏则以其他非属有罪或无罪的犯罪结果分类方式，来考虑结果的稳健性。举例来说，第四栏重新定义了莱克县里，被告在备选陪审员产生后（但案件未经陪审团审判），旋即认罪的 133 个有罪案件。此等案件是否应被包含在本章的分析中，且被分类为有罪判决，在理论上具有疑义。一方面来说，因为陪审团的组成意味着有罪判决可能容易被作成，因此将之纳入有罪分类，尚属合理。另一方面，如果认罪协商的决策是基于无关于陪审团组成的因素而做成（例如在陪审员选择之前），那么包含这些案件类型会导致系数往 0 方面偏误，因为所有这类型的案件不论陪审团组成，都将有同样结果。第 5 栏将萨拉索塔县中 25 件并无陪审团有罪无罪判决的案件，重新编码为无罪。第 6 栏则将此类案件编码为有罪。在上述所有情况下，呈现的结果都与表 13-4 第一栏所呈现的基准分组的结果非常相似。

表 13-5 则进一步探究不同子样本下的结果间的异质性。考虑到各分组内部的样本数不大，我们提供了基线分组，亦即没有任何控制变量的结果。第 1 栏重复了基准分组（即表 13-3 第 1 栏），而第 2、3 栏则呈现了分别就莱克县及萨拉索塔县进行估计的模拟分类。这些分类透露出各县结果有着惊人相似的模式；且总的来说，莱克县的关键系数规模较大。

表 13-5 的最后三个字段检验了犯罪类型内部间的异质性，并分别提供了被控毒品犯罪、暴力犯罪及财产犯罪的被告的估计值。虽然这些估计值的标准误差，因为观察值较少的缘故，而较整体样本为高，但是许多关键系数仍为统计上显著，其中以毒品和暴力犯罪的系数较大。点估计指出，全为白人成员的备选陪审员，对黑人毒品犯罪的定罪率，比对白人被告高出 25 个百分点，而且这个差距不仅可以透过加入至少 1 名黑人成员进入备选陪审员而消失，而且可

以逆转。在此情形下，差距的消除肇因于白人被告定罪率的上升以及黑人被告定罪率的显著下降。

表 13-5　犯罪类型与县的异质性分析

因变量	（1） 至少1项罪名被判有罪	（2） 至少1项罪名被判有罪	（3） 至少1项罪名被判有罪	（4） 毒品犯罪被判有罪	（5） 暴力犯罪被判有罪	（6） 财产犯罪被判有罪
黑人被告	0.150*** （0.056）	0.223** （0.101）	0.127** （0.063）	0.244** （0.114）	0.085 （0.097）	0.097 （0.140）
备选陪审员有无黑人	0.069 （0.048）	0.149* （0.084）	0.085 （0.057）	0.19 （0.128）	0.081 （0.088）	−0.025 （0.108）
黑人被告 × 备选陪审员有无黑人	−0.168** （0.070）	−0.201* （0.116）	−0.160* （0.088）	−0.474*** （0.152）	−0.210* （0.119）	0.102 （0.167）
常数	0.656*** （0.039）	0.500*** （0.073）	0.730*** （0.043）	0.650*** （0.095）	0.675*** （0.072）	0.640*** （0.092）
样本	全部（基线）	莱克县	萨拉索塔县	毒品犯罪被起诉并经陪审团审判	暴力犯罪被起诉包含萨拉索塔县中之非判决案件，并纳为陪审团宣判之有罪判决	财产犯罪被起诉包含萨拉索塔县中之非判决案件，并纳为陪审团宣判之有罪判决
样本数	712	363	349	156	267	152
R^2	0.01	0.02	0.01	0.09	0.02	0.03

说明：*表示在0.1统计水平上显著，**表示在0.05统计水平上显著，***表示在0.01统计水平上显著；括号内为回归分析的稳健标准误差。

尽管唯一统计上显著的系数是交互项，类似的模式仍能在暴力犯罪中看到，意味着加入至少1名黑人成员到备选陪审员中可以降低黑人被告相对于白人被告的定罪率。陪审团种族对于财产犯罪的影响并不显著，即便有，那么点估计指出至少有1名黑人成员在备选陪审员中会对白人被告更为有利。

五、陪审团种族对审判结果影响之解析

上节几个表格是一连串关于备选陪审员种族组成影响判决结果影响的稳健结论。在得到这些结论之后，我们将讨论备选陪审员可能影响定罪率的各种可能机制，并区别何种机制和诉讼结果的模式与可观察到的陪审员选取流程相符。

（一）可能的机制

备选陪审员的种族组成，最直接影响诉讼结果的方式，是透过实际参与审判。当然，一个毫无黑人成员的备选陪审员中，是不可能产生出有黑人成员的陪审团的。而陪审团的黑人成员可能透过以下几种方式来影响诉讼结果，包含（1）陪审团的评议及决策流程，以及（2）检辩双方呈现证据的方式。在评议及决策流程中，黑人陪审团成员可能会比其所替代（而为被选取参与听审的）白人成员有着更高的或更低的可能性而投下有罪票。或者是其存在本身即改变了评议的情形，并因此其他白人成员的投票结果。后者在黑人陪审员能提供不同观点，或者白人陪审员对于显得种族歧视而有所顾忌时，即有可能发生。举例而言，萨默斯（Sommers，2002 & 2006）发现多种族组成的模拟陪审团，比起全白人成员的陪审团，更有可能有较长的评议时间，讨论较多案件事实，并且提起更多关于诉讼中所遗漏事项的问题。

在毫无黑人成员获选进入陪审团参与听审时，增加1名或2名黑人成员至备选陪审员中，仍可能对于诉讼结果有间接效果。如果检辩双方得以透过备选陪审员可观察到的特征（例如年纪、外貌、种族），辅以审前询问的答案，来形成定罪率的事前预期，那么我们可以期待检辩双方会利用强制剔除的权力，来排除那些对己方不利的备选陪审员。因此，只要检察官或辩护人利用强制剔除的权力剔除了黑人备选陪审员，他都失去了剔除另一个具有同样定罪率的陪审员的可能性。换言之，即便黑人备选陪审员被剔除了，他们仍然会被对案件具有同样态度的白人成员所替代。图13-1到图13-3展示了对于诉讼结果的间接效果。我们先从考虑备选陪审员中全为白人的情况开始。

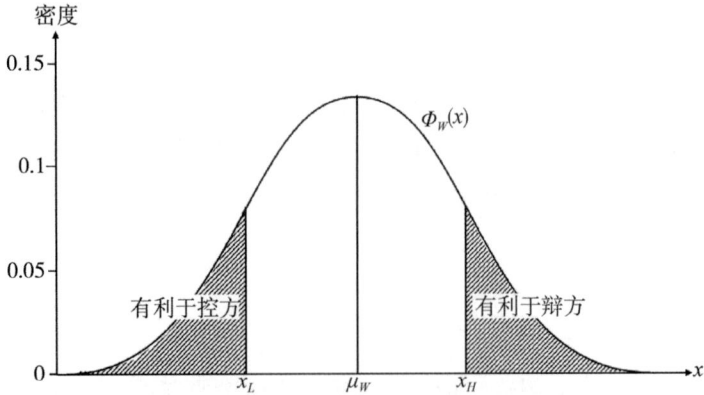

图 13-1　备选陪审员团中白人陪审员 x 的分布

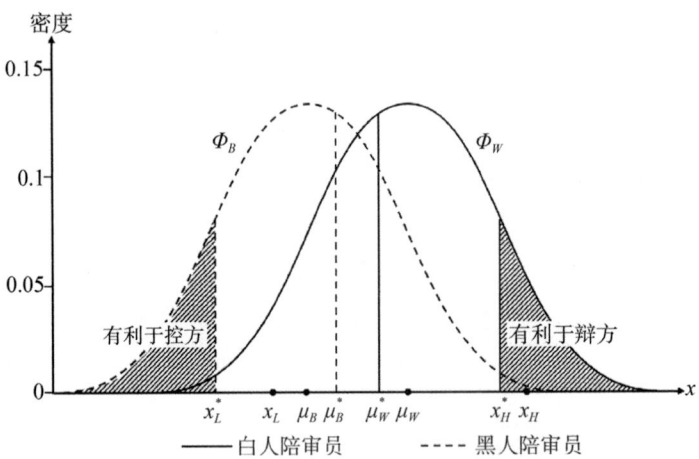

图 13-2　备选陪审员团中黑人与白人陪审员 x 的分布

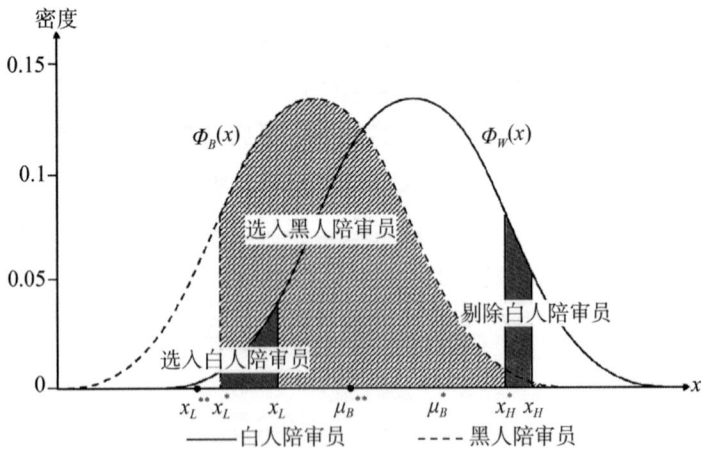

图 13-3　黑人陪审员加入备选陪审员团后的影响

图 13-1 描绘了平均数为 μ_w 的常态分布 $\phi_w(x)$，表示潜在白人备选陪审员的事前定罪率。具有较高的 x 值的陪审员较有可能认定有罪。举例来说，定罪率可以被写成 $P(x)=\frac{exp(x)}{1+exp(x)}$。为了让这个说明保持简单，我们假设陪审员只透过他们的主观定罪率 x 来影响诉讼结果，而检辩双方则利用强制剔除程序来剔除对其不利的陪审员。我们稍后也会把假设放宽，并讨论其意涵。透过这样的方式，辩护人会剔除那些主观定罪率在右尾的备选陪审员，而检察官则剔除那些在左尾的备选陪审员。如果双方都剔除一定百分比的备选陪审员，那么最后参与审判的陪审团成员会包含掐头去尾后，上下界分别为 x_H 及 x_L 的分布。

请注意，在本段中，我们将忽略在实际诉讼下，一定数目的备选陪审员会从这些分布中被抽取，因此上下界可能随着案件而有变动。而为了说明简便，我们假设备选陪审员中的陪审员的定罪率是连续的，且检辩双方得以剔除固定比例的备选陪审员。

图 13-2 则考虑了当至少有 1 名黑人成员在备选陪审员中的情形。图中描绘了 2 名备选陪审员事前定罪可能性的常态分布：$\phi_w(x)$ 和 $\phi_B(x)$，其平均值分别为 μ_w 及 μ_B。为了说明便利，我们姑且把两个常态分布画成变异数相同，但平均值 $\mu_w>\mu_B$ 的情形，而这也符合我们对于黑人被告的研究发现。而在白人被告的情形，我们可以透过对调两个常态分布的位置，来得到模拟的图形。如同图 13-2 所描绘，比起只有白人备选陪审员的情形，加入黑人成员将会使得整体分布的左侧有着更高的权重，因而使得上下界往含有黑人成员的分布移动，移动至 x_H^* 及 x_L^*。

图 13-3 重复图 13-2，但把加入了黑人成员后产生的影响区域，涂上颜色。加入黑人成员后有两个效果。其一，那些定罪机率在新的上下界 x_H^* 及 x_L^* 中的黑人备选陪审员，获选进入陪审团参与审判。那些进入陪审团参与审判的黑人备选陪审员的定罪率即构成了前述直接效果的基础。其二，因为检方使用部分强制剔除的权力来排除那些位在左尾的黑人备选陪审员，因此其仅剩较少的机会来剔除具有较低定罪可能性的白人成员。职是之故，定罪可能性在 x_H^* 及 x_L^* 中的白人备选陪审员，此时将被选为陪审团成员参与审判。这些白人成员的增加则构成前述间接效果的基础。

相比于全为白人成员的备选陪审员，那些现在因为备选陪审员中有黑人成员，而因此被选入陪审团而参与审判的黑人或白人陪审员，比起他们所取代的白人陪审员（定罪可能性在 x_H 和 x_H^* 间）更不可能做成有罪判断。甚者，因为检察官使用了一些强制剔除的额度在分布左尾位置的黑人备选陪审员上，因此可以注意到那些被选入陪审团的黑人备选陪审员，其平均定罪可能性明显高过于那些被选入的边际白人成员。这意味着间接效果比起直接效果可能来得大。

除了彰显备选陪审员组成对于诉讼结果的间接影响机制外，陪审员遴选流程的简单描述也有助于解释数据的一些模式。举例来说，图 13-1 到图 13-3 所描绘的种族内异质性，一贯解释了为何黑人成员获选进入陪审团的概率和白人成员相当。具体来说，只要白人备选陪审员和黑人备选陪审员的事前定罪机率有高度重叠，那么就会有相当部分的定罪可能性 x 在 x_H^* 及 x_L^* 的黑人备选陪审员获选进入陪审团并参与审判。我们在下文也会更深入地讨论双方将黑人成员选入陪审团的其他动机：例如避免被指控种族歧视。

（二）将估计效果的规模置入脉络

假设图 13-1 到图 13-3 所呈现的理论框架近似于陪审团遴选过程，且假设诉讼结果只是最终陪审团成员定罪可能性的函数，那么本章主要发现的规模意味着事前定罪率的分布必然相当分散。具体来说，本章结果指出，随机地增加 1—2 名黑人成员到一个有 27 名成员的备选陪审员中，白人被告的定罪率即增加达 6—11 个百分点（取决于犯罪类型），且黑人被告的定罪率有相当的减少。对此，我们关注两个能解读此效果规模的考虑因素。

首先，值得注意的是，在所有检察官起诉的案件中，仅有相当小的部分进入诉讼且由陪审团审判。一方面，在证据不足以支持合理定罪可能性的情形下，检察官可能宁可放弃，也不会加以起诉。这么做能节省准备及陈述案件的时间，并且维持起诉案件的高定罪率，有助于检察官的考核和评价。相似地，在双方都预期会获致有罪判决的情况下，认罪协商经常达成共识，这同时降低了检察官的诉讼成本也确保了有罪判决，被告也换得较轻的刑度。实际上，美国的地方法院的案件，有 90% 的被告达成认罪协商，而有 97% 的有罪判决是源自于认罪，而非法院或陪审团的有罪判决。因此，这些诉讼前的筛选机制，使得进入诉讼的案件，就系统上而言，更有可能是那些双方对于证据有所争执的案件。因此，对于此类型案件，备选陪审员具有相当分歧的事前定罪率，并不令人感到意外。

其次，如同我们提及的，陪审团中的特定成员可能对于审判或者评议过程有着超乎其主观定罪率以外的影响。如果在陪审团中纳入黑人成员影响了双方在诉讼中的陈述方式或者白人成员的思考，那么该黑人成员可能会把其他陪审团成员拉往其立场，进而强化了直接效果。当然，整体而言，我们也预期检辩双方会将此纳入考虑，并因此在其他条件不变的情况下，更有可能剔除黑人成员。在图 13-3 所呈现的例子中，这可能有把潜在黑人备选陪审员的门坎拉高的效果，导致黑人备选陪审员的获选率更低，且获选者可能系从较高定罪率的部分中选出，而因此与白人陪审员有着更高的近似性。

然而，这些剔除更多黑人陪审员的逻辑未必成立，因为检辩双方可能有所顾虑而不想（看似）使用种族作为行使强制剔除的考虑因素。尤其是检察官可能会想要避免辩方的"巴特森挑战"（Batson challenge），即因无黑人成员获选进入陪审团，故审判应当无效的主张。如果检辩双方在行使强制剔除时，对于纳入黑人成员事实上给予相应于其代表比例的权重时，他们可能会对于黑人备选陪审员以及白人备选陪审员设有不同的事前定罪率门坎。回到图 13-3，透过对于黑人备选陪审员设定一低于 x_L^* 的定罪率门坎 x_L^{**}，检察官将纳入更高比例的黑人陪审员，进而降低了获选进入陪审团的黑人陪审员的平均定罪率。这将增加直接效果的规模，而对间接效果影响不大。

六、含义和结论

基于上文所呈现的主要发现以及前段对于潜在影响机制的讨论，我们在本节将以本章研究结果对于公平及平等的法律适用的含义做总结。我们的主要发现指出，当至少有一些黑人代表在备选陪审员中时，黑人被告和白人被告的定罪率是相似的；但当黑人代表不在时，黑人被告更有可能被定罪。在备选陪审员中含有越多其种族成员时，该种族被告的结果也较好。也因为如此，在黑人成员在备选陪审员的比例如此低的情况下，黑人被告明显地要比白人被告处于不利地位。

本章研究发现的更直接的含义是，刑事司法在这些佛罗里达州的县里是高度不平等的。单单是备选陪审员成员结构的微小改变（增加 1 名黑人成员），就对黑人被告对比白人被告的定罪率产生巨大影响。虽然备选陪审员内部的异质性难以避免，不过面对特定证据，陪审团的判决并非恣意，这一点仍然是司法系统一个可期待的特质。从这个脉络上来说，增加陪审团的成员数量可以大幅降低诉讼结果的变异性，增加黑人成员的代表比例，同时使得诉讼结果对于黑人及白人被告更加平等。

至于陪审团审判对于各种族被告的公平性的含义，本章则难以骤下定论。如同前文所讨论，当备选陪审员有着相异的定罪可能性时，任何备选陪审员的随机变动，都会影响最终陪审团判定被告有罪的可能性。但是这样的模型并不指涉哪种陪审员针对各种族被告适用最适当的证据标准。问题在于，并没有一个直接的指标，来量度黑人被告以及白人被告案件中证据的客观强度，因此我们对于黑人和白人被告案件的定罪率"应该"是什么，无从置喙。事实上，如果我们样本中的黑人被告案件和白人被告案件，其证据质量是相当的，我们的结果将意味着全白人的备选陪审员，对于定罪黑人被告，所要求的证据标准是较低的。这是一个很严重的引申，但因为我们对于具体个案的证据质量一无所悉，所以无法下定论。

虽然量度本章样本个案中的证据客观质量逾越了本章的范畴，但未来的研究可以就这些个案的诉讼文本进行主客观分析，并针对公平性问题提供洞见。举例来说，如果对受试者提供中性而与种族无关的诉讼文本，即可以测量黑人被告和白人被告的案件间，证据质量是否相当。如此分析可以在犯罪类型内部完成，且可以明显测出当文本呈现的方式并不直接指涉被告种族时，黑人和白人受试者对于证据的反应是否不同。

全白人成员的备选陪审员队于黑人被告有较高的定罪率，而对于白人被告有较低的定罪率此一事实，提供了本章分析的最后一个引申。这个模式基本上和各种族陪审员都对各种族被告适用同一证据标准一事是不相符的。具体而言，如果各种族的陪审员对于黑人及白人被告，都同样地看待诉讼中呈现的证据，并且适用同样的标准，那么很可能采取较高（低）标准的陪审员，会对两种被告有着相同地更高（低）的定罪率。重要的是，在这样的情形下，如果陪审员适用同样的标准，那么不论各种族被告的证据质量分布如何，定罪率是不可能有某一种族提升，而另一种族下降的情形。换言之，如果某一种族的陪审员本身就比较严苛，那么他们更可能对于所有被告都很严苛，否则证据告诉我们，他们并不真的是用同一证据标准。

本章主要分析所展现出的交互关系因此导出我们的最终结论：至少有一个种族（可能是双方）的陪审员，依据被告种族而差别诠释证据，或者随被告种族而使用不同证据标准。两者之中任一情形，都隐含着被告与陪审团种族之间的对应，基本上改变了证据和定罪率的关系。因此，此等备选陪审员种族构成的影响值得更多关注与分析，以确保刑事司法制度的公平性。

本章参考文献

Paula Hannaford-Agor, Gregory Mize and Nicole Waters, *The State-of-the-States Survey of Jury Improvement Efforts: A Compendium Reportm*, National Center for State Courts (2007).

第五编
比较法的实证研究

本编导读：两面评价在人间[1]

张永健

拉斐尔·拉波塔（Rafael La Porta）、弗洛伦西奥·洛佩兹-德-斯拉内斯（Florencio López-de-Silanes）、安德鲁·施莱弗（Andrei Shleifer）与罗伯特·维什尼（Robert W. Vishny）——合称"LLSV"——发表于1997年和1998年的两篇文章，被引用数万次[2]。LLSV的文章开创了"法律与金融"这个新领域。

不过，1998年文章（参见本书第15章）的英文标题虽然是"Law and Finance"，但是其中的"finance"无论是理解为金融或财务，都和当代商学院对其的理解有一段差距。LLSV文章中的"finance"其实是指金融发展（financial development），文章中有时也使用现在更为人使

---

[1] 本导读改写自笔者合著的两篇英文文章，参见 Yun-chien Chang, Nuno Garoupa & Martin T. Wells, *Drawing the Legal Family Tree: An Empirical Comparative Study of 170 Dimensions of Property Law in 129 Jurisdictions*, Journal of Legal Analysis, Vol.13, p.231–282 (2021); Anu Bradford et al., *Do Legal Origins Predict Legal Substance?*, The Journal of Law and Economics, Vol.64, p.207–231 (2021). 笔者感谢4位共同作者的贡献。

[2] Rafael La Porta et al., *Law and Finance*, Journal of Political Economy, Vol.106, p.1113–1155 (1998); Rafael La Porta et al., *Legal Determinants of External Finance*, The Journal of Finance, Vol.52, p.1131–1150 (1997).

用的词汇：经济成长或经济发展（economic development）。换言之，LLSV 的研究，主要是法律对经济成长的影响。而 LLSV 区分一国的"法系渊源"（legal origin）是普通法系、法式大陆法系、德式大陆法系、北欧式大陆法系，并主张百年前的法系渊源差异，至今仍影响一国在公司、证券领域的法律规范，并进一步导致各国经济发展程度的差异。

如果说法律与金融（或法律与经济发展）是 LLSV 有意栽花，比较法学界的发展就是 LLSV 无心插柳。比较法学界在百年以前就兴致勃勃地将世界各国分类为不同的"法的家庭"，LLSV 的研究则显示法律规范——无论是内容或风格——的差异，可能不只是"尔爱其羊、我爱其礼"，而是"你变有钱、俺还很穷"。以下将分为两节，分别概述法律与金融、比较法的文献，以让读者更明白 LLSV 的贡献，及为何 LLSV 遭到后续研究的猛烈攻击。

一、法律与金融

LLSV 编码了 49 个国家的法系渊源和 6 个投资人保护规范，并指出投资人保护程度，很大程度与该国的法系渊源有关；而普通法系最保护投资人[1]。而投资人保护程度越高，资本市场也越蓬勃[2]。LLSV 在 1997 年和 1998 年的文章，点了一把火，吸引非常多后续研究，探讨法系渊源如何影响国家发展[3]。后续研究也采用了 LLSV 的路数：先以数据展现法系渊源和某种法律或管制的关联，再展现该种法律或管制与某种结果（如 GDP 成长率）的关联。总之，就是以法律、管制的内容为中介，展现法系渊源对国家发展结果的影响。

LLSV 在 2008 年的 10 年回顾文章中[4]，把那 10 年中的法系渊源研究分

---

[1] Rafael La Porta, Florencio López-de-Silanes, Andrei Shleifer & Robert W. Vishny, *Law and Finance*, Journal of Political Economy, Vol.106, p.1113–1155 (1998); Rafael La Porta, Florencio López-de-Silanes & Andrei Shleifer, *The Economic Consequences of Legal Origins*, Journal of Economic Literature, Vol.46, p.285–332 (2008).

[2] Rafael La Porta, Florencio López-de-Silanes, Andrei Shleifer & Robert W. Vishny, *Legal Determinants of External Finance*, The Journal of Finance, Vol.52, p.1131–1150 (1997).

[3] Paul G. Mahoney, *The Common Law and Economic Growth: Hayek Might Be Right*, Journal of Legal Studies, Vol.30, p.503–525 (2001); Kenneth Dam, *The Law-Growth Nexus: The Rule of Law and Economic Development*, Brookings Institution Press, 2006; Mark J. Roe, *Legal Origin, Politics, and Modern Stock Markets*, Harvard Law Review, Vol.120, p.460–527 (2006).

[4] Rafael La Porta, Florencio López-de-Silanes & Andrei Shleifer, *The Economic Consequences of Legal Origins*, Journal of Economic Literature, Vol.46, p.285–332 (2008).

为三类：第一类，投资人保护、公司法、合同履行[1]。例如：西蒙·詹科夫（Simeon Djankov）等的研究，量度了 88 个国家强制执行债务偿还的效度，发现法系渊源是最强的预测指标之一[2]。第二类，政府对经济活动与市场的管制[3]。例如：胡安·博特罗（Juan C. Botero）等人研究了法系渊源、劳动市场管制、劳动人力参与的关联[4]。第三类，司法部门特征[5]。例如：拉波塔等人量度了法系渊源、法官任期长短、合同与物权保障强度的关联[6]。

2008 年后，此脉文献继续茁壮[7]。虽然研究设计和数据不同，但文献发现基本一致：普通法系就是好！普通法系的司法更独立、财产权保护更周延、经济发展更迅猛。西万·安德森（Siwan Anderson）于 2018 年在世界最顶尖的经济学学报《美国经济评论》（*American Economic Review*）上发表的文章，是极

---

[1] Rafael La Porta, Florencio López-de-Silanes & Andrei Shleifer, *What Works in Securities Laws?*, The Journal of Finance, Vol.61, p.1–32 (2006); Rafael La Porta et al., *Agency Problems and Dividend Policies around the World*, The Journal of Finance, Vol.55, p.1–33 (2000); Rafael La Porta et al., *Investor Protection and Corporate Valuation*, The Journal of Finance, Vol.57, p.1147–1170 (2002); Simeon Djankov et al., *The Law and Economics of Self-dealing*, Journal of Financial Economics, Vol.88, p.430–465 (2008); Simeon Djankov, Caralee McLiesh & Andrei Shleifer, *Private Credit in 129 Countries*, Journal of Financial Economics, Vol.84, p.299–329 (2007); Alexander Dyck & Luigi Zingales, *Private Benefits of Control: An International Comparison*, The Journal of Finance, Vol.59, p.537–600 (2004); Rafael La Porta et al., *The Quality of Government*, The Journal of Law, Economics, and Organization, Vol.15, p.222–279 (1999); Simeon Djankov et al., *Debt Enforcement Around the World*, Journal of Political Economy, Vol.116, p.1105–1149 (2008); Holger Spamann, *Legal Origin, Civil Procedure, and the Quality of Contract Enforcement*, Journal of Institutional and Theoretical Economics, Vol.166, p.149–165 (2010).

[2] Simeon Djankov, Caralee McLiesh & Rita Maria Ramalho, *Regulation and Growth*, Economics Letters, Vol.92, p.395–401 (2006).

[3] Simeon Djankov et al., *The Regulation of Entry*, The Quarterly Journal of Economics, Vol.117, p.1–37 (2002); Casey B. Mulligan & Andrei Shleifer, *The Extent of the Market and the Supply of Regulation*, The Quarterly Journal of Economics, Vol.120, p.1445–1473 (2005); Casey B. Mulligan & Andrei Shleifer, *Conscription as Regulation*, American Law and Economics Review, Vol.7, p.85–111 (2005); Simeon Djankov et al., *Who Owns the Media?*, The Journal of Law and Economics, Vol.46, p.341–382 (2003).

[4] Juan C. Botero et al., *The Regulation of Labor*, The Quarterly Journal of Economics, Vol.119, p.1339–1382 (2004).

[5] Simeon Djankov et al., *Courts*, The Quarterly Journal of Economics, Vol.118, p.453–517 (2003); Rafael La Porta et al., *Judicial Checks and Balances*, Journal of Political Economy, Vol.112, p.445–470 (2004); Simeon Djankov, Andrei Shleifer, Caralee McLiesh & Oliver Hart, *Debt Enforcement around the World*, Journal of Political Economy, Vol.116, p.1105–1149 (2008).

[6] Rafael La Porta, Florencio López-de-Silanes, Cristian Pop-Eleches & Andrei Shleifer, *Judicial Checks and Balances*, Journal of Political Economy, Vol.112, p.445–470 (2004).

[7] 完整的文献回顾，参见 Daniel Oto-Peralías & Diego Romero-Ávila, *Legal Traditions, Legal Reforms and Economic Performance: Theory and Evidence*, Springer, 2017; Holger Spamann, *Empirical Comparative Law*, Annual Review of Law and Social Science, Vol.11, p.131–153 (2015); Guangdong Xu, *The Role of Law in Economic Growth: A Literature Review*, Journal of Economic Surveys, Vol.25, p.833–871 (2011). 其中，最后一篇文章是中国政法大学徐光东教授的早期杰作之一。

少见的例外[1]。安德森发现，在非洲撒哈拉沙漠以南的国家，普通法系国家的艾滋病比法式大陆法系国家更盛行。安德森认为原因是大陆法系对离婚妇女的分财产规则比较好，普通法系比较差，导致在婚姻中，前者妇女比后者妇女跟丈夫的谈判能力更强——谈判什么呢？安全的性行为！不安全的性行为导致后者妇女更高的艾滋病罹患率。能在现在的《美国经济评论》发表，安德森当然作了上百种稳健性检验，但或许是 LLSV 的研究尚未被除魅，评议人或安德森自己并没有质疑使用法系渊源作为量度现实世界中婚姻法规范的有效指标。安德森虽然引用了世界银行的报告，但忽略了该报告中的各种细致的法律规范描述，只看到粗略的法系渊源区分。

笔者当然不是第一个批判 LLSV 研究取径者。丹尼尔·克勒曼（Daniel Klerman）等人是最重要的拍砖者（参见本书第 15 章）。克勒曼等人问：到底是殖民历史，还是法系渊源，影响了各国的当代发展？两者固然往往有重迭，但仍有巨大差异。像中国往往被归类为德式大陆法系，但中国从未被殖民过。西班牙、葡萄牙、比利时被归类为法式大陆法系，但它们与法国在各地的殖民手法并不相同。再者，欧洲殖民者并非随机挑选殖民地[2]，较早进行海上冒险的英国人，就比法国人挑到更好的地点；亦即，英国殖民地在被殖民前，就比法国殖民地在被殖民前富有，所以也很可能是殖民前（也就是法系渊源被决定前）的其他条件，影响了前殖民地国家的当代发展。

再者，LLSV 虽然有 4 位作者，但没有一位有法律专业。哈佛大学教授、法律与经济一肩扛、精通 6 种语言的霍格尔·斯帕曼（Holger Spamann，也是前述克勒曼等人文章的其中 1 位共同作者）教授，就在改正了 LLSV 对 33 个国家的法律规定的编码错误后，发现法系渊源和投资保护程度的关连消失了[3]。

---

[1] Siwan Anderson, *Legal Origin and Female HIV*, American Economic Review, Vol.108, p.1407–1439 (2018).

[2] Daniel Oto-Peralías & Diego Romero-Ávila, *The Distribution of Legal Traditions around the World: A Contribution to the Legal Origins Theory*, Journal of Law and Economics, Vol.57, p.561–628 (2014).

[3] Holger Spamann, *The Antidirector Rights Index Revisited*, Review of Financial Studies, Vol.23, p.467–486 (2009).

其他批判文章甚多，在此不赘述[1]。

有兴趣阅读这一系列文献的读者，还要谨记在心：这些文献的结论，是由谁比谁得来？LLSV 的法律与金融文章，将大陆法系分为三类：法式、德式、北欧式。LLSV 指出，经济发展程度的差异，主要来自法式大陆法系和普通法系的差异[2]，德式、北欧式法系国家，介于两者之间。须注意，德式、北欧式大陆法系国家几乎都已经是发达国家，从 20 世纪日本、韩国的高经济成长[3]，到 21 世纪中国的崛起，都使德式大陆法系的平均 GDP 成长率被大幅拉高。与此同时，法式大陆法系和普通法系国家，则仍有不少开发中国家（如非洲的法国前殖民地和印度、巴基斯坦）。因此，许多文献关注的是法式大陆法系和普通法系国家为何产生差距[4]。读者千万**不能**将文献简化成大陆法系和普通法系国家的差异探讨。

二、比较法

至少从 1880 年艾涅斯特·格拉松（Ernest D. Glasson）的专著开始，比较

---

[1] Daniel Berkowitz, Katharina Pistor & Jean-Francois Richard, *Economic Development, Legality, and the Transplant Effect*, European Economic Review, Vol.47, p.165–195 (2003); Daniel Berkowitz, Katharina Pistor & Jean-Francois Richard, *The Transplant Effect*, American Journal of Comparative Law, Vol.51, p.163–204 (2003); Raghuram G. Rajan & Luigi Zingales, *The Great Reversals: The Politics of Financial Development in the Twentieth Century*, Journal of Financial Economics, Vol.69, p.5–50 (2003); Amir N. Licht, Chanan Goldschmidt & Shalom H. Schwartz, *Culture, Law, and Corporate Governance*, International Review of Law and Economics, Vol.25, p.229–255 (2005); Mark J. Roe & Jordan I. Siegel, *Finance and Politics: A Review Essay Based on Kenneth Dam's Analysis of Legal Traditions in the Law-Growth Nexus*, Journal of Economic Literature, Vol.47, p.781–800 (2009); Mark J. Roe, *Legal Origins, Politics, and Modern Stock Markets*, Harvard Law Review, Vol.120, p.460–527 (2006); Daniel Klerman & Paul G. Mahoney, *Legal Origin?*, Journal of Comparative Economics, Vol.35, p.278–293 (2007); Holger Spamann, *Legal Origin, Civil Procedure, and the Quality of Contract Enforcement*, Journal of Institutional and Theoretical Economics, Vol.166, p.149–165 (2010); Samuel Bazzi & Michael A. Clemens, *Blunt Instruments: Avoiding Common Pitfalls in Identifying the Causes of Economic Growth*, American Economic Journal: Macroeconomics, Vol.5, p.152–186 (2013).

[2] 可想而知，法国学界反应颇为激烈，并对 LLSV 及采用 LLSV 方法论的世界银行营商环境报告（Doing Business Report）迭有批评。Bénédicte Fauvarque-Cosson & Anne-Julie Kerhuel, *Is Law an Economic Contest? French Reactions to the Doing Business World Bank Reports and Economic Analysis of the Law*, The American Journal of Comparative Law, Vol.57, p.811–829 (2009).

[3] Robert Cooter & Hans-Bernd Schäfer, *Solomon's Knot: How Law Can End the Poverty of Nations*, Princeton University Press, 2012.

[4] Edward L. Glaeser & Andrei Shleifer, *Legal Origins*, The Quarterly Journal of Economics, Vol.117, p.1193–1229 (2002); Daniel Klerman & Paul G. Mahoney, *Legal origin?*, Journal of Comparative Economics, Vol.35, p.278–293 (2007).

法学者就开始关注法系（或法的家庭）[1]。随着研究的进展，法系区分也从二三种，逐渐扩展到六七种分类。当代法系研究的奠基之作出现在 20 世纪 60 年代，包括中文读者很熟悉的《比较法总论》德文第 1 版[2]。除了诸如德式大陆法、法系大陆法、普通法的区分外，也出现社会主义式、伊斯兰式、东亚、北欧、印度教式（Hindu）等分类方式。几个受过多种不同法系洗礼的国家，也有时被看成独立的一类[3]。

不过，正当 LLSV 把法系渊源这个和法系高度重合的概念在经济学文献中用得风风火火时，在暴风圈外的比较法学者[4]，却开始扬弃法系的概念[5]。有学者认为在全球化的时代，未来的法律研究难以再仰赖法系的区分[6]。有学者指出，欧盟的兴起，以及欧盟在全球推销其法律规范，使得许多国家——不分法系——受到欧盟法（并非特定法系产品）的强烈影响[7]。有学者不愿意就此别过，提出了以文化区分法系的理论；依此，就法系分为西方、亚洲、伊斯兰、非洲[8]。有学者指出，在一些部门法，法律规范扩散（diffusion）的模式，仍然受到法系渊源的影响[9]。但也有学者指出，在西非的法国前殖民地，7 个国家在 1955 年独立后，对刑法作了不同方向的修改；因此，法系渊源在过去半个世

---

[1] Mariana Pargendler, *The Rise and Decline of Legal Families*, American Journal of Comparative Law, Vol.60, p.1043–1074 (2012).

[2] René David, Les Grands Systèmes de Droit Contemporain, Dalloz, 1962; Konrad Zweigert & Hein Kötz, Einführung in die Rechtvergleichung auf dem Gebiete des Privatrechts, Mohr Siebeck, 1969.

[3] Vernon V. Palmer, *Mixed Jurisdictions Worldwide. The Third Legal Family*, Cambridge University Press, 2001.

[4] 传统的比较法学者，怀疑法律与金融文献的方法论，所以没有加入与 LLSV 的对话。Mathias Siems, *Legal Origins: Reconciling Law & Finance and Comparative Law*, McGill Law Journal, Vol.52, p.55–81 (2007); Ralf Michaels, *Comparative Law by Numbers? Legal Origins Thesis, Doing Business Reports, and the Silence of Traditional Comparative Law*, American Journal of Comparative Law, Vol.57, p.765–795 (2009).

[5] Jaako Husa, *Classification of Legal Systems Today: Is it Time for a Memorial Hymn?*, Revue Internationale de Droit Comparé, Vol.56, p.11–38 (2004); Mariana Pargendler, American Journal of Comparative Law, Vol.60, p.1043–1074 (2012); Nuno Garoupa & Mariana Pargendler, *A Law and Economics Perspective on Legal Families*, European Journal of Legal Studies Vol.7, p.36–60 (2014).

[6] Janet Walker & Oscar G. Chase eds., *Common Law, Civil Law and the Future of Categories*, Lexis Nexis Canada, 2010.

[7] Anu Bradford, *The Brussels Effect*, Northwestern University Law Review, Vol.107, p.1–67 (2012); Anu Bradford et al., *The Global Dominance of European Competition Law Over American Antitrust Law*, Journal of Empirical Legal Studies, Vol.16, p.731–766 (2019); Anu Bradford & Adam Chilton, *Competition Law Around the World from 1889 to 2010: The Competition Law Index*, Journal of Competition Law & Economics, Vol.14, p.393–432 (2018).

[8] Mark Van Hoecke & Mark Warrington, *Legal Cultures, Legal Paradigms and Legal Doctrine: A New Model for Comparative Law*, International and Comparative Law Quarterly, Vol.47, p.495–536 (1998).

[9] Holger Spamann, *Contemporary Legal Transplants: Legal Families and the Diffusion of (Corporate) Law*, Brigham Young University Law Review, Vol.2009, p.1813–1877 (2009).

纪，在一些部门法，不能精准预测法律演进的方向[1]。

另外，受到 LLSV 和实证法经济学影响的法律学者，也开始以数据与法实证研究方法，对法系区分发表看法。因为 LLSV 的法律与金融经典研究是以公司、证券法为研究对象，公司法学者率先发难，收集数据、检验相关理论[2]。

随后，开始有更多法学者以定量方法从事比较法。著有比较法教科书的德国学者马蒂亚斯·西姆斯（Mathias Siems）是这方面的先驱之一[3]。他用既有的 15 个跨国变量（如宗教、是否有民法典、是否有集中式的宪法法院、是否仰赖拉丁式的公证人等），将世界上 156 个国家分为 4 类[4]。在另一个研究中，西姆斯探讨法律确定性（legal certainty）和法系的关连。西姆斯发现，大陆法系国家并没有像一般认为的那样，比普通法系国家，有更高的法律确定性[5]。

意大利学者朱塞佩·达里－马蒂亚奇（Giuseppe Dari-Mattiacci）和卡明·格里耶罗（Carmine Guerriero）收集了 126 个法域（jurisdictions）的动产善意取得、动产与不动产时效取得、土地征收的法律规范，并编码为数据集[6]。依据这个新的数据集，她们尝试以文化为主要变量，解释为何各国有不同的法

---

[1] Maya Berizon & Ryan C. Briggs, *Legal Families without the Laws: The Fading of Colonial Law in French West Africa*, American Journal of Comparative Law, Vol.64, p.329–370 (2016).

[2] John Armour et al., *How do Legal Rules Evolve? Evidence from Cross-national Comparison of Shareholder, Creditor and Worker Protection*, American Journal of Comparative Law, Vol.57, p.579–630 (2009); John Armour et al., *Law and Financial Development: What We are Learning from Time Series Evidence*, Brigham Young University Law Review, Vol.2009, p.1435–1500 (2009); Howell E. Jackson & Mark J. Roe, *Public and Private Enforcement of Securities Law: Resource-based Evidence*, Journal of Financial Economics, Vol.93, p.207–238 (2009); Mark J. Roe, *Legal Origins, Politics, and Modern Stock Markets*, Harvard Law Review, Vol.120, p.460–527 (2006); Rafael La Porta, Florencio López-de-Silanes & Andrei Shleifer, *Law and Finance After a Decade of Research,* in George M. Constantinides, Milton Harris & Rene M. Stulz eds., Handbook of Economics of Finance, Elsevier, 2013; Rafael La Porta, Florencio López-de-Silanes, Andrei Shleifer & Robert W. Vishny, *Law and Finance,* Journal of Political Economy, Vol.106, p.1113–1155 (1998); Holger Spamann, *The "Antidirector Rights Index" Revisited*, The Review of Financial Studies, Vol.23, p.467–486 (2009).

[3] Mathias Siems, *Comparative Law*, Cambridge University Press, 2014.

[4] Mathias Siems, *Varieties of Legal Systems: Towards a New Global Taxonomy*, Journal of Institutional Economics, Vol.12, p.579–602 (2016).

[5] Mathias Siems, *Comparative Legal Certainty: Legal Families and Forms of Measurement*, in Mark Fenwick, Mathias M. Siems & Stefan Wrbka eds., The Shifting Meaning of Legal Certainty in Comparative and Transnational Law, Hart, 2017.

[6] Giuseppe Dari-Mattiacci & Carmine Guerriero, *A Novel Dataset on Horizontal Property Rights in 126 Countries*, Data in Brief, Vol.11, p.557–561 (2017).

律规定[1]。格里耶罗也运用的额外的数据，尝试提出新的法系分类[2]。

最新的相关研究，则由笔者团队担纲演出。在发表于《法律分析杂志》（*Journal of Legal Analysis*）的文章中，笔者和共同作者以128个法域的170个面向的物权法编码数据，以机器学习（machine learning）方法划分法域[3]。以人工智能先编码，再以人工智能分析，可以驱除长期以来文献陈陈相因的认知偏误，也可以检验LLSV以来的法律与金融文献，以及一个多世纪以来的比较法文献，是否正确地区分法系。该文只有物权法数据，自然无法取代所有文献，但从其发现物权法的最大差异是法国法系与非法国法系，对于LLSV以降研究经济发展差异的文献，毋宁是一大肯定，但对于比较法文献（尤其中文比较法文献）中，普通法系与大陆法系的二分法，则是一大挑战。[4]

在另一篇发表于《法律与经济杂志》（*The Journal of Law and Economics*）的文章中，笔者和共同作者则挑战LLSV研究取径中的关键第一步。[5] LLSV的方法是联结当下的法律规范相似性与法系，但LLSV和后续文献，都只运用了非常少量的法律规范。笔者的研究，则运用上文提到的物权法数据集（170个变量），以及共同作者搜集的反不当竞争法数据集（90个变量）[6]，检验LLSV的四个法系区分，究竟是否有助于预测法律规范相似性。结果发现：区分四个法系，在物权法确实不无道理，因为同法系国家的物权法，倾向于比不同法系国家的物权法，更为相似。但是，在反不当竞争法中，相同法系与否，对于两

---

[1] Giuseppe Dari-Mattiacci & Carmine Guerriero, *Law and Culture: A Theory of Comparative Variation in Bona Fide Purchase Rules*, Oxford Journal of Legal Studies, Vol.35, p.543–574 (2015); Giuseppe Dari-Mattiacci, Carmine Guerriero & Zhenxing Huang, *The Property-Contract Balance*, Journal of Institutional and Theoretical Economics, Vol.172, p.40–64 (2016); Carmine Guerriero, *Endogenous Property Rights*, Journal of Law and Economics, Vol.59, p.313–358 (2016).

[2] Carmine Guerriero, *Endogenous Legal Traditions and Economic Outcomes*, Journal of Comparative Law, Vol.44, p.416–433 (2016); Carmine Guerriero, *Endogenous Legal Traditions*, International Review of Law and Economics, Vol.46, p.49–69 (2016).

[3] Yun-chien Chang, Nuno Garoupa & Martin T. Wells, Journal of Legal Analysis, Vol.13, p.231–282 (2021). 该文章的中文白话说明，参见张永健：《中国民法典物权编在世界物权法的位置——量化比较法路径》，载《环球法律评论》2019年第1期，第81—101页。

[4] 在笔者最新的英文专著的第一章中，又使用了更多的物权法数据，更新这个研究。参见Yun-chien Chang, *Property Law: Comparative, Empirical, and Economic Analyses*, Cambridge University Press, 2023。

[5] Anu Bradford, Yun-chien Chang, Adam Chilton & Nuno Garoupa, *Do Legal Origins Predict Legal Substance?*, The Journal of Law and Economics, Vol. 64, p.207–231 (2021). 在更下一篇文章中，笔者的团队则纳入八个部门法的数据，进一步说明，法系渊源和法律内容的相关性低于殖民经验和法律内容的相关性。Yun-chien Chang, Adam Chilton, Nuno Garoupa and Mila Versteeg, *Colonial Experiences and Contemporary Laws*, working paper (2024).

[6] Anu Bradford et al., *Competition Law Gone Global: Introducing the Comparative Competition Law and Enforcement Datasets*, Journal of Empirical Legal Studies, Vol.16, p.411–443 (2019).

国的反不当竞争法是否雷同，并无影响。这是对 LLSV 以降的所有文献，所下的战帖。法律人对法律规定是否影响经济发展，或许还矜持地认为不属于自己专业，不好发表意见。但法系渊源是否影响当下的法律规范内容，则是法律人的强项。若当数据集扩大、更为准确，就发现法系渊源不当然影响当下的法律规范内容，那纵使法系渊源真和经济成长有表面的相关性，其影响机制何在？在法律与金融这个领域即将庆祝四分之一个世纪的发展时，或许，法律人做的比较法实证研究，正是其未来发展（甚至毁灭）的关键！

第十四章　法律与金融*

Law and Finance

作者：　拉斐尔·拉·波塔（Rafael La Porta）

　　　　弗洛伦西奥·洛佩兹—德—斯拉内斯
　　　　（Florencio López-de-Silanes）

　　　　安德鲁·施莱弗（Andrei Shleifer）

　　　　罗伯特·维什尼（Robert W. Vishny）

译者：　黄勇升

校定：　韩馨仪

审阅：　张永健

统稿：　程金华

一、概述

在莫迪利亚尼与米勒（Modigliani & Miller，1958）提出的传统金融模型中，证券被认为是现金流。例如，债务被认为是固定支付利息流的承诺，而股权的作用在于使得其持有者获得股息。近期的金融研究表明，上述理论无法全面涵盖证券定义，而各种各样证券的定义特征在于赋予其持有者的权利。因此，股票通常赋予其持有者选举董事的

---

* Rafael La Porta, Florencio López-de-Silanes, Andrei Shleifer and Robert W. Vishny, Law and Finance, 106 *Journal of Political Economy* 1113 (1998). ©1998 The University of Chicago Press.

权利,而债务通常赋予债权人在公司无法支付承诺给付时,获取担保物的权利。

当公司经理层为自身利益而工作时,上述附属于证券的权利变得尤为重要。这些权利使投资者有权从经理处取回投资的回报。股东之所以能够获得股息,是因为他们能够投票罢免那些不支付投资收益的董事;债权人之所以能够获得给付是因为他们有权获得担保物。如果没有这些权利,投资者无法获得回报,公司更难以对外融资。

但是"证券内在特征是由其固有权利赋予"的观点也不全面。它忽略了这些权利取决于证券发行地所属的法域。法国的股东是否与美国、印度、墨西哥的股东拥有相同的权利?即使担保物价值相同,一旦债务人不履行债务,德国、斯里兰卡和意大利的担保债权人所受到的保护相同吗?法律质量和法律执行力度是决定证券持有人享有何种权利,以及上述权利如何受到保护的重要潜在因素。因为投资者能够获得何种保护决定了他们的投资意愿,而公司融资可能很大程度依赖于法律制度与法律执行。

法律对投资者保护的差异或许能够解释,为何在不同国家公司的融资模式与所有权结构差异如此之大。为何意大利公司很少上市?为什么德国股票市场规模小,却能够维持巨大且控制力强的银行?为什么投票权溢价(voting premium)——高表决权股票相对于低表决权股票的价差,在瑞典和美国较小,而在意大利和以色列较大?为什么俄罗斯的股票在私有化之后立刻变得几乎一文不值(据估计,这些股票与西方有同样水平资产的股票相比,便宜了将近100倍),而且为何俄罗斯公司几乎没有外部融资渠道?为什么美国和英国大型公司的股权结构如此分散?各国法律制度的不同有可能为我们解答这些公司治理困惑。

近年来,经济学家和法学家开始从理论上研究不同投资者权利法律制度的成本与收益。然而问题是,目前仍缺乏世界尺度关于公司治理的法律制度的系统性数据,包括法律制度在不同国家运行情况,以及其产生的效果等。有些问题也缺乏系统性知识,例如,是否不同国家有着实质上差异极大的法律规范,从而可能解释不同国家间融资模式的差异。对于公司金融——以及更普遍的商业与法律基础的比较统计学分析,目前仍然是未知领域。

我们试图在本章中探索该领域。我们对49个国家(或地区)做了以下几个问题的实证研究:不同国家(或地区)法律如何保护投资者、不同法律的执行质量如何,以及上述的法律制度差异和法律执行差异是否影响世界各地公司的股权结构。

我们研究的起点是：不同国家（或地区）的法律并不是自己起草的，而是自愿或非自愿移植他国（或地区）法系渊源法律传统而来。总体而言，商法源于两大法系渊源。第一是起源于英国的普通法系；第二是起源于罗马法的大陆法系。在大陆法传统下，现代商法起源于其中三个主要法族：法国法族、德国法族和斯堪的纳维亚法族。通过征服、帝国主义、完全借鉴和细微模仿等几种方式的结合，法国法族、德国法族和普通法系扩散到了全世界。因此，当今的法律制度既反映了其法系渊源的影响，也带有经修订后的本国（或本地区）特征。由于法律体系的扩散和随后的法律改革，我们既能够比较个别国家（或地区）的法律制度，也能够对各大法系渊源行比较。

为此，本章采用了49个拥有上市公司的国家（或地区）的数据库，内容包括与投资者权利相关的法律制度以及上述制度的执行质量。就股东而言，我们研究的制度包括投票权、参与公司投票的容易程度、防止经理层剥夺股东权利的法律保障。就债权人而言，我们研究了债权担保制度、债务违约时获取担保财产的可能性和经理层不能单方面寻求保护以对抗债权人等。以及经理层单方面进行公司债务重整从而申请破产保护的不可能性等。这些规则衡量了投资者运用其权力对抗经理层的容易程度。我们也考虑到了不同国家（或地区）法律制度执行的质量和会计制度的质量。

前文提到，各国（或地区）法律制度之所以存在差异，部分原因是法系渊源不同。相较于普通法系，大陆法系对于投资者权利的保护较弱，这一点与人均收入水平无关。相对而言，普通法系国家（或地区）对股东和债权人的保护力度最强，法国法族国家（或地区）给对股东和债权人保护力度最弱，而德国法族和斯堪的纳维亚法族保护力度通常介于二者之间。然而，斯堪的纳维亚式和德国法族国家（或地区）的法律执行质量最高，普通法系国家（或地区）次之，法国法族国家（或地区）最低。

既然各国（或地区）法律制度和法律执行质量差异巨大。那么，在法律制度和法律执行质量差的国家（或地区），如何解决这些问题？这些国家（或地区）是否存在其他替代性的公司治理机制？这些替代性机制可能在实践中存在于法律之中，也可能存在于法律之外。对于法制不健全国家（或地区）而言，一个潜在的替代机制是加强法律执行力度。但如前所述，实践中并非如此。另一种替代机制，有时也被称为"明线规则"（Bright-Line Rules），即在法律上明定关于资本维持和对投资者利润分配的强制标准，从而限制经理层侵占公司财产的机会。我们发现在所有法系中，只有法国法族国家（或地区）有强制股利分配规则，而且德国法族国家（或地区）最有可能采取法定准备金制度。

我们观察到，在法律对投资者保护不足的国家（或地区），另一个相应的情况是股权高度集中。一定程度的股权集中有利于激励经理层为公司利益工作，也有利于大股东监督经理层。然而，一定程度上的股权分散也有利于分散风险。施莱弗与维什尼（Shleifer & Vishny，1997）指出（本章第六节也会提及），高度集中的股权结构可能反映较弱的投资者保护法律。我们研究了样本国家（或地区）中规模最大的上市公司的股权集中程度，发现股权集中程度（使用前三大股东持股比例总和作为衡量标准）与投资者法律保护质量具有高度负相关性。在法国法族国家（或地区），较弱的投资者保护与极端的股权高度集中相关。股权集中程度的数据支持这样一个观点：法律体系对公司治理存在重要影响，且企业必须适应其运营所在的法律体系中的各种局限。

本章第二节描述了不同国家（或地区）的法律制度。第三节和第四节分别比较了不同国家（或地区）和不同法系渊源股东和债权人权利。第五节不同国家（或地区）和不同法系渊源中的法律执行质量和会计标准。第六节分析了企业所有权问题。第七节是结论。

二、国家（或地区）、法系渊源和法律规则

（一）国家（或地区）

目前大多数有关公司治理的研究聚焦于某个或多个富有经济体。然而，学者经常研究的美国、德国和日本这三大经济体的公司治理是非常有效的。为了更好地理解法律对投资者保护的作用，我们需要将更多的国家（或地区）纳入研究样本。因此，我们尽可能地汇集了全面的国家（或地区）样本，且样本中包含了这些国家（或地区）中的非金融上市公司。我们的样本涵盖来自欧洲、北美洲、南美洲、非洲、亚洲和澳洲的 49 个国家（或地区），但是不包括社会主义国家和转型国家。样本的选取范围包括 WorldScope 数据库中 15900 家企业所属的 33 个国家（或地区），以及 Moody 数据库中 15100 家非美国企业所对应的 92 个国家（或地区）。如果某国（或地区）在 1993 年在上述数据库内拥有至少

5家非金融事业、非国有的本国（或地区）上市公司，则将该国（或地区）纳入样本。之所以将样本局限于拥有上市公司的国家（或地区），是因为我们主要研究投资者权利保护。而没有公众股东，在讨论投资者保护议题会受到诸多限制。在构建所有权数据库时，拥有至少5家非金融私营公司是至关重要的。

（二）法系渊源

比较法律学者认为，虽然没有任何两个国家（或地区）的法律完全相同，但是一些国家（或地区）的法律制度在个别关键的领域高度相似，因此可以将不同国家（或地区）的法律制度归类为不同的法系渊源。虽然目前法学家尚未对如何定义法系渊源成共识，但是下列因素是划分法系时普遍考虑的因素：（1）历史背景和法律制度的发展历程；（2）法系渊源的理论与层级；（3）与法律体系相适应的法学家研究方法；（4）其所属法律体系内的法律概念特征；（5）法律体系下的法律机构；（6）法律体系下的法律部门分类。

以此方法为基准，法学家将法律体系划分为两大法系渊源——大陆法系和普通法系，这与本章所讨论的议题相契合。大陆法系，也称罗马—日耳曼法系（Romano-Germanic），是世界上最古老、最具影响力，也是传播最广泛的法律体系。它起源于罗马法，成文法和综合性法典是其颁布法律的主要形式，而且高度依赖于法学家确立和阐明的法律规则。在民法法系之下，法学家进一步区分出了当前三大法系渊源：法国法族、德国法族和斯堪的纳维亚式大陆法系。《法国商法典》1807年由拿破仑主持修订，并被战争传播到比利时、荷兰、波兰部分地区、意大利和德国西部地区。在殖民统治时期，法国将其法律的影响扩大到近东、北非和撒哈拉以南非洲、中南半岛、大洋洲和法属加勒比地区等地。法国式大陆法对卢森堡、葡萄牙、西班牙、瑞士部分州以及意大利也有重大影响。19世纪当西班牙和葡萄牙帝国在拉丁美洲解体后，各新兴国家的立法者纷纷从法国民法中汲取立法灵感。我们的样本中包含21个属于法国法族的国家（或地区）。

《德国商法典》是1897年俾斯麦统一德国后修订的，可能由于比《法国商法典》修订的世界晚了几十年，因此其并没有像法国法律那样被广泛采用，其理论和法律原则，在奥地利、捷克斯洛伐克、希腊、匈牙利、意大利、瑞士、南斯拉夫、日本和韩国等国家具有重要影响。我们的样本中一共有6个德国法族国家（或地区）。

斯堪的纳维亚法族虽然不像法国和德国法族一样主要源于罗马法，但其通常也被认为属于大陆法系。即使北欧国家早在18世纪已经拥有民法典，但这些法典目前早已废止。大多数学者的共识是：斯堪的纳维亚半岛各国的法律制度相似，但是也各不相同。因此，我们将北欧四国作为一个独立的法系渊源。

普通法系包括英国法和以英国法为模板所制定的法律。普通法是由法官在个别纠纷中所做的判决组成。不同于大陆法依赖法学家对法律的贡献，普通法是由司法判决中的先例发展而来。普通法广泛传播于英国的殖民地，包括美国、加拿大、澳大利亚、印度以及许多其他国家。我们的样本中一共有18个普通法系国家（或地区）。

我们主要运用了雷诺兹与弗洛里斯（Reynolds & Flores，1989）的理论将不同国家划归到不同法系。多数情形下，这种分类并无争议。但是在少数个案中，虽然国家（或地区）法律基本的渊源是清楚的，然而随着时间的推移，法律在修改过程中已受到其他法系的影响。比如：厄瓜多尔是一个法国法族国家，但在1977年修订公司法时纳入了某些普通法系的规则；泰国最早的法律是以普通法为基础，但后来也受到了法国深远的影响。意大利也是一个法国法族国家，但是其法律也在某种程度上受到德国法影响。对我们的研究产生最大影响的是，尽管日本法律制度在基本框架上仍然属于德国法族，但是在"二战"之后被美军占领，从而导致其法律制度（尤其是公司法）被"美国化"了。在本例和其他国家（或地区）案例中，我们以其原始法系渊源，而不以其修订后的法律作为区分法律体系的标准。在美国，各州拥有自己的法律，但由于大部分美国大型公司都在特拉华州注册成立，因此我们总体上以特拉华州的法律为研究对象。就加拿大而言，虽然魁北克省法律制度源于法国式大陆法，但我们的数据主要来源于安大略省法律。

（三）法律规则

我们主要研究与投资者保护相关的法律规则，特别是公司法、破产重整相关法律制度。所有国家（或地区）都有公司法，且其主要内容包括：（1）公司内幕人（指公司成员，例如股东和董事）与公司本身之间的法律关系；（2）公司与某些外部人的法律关系，尤其是债权人。破产重整法律不仅仅适用于公司，更多的是有关公司无力偿债的情况下启动的特殊程序的规定。上述法律在大陆法系国家（或地区）属于商法典的一部分，而在普通法系国家（或地区）以单行法的形式存在。本章的数据集存在几个明显遗漏。第一，除了间接提到的投票机制外，本章没有涉及有关并购的法律规则。这些规则散见于公司法、反垄断法、证券法、证券交易规则以及某些银行监管规则。此外，作为欧洲共同体（今欧盟）法律调和改革的一部分，这些规则在欧洲国家已经发生相当大的变化。当前，并购规则仅在某些普通法系国家作为重要的治理工具使用，但这种情况也可能会发生变化。第二，本章亦较少论及信息披露规则。信息披露规则同样地分散于诸多法律之中，包括公司法、证券法和证券交易规则，而这也是欧共体试图实现一体化的法律领域。不过，我们所关注的会计标准的质量，很大程度上即是信息披露规则带来的结果之一。第三，我们在文章中没有运用任何来自证券交易所制定的规则。其中一个原因是，如果公司发行的股票未来在交易所上市，交易所会对这些股票的投票权做出限制性规定。第四，诸如规制银行和金融机构的一些潜在重要规则我们在此没有涉及，例如可能限制银行所有权结构的规则。

公司法和破产法的研究表明，各国（或地区）法律制度之间有许多潜在可测量的差异。我们在此仅关注全球研究公司治理的机构和学者认为对于股东和债权人法律权利保护质量至关重要的某些基础性规则。此外，我们还关注一些从表面上不是解释为保护投资者就是保护经理层的变量，因为这正是我们用以评估一国（或地区）及某一法系的维度。各国（或地区）之间的法律制度存在显著差异，例如我们没有研究的董事会层级结构，因为我们无法确定何种结构更有利于股东保护。本章运用的包括投资者权利在内的其他变量，均在表 14-1 中列出。我们将在各相关章节中对个别变量进行详细分析，并在相关表格中列出所有我们用到的关于个人权利的资料。

表 14-1　变量列表

变量	描述
法系渊源	用于标识每个国家（或地区）公司法或者商法典的起源。如果该国（或地区）法律起源于英国普通法，则赋值 1，起源于法国法式大陆系则赋值 2，起源于德国法族则赋值 3，起源于斯堪的纳维亚法族则赋值 4
一股一权	如果该国（或地区）公司法或者商法典规定普通股一股对应一份投票权，则赋值 1；否则赋值 0。同样地，如果法律禁止复数表决权普通股和无表决权普通股的存在，也不允许公司对每个股东设置与其所拥有股权数量无关的投票数量上限，则赋值 1；否则赋值 0
允许邮寄代理投票	如果该国（或地区）公司法或者商法典允许股东向公司邮寄其代理投票书，则赋值 1；否则赋值 0

续表

变量	描述
股东大会前无锁定股份	如果该国（或地区）公司法或商法典不允许公司要求股东在股东大会召开前锁定其股份，借此避免股东在股东大会召开一定期限内卖出股票，则赋值 1；否则赋值 0
累积投票或比例代表制	如果该国（或地区）公司法或商法典允许股东将其所有的票都投给一名董事候选人（累积投票），或者法律允许董事会选举采比例代表机制，使得少数股东可以在董事会中提名一定比例的董事代表，则赋值 1；否则赋值 0
受压迫股东救济机制	如果该国（或地区）公司法或者商法典规定，在少数股东反对董事会、股东会决议时，可以通过诉讼途径维护自身权益；或者在少数股东反对某项重大议案时，可以要求公司回购其股份，该议案包括并购、资产出售、公司章程变更等，则赋值 1；否则赋值 0。此处的少数股东定义是：持股比例为 10% 及以下的股东
优先购买权	如果该国（或地区）公司法或商法典规定在公司发行新股时，股东有第一优先购买权，且该权利只能通过股东投票予以剥夺，则赋值 1；否则赋值 0
召集临时股东会所需持股比例	该变量是指股东要求召开临时股东大会所需最低持股比例数量，其范围从 1%—33% 不等
对抗董事权利	这是一项我们称之为对抗董事权利的指标。下列 6 个子项每有 1 个，赋值增加 1，最后计算累积值。该 6 个子项是：(1) 该国（或地区）允许邮寄代理投票；(2) 股东大会召开前，股东无须锁定其股份；(3) 董事会选举中允许累积投票权，或者允许少数股东按比例提名董事代表；(4) 存在受压迫股东救济机制；(5) 股东临时召集股东大会所需持股比例小于或等于 10%（样本中位数）；(6) 公司发行新股时股东享有优先购买权，且该权利仅能通过股东投票剥夺。上述指标总分从 0—6 分不等
强制派息制度	如果公司法或者商法有规定公司应当向普通股股东分配股利的金额占净收入的百分比数；如果法律未作规定，则赋值 0
对公司重整的限制	如果法律对重整程序设定限制性条件，例如：债权人同意、通过向法院申请重整，则赋值 1；若无限制则赋值 0
无担保财产自动保全制度	在公司申请重整之诉时，如果法律没有规定重整程序中的公司财产应当被自动强制保全，则赋值 1。自动保全阻止了担保债权人获得担保财产所有权。如果法律有限制，则赋值 0
担保债权人优先制度	如果破产公司在处置资产时受担保的债权人处于第一顺位受清偿人，则赋值 1；如果无担保债权人，例如政府、工人无条件优先受偿，则赋值 0
经理层不留任制度	在公司重整期间，如果由法院或者债权人任命管理人该时期的商业活动负责，则赋值 1；同样地，如果债务人在重整期间没有对其财产的管理权，则赋值 1。其他情形赋值 0
债权人权利	该项指标是各种债权人权利的累积值。如果具备下列子项中的一项则赋值 1，最后加总。该子项是：(1) 该国（或地区）对公司重整有限制性规定，例如需要债权人同意，或者向法院申请破产时有最低利息限制；(2) 一旦重整申请被批准，担保债权人能够就担保财产受偿（无自动保全制度）；(3) 破产程序中公司处置资产时，担保债权人居于第一清偿顺位；(4) 重整期间债务人对财产无处置权。指标分数范围从 0 到 4

续表

变量	描述
法定准备金制度	该指标是公司法规定的总股本中所需留存的最低比例，以避免现存公司解散。如果一国（或地区）有该制度，则赋值 1；否则赋值 0
司法制度的效率	该指标主要评估"一国（或地区）法律环境的效率和完整性，因为其对商业活动，尤其是外国公司有重要影响"，该指标是由商业国际公司所做的国家（或地区）风险评价。该指标"可能被用来代表投资者对一国（或地区）投资环境的评价"。我们取 1980—1983 年的平均数，指标分数从 0 到 10 分不等；得分越低，表示司法制度效率越低
法治	该指标由国际国家风险（ICR）机构创设，主要用于评价一国（或地区）法治传统。我们选取了 1982—1995 年每年 4—10 月的月度指数的平均作为评价标准。该指标分数从 0 到 10 不等，分数越低，意味着法治水平越低（我们将其原始从 0 到 6 的分值做了修改）
腐败	该指标是 ICR 有关政府腐败程度的一项评价指标。得分越低意味着"政府官员倾向于获得特别报偿"，而且"非法报偿总体上贯穿于下级政府的行为中，例如在进出口牌照、外汇控制、税收评定、政策保护和贷款等方面总是与贿赂相联系"。我们同样选取了 1982—1995 年每年 4—10 月的月度指数的平均数作为评价标准。该项指标分数从 0—10 不等，分数越低意味着腐败程度越高（我们将其原始从 0 到 6 的赋值范围做了修改）
征收风险	该项指标是 ICR 关于"强制没收"或者"强制国有化"风险的评估。我们选取了 1982—1995 年每年 4—10 月的月度指数的平均数作为评价标准。得分范围从 0 到 10 不等，得分越低意味着风险越大
政府违约风险	该指标是 ICR 评估"政府以各种方式修改合同的风险，包括政府以预算缩减、本土化压力、政府更替或者政府经济和社会优先性变革等各种理由从而否认合同、延期履行或者缩小履行范围"。我们选取 1982—1995 年每年 4—10 月的月度指数的平均值作为衡量标准。得分范围从 0 到 10 不等，分数越低意味着风险越大
会计准则	该指标通过对样本企业的 1990 年度报告中包含或者遗漏的 90 个项目进行检验和排名创设。这些项目可分为 7 大类，包括一般信息、损益表、资产负债表、资金流量表、会计准则、股票数据、特殊项目。我们至少研究一国的 3 家公司。样本公司涵盖不同产业，其中 70% 是工业公司，30% 是金融公司
前十大私营企业的股权结构	该指标主要是指一国（或地区）上市公司中，本国（或地区）的私营非金融行业的前十大上市公司，选取每家公司前三大普通股股东持股比例的平均值。如果国家（或地区）不是已知股东，那么该公司就被认定为私营企业
（人均）国民生产总值	以美元计的各国（或地区）1994 年国民生产总值及人均国民生产总值
基尼系数	基尼系数是用于评价各个国家（或地区）收入不平衡水平的指标。由于 1990 年的数据无法获取，我们用了最近能获取的数据

(四)一些概念问题

本章研究的目标是确立不同国家(或地区)对投资者保护是否有所差异,以及这些差异是否进而影响公司融资。这种研究设计带来一些概念性问题。首先,像伊斯特布克与菲谢尔(Easterbrook & Fischel,1991)等在内的一些学者,在大多数情况下怀疑法律规则的约束力。因为公司章程作为投资者和企业家之间的合同,公司经常能够通过公司章程排除法律规则适用。事实上,我们确实发现,在很多国家(或地区),公司可以通过章程排除法律适用。然而在实践中,排除法律规则对公司而言成本较高。因此,投资者很难接受非标准化的合同,而且更重要的是,法官可能也无法理解该条款或强制执行该合同条款。法律规则是否重要是一个基本的实际问题:如果排除律适用是一件低成本且简单的事情,那么我们就不会发现法律规则对公司股权结构和融资模式的重要性。

另一个与之相关的问题是:削减公司创始人选择可行性的严格限制规则,相较于更灵活的替代性规则,是否一定更能够保护股东权利。在司法执行效果完美的条件下,即使企业家有运用非标准公司章程而侵害投资者利益的风险,但法律的灵活性所带来的益处要大于上述风险,因为投资者在权利受到侵害时可以诉诸法庭。然而,在法律执行不完善的环境里,简单、严格、明线规则可能就需要优先考虑,因为司法机关只须尽最小的努力即可达成。这一问题同样在理论上并没有清楚的答案,而且关于法律如何影响公司融资最终仍是一个实证题。

即便发现法律制度确有影响,可能被质疑的问题是这些制度是内生性地适应了现实经济发展。因此,法律制度和经济结果的差异只是反映了国家(或地区)其他外生性条件的不同。或许某些国家(或地区)基于政治因素考虑,使得企业融资方式仅局限于通过银行融资,然后相应地在法律改革中强化了对银行利益的保护而削弱了股东利益。某些个别的规则可能是外生性的。然而,这正是为何我们如此重视法系渊源。大部分国家(或地区)通常非自愿地采用某种法律制度(因为被征服或者被殖民)。即使他们能够自由地选择某种法律体系,然而如前西班牙殖民地的情况,语言和政治立场比法律是否能够保护投资者对于法律选择的影响更为关键。因此,法系渊源对一个国家(或地区)公司股权结构和融资模式的影响可以视为是外生性的。如果我们发现不同法系渊源间的法律制度有实质性差异,并且其融资模式和公司所有权结构也不相同,那么我们有充分理由认为反映在法律规则上的法系渊源，实际上造成了这样的后果。

三、股东权利

我们首先通过公司法研究股东权利。本章关于股东权利的测量方法在之前工作论文的基础上做了修订。由于股东主要通过两种形式行使权利：投票选举董事和投票决定公司重大议案。因此，学者对股东权利的研究主要聚焦于股东投票权行使程序上，其包括：基于股份的表决权、有助于防止内幕人干预投票表决机制的权利，以及救济性权利。首先，如果分红权和投票权紧密联系，亦即某国（或地区）公司受法令限制采用一股一权投票规则，那么投资者可能会获得较好的保护。因为当投票权与分红权挂钩时，如果内幕人没有对公司现金流拥有实质上的所有权，则无法实质控制公司。如此一来，内幕人对于（有成本的）转移股息分配带来的现金流的意愿就会降低。不同国家（或地区）运用多种方式避开对一股一权原则的适用。公司可以发行无表决权股份，少于或高于一般表决权的股份，有超级表决权的创始人股份，或者持有时间越长其所享有投票权越多的股份（如法国）。公司也能够限制某一股东的表决权总票数，而无论其实际上拥有多少表决权。如果一国（或地区）法律禁止任何上述规避一股一权原则的规定，那么我们称该国（或地区）实行的就是一股一权原则。我们的样本中只有 11 个国家（或地区）完全遵循一股一权原则。

以下 6 项权利我们称之为"对抗董事权利"（antidirector rights），它是用来衡量法律制度在包括投票在内的公司决议程序中，保护少数股东对抗经理层或控股股东强度的指标。具体如下：第 1 项权利，在某些国家（或地区）中，股东必须亲自出席或者授权委托他人出席股东大会方能投票。另一些国家（或地区）则相反，股东可以直接向公司邮寄代理投票书，该做法既能够使股东获得相关委托投票的信息，也使得股东投票更为便捷。以日本为例，每年的年度股东大会集中在 6 月末的某一天，而且禁止部分股东以邮寄的形式投票，导致股东行使投票权的困难。第 2 项权利，在一些国家（或地区），法律要求股东在股东大会召开前的一定天数内，在公司或者金融中介机构留存其所持股票，该股票会被留存至股东会结束后数日。这种做法实际上阻止了股东在股东大会前后出售股份，同样也阻止那些不愿意进行此操作的股东参与投票。

第 3 项权利，一些国家（或地区）允许用累积投票制度（cumulative voting）选举董事；而另一些国家（或地区）采用董事会比例代表机制（proportional representation），确保少数股东能够提名一定比例的董事。上述两种做法从原则上讲都是给予小股东更多权力，使其在董事会中有自己的代表。第 4 项权利，一些国家（或地区）赋予少数股东反抗董事压迫的法律机制［除了明显欺诈这种被任何国家（或地区）都视为违法的行为］。这些制度主要包括两个，第一个是股东就董事会决议向法院起诉的制度（类似于美国的股东派生诉讼制度）；第二个是少数股东的公司股份回购请求权制度，一般发生在少数股东反对董事会或股东会作出的某项重大决议，例如公司并购或重大资产出售。第 5 项权利，一些国家（或地区）赋予股东对公司新发行股份的优先购买权，且该权利只能通过股东表决放弃。该权利旨在保护股东免受股权稀释，这种稀释通常是通过以低于市场价的价格向特定受惠的股东发行新股实现的。第 6 项权利，我们考察了临时召集股东大会所需的股权比例。该比例越高，意味着少数股东通过股东大会挑战或撤换经理层的难度越大。从全球范围看，其比例从 3%（日本）到 33%（墨西哥）不等。

就前 5 项权利而言，如果某一国家（或地区）拥有其中一项对抗董事权利的措施，则对其赋值 1，否则赋值 0。就第 6 项权利，如果某召集临时股东大会所需的股权比例低于或等于世界中位数的 10%，则也对其赋值 1。最后，我们将上述 6 项对抗董事权利的分数累计得出最终分数。其分布从比利时得分为 0，到美国和加拿大的得分为 5。

最后一项股东保护措施的强制派息权，我们予以区别对待。在一些国家（或地区）中，法律强制公司将其申报收入的一定比例作为股利派发。然而，公司可能会在会计准则允许的范围内，对公司收益作误导性陈述，因此该规定并不似其表面看上去一样严格。强制派息权对于股东权利保护薄弱的国家（或地区）而言，可能是一项替代性法律机制。

表 14-2 呈现了股东权利的相关数据。所有变量的分值均按国家（或地区）列明，所有国家（或地区）均按法系渊源分类。该表中的各栏对应特定的股东权利保护的法律条款，如果某一国家（或地区）拥有相应的股东权利保护制度，其在哑变量就赋值为 1。此外，该表还根据法系渊源列明了所有变量的 t 统计值（t-Statistics）。

表14-2 世界各国家（或地区）的股东权利保护制度

A. 股东权利保护制度（1=有相应的制度）

国家（或地区）	一股一权	允许邮寄代理投票	股东大会前无锁定股份	累积投票或比例代表制	受压迫股东救济机制	优先购买权	召集临时股东会所需持股比例	对抗董事权利	强制派息制度
澳大利亚	0	1	1	0	1	0	0.05ᵃ	4	0.00
加拿大	0	1	1	1	1	0	0.05	5	0.00
中国香港特别行政区	0	1	1	0	1	1	0.10	5	0.00
印度	0	0	1	1	1	1	0.10	5	0.00
爱尔兰	0	0	1	0	1	1	0.10	4	0.00
以色列	0	0	1	0	1	0	0.10	3	0.00
肯尼亚	0	0	1	0	1	1	0.10	3	0.00
马来西亚	1	0	1	0	1	0	0.10	4	0.00
新西兰	0	1	1	0	1	0	0.05	4	0.00
尼日利亚	0	0	1	1	1	0	0.10	3	0.00
巴基斯坦	1	0	1	1	1	1	0.10	5	0.00
新加坡	1	0	1	0	1	1	0.10	4	0.00
南非	0	1	1	0	1	0	0.05	5	0.00
斯里兰卡	0	0	1	0	1	0	0.10	3	0.00
泰国	0	0	1	1	0	0	0.20ᵇ	2	0.00

续表

国家（或地区）	一股一权	允许邮寄代理投票	股东大会前无锁定股份	累积投票或比例代表制	受压迫股东救济机制	优先购买权	召集临时股东会所需持股比例	对抗董事权利	强制派息制度
英国	0	1	1	0	1	1	0.10	5	0.00
美国	0	1	1	1	1	0	0.10	5	0.00
津巴布韦	0	0	1	0	1	0	0.05	3	0.00
英国法族平均	**0.17**	**0.39**	**1.00**	**0.28**	**0.94**	**0.44**	**0.09**	**4.00**	**0.00**
阿根廷	0	0	0	1	1	1	0.05	4	0.00
比利时	0	0	0	0	0	0	0.20	0	0.00
巴西	1	0	1	0	1	0	0.05	3	0.50
智利	1	0	1	1	1	1	0.10	5	0.30
哥伦比亚	0	0	1	1	0	1	0.25	3	0.50
厄瓜多尔	0	0	1	0	0	1	0.25	2	0.50
埃及	0	0	1	0	0	0	0.10	2	0.00
法国	0	1	0	0	0	1	0.10	3	0.00
希腊	1	0	1	0	0	0	0.05	2	0.35
印度尼西亚	0	0	1	0	0	1	0.10	2	0.00
意大利	0	0	0	0	0	1	0.20	1	0.00
约旦	1	0	1	0	0	0	0.25	1	0.00
墨西哥	0	0	0	0	0	1	0.33	1	0.00

续表

国家（或地区）	一股一权	允许邮寄代理投票	股东大会前无锁定股份	累积投票或比例代表制	受压迫股东救济机制	优先购买权	召集临时股东会所需持股比例	对抗董事权利	强制派息制度
荷兰	0	0	0	0	0	1	0.10	2	0.00
秘鲁	1	0	1	1	0	1	0.20	3	0.00
菲律宾	0	0	1	1	1	0	open	3	0.00
葡萄牙	0	0	1	0	0	1	0.05	4	0.00
西班牙	0	0	0	1	1	0	0.05	2	0.00
土耳其	0	0	1	0	0	0	0.10	2	0.20
乌拉圭	1	0	0	0	1	1	0.20	1	0.00
委内瑞拉	0	0	1	0	0	0	0.20		0.00
法国法族平均	0.29	0.05	0.57	0.29	0.29	0.62	0.15	2.33	0.11
奥地利	0	0	0	0	0	1	0.05	2	0.00
德国	0	0	0	1	0	0	0.05	1	0.00
日本	1	0	1	0	1	0	0.03	4	0.00
韩国	1	0	0	0	1	0	0.05	2	0.00
瑞士	0	0	0	0	0	1	0.10	2	0.00
德国法族平均	0.33	0.00	0.17	0.33	0.50	0.33	0.05	2.33	0.00
丹麦	0	0	1	0	0	0	0.10	2	0.00
芬兰	0	0	1	0	0	1	0.10	3	0.00

续表

国家（或地区）	一股一权	允许邮寄代理投票	股东大会前无锁定股份	累积投票或比例代表制	受压迫股东救济机制	优先购买权	召集临时股东会所需持股比例	对抗董事权利	强制派息制度
挪威	0	1	1	0	0	1	0.10	4	0.00
瑞典	0	0	1	0	0	1	0.10[b]	3	0.00
斯堪的纳维亚法族平均	0.00	0.25	1.00	0.00	0.00	0.75	0.10	3.00	0.00
样本平均	0.22	0.18	0.71	0.27	0.53	0.53	0.11	3.00	0.05
B. 平均数检验（t 统计值）									
普通法系 vs. 大陆法系	−0.72	3.03*	4.97*	0.15	5.59*	−0.91	1.48	5.00*	−2.55**
英国法族 vs. 法国法族	−0.87	2.82*	3.87*	−0.05	5.45*	−1.08	−2.53**	4.73*	−2.67**
英国法族 vs. 德国法族	−0.85	3.29*	5.00*	0.00	2.83*	0.46	2.54**	3.59*	0.00
英国法族 vs. 斯堪的纳维亚法族	1.84***	0.50	0.00	2.55*	17.00*	−1.09	−1.00	1.91***	0.00
法国法族 vs. 德国法族	−0.22	1.00	−1.78**	−0.22	−0.96	1.23	2.64**	0.00	2.67**

续表

国家（或地区）	一股一权	允许邮寄代理投票	股东大会前无锁定股份	累积投票或比例代表制	受压迫股东救济机制	优先购买权	召集临时股东会所需持股比例	对抗董事权利	强制派息制度
法国法族 vs. 斯堪的纳维亚法族	2.83**	-1.37	-3.87*	2.82**	2.83	-0.48	2.43**	-1.06	2.67**
德国法族 vs. 斯堪的纳维亚法族	1.58	-1.00	-5.00*	1.58	2.23***	-1.27	-4.62*	-1.08	0.00

说明：a表示选票得票率，b表示持股比例；*表示在0.1统计水平上显著，**表示在0.05统计水平上显著，***表示在0.01统计水平上显著。

表 14-2 中关于变量的全球均值的检验表明只有较少的国家有有利于外部股东的规定。只有22%的国家（或地区）有一股一权规则，27%的国家（或地区）有累积投票或给予少数股东一定比例董事会席位规则，18%的国家（或地区）允许邮寄投票，53%的国家（或地区）有股东压迫救济机制，53%的国家（或地区）赋予少数股东新股优先认购权。

表 14-2 反映的另一个清晰的结论是，对许多变量而言，法系渊源很重要。在不同法系渊源之间的股东权利变量平均值，存在统计学上显著的差异。大多数国家（或地区）都相似的两个变量是一股一权规则和累积投票/比例代表制度，这两项制度在哪都是不常见的限制，甚至也从未出现于斯堪的纳维亚法族国家。至于其他变量，各法系之间关于股东权利的差异更加明显。

具体来说，表 14-2 呈现了两点重要发现。第一，从各方面来看，普通法系国家（或地区）对股东权利的保护最为充分。普通法系国家（或地区）最常见允许股东邮寄投票（39%），股东也无须在股东大会前后锁定股份；其中94%的国家（或地区）允许受压迫股东提起法律救济制度，也是所有法系最高。普通法系国家（或地区）股东发起临时股东会所需持股比例相对最低（大约为9%）。只有在新股优先购买权这一项保护措施方面，普通法系国家（或地区）的优势不明显，只有44%的普通法系国家（或地区）有该制度。尽管如此在所有法系渊源中，普通法系国家（或地区）关于对抗董事指数的平均得分最高（4分）。普通法系国家（或地区）和大陆法系国家（或地区）的许多差异，在统计上都具有显著意义。简言之，相对于世界其他国家（或地区）而言，普通法系国家（或地区）有一套最能保护股东权利的法律制度。

第二，无论从哪个角度看，法国法族国家（或地区）提供给股东权利的保护最弱。即使他们在一股一权原则（29%）和累积投票权制度（19%）上能达到世界平均水平，而且优先购买权制度（62%）也高于世界平均水平，但是邮寄投票制度的比例却是最低（只有5%）。召开股东会不需要锁定股份国家（或地区）的比例很低（57%），虽然德国法族国家（或地区）更低；少数股东压迫有权救济的比例也较低（29%），尽管斯堪的纳维亚大陆法系更低。而召集临时股东会所需股东持股比例最高，达15%。对抗董事权利总体得分只有2.33，在各个法系中最低。法国法族国家（或地区）与普通法系在该项得分上的差别在统计学意义上显著。有趣的是，法国本身除了邮寄投票和新股优先认购权两项制度外，没有其他强有力的股东保护制度。上述结论表明，普通法系和法国法族作为影响最广泛的两大法系渊源,其股东权利保护制度是在差异极大的法律环境中运行的。

德国法族对股东权利也没有特别保护。他们实行一股一权制度的频率较高(受东亚影响),召集临时股东大会要求的股权数也较少,以及有约 1/3 的国家(或地区)赋予股东优先认购权。但是德国法族国家(或地区)通常会在股东会召开前锁定股份,也从不允许邮寄投票,并且只有一半的国家(或地区)有少数股东压迫救济机制。德国法系对抗董事指数平均得分为 2.33,几乎与法国法族一样。

在斯堪的纳维亚法族中,没有少数股东压迫救济机制,没有一股一权限制,也没有累积投票权或比例代表机制,而且只有挪威允许邮寄投票。同时,没有国家(或地区)限制在股东会召开前需锁定股份;4 个国家中有 3 个设有股东优先认购权的规定。斯堪的纳维亚法族对抗董事权利的平均得分是 3。

表 14-2 中另一项救济措施是强制派息权,通过该表可以发现只有法国法族国家(或地区)有此制度。这个结果与我们的其他证据是大致吻合的,表明对于拥有较少其他权利的股东,强制派息权确实是一项救济性的法律保护制度。

表 14-2 中的 B 组结论显示,不同法系之间有关股东权利保护的各项措施差异经常很明显,而在比较普通法系和大陆法系的差异时几乎总是显著。另一个问题是:法系之间得分的差异是否仅反映了人均收入水平的差距?为了回答这个问题,表 3(参考原文的表 3,译文因篇幅没有纳入——统稿注)将所有国家(或地区)按照人均国民生产总值分为三类:排名前 25% 的国家(或地区),排名 25%—75% 的国家(或地区),排名最后 25% 的国家(或地区)。结论表明,对抗董事权利分数与人均收入水平无关,驳斥了法律对投资者保护较好的国家(或地区)其人均收入水平较高的观点。

总之,普通法系国家(或地区)相对而言对股东权利保护力度最强,法国法族国家(或地区)最弱,而且此差异独立于人均收入水平。澳大利亚少数股东能够邮寄投票,在股东会召开期间能够自由买卖股票,在某些董事侵害股东权利方面也能获得保护,并且仅需要 5% 的股份即可召集临时股东大会。相反,在比利时,股东无法邮寄投票,在股东大会前后股份禁止交易,在董事侵权方面也没有特别保护措施,召集临时股东大会需要 20% 以上股份。通过对股东权利的分析,法系渊源之间的差异清晰地呈现出来。

四、债权人权利

从概念而言,债权人权利比股东权利复杂的多。这主要基于两点原因:第一,可能有很多不同种类的债权人,其利益也各不相同,因此保护某些债权人的利益会减少其他债权人的利益。例如,在债务违约案件中,无论公司发生任何情况,有担保的优先级债权人都可以简单地从担保财产中获得担保物,而无担保的次优先级债权人则希望公司存续下去,因为公司如果后续盈利,他们还有拿回本息的可能。我们从优先级债权人的角度评估债权人权利,一方面是因为这个角度可以更具体地分析债权人权利;另一方面是因为世界上大多数的债务都有这种特征。

第二,债权人对违约公司一般有两种策略:清算和重整,而其分别需要不同的权利才能有效处理。当债务违约时,对于优先担保的债权人而言就是收回担保财产,然后变现或者占有该财产以获得债务清偿。在某些国家(或地区),法律对于债权人收回担保物的规定苛刻,有部分原因是取回担保物有可能导致公司陷入清算程序,这不利于社会总体利益。在这些国家(或地区),债权人仍然可以通过行使公司重整中的投票权来对抗债务人。从社会角度出发,有关重整和清算优劣的争论相当广泛,并引发另一个问题是,就债权人保护而言,到底需要其中一项程序还是两项都需要。因此,如果一个国家(或地区)只拥有完美的清算法律程序,即使重整程序完全无效,其债权人也能够得到强有力的保护,因为根本不必启动重整程序。我们用清算程序和重整程序给债权人权利保护记分,并加总为债权人权利保护指数,部分是因为几乎所有的国家(或地区)都在某种程度上同时规定了该两种程序。

本节构建了 5 个债权人权利变量。第一,在某些国家(或地区),重整程序会强制要求资产自动保全,阻止有担保的债权人取得担保财产。这种规定明显保护经理层和无担保债权人,而且还避免了自动清算程序。例如希腊,担保债权人只在债权到期时,有权撤销对抵押品的赎回权,而非借款人/债务人违约时。而其他国家相反,担保债权人能够在公司重整完成之前即取得担保财产,而不须等待重整完成,这样规定对担保债权人有重大利益。第二,一些国家(或地区)没有规定担保债权人在重整程序中对担保物的抵押权。这类型国家(或地区)公认相对较少,而其担保债权人清偿顺序在政府和工人之后。例如墨西哥,各种社会团体(social constituencies)都优于担保债权人受偿,而导致后者往往在主张权利时根本没有任何财产可以受偿。第三，在一些国家（或地区），经理层还可以通过单方面申请破产重整来获得对债权人的保护。这种制度在美国称为"（破产法）第11章"，它给予了经理层很大的权力，因为债权人从中最多也只能延迟获得清偿或者取回担保物。在其他国家（或地区）则相反，申请破产重整必须征得债权人同意，因此经理层很难轻松逃脱债权人诉求。第四，在某些国家（或地区），经理层在重整程序期间会遭停职；而部分国家（或地区），例如马来西亚，经理层由法院或者债权人一方指定而替代原经理层。这种免职威胁也加强了债权人权力。

正如股东权利一样，对于债权人权利保护我们也运用了一项救济措施，即法定准备金制度，即要求企业维持一定的资本水平以避免自动清算。没有其他救济权力的债权人受此制度保障，能够在公司资产被内幕人完全偷走或挥霍完之前，通过强制自动清算程序以获得部分清偿。

表 14-3 世界各国家（或地区）的债权人权利保护制度

国家（或地区）	无财产自动保全制度	担保债权人优先受偿	限制经理层单方向法院寻求保护债权人的权利	不允许经理层在重整程序中保留职位	债权人权利保护指数	法定准备金制度
A. 债权人权利保护制度（1=有相应的制度）						
澳大利亚	0	1	0	0	1	0.00
加拿大	0	1	0	0	1	0.00
中国香港特别行政区	1	1	1	1	4	0.00
印度	1	1	1	1	4	0.00
爱尔兰	0	1	0	0	1	0.00
以色列	1	1	1	1	4	0.00
肯尼亚	1	1	1	1	4	0.00
马来西亚	1	1	1	1	4	0.00
新西兰	1	0	1	1	3	0.00
尼日利亚	1	1	1	1	4	0.00
巴基斯坦	1	1	1	1	4	0.00
新加坡	1	1	1	1	4	0.00
南非	0	1	1	1	3	0.00
斯里兰卡	1	0	1	1	3	0.00

续表

国家（或地区）	无财产自动保全制度	担保债权人优先受偿	限制经理层单方向法院寻求保护债权人的权利	不允许经理层在重整程序中保留职位	债权人权利保护指数	法定准备金制度
泰国	1	1	0	1	3	0.10
英国	1	1	1	1	4	0.00
美国	0	1	0	0	1	0.00
津巴布韦	1	1	1	1	4	0.00
英国法族平均	**0.72**	**0.89**	**0.72**	**0.78**	**3.11**	**0.01**
阿根廷	0	1	0	0	1	0.20
比利时	1	1	0	0	2	0.10
巴西	0	0	1	0	1	0.20
智利	0	1	0	0	2	0.20
哥伦比亚	0	0	0	0	0	0.50
厄瓜多尔	1	1	1	1	4	0.50
埃及	1	1	1	1	4	0.50
法国	0	0	0	0	0	0.10
希腊	0	0	0	0	1	0.33
印度尼西亚	1	1	1	1	4	0.00
意大利	0	1	1	0	2	0.20
约旦	N/A	N/A	N/A	N/A	N/A	0.25
墨西哥	0	0	0	0	0	0.20
荷兰	0	1	1	0	2	0.00
秘鲁	0	0	0	0	0	0.20
菲律宾	0	0	0	0	0	0.00
葡萄牙	0	1	0	0	1	0.20
西班牙	1	1	0	0	2	0.20
土耳其	0	1	1	0	2	0.20
乌拉圭	0	1	0	1	2	0.20
委内瑞拉	N/A	1	N/A	N/A	N/A	0.10
法国法族平均	**0.26**	**0.65**	**0.42**	**0.26**	**1.58**	**0.21**
奥地利	1	1	1	0	3	0.10

续表

国家（或地区）	无财产自动保全制度	担保债权人优先受偿	限制经理层单方向法院寻求保护债权人的权利	不允许经理层在重整程序中保留职位	债权人权利保护指数	法定准备金制度
德国	1	1	1	0	3	0.10
日本	0	1	0	1	2	0.25
韩国	1	1	0	1	3	0.50
瑞士	0	1	0	0	1	0.50
德国法族平均	**0.67**	**1.00**	**0.33**	**0.33**	**2.33**	**0.41**
丹麦	1	1	1	0	3	0.25
芬兰	0	1	0	0	1	0.00
挪威	0	1	1	0	2	0.20
瑞典	0	1	1	0	2	0.20
斯堪的纳维亚法族平均	**0.25**	**1.00**	**0.75**	**0.00**	**2.00**	**0.16**
样本平均	**0.49**	**0.81**	**0.55**	**0.45**	**2.30**	**0.15**
B. 平均数检验（t 统计值）						
普通法系 vs. 大陆法系	2.65*	1.04	1.86***	4.13*	3.61*	−4.82*
英国法族 vs. 法国法族	3.06*	1.75**	1.89***	3.55*	3.61*	−5.75*
英国法族 vs. 德国法族	0.25	−1.46	1.74***	2.10**	1.43	−5.21*
英国法族 vs. 斯堪的纳维亚法族	1.83***	−1.46	−0.11	7.71*	1.71***	−5.90*
法国法族 vs. 德国法族	−1.85***	−3.20*	0.37	−0.32	−1.29	−2.14**
法国法族 vs. 斯堪的纳维亚法族	0.05	−3.20*	−1.18	2.54**	−0.60	0.59
德国法族 vs. 斯堪的纳维亚法族	1.27	0.00	−1.26	1.58	0.63	1.37

说明：*表示在0.1统计水平上显著，**表示在0.05统计水平上显著，***表示在0.01统计水平上显著。

关于债权人权利的统计结果在表14-3中列明。总体而言，相较于股东保护，各国（或地区）出现债权人权利保护的频率更高。将近一半的国家（或地区）没有资产自动保全制度（automatic stay on assets），81%的国家（或地区）赋予担保债权人优先受偿权，过半数国家（或地区）限制经理层单独向债权人寻求保护的权利，以及45%的国家（或地区）会在重整程序中撤换原经理层。

与表14-2反映的信息相似，法系渊源也很大程度地影响诸多债权人权利。针对经理层的侵害，普通法系国家（或地区）提供债权人对抗经理层的权利保护最强。非财产自动保全制度的比例最高，达到72%；其中只在两个指标例外：一是在承认担保债权人优先受偿部分（德国法族和斯堪的纳维亚法族国家（或地区）没有例外，即100%）；二是限制经理层单方向法院寻求保护债权人的权利（普通法系此比例高达72%，仅低于斯堪的纳维亚法族）。在重整程序中，78%的普通法系国家（或地区）会撤换经理层，这个比例不仅最高，且远超其他法系。美国实际上是普通法系国家（或地区）中对债权人权利保护最弱的国家之一：它承认财产自动保全制度，允许经理层无阻碍地申请重整，且允许经理层在重整程序中继续保留职位。普通法系国家（或地区）关于债权人权利保护的平均分3.11在四个法系中最高，但是美国该项得分仅为1。

法国法族国家（或地区）对债权人权利保护最弱。很少国家（或地区）没有财产自动保全程序（26%，和斯堪的纳维亚法族相当），相对较少国家（或地区）有规定了担保债权人优先受偿制度（65%），很少国家（或地区）对经理层单方向法院请求保护债权人利益做了限制（42%，不过比德国法族稍高），以及相对少数国家（或地区）在重整程序中撤换经理层（26%）。保护债权人指数在法国法族国家（或地区）的平均得分是1.58，大约是普通法系国家（或地区）的一半。

在某些措施上，德国法族国家（或地区）对债权人权利的保护很强。例如，67%属于该法系的国家（或地区）没有财产自动保全制度；且所有国家（或地区）都规定了担保债权人优先受偿制度。但另一方面，极少数国家（或地区）（33%）阻止经理层单方向法院寻求对抗债权人的保护，且大多数国家（或地区）（67%）允许经理层在重整程序中保留职务。这表明德国法族国家（或地区）对担保债权人的权利保护制度更为敏感，不允许财产自动保全，但允许取得担保物。由于能够轻易启动清算程序，因此这些国家（或地区）对公司债务违约很少采取重整程序，因此在重整程序中允许经理层留任议题中相对宽容也非严重问题。德国法族关于债权人权利保护指数的总体得分是2.33，但是该得分可能低估了其对于担保债权人的保护程度。最后，斯堪的纳维亚法族的平均得分是2，比德国法族稍低但是比法国法族稍高。

作为债权人救济机制的法定准备金制度，样本数据表明普通法系国家（或地区）几乎没有运用该制度，可能其他投资者保护措施已经足以保护债权人；但是在大陆法系国家（或地区）较为普遍运用该制度。因为该制度尤其保护无担保债权人，所以其在德国法族的普遍也不足为奇，因为德国法族对于无担保债权人权利的保护，几乎和法国法族一样不足。上述证据表明，对于所有债权人而言，救济措施可以弥补其他投资保护措施的不足。

从表14-3中可以看出，法系渊源的排名在债权人保护、股东保护程度大致相同，并非某些法系只保护股东权利而某些法系只保护债权人权利，这个结论可以通过各国（或地区）关于债权人保护得分和股东保护得分的相关性分析得出，总体而言两者是正相关的（未报告）。一个可能的例外是，德国法族国家（或地区）更倾向于保护担保债权人，而不保护股东权利。最后一个有趣的结论是，贫穷国家（或地区）对债权人权利保护的力度高于富裕国家（或地区）。可能是因为贫穷国家（或地区）缺乏其他的融资机会，因此通过修法加强保护债权人权利以利于公司能获得担保贷款。

总之，各个国家（或地区）的法律制度大不相同，并且这主要是因为它们法系渊源不同。相对而言，普通法系国家（或地区）对投资者权利保护力度最强，法国法族国家（或地区）保护力度最弱。虽然德国法族也属于大陆法系，但是其保护力度居中。其中一个例外是，德国法族国家（或地区）给予担保债权人的极强的保护力度。斯堪的纳维亚法族对投资者保护力度也居于中等水平。证据也表明，并非富裕国家（或地区）对投资者权利保护力度就强，如果说有关的话，那也是债权人权利保护与贫富差距相反。[1]

如果投资者保护薄弱会导致公司融资成本上升，那么各国（或地区）是否通过其他方式来弥补这个缺陷？我们的研究结论表明，法国法族国家（或地区）更倾向于采用补偿性法律救济制度，例如强制分红和法定准备金。但是对于不

---

［1］ 我们也检验了投资者权利保护与地理环境的影响。我们将样本国家（或地区）分为澳洲、欧洲、非洲、亚洲和美洲，最终结论表明二者不相关。

利于投资者保护的法律，可能还有其他的补偿措施，其中一项就是我们将在第五节论及的——严格和有效的法律执行制度，另一项则是我们在第六节论及的股权集中。

五、法律执行

从原则上讲，强有力的法律执行机制可以弥补法律法律保护的不足，因为积极与运行良好的法院系统能够介入经理层权力滥用，并拯救投资者。为了研究此问题，我们检验了这些制度的法律执行质量的代理变量，即外国（或地区）投资者在决定向某一国家（或地区）投资之前，会委托私人信用风险评级机构针对该国（或地区）的"法律与秩序"出具评估报告。我们选取了其中5项衡量标准来考察一国（或地区）法律执行情况，分别是：司法体系效率、法治水平、腐败程度、政府征收风险——被国家（或地区）没收或强制国有化的风险与政府违约风险。前2项指标显然与法律执行相关；后3项指标则与政府普遍对商业行为的立场相关。其中部分指标已经被证明会影响一国（或地区）的经济增长率。

此外，我们也评估了一国（或地区）的会计准则质量。在公司治理中，会计制度发挥着潜在的关键作用。为了使投资者知晓他们到底投资了一个什么样的公司，公司应当公开披露其采用的会计准则并作出解释。更重要的是，公司经理层和投资人之间的合同，通常依赖于公司收入和资产，在会计衡量标准中具备法庭上的可验证性。如果一项债券合约约定当公司收入下降到某一水平时，公司应当立即兑付债券，那么前述收入水平在诉诸法庭时，必须是原则上可被验证的，从而使该合同才能够在法院被强制执行。在投资者权利保护较弱的情况下，会计准则对于融资缔约而言更为重要。我们用的会计准则评价方法与评价法治水平的方法类似，都是基于私营机构出具的不同国家（或地区）评估报告中所构建的指数。不幸的是，该报告中只有44个国家（或地区），而其中41个国家（或地区）在我们的样本中。

表5（参考原文的表5，译文因篇幅没有纳入——统稿注）呈现了各国（或地区）法治指标及会计准则的得分情况。表5将各国（或地区）按照法系渊源分类，并列出各法系之间等均值假设 *t* 检验结果。表5结论表明，各法系之间

法律执行质量不同。就法律执行而言，斯堪的纳维亚法族国家（或地区）明显最好，德国法族国家（或地区）次之。这些国家（或地区）无论司法体系效率、法治水平、腐败程度、政府征收风险、政府违约风险的各项指标得分也最高。就法律执行质量的所有指标而言，普通法系国家（或地区）排在上述法系之后而在法国法族国家（或地区）之前。不同变量之间的统计显著性程度也不同。就会计准则质量而言，斯堪的纳维亚法族排名第一，普通法系国家（或地区）排名第二，并且其得分在统计值上显著高于德国法族国家（或地区），排名最后的是法国法族国家（或地区）。上述结果推翻了法律执行质量替代或弥补法律保障不周的推论。法国法族的投资者既不能从法律制度中获得良好的保护，也不能寄希望于法律执行制度。而通常来说，在普通法系国家（或地区）却情况相反：法律制度保障充足，执行质量也好。

表5所呈现的另一个结论是，人均收入水平对于法律执行的影响，要比其对法律制度本身的影响高得多。在表6（参考原文的表6，译文因篇幅没有纳入——统稿注）中，我们将各国（或地区）人均收入水平作为控制变量，运用回归模型检验了各国（或地区）法律执行质量与法系渊源之间的相关性。回归模型中的遗漏虚拟变量是普通法系国家（或地区）。

就单项指标而言，富裕国家（或地区）的法律执行质量更高。尽管如此，在控制人均收入之后，我们发现法系渊源对法律执行质量和会计准则质量也有重要影响。人均收入和法系渊源解释了这些法治（即法律执行）得分的大量横截面差异。在一些情形下，这些变量集中集中解释了大约80%法治水平得分的横截面差异，并且其中人均收入水平最具有解释力。

在将收入作为控制变量后，与普通法系国家（或地区）相比，法国法族的国家（或地区）在所有单项指标的分数依然较低，而且几乎所有指标在统计学上显著低于普通法系国家（或地区）。然而，德国法族国家（或地区）除了政府违约风险指标的得分较高外，几乎所有变量的得分都低于普通法系国家（或地区），不过只有在司法效率和会计准则两变量中显著。斯堪的纳维亚法族国家（或地区）与普通法系国家（或地区）在法律执行质量水平上相似。回归结果表明对于投资者保护更好的法系，其法律执行力度更强。法国法族国家（或地区）在法律执行力度较弱，会计准则质量也较差，这非但没有保护好投资者，反而加剧了投资者面临的困境。

六、股权结构

在本节我们假设：如果一国（或地区）对于投资者保护力度较弱，那么该国家（或地区）公司股权集中程度更高。至少有两个原因导致在这些国家（或地区）的公司股权结构更为集中。第一，作为经理层监督者的大股东甚至控股股东，在其他条件不变的情况下，需要拥有更多的资本以行使其控制权，从而避免被经理层侵害权益。尤其基于某些经济和法律原因，大股东需要现金流量权和表决权时，该特征更为明显。第二，当股东没有获得很好的保护时，少数股东可能只愿意购买低价股票，导致公司没有公开发行新股的动力。而少数股东对公司股票的需求降低，又会间接刺激股权集中。诚然，公司的股权集中有时也能够有效增加公司价值，因为促使大股东监督经理层。但是如果对投资者保护力度的薄弱，股权结构集中反而成为法律保护的替代机制，因为只有大股东能期待从该投资中获益。

为了验证该设，我们构建了一个包含下列特征的数据库：（1）市值最大的前十家非金融公司（银行和保险公司除外）；（2）国内公司（非跨国公司）；（3）纯私营（政府无股权）；（4）上市公司（非百分百私人持有股权）。各国（或地区）同时符合上述条件的公司则纳入数据库研究样本。但是对于包含埃及、印度、尼日利亚、菲律宾和津巴布韦在内的一些国家，我们无法找到同时满足上述条件的前10大公司，因此我们选取了至少前5大公司。

对于样本中的每家公司，我们收集了前3大股东的持股数据，并合计其（现金流）持股比例。我们并未因大股东之间可能具有关系，或者公司本身持有其股份而修正上述持股比例数据，因为这两个情况都会提高现金流所有权的有效集中度。另外，我们也未研究公司完整的股权结构，没有将金字塔式的股权结构和法人股东也有持有者/股东的事实考虑在内，而这部分有可能削弱我们对股东集中程度的评估。最后，我们没能从实证角度区分哪些大股东同时是管理者、或者与经理层有关系、或者独立于经理层。也很难从概念上区分经理层与持股40%的股东。

尽管有上述局限，但是我们依然能够对样本的49个国家（或地区）中的45个进行股权集中程度的研究。我们取每个国家（或地区）前10大上市公司的前3大股东持股比例的平均数与中位数。其做法借鉴了德姆塞茨与莱恩（Demsetz & Lehn，1985）、莫尔克等（Mørck et al.，1988）研究美国公司股权集中程度的做法。

表7（参考原文的表7，译文因篇幅没有纳入——统稿注）呈现根据法系渊源分类的各国（或地区）股权集中程度。从世界总体而言，前3大股东平均持股比例为46%，中位数为45%。对于大型上市公司而言，股权分散仅仅是神话传说。即使在美国，市值前10大的上市公司前3大股东平均持股比例为20%（部分是因为微软、沃尔玛、可口可乐和因特尔都在名单上，而他们的股权集中度又格外严重），中位持股比例为12%。根据我们的统计，平均持股比例在30%以下的国家（地区）仅有美国、澳大利亚、英国、日本、韩国和瑞典。如果我们将小公司也纳入研究范围，可以想象的是股权集中程度会更高。财务教科书上所说有众多、分散少数股东的标准治理模式，在现实中仅仅是例外而非普遍规律。

表7也显示了股权集中度在不同法系渊源之间的差异。股权集中度最高的是法国法族国家（或地区），这些国家（或地区）前10大非国有上市公司的前3大股东平均持股比例达到54%。德国法族国家（或地区）股权集中程度最低，前3大股东平均持股比例为34%，这令人困惑的低集中度主要源自东亚国家（或地区）。这些东亚国家（或地区）的公司法如我们先前所说，大量受到美国影响，而非受到德国、奥地利和瑞士影响。斯堪的纳维亚法族国家（或地区）的股权集中程度相对而言也很低，前3大股东平均持股比例为37%。而普通法系国家（或地区）股权集中程度居中，前3大股东平均持股比例为43%。法国法族与其他法系股权集中度的差异在统计学上显著，但其他法系之间的差异都并不显著。总之，这些数据表明法国法族国家（或地区）股权集中度异常地高。此结论至少暗示股权集中是对法律保护不力的一种应对方式。

在表14-4中，我们分两步运用实证方法检验了股权集中的决定性因素。第一，我们首先对股权集中程度、法系渊源虚拟变量、其他控制变量作了回归分析以检验法系渊源是否有影响。控制变量部分：（1）基于富裕国家可能有不同股权结构的理论，我们选取人均国民生产总值（GNP）的对数；（2）基于越富裕的国家（或地区）、公司规模越大，从而股权集中度更低的理论，我们选取国民生产总值的对数；（3）基于社会不平等程度越高，股权集中程度越高的理论，我们选取各国收入的基尼系数，这三个作为控制变量。第二，我们在第一步回归分析的基础上增加了几个法律保护变量，包括会计准则质量、法律执行质量、股东权利、债权人权利、救济权利。鉴于本章收集的变量数据过大，我们无法对所有变量作回归分析，因此需要作出筛选。我们选取"法治指数"作为衡量法律执行质量的变量，用表 14-2 累积的对抗董事指数作为衡量股东权利的变量，和表 14-3 累积的债权人权利指数作为衡量债权人权利的变量。我们得出的结论对其他说明也有代表性。

第一步回归分析的结果如表 14-4 所示，在总计 45 个样本中，R^2 的值为 56%。这表明越大的经济体其股权集中程度越低，而且收入越不平等的国家（或地区）其股权集中程度越高，其结论与加入控制变量后的推测是一致的。此外，回归结果也证明了法国法族国家（或地区）急剧上升的股权集中程度。表 14-4 中的第二步回归模型加入了投资者权利、法治程度和会计准则三个变量。由于会计准则样本数不全，因此总共只有 39 个变量。但是，回归结果 R^2 增加到了 73%。在国民生产总值自然对数此变量的相关系数依然显著，但是基尼系数不显著。法国法族渊源的虚拟变量变得不显著，这表明我们衡量投资者保护的指标的确反映出法国法族制度的缺陷。事实上，会计准则质量更好的国家（或地区）与较低的股权集中度在统计学上（边际地）显著相关，其中会计准则质量每提高 20 分 [大约是普通法系国家（或地区）与法国法族国家（或地区）之间的平均差值]，平均股权集中程度降低 6 个百分点。但法治指数在统计上并不显著。

由各变量累计得出的对抗董事权利指数，该指数数值更高的国家（或地区），统计学意义上其股权集中程度更低。对抗董事权利指数每上升 1.6 分 [大约是普通法系国家（或地区）与法国法族国家（或地区）之间的平均差值]，股权集中程度降低 5 个百分点。相反地，一股一权制度在本回归模型中不显著。

债权人权利指数也不显著。有一种观点认为，债权人权利保护得越好，银行信贷就越普遍，而银行对公司的监督给了少数股东"搭便车"的机会，使股权分散成为可能。另一种观点可能反驳说，银行贷款的容易程度使得企业倾向于债务融资而非股权融资，进而导致均衡中的股权集中程度更高。最后，回归结果表明强制派息规则与股权集中程度有强正相关性，而法定准备金规则则与股权集中程度有强负相关性。前者与法国法族相关，后者与德国式大陆法系相关。

表 14-4　针对 49 个国家（或地区）的 OLS 回归分析（因变量 = 平均股权）

自变量	基准回归	股东权利和债权人权利
人均国民生产总值的对数	0.0077 （0.0097）	0.0397 （0.0242）
国民生产总值的对数	−0.0442* （0.0119）	−0.0428* （0.0118）
基尼系数	0.0024*** （0.0014）	0.0027 （0.0023）
法治程度		−0.0143 （0.0115）
会计准则		−0.0029*** （0.0016）
法国法族	0.1296* （0.0261）	0.0733 （0.0802）
德国法族	−0.0113 （0.0666）	−0.0025 （0.0728）
斯堪的纳维亚法族	−0.0496 （0.0371）	−0.0430 （0.0473）
对抗董事权利		−0.0315** （0.0150）
一股一权		−0.0497 （0.0406）
强制派息制度		0.2197*** （0.1113）
债权人权利保护指数		−0.0128 （0.0171）
法定准备金制度		−0.2237* （0.0766）
截距	0.7785* （0.1505）	0.8686* （0.2952）
样本数	45	39
R^2	0.5582	0.7348

说明：*表示在0.1统计水平上显著，**表示在0.05统计水平上显著，***表示在0.01统计水平上显著；括号内为回归分析的稳健标准误差。

其他一些独立变量，尤其是会计准则，有可能是内生性的。在某些原因股权高度集中而且证券市场较小的国家（或地区），可能很少采用好的会计准则，也未能够发展出好的准则。在此案例中其因果关系是：股权集中程度高导致了低质量的会计准则，而非相反。我们没有发现除股权集中程度之外而影响会计准则的因素，因此我们无法拒绝上述因果关系假设。推到更广，在回归模型中真正的外生性变量只有法系渊源，因此对这个结论最合理的解释是法国法族与股权集中程度的正相关性。

总的来说，本节传达的信息是股东法律保护质量决定股权集中程度，这也解释了为何法国法族国家（或地区）有高度集中的股权结构。我们的研究结果，支持了以下论点：在投资者法律保护较弱的公司治理体系中，可能产生股权高度集中的结果，或者说前者的替代机制。且进一步证实了弱法律制度（保护不足）的确导致诸多差异，而且会产生成本。其成本之一就是，在股权结构高度集中的大公司，其核心投资者不是分散的；另一个成本是，这些公司在进行股权融资时可能会遇到困难，因为中小投资者害怕大股东和经理层侵害其利益。

七、结论

本章分析了全球 49 个国家（或地区）的投资者保护法律、法律制度的执行质量以及公司股权集中程度。主要有以下三个结论：

第一，世界各国（或地区）法律制度明显不同，大多数国家倾向赋予投资者相当有限的权利束。特别是，普通法系国家（或地区）对投资者权利的保护优于大陆法系国家（或地区），尤其优于法国式大陆法传统的国家（或地区）。德国式大陆法系和斯堪的纳维亚式大陆法系国家（或地区）对于投资者保护力度居中。没有明确的证据表明不同国家（或地区）偏好保护不同类型的投资者，而现有证据表明普通法系国家（或地区）对所有投资者都采取了相对强有力的保护立场。这个证据支持了我们的初始假设，即不同法域赋予股东和债权人这两类投资者的权利束非常不同，且这些权利由法律制度规定，而非证券本身固有的。

第二，世界各国（或地区）法律执行情况也有很大差异。德国法族和斯堪的纳维亚法族国家（或地区）拥有世界上最好的法律执行质量。普通法系国家

（或地区）法律执行的力度也很强，而法国法族国家（或地区）法律执行力度最弱。这排名对投资者保护法律执行领域中的一个关键要素——会计准则也同样适用。法律执行质量随着收入水平上升而提高，但法律权利本身并不随收入水平变动。

第三，本章数据支持投资者保护力度薄弱的国家（或地区），会发展出相应的替代性机制的假设。其中一些机制是法定的，比如强制派息制度和法定准备金等救济制度。我们证明了大陆法系国家（或地区）更倾向于适用这种法律救济制度。另一项适应性结果是在投资者保护较弱的国家（或地区），股权集中程度更高。我们发现全球范围内股权集中程度都很高的现象，与各国（或地区）法律总体而言对投资者保护力度较弱的证据契合。平均而言，一国（或地区）的上市公司几乎有一半的股权是由其前三大股东所持有。此外，好的会计准则、充分的投资者保护措施，是与较低的股权集中程度具有一致性，也说明了股权集中确实是投资者保护不足的一个对策。

当然，最终的问题是：投资者保护不力的国家（或地区）——无论是法律还是执法——是否真的受到了影响？最近的研究已经开始为此问题提供部分回答。金与莱文（King & Levine，1993）、莱文与泽沃斯（Levine & Zervos，1998）发现发达的债券和股票市场有利于促进经济增长。类似地，拉扬与津加莱斯（Rajan & Zingales，1998）认为有发达金融体系的国家（或地区），因为高度依赖外部融资，故其资本密集型产业优异的增长。此后亦有学者运用我们创设的法系渊源变量来研究金融发展水平，并证实金与莱文（1993）有关"金融发展有利于经济发展"的发现。最后，拉波塔等（La Porta et al.，1997）发现对投资者保护较弱的国家（或地区）其债券和股票市场显然更小。通过上述分析可知，这些证据描绘了法律制度与经济增长之间的纽带。然而，必须牢记，本章所描绘的投资者保护的缺陷似乎对金融发展和增长有不利影响，但是二者之间并非一定存在不可逾越的鸿沟。毕竟法国和比利时都仍是非常富裕的国家。

本章参考文献

Harold Demsetz & Kenneth Lehn, *The Structure of Corporate Ownership: Causes and Consequences*, Journal of Political Economy, Vol.93, p.1155–1177 (1985).

Frank H. Easterbrook & Daniel R. Fischel, *The Economic Structure of Corporate Law*, Harvard University Press, 1996.

Robert G. King & Ross Levine, *Finance and Growth: Schumpeter Might be Right*, The Quarterly Journal of Economics, Vol.108, p.717–737 (1993).

Rafael La Porta, Florencio López-de-Silanes, Andrei Shleifer & Robert W. Vishny, *Legal Determinants of External Finance*, The Journal of Finance, Vol.52, p.1131–1150 (1997).

Ross Levine, *The Legal Environment, Banks, and Long-Run Economic Growth*, Journal of Money, Credit and Banking, Vol.30, p.596–613 (1998).

Ross Levine & Sara Zervos, *Stock Markets, Banks, and Economic Growth*, American Economic Review, Vol.88, p.537–558 (1998).

Franco Modigliani & Merton H. Miller, *The Cost of Capital, Corporation Finance and the Theory of Investment*, The American Economic Review, Vol.48, p.261–297 (1958).

Randall Morck, Andrei Shleifer & Robert W. Vishny, *Management Ownership and Market Valuation: An Empirical Analysis*, Journal of Financial Economics, Vol.20, p.293–315 (1988).

Raghuram Rajan & Luigi Zingales, *Financial Dependence and Growth*, National Bureau of Economic Research, 1996.

Thomas H. Reynolds & Arturo A. Flores, *Foreign Law: Current Sources of Codes and Basic Legislation in Jurisdictions of the World*, Littleton Corporation, 1989.

Andrei Shleifer & Robert W. Vishny, *A Survey of Corporate Governance*, The Journal of Finance, Vol.52, p.737–783 (1997).

第十五章　法系渊源还是殖民历史？[*]

Legal Origin or Colonial History?

作者：　丹尼尔·克勒曼（Daniel Klerman）
　　　　保罗·马奥尼（Paul G. Mahoney）
　　　　霍格尔·斯帕曼（Holger Spamann）
　　　　马克·韦恩斯坦（Mark I. Weinstein）
译者：　刘城（David William Wright）
校定：　许菁芳、张凯评、韩馨仪
审阅：　张永健
统稿：　程金华

一、引言

在过去的 10 年里，有一脉重要的经济学文献记录了经济发展、法律规范和法系渊源之间存在普遍的相关性。在这些文献中，法系渊源是指国家的法律体系，视其基于英国普通法系，或者法国、德国或斯堪的纳维亚大陆法系。大多数文献都认为普通法系和大陆法系的某些结构性差异对经济发展有重要影响。

在本章中，我们提出另一种解释。世界上几乎所有的

---

[*] Daniel Klerman, Paul G. Mahoney, Holger Spamann and Mark I. Weinstein, Legal Origin or Colonial History?, 3 *Journal of Legal Analysis* 379 (2011). ©2011 Oxford University Press.

法律制度都属于普通法系或大陆法系，这是因为欧洲列强将其法律制度强加于殖民地。因此，"法系渊源"几乎与"殖民历史"完全一致，而"殖民历史"是由殖民母国决定。法律制度只是不同殖民国家之间存在诸多差异中的其中之一。殖民国家在教育、公共卫生、基础设施、欧洲移民以及地方治理的政策相去甚远。此外，殖民大国对殖民地的选择并不是随机的，因此殖民地在气候和自然资源等特征上可能也有所不同。厘清这些因素不仅具有历史意义，而且，若想从法系渊源的相关文献中汲取政策教训，我们务必理解这些因素。

表 15-1 简单地说明我们的主要观点。法系渊源的相关文献皆聚焦于一历史事实，即法国殖民地承继法国的大陆法，而英国殖民地则是承继英国的普通法。但如表 15-1 所示，法国和英国殖民地在许多其他方面有所不同。虽然在 1960 年，法、英两国（前）殖民地的人均国内生产总值相近，但法国（前）殖民地的教育水平和预期寿命明显低于英国（前）殖民地。此外，比起英国殖民地，法国殖民地刚开始殖民时欧洲人的死亡率明显较高，这说明法国和英国倾向于在不同的地方殖民。从表 15-1 第 5 栏可以看出，虽继承法国式大陆法，但未受法国殖民，而是受其他国家殖民（比如西班牙或荷兰）者，在 1960 年的表现和英国（前）殖民地一样好。总之，这张简单的表格表明，殖民母国之所以重要，不单只是该国带来的是普通法系或大陆法系，还有其他下文探索的原因。

表 15-1 殖民地的投入与产出

	标准差	殖民者			
		法国	英国	其他法国法族国家	其他
1960 年人均国内生产总值	0.94	7.56	7.85	7.89	8.10
1960 年的初级教育	0.32	0.51	0.74**	0.77***	0.96**
1960 年的预期寿命	12.43	45.84	53.55*	52.60**	60.30**
定居者死亡率	1.25	5.82	4.16***	4.44***	

说明：星号表示 t 检验的结果拒绝了"该殖民地的平均值与法国殖民地的平均值相同"的虚无假设；*表示在0.1统计水平上显著，**表示在0.05统计水平上显著，***表示在0.01统计水平上显著。

我们的分析非常专注在殖民地上，因为只有前殖民地才（从殖民母国）继受外来的法律制度。相对地，英国、法国和德国这些法律起源国，其法律制度乃是源于内部，也就是有内生性。是故，在起源国，法系"渊源"会受到其国家经济和政治结构的影响；经济发展与法律制度之间的相关性可能会反映出一些未被观察到的国家特征，或者反映了"经济结构影响法律制度"的因果关系（而非法律制度影响经济结构）。自愿采用外国法律制度的国家，如日本、泰国和土耳其，也存在类似的问题。

我们采用了两种策略来区别殖民母国的影响路径，把法律这个途径从其他的殖民政策途径中分开来（在下文第二节中进一步厘清这两种策略）。第一，我们利用了殖民地历史与法系渊源不相一致的事实。法国式大陆法除了法国人在推行，还有比利时人、荷兰人、葡萄牙人、西班牙人等都曾经推动。此外，一些前英国殖民地，如南非和斯里兰卡，也保留了前殖民地的法律要素，因此，更恰当地说，它们属于"混合型"的法律制度。为了掌握这些差异，我们重新编码法律来源和殖民历史。第二，我们用一些指标来衡量殖民政权对待殖民地的方式。我们主要的非法律指标是 1960 年的教育投入和预期寿命。我们优先选择这些变量，是为了衡量殖民国家在人力资本方面的投资。然而，纵使将变量改为其他有利于当地的殖民政策，甚或使用预期寿命或地理因素作为指标，我们的主要论据也不会受到影响。我们比较这些指标和其他反映普通和大陆法系之间差异的变量（如司法独立或陪审团的使用），来探讨它们彼此的解释力。对于这些法律指标，我们扩大现有的资料集，以大幅增加国家样本数。

在第三节中，我们以经济增长为因变量展开实证研究。我们所关注的是 1960 年后人均国内生产总值的增长，因为我们可获得大部分样本国家在这一时期的资料。本章其中的一位作者马奥尼（Mahoney，2001）已经发现，普通法系国家在这一时期的增长速度比大陆法系国家快。法系渊源文献已经证实了普通法系与一般认为有利于经济增长的因素（如财产权、金融市场、劳动力市场、官僚作风少、贪污少）之间存在许多关联。然而，我们发现，在 1960—2007 年，只有前法国殖民地的增长速度比普通法系国家慢，而不是整个法国法族国家的增长速度都比普通法系国家慢。混合型法域的增长速度比所有其他区域都快。此外，上述所有的差异可以完全归因于 1960 年非法律殖民政策中的两大指标——教育和预期寿命。法律制度中的相关指标，如承认判例法和司法独立，似乎对经济增长没有任何影响。

在第四节中，我们研究其他因变量。根据法系渊源文献，我们观察其他被法系渊源强烈影响的因变量：股权市值与 GDP 的比例、私人信贷与 GDP 的比例、失业、贪污以及法院诉讼持续时间。我们发现正反结果交杂，而且大多统计上不显著。在第五节中，我们讨论经济成长和其他研究发现之间的差异，并且对于我们的发现提出解释。第六节对全文进行总结。

尽管本章的成果颠覆了一些早期对于经济表现和法系渊源二者相关性的简单解释，但它们与近期的研究结论并不矛盾。拉波塔等（La Porta et al., 2008）采取较广泛的定义，将法系渊源视为"操控社会和经济生活的概念"。据此，法系渊源不仅区分国家法律的来源（是来自民法典，还是基于英国普通法的判决先例），也不仅仅关于司法机构的角色（主要是负责文本解释，或其实拥有事实上立法权的独立机构）。相反地，法系渊源代表了控制社会的策略，可能用以支持私有市场，或推行国家政策。马奥尼（2001）甚至将法系渊源与"私营企业和国家应该在社会中担任何种角色"联结起来。若要测量这种广义的法系渊源，从殖民统治者的身份出发，可能比法系分类更好。因为这些社会控制的策略，可能更受教育制度和政府结构影响，而不是因为法律源于法典或者判例，或主要的事实发现者是法官还是陪审团。

现有文献中与我们最相似的是罗思托斯基与斯塔塞科（Rostowski & Stacesco, 2006）。他们调查了法律历史和殖民历史对后殖民地经济增长（1960—1995年）的影响，并且在标准增长回归中分别插入了前英国殖民地、前法国殖民、英国法律制度和法国法律制度的哑变量。他们同样发现（法国和英国的）殖民历史似乎比（法国和英国的）法系渊源更重要。然而，与他们的研究相比，我们的分析更加广泛和深入，因为我们还研究了其他因变量。我们还研究了那些可能受法系渊源或殖民历史影响的制度。此外，我们对两者有更优的分类并分析资料，而且未对法系渊源和殖民历史之互动施加线性关系。[1]

我们对殖民历史的强调与阿塞莫格鲁等（Acemoglu et al., 2001）有点类似。他们认为当殖民地居民对欧洲殖民者友好时，殖民者更倾向于建立良好的制度。他们将殖民地早期的定居者死亡率作为一项指标，研究这些制度对经济增长的持久影响。但是，该研究关注的是殖民地之条件，而不是殖民者之身份。他们的论点可能解释了殖民者和经济发展之间的一些关联，因为一些欧洲大国，特别是英国，比其他国家拥有更佳的殖民地。我们赞同这一观点，我们预测，殖民者之间的某些差异可能是因为这些选择所导致。同时，我们认为还存

---

〔1〕审阅按：经询问作者，其表示：此处意指回归模型并没有采取"包括几个法律渊源哑变量，再另外包括几个殖民历史的哑变量"，而是采取"包括法律渊源与殖民历史各种组合的哑变量"。若采取前者，就是假设法律渊源和殖民历史之互动效果有线性关系——若英国法律渊源的系数是0.1，法国法律渊源的系数是0.2；英国殖民历史的系数是0.3，法国殖民历史的系数是0.4；线性关系就是假设"英国法律渊源＋英国殖民历史"的效果=0.1+0.3=0.4，而"英国法律渊源与法国殖民历史"的效果是0.1+0.4＝0.5。

在其他的原因。当我们在因变量为经济增长的回归模型中控制移民死亡率这一变量时（未在本章中报告），殖民政策的多数代理变量（proxies）仍然在一齐（jointly）检验时统计上显著。我们只能得到样本数一半左右国家的定居者死亡率，因此不进一步探讨这个问题。

本章仍停留在法系渊源文献的跨国回归模型内。跨国回归模型有着大家熟知的局限性，那就是这种模型要考虑数不胜数的潜在自变量。我们的研究加深了大家对于这个局限性问题的担忧，因为我们又提出了一个从未被考虑过的自变量。但我们无法解决拉扬与津加莱斯（Rajan & Zingales，2003）以及罗与西格尔（Roe & Siegel，2009）提出的担忧，其指出所谓的法系渊源理论可能是上世纪80年代和90年代数据所创造的人为产物。但我们指出，如果样本限制在1960—1980年（未在本章中报告），我们关于经济增长所得出的结论并未改变（虽然略为减弱）；该时间段内的其他因变量数据无法获得。

二、实证策略——自变量

殖民历史和法系渊源密切相关，所以从经验上区分两者十分困难。然而，如果我们要研究制度和经济如何成长发展，那么区分二者势在必行。对制定政策来说，这也是不可或缺的分析。我们采用两种策略来区分法系渊源和殖民历史。第一，我们揭示了殖民者与法系渊源并非完全相关。[1]第二，我们采用一些殖民政策的代理变量，并将其与法律制度主要特征的代理变量相比较，看何者更具有解释力。正如下文所示，这两种研究方法都不甚完美，但二者结合起来，我们能够粗略了解法系渊源和殖民历史孰轻孰重。

（一）法系渊源与殖民地历史不一致的国家

如上所述，前殖民地从殖民国家继受法律制度，这意味着殖民历史和法系渊源是重叠的。也就是说，没有一个前英国殖民地现在是大陆法体系，也没有一个法国（或其他欧洲大陆）殖民地现在用普通法体系。然而，有两类国家的法系渊源和殖民历史并不完全吻合：（1）拥有法国法族体系而没有被法国殖民

---

[1] 审阅按：法国式大陆法可能由比利时人带到殖民地。

的国家；（2）法律制度中同时包含普通法系和大陆法系要素的前英国殖民地。我们可以考察这两类国家的法系渊源或殖民历史是否与后殖民发展更为相关。

我们回顾标准的数据来源来决定我们的法系渊源编码。我们与拉波塔等（2008）的编码方式不同，主要差别在于：我们将某些法域分类为"混合型"，于第二节第一小节下的第1点中讨论。除了这些混合型法域外，我们还有5个国家的编码方法不同，不过这些差异仅会影响使用1960—2007年GDP增长以外因变量的回归，因为我们无法取得这5个国家此项的因变量。如果使用拉波塔等（2008）的编码，除了比对混合型法律国家和普通法系国家的部分之外，本章其他研究结论都不受影响。

我们使用"线上大英百科全书"中记录的主要殖民者（1750—2007年），来编码国家的殖民历史。当一个国家曾受多个国家殖民时，我们通常编码最近期的殖民者。因为有理论指出，最近的殖民者对殖民地独立后的教育、卫生和基础设施有最大影响。然而，若最近期的殖民者仅控制了某个国家相对较短的时间，我们则编码前一个殖民者。

为了灵活地验证殖民历史会产生哪些影响，我们将所有国家分为5组：前英国殖民地、前法国殖民地、法国以外的法国法族国家（比利时、意大利、荷兰、葡萄牙、西班牙、奥斯曼帝国、和前共产主义俄国）的前殖民地、其他前殖民地，和从未被殖民过的国家。表2（参考原文的表2，译文因篇幅没有纳入——统稿注）显示了我们的经济增长数据样本中，所有国家的法系渊源与殖民历史的组合。我们说明两组最重要的国家：其法系渊源和殖民历史并不重叠。之后我们将简要讨论为什么其他国家不适合进行比较。

1. 法国式大陆法系在不同殖民国家的实施

诚如法系渊源的文献所述，法国式大陆法除了由法国人推行之外，其也曾被比利时人、荷兰人、葡萄牙人、西班牙人等施行。此外，如上所述，这些国家的殖民者所奉行的殖民战略大相径庭。因此，如果殖民历史至关重要，我们应该看到这些群体之间系统性的差异。相比之下，如果法律制度是影响殖民历史的主要因素，则法国殖民地与实行法国式大陆法的其他国家殖民地之间的差别会微不足道。

这些研究假设各欧洲大陆国家确实输出同一部法律；或者，至少，相对于殖民者输出的其他殖民政策差异，他们输出的法国式大陆法之间的差异要小得多。这个假设很关键，尤其对于在不同时期被殖民的国家而言。当葡萄牙和西班牙在十五六世纪殖民拉丁美洲时,他们自己的法律体系都还没有被编纂成法典,因此他们强加给他们殖民地的法律与后来比利时人、法国人、葡萄牙以及西班牙人带到非洲的法典其实大不相同。葡萄牙和西班牙在拉丁美洲的殖民地在 19 世纪参照法国模式编撰法典,但这是在这些拉美国家独立后的事了;因此其法系渊源是否为外生,不能无疑。同时,将某些欧洲国家,例如把爱尔兰归类为英国前"殖民地",把比利时归类为法国的前"殖民地"是否有意义,也同样启人疑窦。因此,我们在选择时率先排除了这些国家。不过,就算纳入这些国家,实证结果也相似。

2. 混合法系

人们通常会认为一些前英国殖民地实行的是"混合"法律体系(即属于"混合型法域"),因为这些地方的法律结合大陆法系要素与普通法系要素。这些国家最初的殖民者(如法国、荷兰或奥斯曼帝国)实行大陆法,因此他们最初也采用某种形式的大陆法。后来,英国征服了他们,但普通法只有部分取代了大陆法。南非和斯里兰卡就是典型的例子,英国在 1795—1796 年从荷兰人手中夺走了这两个国家。总的来说,在我们的样本中,有 11 个前英国殖民地实行的是混合型法域。

这 11 个国家混合了英国殖民历史,及普通法系与大陆法系渊源(即其法系渊源不完全是普通法系)。因此,我们可以通过比较前英国殖民地的混合法律体系,与其他施行纯普通法系的英国殖民地,来研究法系渊源和殖民历史各自的重要性。如果说法系渊源是推动前英国殖民地经济发展的驱动力,那么施行混合法律制度的国家经济表现应该相对较差。相比之下,如果其他殖民地因素的影响是决定性的,那么施行混合法律制度国家的经济发展状况应该和其他英国殖民地一样好。

本研究受制于两个主要条件:首先,我们假设第一殖民者的法律影响持续存在,而第二殖民者完全取代了第一殖民者的所有其他影响。这是很强的假设,但似乎符合法系渊源相关文献的理论基础,认为法律制度有长远的影响,乃至于可以用 12 世纪的法律发展情形,解释当代国家的规制差异。相比之下,教育或地方治理政策很可能会在一个世纪或更长时间内遭到后来殖民者改变。

其次,更为棘手的是,混合法律制度的产生,体现了两种可能的选择偏误。由于 18 世纪末到 20 世纪英国一直是世界霸主,它选择征服的那些国家,往往很有发展潜力。此外,许多曾被两个殖民者殖民过的国家,如坦桑尼亚和马来西亚，并没有成为拥有混合型法域的国家，而是完全采用了后一个殖民者的法律模式。那些保留了第一个殖民者的法律传统并成为拥有混合型法域的国家，在遭受第二次殖民时（法律）制度已经运作得相对良好了。这两种偏差都会导致我们高估英国人第二次殖民的好处，而低估英国普通法系的作用。出于这个原因，在下面的讨论中，我们重点通过其他实证研究得出结论。如果我们将所有混合型法域国家都编码为普通法系国家，该实证的结果也实质上类似。

3. 与其他组的对照研究

由于种种原因，使用其他组国家之法系渊源和殖民历史，在方法论上会有问题。最重要的是，正如引言中所提到，将那些从未被殖民的国家彼此比较并没有意义，因为其法系渊源是内生的。

下面提及的另一种方法，纳入非殖民地，方法更加细致，但终究无法令人信服。为了评估殖民政策的差异，可以考虑使用类似双重差分法来比较殖民者 A 与其殖民地之间的增长率差异，和殖民者 B 与其殖民地之间的增长率差异。此种取径会这样推论：（1）A 国和 B 国（及其各自的殖民地）之间的增长率差异反映了 A 国和 B 国制度质量的差异，特别是它们法律制度相对质量的差异；（2）殖民者与其殖民地之间的增长率差异通常反映了被殖民的效果；（3）双重差分反映了殖民者 A 和殖民者 B 之间的殖民政策差异。举例而言，这一论点（和本章观点完全一致）下，前法国殖民地相对于法国和其他施行法国式大陆法的非殖民地的缓慢增长，与前英国殖民地相对于英国的快速增长相比较，可说明：法律制度无关宏旨，法国殖民比英国殖民更有害。然而，要得出这一论点，必须假定某一法律制度在渊源国和殖民地的效果相同；或者至少要假定，移植法律制度到殖民地的损益，不受制度自身的影响。[1] 这两种说法都不合理。特别是，有人甚至认为，法国式大陆法不适合移植到发展中国家，因为：其一，其他国家被迫使用它时会引起误解；其二，将这一国家角色吃重的法典移植到社会资本（civic capital）[2] 较低的国家往往遭遇失败。

另一组有问题的比较，是前奥斯曼帝国疆域内的大陆法和普通法国家。如表 2（参考原文的表 2，译文因篇幅没有纳入——统稿注）所示，施行法国式大陆法的国家（希腊、埃及、叙利亚）的平均增长速度，快于施行混合法律制度

---

〔1〕 审阅按：经询问作者，这句假设可以这样理解：A 国法移植到 A 国殖民地 B 国的效果，和 A 国法被 C 国自愿仿效的效果，不会受到 A 国法内容的影响。

〔2〕 译者注："社会资本"是指政府和市民社会为了组织的相互利益而采取的集体行动。

的国家，即普通法系具有重大影响力的国家（以色列、约旦）。此一发现支持本章的论据。然而，我们认为，这些被观察的国家数量太少了。此外，约旦和以色列被归类为前奥斯曼帝国领土，其实简化了它们更加复杂的历史。与希腊和埃及不同，约旦和以色列都是由英国管理的国际联盟托管地。虽然我们把它们归类为奥斯曼殖民地是因为受英国管理的期间相对较短（不到30年），但这使得与希腊和埃及的比较是存在问题的。此外，尽管叙利亚是一个由法国管理的国际联盟托管地，因此与以色列和约旦更具可比性，但仅仅3个国家之间的比较，几乎没有说服力。

我们还可以将现在施行混合法律制度的前奥斯曼殖民地和前美国殖民地，与现在施行混合法律制度的前英国殖民地进行比较，这将再次表明英国殖民产生的相对良性的影响。但前者只包括上述3个国家，所以不多做讨论。

表2中还有一些其他殖民历史与法系渊源的组合，但它们最多包含两个国家。此外，还有许多组合没有出现有用的变异：所有德国法系渊源的前殖民地都是日本殖民地，反之亦然；所有斯堪的纳维亚法系渊源的前殖民地都是丹麦或瑞典的殖民地。

（二）制度通道

斯帕曼（Spamann，2009 & 2010）提出另一个策略，直接研究法系渊源和殖民历史可能通过哪些通道影响法律制度，进而影响20世纪下半叶的发展。为此，我们对代表普通法和大陆法核心差异的变量进行解释力之比较，并对其他殖民政策的变量进行解释力之衡量。此策略的主要优点是很有建设性，能在抽象验证法系渊源和殖民历史重要性的同时，找出产生影响的机制，以解释为何法系渊源和/或殖民历史会如此重要。

我们不考虑当代立法的影响，虽然这是众多研究发现的基础。当代立法是暂时性的，法律部门可随时修改。相反地，我们感兴趣的是更深层、更持久、有更长远影响的制度特征。这些特征可能足以导致在拉波塔等（2008）中记录的系统性立法差异。

可以肯定的是，我们不能完全否定，可能有其他法系渊源和殖民历史的面向影响经济发展。但若能辨识出某些面向影响经济发展，将会大幅提高这些理论的可信度。相反地，如果无法从实证上验证法系渊源或殖民历史透过什么渠道影响当代经济发展，则使理论的解释力蒙尘。

1. 法系渊源：陪审团、司法独立和判例法

大多数试图解释普通法系国家和欧陆法系国家差异的文献，都指向普通法系和大陆法系之间最基础的差异：普通法系中法官更为独立，有陪审团，而且将判例法作为法律来源。为了验证这些理论，我们采用的一个变量，量度法律系统在1973年是否接受判决先例作为法源（"判例法"）；一个1960年陪审团的哑变量；1960年时宪法是否保障最高法院法官的任期的哑变量，作为司法独立的代理变量。

2. 殖民历史：1960年的收入、健康和教育

如上所述，不同殖民者除了法律之外，在许多方面都带来了不同的影响。由于很多相关数据无法获取，不可能研究所有这些差异所造成的影响。况且我们的清单大概是不完整的。所以本章我们只研究那些已经前人证实，与经济增长最相关的变量。萨莱－伊－马丁等（Salai-i-Martin et al., 2004）确定了10大与经济成长最相关变量，其中又有3个与殖民政策有关：1960年的人均国内生产总值、1960年的教育和1960年的预期寿命。1960年的预期寿命可以衡量殖民者的公共卫生投资，以及会影响寿命的气候和地理特征。因此，它既可以衡量殖民大国如何选择殖民地，也可以衡量殖民大国的治理政策。本章不打算区分上述两个方面。

由于缺乏一个好的替代方案，我们使用相同的自变量，于经济增长以外的因变量。因这两组变量之间的联系不是很紧密，我们没预期能找到任何有力的结果。不过，我们至少可以比较这些与法律以外的控制变量，跟前一节中描述的法律控制变量。

三、发展

本节先探讨经济增长，下一节再讨论其他需要关注的因变量。先探讨经济增长是因为它可谓本章最终关注的变量，可作为其他变量的总结变量，例如金融市场的发展或腐败。马奥尼（2001）指出，普通法系国家的经济增长速度快于大陆法系国家。同样，格里尔（Grier, 1999）以及贝尔托奇与卡诺瓦（Bertocchi & Canova, 2002）也表明，前英国殖民地的增长速度比前法国殖民地快。然而，他们都没有尝试去衡量法系渊源和殖民地历史各自的重要性。我

们发现殖民者身份才是驱动因素。与一般殖民政策很可能有关的人力资本变量几乎是导致所有的变化产生的原因，而反映法律差异的相关变量几乎没有解释力。

由于我们感兴趣的是（殖民时期植入的）制度的影响，而不是殖民行为本身的影响，因此我们使用的是 1960—2007 年的经济增长数据，而不是这期间的国内生产总值水平。我们使用购买力平价修正数据，并过滤货币波动带来的干扰。

如原文表 2（下同）所示，在 1960—2007 年，普通法系国家的增长速度比法国法族国家快（增长率分别为 2.01% 和 1.53%），但这一差异并未统计上显著（双边 t 检验为 $p = 0.19$），其他法系渊源国家（德国、斯堪的纳维亚、混合）的增长速度甚至更快。相比之下，前英国殖民地的增长速度远快于前法国殖民地（增长率分别为 2.30% 和 0.95%），且差异高度统计上显著（$p=0.001$）。这个简单的比较可以显示，殖民历史可能比法系渊源更重要。接下来我们将探讨这些数字背后的驱动力。

如第二节第一小节所述，最有意义的比较，是前法国殖民地相对于其他法式大陆法系国家殖民地（如荷兰、葡萄牙和西班牙殖民地）。这些殖民地施行的法律都是奠基于法国式大陆法，但它们的殖民历史却有所不同。研究显示，前法国殖民地的发展要慢得多。事实上，从统计资料来看，法国以外的法国法族国家的前殖民地，其增长率与英国前殖民地（$p=0.29$）或纯普通法系国家（$p=0.40$）没有太大的区别。

另一个有意义的比较，是纯粹普通法系和混合型法域的前英国殖民地之间的比较。如果法系渊源真的很重要，而且像文献中所论证的"普通法系有益"，那么纯普通法系国家应该发展更好。然而，如表 2 中所看到的那样，情况恰恰相反：混合型法域的国家表现稍好一些。

通过表 2 中相关资料的仔细研究，会发现这两个结果并非导因于离群值的作用。即便将目光全部放在 1960 年仍然是殖民地的国家，这两个结果仍成立。我们在表 15-2 中进一步说明，当控制 1960 年的初始人均国内生产总值时，结果成立。这两种比较显示，后殖民时代的经济成长是受殖民政策影响，而不是法系渊源。特别是法国的殖民政策似乎对其殖民地产生了不良后果。

第十五章　法系渊源还是殖民历史？ | 415

表15-2　1960—2007年GDP增长的饱和回归模型

	全部样本			除欧洲、拉丁美洲的前殖民地样本			1960年后独立的前殖民地样本		
	(1)	(2)	(3)	(4)	(5)	(6)	(7)	(8)	(9)
法系 × 殖民历史虚拟变量									
法国法 × 法国殖民地	-0.31 (1.30)	4.31 (1.49)	-0.20 (1.57)	0.02 (2.04)	5.01 (2.14)	-0.39 (2.51)	-1.23 (3.06)	2.78 (2.97)	-0.78 (4.20)
法国法 × 其他殖民地	0.49 (1.34)	3.95 (1.43)	0.93 (1.58)	1.14 (2.00)	4.40 (1.99)	1.23 (2.43)	-0.59 (2.98)	1.36 (2.82)	0.12 (4.01)
英国殖民地 × 普通法	0.72 (1.36)	4.53 (1.47)	0.98 (1.50)	1.16 (2.20)	5.00 (2.15)	1.10 (2.47)	-0.36 (3.25)	2.68 (2.98)	0.92 (4.07)
英国殖民地 × 混合法系	1.80 (1.37)	4.75 (1.36)	1.86 (1.51)	2.29 (2.17)	5.17 (2.00)	2.03 (2.46)	1.31 (3.22)	3.52 (2.79)	2.08 (4.23)
其他（法系 × 殖民历史）虚拟变量	有	有	有	有	有	有	有	有	有
其他变量									
ln（1960年人均GDP）	0.17 (0.17)	-1.10*** (0.26)	0.14 (0.21)	0.10 (0.27)	-1.29*** (0.38)	0.15 (0.34)	0.26 (0.42)	-1.11** (0.51)	0.23 (0.56)
1960年基础教育		1.62* (0.85)			1.61 (1.12)			-0.21 (1.30)	
1960年预期寿命		0.09*** (0.02)			0.11*** (0.03)			0.15*** (0.04)	
最高法院任期			0.73* (0.38)			0.66 (0.55)			0.38 (0.88)

续表

	全部样本			除欧洲、拉丁美洲的前殖民地样本			1960年后独立的前殖民地样本		
	(1)	(2)	(3)	(4)	(5)	(6)	(7)	(8)	(9)
判例法			-0.26 (0.25)			-0.39 (0.38)			-0.75 (0.56)
陪审团			-0.37 (0.50)			-0.47 (0.88)			-0.65 (1.28)
样本数	110	97	94	66	58	53	45	38	33
R^2	0.71	0.82	0.72	0.64	0.77	0.65	0.50	0.69	0.47
联合假设 Wald 检验出的 p 值									
所有法系 × 殖民历史虚拟变量	0.00	0.29	0.01	0.01	0.47	0.02	0.15	0.20	0.18
附加控制		0.00	0.26		0.00	0.50		0.00	0.60

说明：*表示在0.1统计水平上显著，**表示在0.05统计水平上显著，***表示在0.01统计水平上显著；括号内为回归分析的稳健标准误差。

我们现在加入协同变量（covariates），观察数据是否能有力说明为什么法律殖民历史或者法系渊源对 1960—2007 年的经济增长很重要。在表 15-2 中，我们为每个法系渊源和殖民历史的组合（即对表 2 中的每个非空白的单元格）设定单独的哑变量，将上述测试直接转换成一个没有常数项的回归框架。在控制初始国内生产总值的潜在影响后，回归模型估测出的哑变量系数就等于表 2 所示的简单平均值，[1]因此得出的结果可以与表 15-2 直接进行对比，而且允许法系渊源和殖民历史这两个变量互相影响。[2]然而，为了比较，表 15-3 汇报的回归模型中使用了更为传统的哑变量设定方式，以哑变量分别控制法系渊源和殖民历史。[3]我们使用所有独立国家的完整样本进行所有的检验；也在子样本中作同样的检验，此子样本包含在 1750—2007 年的某个时间段里曾是殖民地，且其法系渊源显然是外生者；最后在更小的子样本中做同样的检验，此处只包括在 1960 年或之后成为独立国家的前殖民地。除非该国在独立后不久即像大多数拉丁美洲国家那样，大幅改变其法律制度，否则我们就设定其法系渊源为外生。同时我们认为所有欧洲国家的法系渊源都是内生的。本章所有样本、所有模型设定的实体结果都一致。

表 15-2 中的（1）其实就是表 2 的直接回归，只是它控制了初始人均国内生产总值。我们只报告四个与问题意识相关的组别[4]的截距。在下几行中，我们报告了与问题意识有关的系数线性组合的点估计和标准误差[5]：法国以外的法国法族国家（如西班牙和葡萄牙）前殖民地与前法国殖民地之间的差异；英国殖民地与法国以外的法国法族国家殖民地的区别；纯粹普通法系与混合型法域的前英国殖民地之间的区别。最后，沃尔德检验（Wald Test）可用于探讨是否该拒绝联合虚无假设：所有截距均相等，及探讨是否该拒绝联合虚无假设：其他控制变量（如预期寿命、教育、陪审团、判立法、最高法院法官任期）若被使用，其系数为 0。表 15-2 汇报了沃尔德检验的 F 统计量，表 15-3 中的回

---

[1] 审阅按：经询问作者，这里是指：例如表 15-2 的第 1 栏，相比于表 2，只有额外控制 GDP；若表 15-2 第 1 栏不控制 GDP，则法律渊源 × 殖民历史虚拟变量的系数，就会等于表 2 中各法律渊源 × 殖民历史组合下的各国的数值的简单平均值。

[2] 审阅按：经询问作者，这里是指，法律渊源、殖民历史并非分别的两组哑变量，而是以其组合作哑变量。

[3] 审阅按：而非控制法律渊源和殖民历史的组合。

[4] 审阅按：即指"法国式大陆法＋法国殖民地""法国式大陆法＋他国殖民地""普通法＋英国殖民地"与"混合法＋英国殖民地"。

[5] 审阅按：在表 15-2 第 1 栏中，法国大陆法系 × 法国殖民地与法国大陆法系 × 其他国家殖民地的点估计值差距是 –0.80，该数值是根据前者所对应的截距 –0.31 这个截距，减去后者所对应的截距 0.49。

归分别控制法系渊源和殖民历史哑变量，本章也汇报了数个沃尔德检验的 F 统计量，此处的联合虚无假设是法系渊源的所有系数为 0，殖民历史的所有系数为 0。

　　与经济增长率一样，当我们控制初始人均国内生产总值时，不同的法律/殖民群体之间存在很大差异。然而，和之前得出的结论一样，与增长差异相关的是殖民历史而不是法系渊源。如表 15-2 的第（1）、（4）、（7）栏，以及表 2 所示，所有样本中，非法国殖民者之法式大陆法系国家，其表现明显优于前法国殖民地，事实上，这些非法国殖民者之法式大陆法国家的表现，与施行普通法系的前英国殖民地差不多。和之前的结论一样，施行混合型法域的前英国殖民地，甚至比纯普通法系制度的前英国殖民地发展得更好。表 15-3 的第（1）、（4）、（7）栏，显示了类似的结果。控制了殖民者的效果后，普通法系法域与大陆法系法域在统计上没有区别；事实上，点估计表明普通法的增长率较低，普通法系法域的经济增长速度显著低于德国法族法域和混合型法域（在全部样本中）。相比之下，英国殖民地的系数是统计上与经济上显著，且为正数——英国前殖民地的平均年增长率比法国殖民地快 2% 左右。此外，除法国以外的法国法族国家的前殖民地，每年平均年增长率也比法国殖民地快约 1%。除了在 1960 年之后独立于前殖民地的少数样本［表格第（7）栏］外，这种差异统计上显著。

表 15-3 1960—2007 年 GDP 增长（独立的法律和殖民虚拟集）

	全部样本			除欧洲、拉丁美洲的前殖民地			1960年后独立的前殖民地		
	（1）	（2）	（3）	（4）	（5）	（6）	（7）	（8）	（9）
法律									
普通法系	-0.97 (0.79)	-0.21 (0.63)	-0.54 (0.97)	-1.18 (1.50)	0.15 (1.28)	-0.94 (1.74)	0.11 (1.44)	-0.84 (0.80)	-1.16 (1.30)
混合法系	-0.03 (0.72)	-0.09 (0.57)	0.29 (0.79)	-0.23 (1.34)	0.19 (1.10)	-0.02 (1.48)	1.48 (1.44)		
德国法族	1.45* (0.83)	0.43 (0.70)	1.62* (0.89)	3.41* (2.03)	2.35 (1.79)	4.00 (2.60)			
斯堪的纳维亚法族	-0.05 (0.91)	-0.44 (0.75)	0.63 (1.04)						
殖民者									
英国	2.05** (0.84)	0.42 (0.70)	1.83* (1.02)	2.39 (1.48)	-0.10 (1.31)	2.43 (1.80)	0.90 (1.37)	0.74 (0.91)	2.86** (1.26)
法国以外的法国法族国家	0.81* (0.41)	-0.36 (0.36)	1.16** (0.49)	1.11* (0.64)	-0.61 (0.61)	1.62* (0.84)	0.62 (0.84)	-1.42* (0.73)	0.91 (1.31)
其他	1.87** (0.87)	0.92 (0.79)	2.07* (1.06)	1.34 (1.69)	-0.37 (1.57)	1.04 (2.34)		1.38 (1.66)	
无	1.40** (0.64)	0.47 (0.51)	1.52** (0.69)						

续表

其他变量	全部样本			除欧洲、拉丁美洲的前殖民地			1960年后独立的前殖民地		
	(1)	(2)	(3)	(4)	(5)	(6)	(7)	(8)	(9)
ln(1960年人均GDP以及购买力平价)	0.10 (0.16)	−1.22*** (0.25)	0.11 (0.20)	0.06 (0.27)	−1.3*** (0.38)	0.15 (0.34)	0.16 (0.41)	−1.11** (0.51)	
1960年基础教育		1.69** (0.83)			1.53 (1.11)			−0.21 (1.30)	
1960年预期寿命		0.10*** (0.02)			0.12*** (0.03)			0.15*** (0.05)	
最高法院任期			0.68* (0.38)			0.66 (0.55)			0.38 (0.88)
判例法			−0.33 (0.24)			−0.39 (0.38)			−0.75 (0.56)
陪审团			−0.40 (0.49)			−0.47 (0.88)			−0.65 (1.28)
常数	0.23 (1.27)	4.95*** (1.43)	0.03 (1.54)	0.33 (2.00)	5.14** (2.13)	−0.39 (2.51)	−0.48 (2.97)	2.78 (2.97)	−0.78 (4.20)
R^2	0.23	0.53	0.27	0.27	0.53	0.32	0.18	0.54	0.24
样本数	110	97	94	66	58	53	45	38	33

第十五章 法系渊源还是殖民历史？ | 421

续表

	全部样本			除欧洲、拉丁美洲的前殖民地			1960年后独立的前殖民地		
	（1）	（2）	（3）	（4）	（5）	（6）	（7）	（8）	（9）
联合假设Wald检验出的p值									
法系渊源虚拟变量	0.07	0.83	0.24	0.04	0.47	0.20	0.24	0.30	0.38
殖民历史虚拟变量	0.11	0.35	0.10	0.21	0.72	0.23	0.62	0.11	0.44
法系×殖民历史虚拟变量	0.00	0.26	0.00	0.01	0.43	0.02	0.13	0.20	0.18
普通法系＝混合法系	0.08	0.80	0.20	0.15	0.95	0.26	0.11	0.30	0.38
附加控制		0.00	0.26	0.00	0.00	0.50		0.00	0.60

说明：*表示在0.1统计水平上显著，**表示在0.05统计水平上显著，***表示在0.01统计水平上显著；括号内为回归分析的稳健标准误差。

表 15-2 和表 15-3 的其他回归模型，加上更多控制变量，而仍然发现殖民历史比法系渊源重要。代表殖民政策的两大代理变量——基础教育和预期寿命——吸收了殖民历史哑变量下大部分的影响，其系数至少在联合检验下统计上与经济上显著。表 15-2 第（2）、（5）栏中的点估计表明，在 1960—2007 年，基础教育和预期寿命增加一个标准差，和每年额外约 1.75% 的增长相关。表 15-1 中显示，1960 年前后，前英国殖民地的基础教育和预期寿命显著较高。总的来说，这些数据让人相信，殖民大国的非法律政策，对后殖民地发展产生了重要影响。

相比之下，我们没有发现任何迹象表明，殖民者在殖民地施行的法律制度对随后的增长产生了影响。陪审团、判例法和最高法院任期个别或联合起来检验都不会统计上显著——表 15-2 第（3）栏中的最高法院法官任期除外。此外，三个系数中有两个系数——判例法和陪审团——指向"相反"的方向，即它们似乎与较低的增长率有关，这与法系渊源理论相悖 [见第二节第（二）小节下的第 1 点]。

四、其他因变量：金融市场、失业率、制度

接下来我们用一样的方法测试其他因变量。本节的发现远不如经济成长那样清晰。我们已经证实，此现象非因样本不同或时间段不同所致。我们将在第五节讨论这些差异。尽管可能有数百个因变量可供研究，我们将重点放在法系渊源相关文献提及的关键领域。拉波塔等（2008）总结了以下因素：股票市场、债券市场、就业、贪污和司法机构的运作。我们从本章中保留了涵括最多国家的因变量：股票市值占国内生产总值的比例、私人信贷占国内生产总值的比例、失业率、腐败率、法院解决债务诉讼所需时间。然而，与拉波塔等（2008）不同的是，我们没有被迫要使用随时间变化的法律变量，因此我们使用最新的、涵括最多国家的数据。除了一个例外，我们取最近 10 年数据的平均，去除周期性影响，并最大限度地提高样本数量。

我们的回归设定和检验，与上面用于经济增长者完全相同，但是以下表格浓缩了所呈现的结果，因现在的回归数量是原来的 5 倍。我们只放了与区分法系渊源和殖民历史直接相关的系数和检验数据。我们也只汇报在概念上最令人

信服样本的结果，也就是那些在欧洲和拉丁美洲以外，显然有外生法律系统的前殖民地。然而，我们有核实，完整样本的结果是相似的。除了单一方程式的检验数据外，我们还使用未加权系统 OLS 的协方差矩阵估计值，得到了相应的联合交叉方程沃尔德检验的 p 值。由于股票市场资本化的观察值少得多，我们使用交叉方程来检验其他四个因变量。

表 5（参考原文的表 5，译文因篇幅没有纳入——统稿注）显示的是法系渊源和殖民历史不同组合的回归结果，即相当于表 15-2 第（4）—（6）栏。A 组显示了仅控制人均 GDP 和法系渊源/殖民历史的回归。结果几乎与我们在经济增长中得到的结论恰好相反。在施行法国法族的国家中，前法国殖民地在 5 个方面的表现都优于其他殖民母国非法国的法国法族国家的前殖民地。尽管个体差异统计上不显著，但如果在检验中略去市场资本总额（以增加 1 倍样本量），联合检验结果在统计上显著。与经济增长也不同的是，殖民母国非法国的法国法族国家的前殖民地，在这些因变量上的表现，要比施行普通法系的前英国殖民地差得多。在前英国殖民地中，施行混合型法域的国家在某些领域的表现优于纯普通法系的国家，但在其他领域则没有，而且这些差异中只有一个项目单独于统计上显著（联合检验的 p 值为 0.01，但它混杂了正偏差和负偏差）。

我们在表 5 的 B 组中得到的结果，与我们得到的经济增长结论更为一致。B 组显示，在控制 1960 年非法律殖民政策后（即教育和预期寿命），所得到的回归结果（见第二节第二小节第 2 点）。这些代理变量吸收了不同法律/殖民群组间的大多数差异——特别是（1）法国和其他使用法国式大陆法的国家之间的差异，以及（2）施行普通法系的前英国殖民地和使用法国大陆法系的非法国殖民地之间在平均私人信用、贪污和失业这些变量上的差异。相比之下，施行普通法系的前英国殖民地和施行混合型法域的前英国殖民地之间的差异，并没有受到影响。

殖民历史的代理变量，除了在失业和腐败程度的方程[1]外，统计上不显著。这可能是因为我们使用的代理变量与相关因变量彼此未能好好匹配（见第二节第二小节下的第 2 点）。普通法系/大陆法系差异的代理变量（即陪审团、判例法和最高法院任期）的回归结果（见第二节第二小节下的第 1 点），与我

---

[1] 译者注：指能够计算国家或机构腐败程度的方程。

们得到的经济增长结论是一致的——因为除了信贷市场的回归,这些法律相关的代理变量的联合检验和个别检验在所有方程中都不重要。

我们也尝试了在表 5 所汇报的回归中,改以分别的哑变量控制法系渊源和殖民历史,即相当于表 15-3 第 4—6 栏中的经济增长回归。其结果未正式汇报于本章,但其结果同样证实了表 5 所正式汇报的结果。特别是,在所有 5 个面向,普通法系都与有利的结果相关,而英国殖民的影响则与不利的结果相关。然而,除了市场资本总额外,其他估计都未统计上显著。

综上所述,我们发现,对于其他因变量,混合型法域的整体表现和普通法系一样好,而法系渊源理论却错误地预测混合型法域表现会比较差。同时,与经济增长结论不同,且与殖民历史假说相反,前法国殖民地比法国以外的法国法族国家殖民地,在其他的因变量表现得更好。无论是殖民政策的代理变量(1960 年的教育和预期寿命水平),还是法律制度(陪审团、判例法和最高法院任期)似乎在这些回归中都无足轻重。

五、讨论

我们首先需要说明为何经济成长与其他因变量的结果不一致。前者有很强的证据显示发展差异是源于殖民历史,而不是法系渊源;后者则相对模棱两可,且部分的结果相反。如前所述,我们已经验证了,时间段和样本选择的不同只能部分解释为何出现相反结果。

这种不一致令人费解。因为大多数经济学家认为,资本市场、劳动力利用率、制度等其他因变量对经济成长很重要。经济发展对其他变量也有回馈作用。因此,我们预期这些估计值将会方向相同[1]。而此种不一致(若确实存在)也不仅是作许多独立检验时预期会出现的常见离群值而已,若是如此,那么差异将超过多个独立测试的预期异常值。当然,如果其他因变量的结果仅仅是一些"杂讯",也不难解释。因为根据一般标准,针对其他因变量的回归结果几乎没有统计上显著。

诚然,"杂讯"不是令人满意的解释。所以我们还需要挖掘更深的原因。另

---

[1] 审阅按:也就是都呈现正相关。

一种可能性是，普通法系国家可能有一些负面特征，这抵消了拉波塔等（2008）证实的优势。斯帕曼（2009）指出，施行普通法系的国家有更高的监禁率和更高的犯罪率。普通法系国家的这些和其他尚未发现的负面特征，可能会抵消文献中较强调的积极特征。

目前，我们解读证据的方式，是结合其他殖民历史和法系渊源的相关文献的阐述。虽然本章是第一个以殖民历史替代法系渊源的研究；但也有人从不同的角度质疑法系渊源背后的理论。罗（2006）指出，法系渊源相关文献的大部分根据，都来自受到高度监管的法律领域，例如证券或征兵，这些领域与传统上认为的普通法系和大陆法系之间的主要区别——例如承认判例法和民事诉讼的各个方面，并没有太大的关联。此外，斯帕曼（2010）表明，现有的最佳民事诉讼资料显示，普通法系国家和大陆法系国家之间没有可见的差异。整体而言，应该严肃看待法律无关的殖民历史，作为普通法系和大陆法系国家间差异的原因。

六、结论

本章认为，殖民历史是个可行的替代解释，解释之前法系渊源文献中发现的实际差异。殖民列强不仅在殖民地建立法律制度，还实施了相应的教育、卫生政策，以及地方行政与自治；这些因素对殖民地也产生了深远的影响。我们的实证研究显示，相较于法系渊源，殖民者的身份对后殖民的经济成长更具影响力。各殖民地的发展差异是源于殖民历史，而非法系渊源。至于其他因变量，研究结果参差不齐，未来必须进一步研究。

本章参考文献

Daron Acemoglu, Simon Johnson & James A. Robinson, *The Colonial Origins of Comparative Development: An Empirical Investigation*, American Economic Review, Vol.91, p.1369–1401 (2001).

Graziella Bertocchi & Fabio Canova, *Did Colonization Matter for Growth?: An Empirical Exploration into the Historical Causes of Africa's Underdevelopment*, European Economic Review, Vol.46, p.1851–1871 (2002).

Gernot Doppelhofer & Ronald I. Miller, *Determinants of Long-Term Growth: A Bayesian Averaging of Classical Estimates (BACE) Approach*, American Economic Review, Vol.94, p.813–835 (2004).

Robin M. Grier, *Colonial Legacies and Economic Growth*, Public Choice, Vol.98, p.317–335 (1999).

Alan Heston, Robert Summers & Bettina Aten, *Penn World Table Version 6.3*, Center for International Comparisons of Production, Income and Prices at the University of Pennsylvania, 2009.

Rafael La Porta, Florencio López-de-Silanes & Andrei Shleifer, *The Economic Consequences of Legal Origins*, Journal of Economic Literature, Vol.46, p.285–332 (2008).

Paul G. Mahoney, *The Common Law and Economic Growth: Hayek Might be Right*, The Journal of Legal Studies, Vol.30, p.503–525 (2001).

Raghuram G. Rajan & Luigi Zingales, *The Great Reversals: the Politics of Financial Development in the Twentieth Century*, Journal of Financial Economics, Vol.69, p.5–50 (2003).

Mark J. Roe, *Legal Origins, Politics, and Modern Stock Markets*, Harvard Law Review, Vol.120, p.460–527 (2006).

Mark J. Roe & Jordan I. Siegel, *Finance and Politics: A Review Essay Based on Kenneth Dam's Analysis of Legal Traditions in the Law-Growth Nexus,* Journal of Economic Literature, Vol.47, p.781–800 (2009).

Holger Spamann, *Legal Origin, Civil Procedure, and the Quality of Contract Enforcement*, Journal of Institutional and Theoretical Economics, Vol.166, p.149–165 (2010).

选编后记

张永健

初心

诺贝尔经济学奖得主丹尼尔·卡尼曼（Daniel Kahneman）在经典名著《思考，快与慢》中说了自己的尴尬故事，[1]大意是他和人计划要合写教科书，但花了远远超乎自己和共同作者预估的时间仍未完成，而且终究没有出版！在选编这本书的数年过程中，我经常想起这个故事，而且生怕步上后尘。这本书今天能出现在读者面前，还真不是理所当然。

不过，为了保存我们编者的颜面，我还是要强调，本书之所以像哪吒一样在母胎里3年6个月后才诞生，是因为我们希望译文能像中文。本书主要的校定者、副主编许菁芳、张凯评和每位译者都有三轮上下的往返，除了确保翻译内容的"信"之外，也反复讨论如何能重新构句，把英文的不同表达方式，转换成流畅的中文，臻于"雅""达"之境。我则是要仲裁译者和副主编无法达成

---

[1] [美]丹尼尔·卡尼曼：《思考，快与慢》，胡晓姣、李爱民、何梦莹译，中信出版社2012年版。

共识的翻译,还反复阅读译稿并比对原文多次——但每次都找到更恰当的翻译方式[1]。信、雅、达难以三全。希望读者能体察我们的苦心,原谅我们的给付迟延。

这本书是"选读",而非全文翻译。为了能将所有选文放到一本书中,我们作了若干删减:部分的制度背景、非常技术性的统计说明、与实证分析相分离的数理经济模型、单纯文献引用、延伸说明的脚注,都在编者和译者的裁量下略去。大段落的删减有在书中注明。读者阅毕,若想依样画葫芦作类似研究,建议还是要找出英文原文,参酌作者的完整说明。

我们联络所有作者,除了告知翻译信息、偶尔提问文章疑点之外,也索取了原稿,以便能将高清的图表纳入本书。不过,有些文章年代已久,不是每位作者都有留下当时的原档,因此部分章节只能复刻图表。信、雅、达之外,不能完"美",我们心中仍然稍有遗憾。

中文世界的法律学子,接触法实证研究通常有四个面向的不足:英文阅读能力、统计功底、社科理论知识、外国法制度掌握。不够熟悉统计学方法是一个罩门。而英文法实证研究论文的统计分析,通常都是要回应社会科学争论,或者检验外国法的疑点,如果不知道外国法制或其背景,也不熟悉社会科学理论,就不知道法实证研究的脉络。这本翻译书,首先帮读者跨过英文障碍,并且透过译者注、审阅按的方式,解释困难的统计概念、不熟悉的外国法制度,并提点社科理论的要点。

另一种读法

Windows 和 Mac 操作系统根本理念的不同,反映在文档的储存和提取方式。Windows 操作系统中,每个文档都储存在特定资料夹中;如果另一个资料夹也要有该文档,只能用复制后贴上的方式为之。Mac 操作系统中,不管文档存在哪里,都可以为其加上多种颜色的标记。一篇文章的 PDF 档,可以标记为法经济分析,也可以同时标记为法律实证研究。同一个文档,可以出现在不同颜色的标记中。

---

[1] 特别感谢何汉葳博士指导我和译者如何翻译统计学概念。

我们编辑这本书，就碰到了 Windows 困境。书要印刷与装订，所以纸质本只能有一种目次、一种排序（即使是爱好随机分派如我辈，也不能要求出版社随机排列章节顺序）。我和金华设想过非常多种不同的排序方式，各有各的道理。我们最终选择以部门法作为分编依据，并且把方法较不复杂的文章稍稍提前。但作为法学研究者，对于此种排序方式，除了在意料之中，简直还显得无聊了。

杂食性的法学研究者，具备基础的实证研究知识，可能会想要有不同的阅读体验。邂逅这本书的政治、经济、社会学人，不关心部门法的差异，可能想要以实证研究方法的难易程度排序，以便由简入深学习。因此，我们在此提供另一种可能目次，并且在各章标题后，简单描述其法实证研究方法。

（1）《选择性诉讼》：使用描述统计法，以检验数理经济模型。

（2）《检验选择效应：基于实证检验的新理论框架》：使用柯尔莫哥洛夫—斯米尔诺夫法，以检验两群数据的分布。

（3）《从诉讼案件得到的推论》：通过模拟方式得出数据，以检验数理经济模型的推测是否正确。

（4）《法律与金融》：编码各国的法律起源、公司金融法制，并使用 t 检验法，以检验法系渊源与公司金融法制内容的差异是否统计上显著。

（5）《法系渊源还是殖民历史？》：在配适没有常数项的回归模型后，使用变量系数的对比检验和沃尔德检验法，以检验法系渊源和殖民历史对经济成长的效果。

（6）《重磅案件中惩罚性与补偿性赔偿的显着关联：方法论入门》：说明使用普通最小二乘法模型的前提要件。

（7）《有人阅读格式条款吗？——消费者眼中的格式合同》：数据庞大，但逻辑回归模型的变量设定直截了当。

（8）《托姆布雷案和伊克巴尔案的影响》：筛选数据以控制内生性，并作因果推论。

（9）《陪审团种族构成对于刑事审判之影响》：利用备选陪审团是随机点呼组成的制度背景，作因果推论。

（10）《医师是否从事防御性医疗？》：使用双重差分模型，作因果推论。

（11）《财产权的演变：国家法或非正式规范？》：使用断点回归模型，作因果推论。

（12）《堕胎合法化对犯罪率的影响》：展示如何基于理论考量，创造新的自变量（"有效堕胎率"），以发现堕胎与犯罪率间的因果关系。

（13）《少年监禁、人力资本与再犯罪：来自随机分案的证据》：使用工具变量方法，作因果推论。

（14）《监狱人口对犯罪率之影响：监狱拥挤诉讼的证据》：使用工具变量方法，作因果推论。

（15）《拯救9位大法官的及时转变？》：使用贝叶斯方法，并采用自创的绘图方法。

由此可知，在此种目录下，第8篇到第14篇论文，是以量化法经济分析学界广泛接受的"因果推论"（causal inference）方法[1]，作为"研究设计"（research design）。若读者以在英文的第一级的法实证研究、法经济分析同侪审查期刊[2]发表论文为职志，应该要娴熟理解这些因果推论方法。第15篇文章是量化政治学训练出身的学者，以极富创见的实证研究方法研究宪法的重大问题。作者之一丹尼尔·何（Daniel E. Ho）教授是华裔，现任职于斯坦福大学法学院，他的每一篇文章都挑战大题目，并以别出心裁的实证方式，获致答案。而前7篇文章虽然不是标准的因果推论方法，但仍在提供法实证研究的重要启示，像是如何用回归分析以外的统计方法，检验既有理论。

---

[1] 各种因果推论方法的简介，参见张永健：《法实证研究——原理、方法、应用》，台北，新学林出版股份有限公司2022年版。

[2] 对我而言，这些期刊包括：《实证法律研究杂志》（*Journal of Empirical Legal Studies*，笔者自2023年起加入编委会）、《法律研究杂志》（*Journal of Legal Studies*）、《法律与经济杂志》（*Journal of Law and Economics*）、《法律、经济与组织杂志》（*Journal of Law, Economics and Organization*）、《美国法与经济评论》（*American Law and Economics Review*）。综合性的同侪审查期刊《法律分析杂志》（*Journal of Legal Analysis*）也会接受符合最高标准的法实证研究。第二级的同侪审查期刊则有《国际法与经济评论》（*International Review of Law and Economics*，笔者于2020—2022年担任共同主编）、《欧洲法与经济杂志》（*European Journal of Law and Economics*）、《法律与经济评论》（*Review of Law and Economics*）。2024年创刊的《法律与实证分析杂志》（*Journal of Law and Empirical Analysis*，笔者忝为编委会的一员）、《欧洲实证法律研究杂志》（*Euroepan Journal of Empirical Legal Studies*）——两者的创刊号都刊登了笔者的论文——也预期将发挥重大影响力。